LUDOVICA SQUIRRU DARI

HORÓSCOPO CHINO
2018

KEPLER

Argentina - Chile - Colombia - España
Estados Unidos - México - Perú - Uruguay - Venezuela

PERRO
DE TIERRA

2006 • 2018 • 2030

1.ª edición septiembre 2017

EDICIÓN
Anabel Jurado

PRODUCCIÓN GENERAL E IDEAS
L. S. D.

COORDINACIÓN EDITORIAL Y CORRECCIÓN
Marisa Corgatelli

DISEÑO Y SUPERVISIÓN DE ARTE
Natalia Marano

FOTOS TAPA, CONTRATAPA, INTERIOR Y PÓSTER CALENDARIO
Claudio Herdener - gatophoto@gmail.com
gatophoto.blogspot.com

RETOQUE DIGITAL
Alejandro Calderone - accphoto@gmail.com

ARTE INTERIOR
Miguel Ham - lifu41@gmail.com

VESTUARIO
Claudia Pandolfo - claudiapandolfo@gmail.com
Brezza by Natalí Marquez
Portofem

PEINADO Y MAQUILLAJE
Gabriel Oyanarte - gabrieloyhanarte@gmail.com

BIJOU
Ivan Salinas by Mai Casal

ZAPATOS
Micheluzzi by Ernesto Blanco

COLABORACIONES ESPECIALES
Mona Tao - monaxtango@hotmail.com
Miguel Grinberg - mutantia@gmail.com
Flavia Canellas Grinberg - flaviagrinberg@yahoo.com.br
Cristina Alvarado Engfui - islacentral@yahoo.com
Ana Isabel Veny Llabres - zonaatomica@gmail.com
Hoby De Fino - Entrevistas - @hobydefino

COLABORACIONES
Esteban Villareal
Lourdes Ferro

AGRADECIMIENTOS
Villa Luigi

Lino Patalano, Gustavo, José, Luisa, Betty,
los mastines napolitanos y los espíritus del lugar.

www.estancialascarreras.com

Inecha, Emanuel y los avatares de Tafí del Valle.

Patricio Valenzuela

Fundación Espiritual de la Argentina
http://www.ludovicasquirru.com.ar/html/fundacion.htm

DIRECCIÓN DE INTERNET
www.ludovicasquirru.com.ar
CORREO ELECTRÓNICO
lulisquirru@ludovicasquirru.com.ar

© 2017 by Ediciones Urano, S.A.U.
Aribau, 142, pral. – 08036 Barcelona
www.edicioneskepler.com

ISBN: 978-84-16344-20-8
Depósito legal: B-23.159-2017

Fotocomposición: Ediciones Urano, S.A.U.

Impreso por: REINBOOK Serveis gràfics, S.L. – Passeig Sanllehy, 23 – 08213 Polinyà

Impreso en España – *Printed in Spain*

Dedicatoria

A mis perros y perras
que me acompañaron toda la vida:
LASSIE, CAÍN, MAGA, LORENZO,
CABRAL, PINO, APARECIDA, BARRILETE, BIS
Y MI AMADA YOLSIE.

A los Perros de Tierra
FEDERICO GARCÍA LORCA

Bienvenidos al Tai Sui
GIPSY BONAFINA
MONA TAO
MARIELA DÍAZ
RODOLFO MARROLLO
KARIN VH
GRAZIELLA TESTA
NORITA MARTINS DE CEBALLOS

A los Perros de Metal
MARIANA PAZ
CORINA LÓPEZ
NITSY GRAU
SABRINA OLMEDO
JOSÉ SALAZAR
OSCAR LÓPEZ
DIEGO IMPAGLIAZZO
TANYA SHAPIRO

A los Perros de Agua
Mami: MARILÚ
HORTENSIA
CHINA ZORRILLA

A los Perros de Madera
CHARLY SQUIRRU
ABRAHAM DOMÍNGUEZ
MARISA PASTORINO
SOFÍA VALENZUELA
RENE y JUANJO MENDEZ REQUENA

A los Perros de Fuego
LOLITA SIUTTI
LINO PATALANO
LUCRECIA HERRERA
TOMÁS ABRAHAM
TIU BOLZMANN
EUGENIO ZANETTI
ROBERTO VILLAMIL
JUAN GAYNOR

A Mara, Jaco, Sol, Leu y Allegro.
A todos los perros que murieron para salvarnos en la historia de la humanidad.

L. S. D

Índice

Ladrando el prólogo

Gira del año del gallo

Viajar en tiempos de incertidumbre.

Ezeiza nuevamente dentro de un tiempo que no era orgánico en mi ritmo interno.

Dejar Maximona durante casi tres semanas, custodiada por mis rituales indígenas y avatares terrenales, con el libro del gallo recién salido del horno, hacia Madrid, Miami y Nueva York, en la primera etapa de la gira, intuyendo que los cambios políticos en ambos países, serían los protagonistas del intento de difundir mensajes de profecías anunciadas que no se escucharon a tiempo.

El coprotagonista que ya conocen es Catman, BLOW UP, al que esta gira le producía un alivio «del karma de vivir al Sur».

Urano, con su eficaz zoo en Argentina, Madrid, Barcelona y EE. UU., se ocupa con profesionalismo de concentrarse en LSD, en sus necesidades humanas y artísticas.

Llegamos con un chófer conocido y amable que nos despidió con cariño: «¡Hasta la vuelta!».

Después del *check-in*, subimos al salón vip para la dulce espera del vuelo que salía a medianoche, pero se produjo un retraso de una hora.

OMOMOM.

De pronto reconocí a Luis Majul[1], que se acercó amablemente, y nos presentó a su hijo gallo, concentradísimo en su ordenador, al que le regalé el primer libro dedicado de la gira.

Ellos partían a Barcelona en un *mix* literario y gastronómico.

Nos deseamos suerte en la oscura noche del 25 de octubre.

El vuelo de Aerolíneas Argentinas fue un mantra que practico desde mi juventud: encomendarnos a viajar con astros, nahuales y pilotos aptos para llegar a destino.

Hacía mucho tiempo que no estaba en Madrid en otoño; y caminé por sus calles y parques, disfrutando de su temperatura, sus colores, sus aromas para apaciguar el loco DOYO del Sur.

El tiempo nos acarició toda la estancia con clima soleado: entre 23 y 28 grados.

Al llegar a Barajas fue un buen augurio encontrar a Patricia Perales,

---

[1] Periodista argentino.

de Urano, a quien conocía. Y nos dirigimos al barrio de las Letras, donde nos alojamos en el hotel Villa Real.

Los balcones de nuestros cuartos daban al Congreso de los Diputados y –debido a la infinita espera de «formar gobierno» después de un año entre el PP y el PSOE y los otros partidos políticos– nuestra estancia estuvo atravesada por una semana en la cual, junto a la televisión española y medios de difusión del mundo, palpitábamos el día a día de la situación, en el hartazgo de definir la mayoría en el congreso para seguir hacia un nuevo porvenir.

Sentí la misma desazón del año 2015 en la Argentina; escuchando a través de los diferentes candidatos y sus partidos el mismo rollo velado de promesas imposibles de cumplir, de peleas de baja estofa, ninguneo, odio y tiempo de revancha que solo alienan a los pueblos como una epidemia mundial, viral igual que el zika, o las enfermedades que se contraen a través del viento.

Europa cansada, agobiada, invadida por inmigrantes que intentan llegar como pueden a sus costas, con caminos vigilados por policías que les impiden entrar y los deportan antes del primer hálito en su suelo.

Estos hombres, mujeres y niños no tienen ni la ayuda de sus dioses; solo la esperanza de sobrevivir con su exilio que los lacera por los siete cuerpos, de ver si los dejan integrarse a un continente que los rechaza y eyecta al vacío, a un destino sin futuro, con hambre, enfermedades, psicosis.

Muchos saben que el mar es su tumba y se dejan morir ante la indiferencia de quienes son sus verdugos.

Además de los que son estafados por sus propios compatriotas, jugando a la ruleta rusa con sus efímeras existencias. Pesadilla del siglo XXI, entre gallos de medianoche y ladridos de perros a la intemperie.

La indiferencia ante los que duermen en los barrios ricos del mundo, sin billete de reyes magos que los salve del minuto a minuto, atraganta cualquier pincho de tortilla, o ganas de salir de tapas.

La agenda en Madrid fue leve; con tiempo para reencontrarnos con el amado barrio de las Letras, geografía ideal para quien disfruta del Parque del Retiro, del botánico, de los bares con exquisitos bocadillos, risas sonoras, clima cosmopolita y al mismo tiempo de la Comunidad de Madrid.

Al día siguiente de aterrizar, decidimos ir al Gijón, restaurant-bar-centro literario clave en Madrid.

Catman hizo su caminata –siempre con su cámara invisible– y nos citamos para almorzar juntos en el añorado bar. Conseguimos una mesa al lado de la ventana y como el sol me daba en la cara, corrí la cortina.

De pronto Catman me dijo:

–¿A que no sabes quién está allí? ¡¿A que no te lo imaginas?!

–¿Quién? –le pregunté ansiosa.

–Oscar Martínez[2] –contestó mirando directo a su cámara, que ya lo había capturado con precisión.

Corrí el telón y allí estaba almorzando con una mujer.

Salí rauda a abrazar al «ciudadano ilustre», que tardó un poco en reconocerme, pero al final me dio un abrazo cálido y efusivo.

–¡¡Qué bueno verte!! –le dije, saludando a su hermana.

–¡¡Sí, y a ti!!

–Desde que vi la película, que me conmovió hasta el tuétano, quería transmitirte mi admiración por tu trabajo, que realmente era de Oscar.

Emoción digna de Madrid; siempre me pasan situaciones mágicas de causalidad.

El viaje madrileño tuvo un gran ingrediente afectivo: nos visitó Santiago, mi sobrino cabra tan querido, que hacía más de un año que no veía el sol en los Países Bajos, donde vive con su hija Lolita.

Fue reparador reencontrarnos en medio de la guerra familiar más feroz que recuerde en mis 60 años.

Estuvo el fin de semana y pudimos indexar heridas abiertas, dar un inolvidable paseo por el jardín botánico, donde ambos quedamos fascinados por las variedades de plantas y flores, el diseño imperial de la época del rey Carlos III, que eligió ese lugar para trasladarlo, y donde el arquitecto Sabatini dejó su huella.

Mimos al ADN y agradecer a la vida la posibilidad de acortar distancias ya que no podemos vernos a menudo.

A la vuelta del hotel estaba el Consulado de México con una muestra de Frida Kahlo. Catman se anticipó y luego la disfrutamos juntos.

Siempre aparece mi admirada artista y mujer valiente; en esa ocasión la «tenía conmigo» en la cartera que, aunque desteñida por el uso, llevé a Madrid.

---

[2] Actor argentino de extensa e importante trayectoria, protagonista de la reciente película *El ciudadano ilustre*.

Días de entrevistas en radios, medios gráficos, y a la espera del encuentro con Lino Patalano, amigo perro y productor teatral que quería presentarme a sus amigos empresarios, actores y productores.

Nos visitó para un almuerzo en un lugar ecológico Joaquín Sabaté, mi querido cerdo, dueño de Urano. Sus ideas sobre cómo difundir mi obra me dejaron pensativa.

LSD globalizada. Aún virgen de redes sociales y todo aquello a lo que la mayoría de la humanidad ya es adicta, me causó un temblor en la espina dorsal.

Santiago, entre otros sobrinos, me aconseja que me gane a las nuevas generaciones a través de estos métodos: aplicaciones y otras yerbas que todavía estoy digiriendo.

Soy de las que leen libros, los huelen, tocan, subrayan, manosean.

Ser del ciberespacio es para mí entregar mi alma a los mercaderes del nuevo milenio.

En eso estoy, querido zoo. ¿Qué piensan al respecto?

En esos días matizamos con visitas culturales, el Museo Reina Sofía, donde nos dimos un baño de arte clásico y contemporáneo, que siempre mueve endorfinas.

Halloween nos encontró en Madrid, y tenía muchas ganas de estrenar el sombrero de fieltro maravillosamente diseñado que me regaló mi vecina Marta del Puerto.

Con Catman ya había algunos cortocircuitos, que decidí interrumpir para disfrutar plenamente de la movida madrileña.

Al salir del hotel a ambos se nos fue el enfado. Era demasiado divertido el ambiente en las calles, con la gente disfrazada, bailando, cantando y creando un microclima esencial para seguir la saga política, que al final terminó dos días antes con 170 votos a favor de Rajoy, 111 en contra y 68 abstenciones... ¡¡joder!!

Perdidos cerca de la plaza Santa Ana, escuché desde la vereda de enfrente:

«¡¡Ludovica, Ludovica!!».

¿¿Reconocida con ese *look*??

«¡¡Venid, que os invitamos a comer la mejor pizza de Madrid!!».

Felices, cruzamos la vereda, y nos recibió cálidamente un marplatense que nos ubicó en el minúsculo rincón vip con vista a la calle, para traernos dos fugazas y una napolitana.

El Trébol irradiaba buen ambiente, y nos alegramos de compartir Halloween con sus dueños y las simpáticas camareras.

Lino ya estaba en Madrid y había organizado una cita en el mercado San Miguel, que no conocía y me dejó alucinada.

¡¡Qué lugar!!

Me recordó el Mercado del Puerto en Montevideo, donde se conjugan las personas más vitales, alegres, diversas, con puestos de tapas, pescadería, especias, frutas y verduras exquisitas.

La cita fue puntualísima; allí estaban Lino, Gustavo, Carla, Jorge, Imanol Arias, a quien deseaba conocer en esta reencarnación, esperándonos con bombos y platillos.

Pasamos una noche de gran conexión en diálogos, planes y proyectos a corto, mediano y largo plazo; y agradecí a Lino su generosidad de vernos el día que llegaba a Madrid.

Él es *jet lag* vivo; tiene ubicuidad y enlaza al zoo humano como un mago.

Madrid cada día calaba más hondo en Catman y LSD; mientras volvíamos al hotel cruzando la Plaza Mayor hacíamos planes de vivir un tiempo allí.

Un día para hacer las maletas y terminar con esta gira en la cual tanto la virgen de la Almudena como Patricia con su jarabe espray para la garganta me salvaron de cacarear en entrevistas y reportajes y me permitieron salir airosa.

Mucho cariño sembrado, cultivado y cosechado en esta primera parte europea de LSD en España.

El último día llovió –estuvimos casi diez en total– y el buen clima nos mantuvo felizmente enamorados.

Partimos con nostalgia del hotel que nos supermimó una mañana muy fría y con fina lluvia rumbo a Barajas.

Destino: Miami. El vuelo fue de día, y muy humano.

Es raro el cruce desde el Este hacia el Oeste por el Atlántico, el *jet lag* dura bastante y nuestras almas quedarían en Madrid durante toda la estancia en la ciudad donde me esperaba otra presentación en Books & Books, y nada menos que la elección del futuro presidente de EE. UU.

El avión tardó en aterrizar debido a un diluvio tropical que no daba acceso a ninguna pista; desde el aire vimos Miami bajo el agua; casas, árboles, aparcamientos. Cielo aún cargado de pesadas nubes de aguacero.

La salida hacia el taxi fue rauda; ya estábamos en EE. UU.: tiempos diferentes a los de la apacible Madrid.

Una mujer taxista nos llevó a la velocidad del rayo hacia la zona de Collins, donde ya los argentinos son plaga.

No tenía cambio de cien dólares; bajé a pedir ayuda en la recepción de un hotel que elegimos al azar, y un ser histérico me echó sin entender que nos alojaríamos allí.

Me ayudó una huésped; la mujer africana que conducía el taxi salió disparada y por supuesto olvidé dentro la chaqueta canchera[3] que luciría en la gira.

OMOMOM. Miami.

Ya presiento que será una estancia áspera, ardua, todavía con nuestro idilio español a cuestas, me dije.

Nos instalamos en habitaciones más oscuras que el día gris que nos trajo, y nos despedimos con Catman hasta la mañana siguiente.

Esteban, mi amigo del alma, nos llamó en vano; el espécimen de la recepción decidió no pasar la llamada.

Al día siguiente el viento soplaba fuerte, Miami estaba desolada como presintiendo quién sería el nuevo amo del país.

Con Esteban y su perrito Allegro salimos a pasear, fuimos a su casa a ponernos al día de tanta vida que nos separa desde que vive en Miami, su lugar en el mundo, como suele llamarlo, donde enraizó como clavel del aire.

Tuve entrevistas esos días acompañada de Nitsy, una mujer cubana que vivió con pasión cada etapa de su vida y la expresó en la literatura, el cine y el teatro.

El clima pre y pos electoral fue difícil para hacer prensa; pero a pesar de mudarnos a Coral Gable, ver amigos, y ponerle garra a la gira, un aire inquietante soplaba en el mar y en la respiración de la gente con quien nos cruzábamos.

El desvelo de la noche entre el 8 y 9 de noviembre ya es historia en el planeta. Catman dormía a mi lado.

Cuando abrió sus bellos ojos castaños, le di la noticia:

–Ganó Trump.

–¡¡¿¿Qué??!!

–Sí. Ganó Trump.

El día de la presentación en Books & Books, viernes, fue un desafío.

La gente estaba en estado de shock por aquel resultado inesperado, o no tanto, y deambulaban como zombis por la calle.

---

[3] En Argentina, referido a prendas o atuendos, significa con gracia, con onda, simpático.

Mónica Prandi, mi amiga mona periodista y gran difusora del arte en Miami –quien luego consiguió el Consulado Argentino en Nueva York para mi presentación– llegó una hora antes para vernos, ponernos en sintonía y disfrutar de nuestra reciente amistad.

El salón se llenó, ante la sorpresa de los dueños de la librería y sus empleados, que con cariño me recibieron en mi lugar de convocatoria en Miami.

Amigos argentinos como Juan Pablo Enis, Ulises, Rocío, Esteban, Sandra Olmedo, Gaby Guimarey entre otros apoyaron la movida.

Y salió espectacular.

La siembra en Miami junto a Lucía, Mariela Díaz y Nitsy dio resultados, a pesar del triunfo del pato Donald.

Luego fuimos a cenar al restaurante argentino donde me siento como en casa, y que cuenta con una amorosa moza charrúa que es experta en horóscopo chino que se alegró de vernos.

Al día siguiente rumbo a *New York, New York*.

El vuelo en Delta fue un karma inolvidable.

Maltrato a bordo, mi pequeña maleta de mano –sin llave– fue deportada a la bodega con el ordenador, mis papeles de valor, y sentí una angustia que me hizo llorar con lágrimas en el cielo, con impotencia ante las nuevas normas antojadizas y arbitrarias.

Sabíamos que en Nueva York había marchas anti Trump, y le pedimos al amigo chileno que nos buscara en LaGuardia para llegar íntegros al apartotel en Manhattan.

Allí estaba, cuando me recuperaba de la taquicardia que tuve hasta que abrí mi maleta y encontré todo en su interior.

¡¡Ayyyy, mi amado Nueva York!!

La llegada estuvo cargada de adrenalina.

Oscar nos paseó por Harlem en el cromático atardecer que tenía un cielo azul marino con una luna casi llena, en La Gran Manzana, donde se sentía un clima iracundo y sin rumbo.

Volver a transitar por las calles de Harlem de noche, con su historia, mitos y leyendas fue un buen comienzo de este reencuentro con Catman, alerta con su tercer ojo y cámara para no perderse nada.

Nueva York siempre es un flechazo en el corazón.

Magia flotando en su gente con diferente andar: vestimenta, leguas de mares, cielos que nos reencuentran en la ciudad más cosmopolita del mundo.

Cuando llegamos a la zona donde nos alojábamos –calle 56 entre la Sexta y la Séptima Avenidas–, un atolladero de policías, coches, sirenas nos confirmó que estábamos en el centro del ojo de la tormenta.

La casa de Trump quedaba a una manzana de nuestro hotel, así que dimos varias vueltas –como en la calesita– hasta que nuestro ducho chófer pudo dejarnos en la acera del Manhattan Club.

El frío nos caló hondo.

Y, como siempre, el *check-in* al llegar a un nuevo hábitat nos destempló el alma.

Catman estaba lívido, el viaje en avión fue un vía crucis, yo sentía malestar, así que después de captar que el lugar para cinco días estaba bien, decidimos salir en busca de una sopa o algo que nos pusiera de buen humor.

Me cubrí con el sombrero de fieltro de Halloween, que atajaba cualquier ciclón y apenas provocaba alguna mirada de reojo.

Desembocamos en Broadway en un restaurante italiano que compensó nuestro aterrizaje con fórceps.

Por suerte dormimos escuchando jazz de la radio, a bajo volumen, y nos despertamos el domingo, con un día de sol típico de otoño, ideal para ir al Central Park hasta que nos aguantara el cuerpo y el buen humor.

Así lo hicimos; estábamos a cuatro manzanas, y después de tomar un café en un bar con más popularidad que toda la zona del magnate recién electo presidente, nos internamos entre carrozas, bicicletas, carritos con bebés que solo se ven los domingos en el Central Park, una novia que caminaba rumbo al altar con su prometido, titiriteros, acróbatas, y lo que más feliz me hizo, hace y hará siempre: un músico solitario con su saxo debajo de uno de los puentes del parque deleitando a los visitantes con sonidos de los clásicos: *Fly me to the moon, Woman, New York, New York*; me quedé bailando a su lado, feliz, mientras el sol me daba en la cara haciéndome el amor.

Catman, más *blow up* que de costumbre, disparaba, filmaba, disfrutaba el olor de hojas rojas, caobas, amarillas del otoño, capturándolas con su sensibilidad a flor de piel.

Éramos niños, jóvenes, abiertos los sentidos en un viaje que presentí sería de los últimos que haría a Estados Unidos en la era Trump.

Al salir del Central Park, cerca de las cinco de la tarde, ya había marchas en la calle que bordea el parque, frente al emporio Trump, y fue conmovedor saber que en EE. UU. la gente pide permiso para marchar, se sabe qué calles se cortarán, y siempre se lleva a cabo en un clima respetuoso.

Aunque a veces la violencia crece, cuando el búmeran de lo que se dice y luego se hace provoca estados alienantes en la gente.

Estábamos a mediados de noviembre, había transcurrido una semana de la elección que cambió la historia del mundo, y el alud de lo que está deviniendo se encuentra escrito en mi libro del gallo de fuego.

Después de esa intensa jornada nos quedamos en el apartamento y nos preparamos para el lunes, día de visita al Consulado Argentino, donde debutaría dando mi presentación el miércoles 16 de noviembre.

Abrir los ojos en Nueva York siempre es divertido; desde lo que se ve a través de la ventana hasta las noticias de la radio, o bajar a tomar un desayuno en la calle.

Tenía datos del cónsul José María Gabilondo y su esposa Marcela, la vicecónsul Claudia Curti y los organizadores, así que tardamos poco en las dos manzanas y media que nos separaban del Consulado. Y allí nos recibieron con calidez para mostrarnos el salón donde daría mi charla.

Es realmente muy acogedora la casa estilo francés del Consulado Argentino; con amplios salones abajo, escalera de madera para llegar al primer piso y participar de lo que surgiera en la gran agenda que tienen para difundir nuestra cultura en EE. UU.

Entre apenados y tímidos, me advirtieron que a media manzana estaba el edificio ¡donde vive Trump!

Oh, my God!!

Por eso la calle estaba cortada, llena de policías y seguridad, y no me garantizaban que fuera gente a la presentación con ese clima bélico. Inhalé y exhalé profundo; les dije que me entregaba a los designios del tao, y que para mí era un honor estar allí.

Claudia Curti y dos personas muy agradables que bauticé los Alejandros fueron muy cálidos y después de dejar en orden la parte tecnológica, salimos de allí al mediodía; parecía que habíamos vivido 23 horas en una hora y media.

Sentía que tenía mil toneladas de plomo en la espalda. Esa noche iba a ocurrir un eclipse lunar fortísimo con luna llena.

¿Sería la cercanía de Trump que hacía tan densa la mañana?

Otro cortocircuito gatuno, día que debía ser de gran delicadeza con el prójimo, pues los átomos de lo que se palpitaba en la era Trump estaban ya en el inconsciente colectivo.

Esa tarde pude convencer a Catman para ir hacia otra parte del Central Park en busca de la luna llena.

Caminamos por Columbus Circle en una tarde gris y húmeda que nos mantuvo a buen ritmo. Y cuando ya los faroles estaban encendidos, elegimos quedarnos en un bar muy simpático que tenía *happy hour* y estaba casi deshabitado. Allí pudimos serenarnos un poco y retomar el diálogo.

La luna nunca apareció; despedimos el amado lugar caminando por el West Side rumbo al Lincoln Center.

Desde allí disfrutamos la fuente, la plaza, los espectáculos anunciados desde sus carteles tan bien diseñados, y dejamos que sonaran conciertos, recitales, ópera, en nuestra imaginación, palpitando el mítico lugar donde se han consagrado artistas de gran parte del mundo.

Invité a Catman a tomar un té en la terraza del Essex, hotel clásico de la zona, con camareras salidas de *La La Land*. Volvimos caminando al apartamento, nos desviamos, y con un *yellow taxi* rápidamente estuvimos a salvo.

A comer una pizza cocida en microondas que estaba como la suela de un zapato y esperar a que al día siguiente llegara Esteban, mi amigo de varios katunes que nos visitaba dos días en Nueva York para acompañarme en la presentación y además para ponerme más mona de lo que Madre Natura esculpió en mi rostro de Gioconda del siglo XXI.

Llovía en Nueva York, con esa cortina de agua que parece solo para las películas; y soplaba un viento fuerte que no era ideal para un vuelo que venía desde Miami.

Cuando sonó el teléfono supimos que mi amigo actor, director de teatro, guionista, escritor estaba a una manzana de nuestro hotel esperando el *check-in*.

–¡¡Venííí!! –le grité fuerte–, así ya comenzamos a reírnos a carcajadas.

Esteban estaba feliz de volver a Nueva York después de más de veinte años. Y con Catman se llevaba bien, así que formamos un trío muy divertido en esos días para todos inolvidables.

Fuimos a almorzar a un restaurante italiano que nos encantó. Tenía fotos en blanco y negro de los grandes astros del cine, mesas con manteles que parecían hechos en casa, y humeantes platos que nos envolvieron en un microclima delicioso.

Celebramos ese momento y después de almorzar lo acompañamos a la *suite* de estrella de Hollywood que el destino le deparaba.

A la noche pedimos una pizza con champán y nos pellizcamos para creer que estábamos en Nueva York como si fuéramos Jack Nicholson y Cher.

Por la mañana, desayunamos los tres y fuimos como saetas al Central Park.

El día de otoño tenue y soleado le daba una textura que Catman atesoró en sus fotos y videos.

Inhalé prana, CHI, me coloqué (preparé) para la tarde, porque debutaría presentando el libro en el Consulado Argentino en Manhattan, y con total entrega fluí sin expectativas acerca de lo que pasaría allí; la peor manzana de Nueva York por la vecindad de Trump.

Fui a una peluquería en el barrio, me puse más mona de lo que soy, y previo *make up* de Esteban salimos a la cita vespertina.

Mariela, la querida perrita de Spanish Publishers, nos acompañó esa tarde en la que LSD apeló a toda su capacidad profesional para recibir al zoo latinoamericano que, gracias a José Sibaja de *El Especialito,* llenó el salón esperando a la astróloga china criolla.

Fue maravillosa la convocatoria: el público atento, educado, amable y muy agudo en el momento de hacer preguntas.

En primera fila estaban el cónsul José María y su esposa Marcela, y realmente me sentí como en casa.

¡¡QUÉ EXPERIENCIAAA, QUERIDO ZOO!!

La sinergia de Mónica Prandi, Urano y las magas de Lucía y zoo lograron este paso en mi trayectoria.

Un ameno cóctel en la planta baja y firma de libros con muchos compatriotas, y una pareja joven y amorosa que me presentaron a Ludovico, el monito de fuego de tres meses que fue bautizado así por la admiración de su mamá serpiente de fuego y su papá búfalo de agua, en versión *yang.*

Mi tocayo es el bebé más lindo que vi en mi vida. Su mirada inquieta y vivaz, su sonrisa y su picardía confirman que es un monito de fuego pura sangre.

Con Esteban quedamos fascinados y también me dio una gran alegría ver allí a Corina, mi amiga perrita desde hace más de treinta años.

Júbilo, aprobada en Nueva York y al salir les dije a Esteban y a Cat: «Vamos ya a Downtown, al Blue Note, y a comer como merecemos después de este gran parto».

Llegamos en un *yellow taxi* atravesando Broadway y la ciudad que enamora a quienes la conocemos hace mucho, poco, y a los que recién aterrizan y se energizan por tanta magia.

Fuimos a un restaurante italiano iluminado con bombillas de colores, con buena música y camareros simpatiquísimos.

Disfrutamos desde las *bruschettas* hasta el buen vino, pasando por pasta con camarones, boloñesa, fileto; hicimos muchos planes a corto, mediano y largo plazo para volver a Nueva York… y nos desvelamos.

Salimos y caminamos rumbo a una heladería donde nos sentimos como niños de quince años, entre la elección del cucurucho y el gusto de los helados.

De allí rumbo a Blue Note, el mítico lugar donde hace un cuarto de siglo vi en primera fila al Gato Barbieri vibrar junto a la Vía Láctea.

Desde afuera nos dimos un baño de jazz, eros, alegría. Seguimos caminando rumbo a un bar donde convivían todas las épocas del arte, de libros para leer y soñar hasta el próximo Big Bang.

¡¡Graciasss, Vida, por tanta abundancia!!

Al día siguiente volvíamos a Buenos Aires, y Esteban a Miami, donde vive desde hace quince años.

¡¡QUÉ NOCHEEEEEEEEEEEEE!!

Nos despedimos al lado del Carnegie Hall, donde quedaban nuestros hoteles, sabiendo que este viaje sería inolvidable en nuestra memoria celular.

Gracias, libro pródigo de horóscopo chino que me llevas por *el planeta de los simios*, aprendiendo cada día más de la condición humana.

Llegamos justito al vuelo; el tránsito en Nueva York es implacable.

Y con sol de mediodía nos encomendamos a Maximón, mi santo indígena, para sobrevolar América rumbo a Buenos Aires.

Tenía solo dos días antes de la presentación en el teatro Maipo y, gracias a Claudia Pandolfo, Oscar Mulet y los nahuales que me protegen, salí radiante una tarde suave de noviembre a pisar con decisión la calle Esmeralda, que estaba cortada para que los curiosos se asomaran a disfrutar del espectáculo.

Guillermo Cantón y Francisca fueron los encargados del arte callejero, mientras en el hall, amigos, periodistas, artistas se arrimaban al fogón.

Fui amorosamente recibida por los ángeles del Maipo, Andrea y Juan, que me condujeron al camerino lleno de flores, sahumerios y rosas rojas enviadas por Lino Patalano desde España.

Sentí que «el tiempo es arte y el arte es tiempo», como dicen los mayas.

Y que en un instante, mi vida pasó como una película para recordarme mis tiempos de actriz, bohemia, poetisa incomprendida en la década de los 80, cuando el sublime Tato Bores me descubrió.

En el Xibalbay, el subsuelo del Maipo, están los camerinos: saludé a mis amigos que con cariño y gran profesionalidad fueron los artistas esa noche de jazmines del cabo y brisa envolvente.

Después del vídeo de la gira del año del mono, aparecí pisando con firmeza el escenario.

Y di mi cosmovisión del mundo, del país y del camino recorrido para estar esa noche allí, presentando el libro del año del gallo, que ya había levantado vuelo en España y en EE. UU.

APLAUSOS.

María José de Mare, Militta Bora, Alfie Martins y mi querida Gipsy Bonafina dejaron al público saciado de música y humor.

Además de un cóctel pantagruélico que ofreció Rodolfo Blanco, gerente de Urano en Argentina, y el equipo editorial que están en los más mínimos detalles.

Cuando entré en el vestíbulo para firmar libros, Tristán, Fernando Samalea, Mike Green, Hoby y muchos más se acercaron a saludarme.

Salí a medianoche con Catman, Henry y otros amigos que hacen el aguante[4] hasta el final y fuimos a comer una pizza en la avenida Corrientes. Y después, amigos, un día en *off*.

Hice entrevistas en televisión antes de la presentación para que el éxito estuviera asegurado, almorcé con Mirtha Legrand, y después visité a Gerardo Rozin y Mariana Fabbiani; también di entrevistas en radio, prensa y páginas web.

Buenos Aires querido: llegué con la energía positiva para contrarrestar tanta estafa sin escapatoria que ya es parte de un cáncer ramificado que no fue jamás tratado preventivamente, y el tejido social enfermo con pocas posibilidades de recuperación si no se activan la medicina espiritual, ética y las leyes para ser cumplidas.

Pocos días faltaban para celebrar la Fundación Espiritual de la Argentina, en su aniversario decimotercero, número que conecta a la tercera con la cuarta dimensión.

---

[4] En Argentina, «hacer el aguante» significa acompañar, permanecer con alguien en cualquier circunstancia.

Catman se adelantó para la logística y ultimar detalles del movimiento que crece año a año en quienes comprendemos que los cambios reales de cada persona son desde adentro hacia afuera, para poder integrar pasado, presente y futuro al destino.

Hace tres años sumamos a esta ceremonia el lanzamiento del libro en Córdoba desde Ojo de Agua, Nono.

El domingo 4 de diciembre fue un día de un calor abrasador que no detuvo la llegada de gente de todo el país, de fundanautas[5], mujeres y hombres que captaron esta semilla sembrada hace trece años en la conciencia.

Y con mis buenos anfitriones del lugar, Aldo, Antonia, Oscar y Lucía, ofrecemos a la gente un encuentro a la canasta[6], y ganas de escuchar a los artistas como Fernando Mangus, que trasciende ser un gran músico, es un juglar que transmite con claridad la historia cósmica y regional para aceptar lo alejados que estamos de lo más cercano; y así empezar a vivir integrando raíces, tronco y árbol.

Su comunión con los algarrobos, abuelos ancianos que cada día son talados con crueldad, con los árboles originarios del lugar: espinillos, churquis, talas, chañares, que son patrimonio de nuestra flora, del suelo, de lo que disponemos para respirar y tener sombra en los tórridos veranos en los que cada vez llueve menos y debemos rezar para no deshidratarnos y para que los animales no mueran de sed.

La noche fue soñada por Zeus y Afrodita. Estrellas titilaban sobre nosotros y la comunión fue absoluta entre invitados, artistas y fundanautas.

Mario, el querido dragón de la Triac (radio FM) con asistencia perfecta y siempre dispuesto a la difusión, también quedó un día en *off* después de esta movida: fanes, gente con expectativas de salvación, almas en pena se conjugan para ver a LSD en su ámbito y a los amigos que son parte del zoológico serrano.

La semana que seguía estaba dedicada a dar seminarios: de constelaciones familiares por Silvia Grillo, de mandalas por Juan Carlos Marchessi, de meditación dinámica por Miguel Grinberg y de I CHING para la vida cotidiana por LSD.

Así seguiremos, TAO mediante, este año y hasta que se apague la última luz.

---

[5] Término creado por la autora para hacer referencia a las personas que desean refundar espiritualmente su país de residencia (Argentina).
[6] Encuentro donde cada persona lleva lo que desea comer y compartir con los asistentes.

Dos días de reposo antes de una escala en Buenos Aires, y desde allí a Montevideo, una plaza infaltable de gira, con la sorpresa de ganar el premio al libro más vendido del año 2016.

Invité a Marisa, mi querida correctora de hace un katún (veinte años), porque es una amiga ideal para los viajes por su innata búsqueda cultural, humana y porque me capta en mis ritmos laborales.

Además no conocía Montevideo, lugar que le vaticiné seria clave en su vida.

Lo pasamos muy bien, pudimos ponernos al día de las flechas envenenadas del cruel año simio, y brindar en el Mercado del Puerto con amigos antes de partir.

Inés, Alejandra y la buena sintonía del hotel Radisson hacen que –además de la prensa, que es abundante, generosa, abierta e inteligente en sus preguntas– la presentación en la querida capital uruguaya sea un éxito.

Vi a Cecilia, a Anabella, a Adriana, mis amigas de siempre, tan queridas y que aportan algo nuevo y original en el encuentro.

Catman decidió dejarme sola para reciclar mi difícil año del mono. Y por supuesto, apenas terminé la gira partí hacia el templo del Argentino Hotel a recibir el solsticio de verano.

Y pasar Navidad con Uschi y Fernando Demaría, mis amigos filósofo y artista con quienes al menos una vez al año nos saludamos poniéndonos al tanto de nuestras andanzas.

El cariño de René y José Méndez Requena, los custodios del hotel, templan mi alma de tanta milla, legua y kilómetros en el KUNDALINI.

Agó Páez Vilaró me convocó nuevamente para presentar el libro del gallo en el octógono. La cita fue el 30 de diciembre, y me encantó llegar y sentir el cariño de quienes son sus avatares, que nos recibieron con la calidez digna de los Vilaró.

Recién aterrizada de un viaje por Europa, Agó desplegó sus artilugios y hasta dejó cerca de mí un gallo real para que fuera el anfitrión en esa tarde inolvidable en que el zoo charrúa, el argentino y el de cada lugar de visita en Punta Ballena se acercaron para escuchar mis cacareos.

El mensaje fue nítido, transparente, y llegó al alma.

Cenamos unas pizzas y empanadas en su simpático bodegón, con amigas que están en el TAO, buscan sus caminos tejiendo el telar de la vida, y que son parte de la tribu de Agó.

Un cerdito genial, sabio, adorable nos llevó de regreso al Argentino Hotel cuando más o menos eran las 2 de la madrugada.

Como ya saben, le doy poca importancia al año nuevo solar; intento pasarlo lo más invisible de mí misma que sea posible, y poniendo a favor más que en contra el inevitable balance del mono cruel que aún nos regiría hasta el 28 de enero de 2017.

Y Catman estuvo mejor que el año pasado; fuimos a un restaurante del barrio donde a las doce un niño de un año lo abrazó fuerte para darle un beso, algo absolutamente sobrenatural y que lo emocionó hasta salpicarme con una lágrima.

Esos días son un limbo siempre; enero duele, lacera las ausencias, las incomprensibles peleas familiares por ego, y esta vez decidí dejarlas en el mar que tenía frente a mi balcón, y darme un buen baño para exorcizar el pasado.

La presentación del 4 de enero fue otra ceremonia con el espíritu de Piria y Ana Isabel Veny Llabres, mi coautora uruguaya que es una médium maravillosa del proceso planetario y lo describe con maestría para quienes concurren a la cita.

Aplausos, firma de libros y, la noche previa a la partida, a degustar manjares en el Asador, la parte que se inaugura para año nuevo en el mítico hotel.

Conocí al embajador uruguayo en Argentina, que muy amablemente se acercó. Al amanecer, agradecí la estancia y al maravilloso grupo humano.

Buenos Aires cinco días; el reencuentro con Maximona, ver algún amigo de los que no veranean o tienen otros planes, meditar, ordenar las cuentas, pagar facturas, y prepararme para presentar al hidalgo gallo de fuego en Mar del Plata, ciudad que atesora recuerdos nítidos de la infancia.

El vuelo fue casi a ras de la tierra; no sabía si porque ya dejaba este mundo, o porque el piloto nos quería mostrar la pampa húmeda.

Con alivio aterrizamos un cálido día al atardecer, y con alegría vi que Claudio, mi amigo gallo y librero, me esperaba para llevarme al hotel.

Afinidad, sintonía inmediata con quien hace más de treinta años recorrimos parte del país presentando mis anuarios chinos y dando charlas en pueblos y ciudades.

La preocupación de Claudio por la crisis en su sector me dio un panorama de la crisis del país.

OMOMOM.

Remonté la situación con humor, y de pronto abría la puerta de Torres de Manantiales para sentirme en casa.

Esperaba a Flavia y Miguel para la presentación en Villa Ocampo, templo donde el zoo marítimo y los turistas del lugar me visitan cada año.

En los dos días previos hice entrevistas en radio, diarios y revistas, y recordé la infancia, cuando la abuela paterna nos mimaba con devoción.

Una luna llena rojiza alteró mi humor, mi estado del alma y deseé reencarnar en el año del gallo. Pareciera que el clima siempre nos acompaña al atardecer en el majestuoso jardín de Victoria.

Mariana Paz, sincronizada con mi estancia marplatense, me maquilló divina, y llegamos con Flavia y Mike Green a la ceremonia.

Casi setecientas personas escucharon nuestra charla, que fluyó, interactuó maravillosamente, hasta que la noche aquietada por el viento nos unió para intercambiar firmas, prana con el zoo, que sabe de paciencia china más que yo.

A medianoche festejamos en el restaurante esa velada y el crecimiento de la Fundación Espiritual de la Argentina, que ya es federal.

Mi vuelo rumbo a Ushuaia al día siguiente era a las 7 de la mañana, con escala de tres horas en Buenos Aires.

Tengo facilidad para madrugar, pero casi no podía moverme a causa de la intensidad de la presentación de apenas unas horas antes, y fue un gran esfuerzo llegar al vuelo despidiendo el mar rumbo al extremo sur del país.

A veces, sobre todo en épocas de gira, guiada por mis agendas china, maya, solar, elijo días para encomendarme al Gran Espíritu. Y hasta mis tres katunes he viajado sana y salva.

El vuelo de casi cuatro horas fue muy largo, pero desde mi asiento vi la cordillera, el mar, la bahía de mi amada Ushuaia.

Me esperaba una comitiva: las libreras de La Boutique del Libro, que divertidas con pasear por el Sur, amablemente me depositaron en Las Hayas, el maravilloso hotel donde me hospedé cuatro días.

El viento y el contraste de un enero lluvioso y húmedo me descolocaron anímicamente.

Y después del *check-in* me acurruqué en un cuarto cálido con vista a la bahía.

¡¡GRACIAS, DIOS MÍO!!

Qué privilegio ver, poder apreciar esta maravilla que es parte de nuestra isla, única en el planeta.

El día es eterno; acaba de oscurecer a medianoche, y comienza a clarear a las 3 de la madrugada. Por eso dejé los ventanales siempre abiertos, para no perderme ninguna fase solar ni lunar.

Extrañé a Cat en este paraíso. Y saqué fotos virtuales por él.

Soñé con dioses y nibelungos que como los serafines me raptaban hacia sus cuevas y cavernas milenarias, sus bosques petrificados, y la profundidad del estrecho de Magallanes.

El domingo fue inolvidable.

Desayuné y me preparé para ir a la ciudad antes del mediodía. Bajé por un sendero entre las hayas y los arbustos autóctonos, cuidándome muy bien de no resbalar, y después de intentar encontrar un kiosco, bar o algo abierto para comprar agua y tiritas, sentí la «separación cósmica» del lugar.

La luz es diferente a la de cualquier lugar del mundo: entre amarillenta y grisácea, y el viento se inmiscuye por las células cansadas de tanto viajar destemplando el alma.

Era una ciudad fantasma. Casi todos los negocios cerrados, y después de bajar del taxi deambulé como un espíritu más de los que murieron en ese mar o se inmolaron en las islas Malvinas por todos los argentinos en otra cruzada cruel.

Es muy estremecedor llegar a Tierra del Fuego, apenas intuimos la verdadera historia de quienes se aventuraron en esos mares y territorios poblados por onas y yamanes.

Entré en un restaurante antes de hora, para resguardarme de la desolación dominguera.

Me abstuve de comer un cordero patagónico por el precio digno de algún millonario, y me conformé con una chuleta dura como suela de zapato y patatas fritas que pagué como en Maxim's de París.

Fue un año demoledor para Tierra del Fuego; sobrevino la debacle pos era «K» y de sus amigos empresarios, petroleros, navieros. Las «fábricas» que unían repuestos chinos y coreanos para la tecnología que llegaba a la Reina del Plata[7] expulsaron a miles de personas que intentaban reacomodarse en trabajos temporales, o insertarse como podían en el mercado laboral.

No es fácil entrar ni salir de Tierra del Fuego, y la sensación es que podía quedarme por misteriosas razones anclada como una yamana.

---

[7] Reina del Plata es el nombre que se le da a Buenos Aires.

ARGENTINA FRAGMENTADA; DESQUICIADA, VIOLADA.

Hice mis rituales y volví al hotel, pues al día siguiente tenía agenda laboral y presentación en la Casa de la Cultura, donde había estado por última vez al día siguiente del asesinato de Nisman.

La atemporalidad en Ushuaia da margen para revisar la vida propia y la ajena, leer, meditar, pensar temas que jamás se nos ocurrieron, desmalezar zonas abismales que nos merodean en una ráfaga gélida que nos despabila como el SATORI.

El hotel queda lejos de la ciudad, entonces noté que estaba «mal de manos»; debía arreglarlas y tenía tiempo rumbo a las notas en la librería. Apareció Jefrey, un emisario del cosmos, que amablemente me trajo algo que desconocía, queridas mujeres: un quitaesmalte de Cutex en recipiente redondo, donde se introduce cada dedo y las uñas quedan listas para ser pintadas. Un episodio clave en la gira, que gracias a la mujer de Jefrey descubrí y me salvó antes de salir a escena.

Cuando llegué a la librería –siempre pido estar antes que los periodistas o personas que con mucho respeto y cariño me esperan para entrevistarme–, noté algo extraño.

Las encargadas de avisarme de que me esperaba un programa de televisión muy conocido en Tierra del Fuego brillaron por su ausencia y, de golpe, un amable señor muy bien vestido y perfumado me saludaba, dando por sentado que lo conocía y sabía que haría un largo programa con él.

Manuel Valdivia estaba con sus dos cámaras e iluminadores listos para la entrevista en el primer piso de la invalorable librería.

Sin maquillaje, y respirando hondo, me preparé para esta experiencia.

Amable, culto y con muy buena predisposición para entrevistarme, Manuel, perro de tierra, me llevó por varios universos paralelos con su tradicional mate cebado con sus mágicos experimentos que transportan al que se anime a compartirlos.

Dos periodistas muy pacientes esperaron que terminara con este programa, y difundieron, para que el zoo de Ushuaia se enterara, que a la tarde los esperaba en el teatro para la presentación.

Un breve recreo y a preparar los siete cuerpos para darles lo mejor del último libro de LSD a los fueguinos y almas itinerantes de la Patagonia.

Jefrey, tigre de agua, me buscó para llevarme con las entidades invisibles a la ceremonia.

Esperé en un camerino gélido, coloqué voz y alma y cuando salí, la sala Niní Marshall estaba repleta, con un silencio digno del inicio de una ópera. Fluí, transmití el mensaje para el mundo y el país, para cada signo, y lo maticé con mis recientes giras por el supuesto primer mundo.

La firma, el contacto con cada persona fue intenso: no solo es firmar el libro, sino contener en dos minutos las confesiones inconfesables que me llueven como agua bendita en mis oídos.

La querida directora de la Casa de la Cultura, Susana López, rata de tierra, se acercó muy contenta y me dijo que hay pocas personas capaces de llenar la sala Niní Marshall.

Al salir, a las 22.30, aún era de día. Sentí un gran cansancio y ganas de comer algo rico y tomar un vino tinto que compensara tanta energía entregada y recibida el 16 de enero de 2017 en el fin del mundo.

Pedí servicio de habitación, y extrañé más aún a Catman, a mis íntimas amigas, con quienes me hubiera encantado ponernos al día, olvidarme de mí por un rato. Pero es verdad, querido zoo: a veces terminamos solas celebrando con el cosmos la vida que nos ha dado tanto.

A dormir.

Tenía el día siguiente para mí antes de seguir la gira a Puerto Madryn. Y a pesar de la posibilidad de tomar el tren del fin del mundo, que todavía está pendiente, o navegar por el canal de Beagle y conocer estancias históricas, preferí quedarme en la habitación, ir a la piscina climatizada, leer, reformular grandes materias pendientes.

A la tarde, cuando apenas comenzaba a oscurecer, decidí ir a comer y brindar por la grata estancia a Chez Manu, lugar donde el menú es muy conocido en Ushuaia, y muy reconocido por *gourmets* y turistas.

Fui reconocida por la mujer de Manu, quien me felicitó por mi labor, y me atendieron amablemente.

La cosmovisión del lugar es impactante. Rodeado de montañas nevadas, bosques, un silencio espectral y con vista a la bahía, pero situado a mayor altura que el hotel, invita a agradecer ser parte de la creación del universo.

Felicitaciones para los que aún apuestan en Argentina, en cada rincón, pueblo, ciudad, y se arriesgan a salir de «la grasa de las grandes ciudades».

Dormí envuelta en nubes bíblicas y desperté con ganas de reencontrarme con Puerto Madryn, lugar que me gustó mucho en el viaje anterior.

Al mediodía, Jefrey me llevó al aeropuerto y esperé remontar el misterio de la gravedad dejando el verano aún sombrío rumbo al calor de Trelew y la península de Valdés.

Vuelo apacible, sin turbulencias, que anunciaba una grata estancia en la ciudad que atrae turismo mundial por el avistamiento de ballenas, pingüinos, orcas y delfines; y por sus extensas y exquisitas playas para eternizarse en la arena y el mar.

Un taxista local me llevó desde Trelew a Madryn, y me puso al tanto de la crisis de la temporada, de la falta de turismo y, como siempre, de la forma de sobrevivir con la inventiva local.

En el hotel me esperaba Javier, el caballito de metal, hermano de Pablo, los mejores anfitriones que tuve en Madryn y en Pirámides.

Trabajadores, atentos, simpáticos, fueron clave en la gira patagónica. Mi habitación daba al mar, pero aún mi alma estaba en Las Hayas y me costó aceptar el nuevo espacio.

Salí al atardecer a caminar, oler Madryn, a comer una pizza con una cerveza y entretenerme con los comentarios locales: cuánto cuesta una moto, «la novia de fulano se fue a vivir a Madrid y lo dejó sin aviso». La normalidad en algún lugar del país, donde todavía no se nota un clima de inseguridad, estrés, posibles malas noticias.

LO VALORÉ MUCHO.

Y volví silbando bajito al hotel, viendo el atardecer rojizo sobre el mar con un pesquero que me inspiró.

Al día siguiente tenía entrevistas en La Boutique del Libro que ya conocía y que me resultó familiar al volver.

Saludé a empleadas y periodistas y conocí el Cine Teatro Auditórium Sociedad Italiana, donde presentaría el libro el viernes 21 de enero.

El dueño, un simpático gato de metal, Rubén Petrucci, me mostró el escenario y los camerinos, y acepté la invitación para ver la película *Nieve negra* esa noche. Y quedé maravillada con esta obra maestra del cine nacional. Maestría de Darín, Sbaraglia, Luppi y el director Martín Hodara, una constelación familiar que me conmovió hasta el llanto.

Volví caminando despacito en la agitada noche de Madryn, para dormir bien y esperar la llegada de Claudia Pandolfo, al día siguiente para el desayuno. Me acompañaría unos días en la gira y juntas descubriríamos la península de Valdés, al estilo *Thelma y Louise*, más dosificadas en edad y riesgos, ya que estaríamos muy mimadas por Rita, maestra rural que conocí hace dos años, Javier Roldán, el amable intendente de Pirámides, y la secretaria de cultura Paula Fontao, quien, a pesar de ser porteña, tuvo un flechazo con Puerto Pirámides y dejó raíces profundas en dunas y tempestades para florecer en su juventud y madurez.

Claudia llegó agotada del estrés del año del mono, que no perdonó a ningún mortal, y después de que desensillara fuimos juntas a la playa, y logré bañarme en un agua deliciosa por la temperatura.

Hemos compartido viajes, producciones, ha escrito en el *Libro del Amor*, y nuestras parejas son *blow ups*, conocidos hace tiempo, con las pausas personales y profesionales que depara la vida.

Nos pusimos al día de chismes, situaciones familiares, y nos reímos mucho.

El día de la presentación en Madryn me asesoró con el *look* y me maquilló con mucha gracia.

Salí muy mona y la presentación tuvo *feedback* y mucha magia.

Fuimos a comer a un bodegón amoroso cerca del cine teatro y de pronto, cuando me reconocieron en una mesa, la noticia se expandió y el lugar se llenó de preguntas sobre el año del gallo, de parejas a punto de casarse, y respuestas que daba Claudia para que pudiera probar bocado.

Qué gran atracón me gusta darme después del deber cumplido.

Ambas caímos como piedras en la cama, pero parte del recuerdo del hotel fue que no funcionaban las tarjetas magnéticas y debían venir los conserjes a abrirnos cada vez la puerta de nuestros dormitorios.

OMOMOM.

El domingo 22 de enero nos levantamos con ganas de salir con los hermanos Pablo y Javier rumbo a Puerto Pirámides.

Ellos nos vinieron a buscar puntuales, y nos relataron hacia dónde nos dirigíamos, mientras contemplábamos la inmensidad de dunas, playas, cielo azul y paisaje patagónico con sus pintorescos guanacos, arbustos y espíritus que se sentían en cada legua cerca del mediodía.

Nos sorprendimos en la curva del camino desde donde se ven a lo lejos pirámides, como en una maqueta de un wéstern.

Bajamos a saludar desde una plazoleta en la cual ondeaba la bandera argentina; la alegría de llegar a un lugar donde me esperaban con el corazón y los brazos abiertos producía endorfinas en mi cerebro simio.

La península de Valdés es patrimonio de la humanidad, y cuando el coche llegó a la entrada vimos el cuidado en cada bar, restaurante, negocio… ¡una joyita nacional para visitar, querido zoo!

Nos dirigimos al hotel donde nos esperaban para almorzar el intendente Javier, Paula y Rita, la yegüita de fuego que logró que LSD llegara a buen puerto.

Claudia estaba feliz y el banquete de frutos de mar, mariscos y ensaladas no se hizo desear.

Filosofamos, nos contaron la historia de la mágica península y todos necesitábamos «la bella horizontalidad del ser» rumbo a una siestecita o descanso, antes de recorrer o disfrutar la vista del lugar hacia el mar, con sus estructuras rocosas que le dan una forma surrealista estilo cuadros de Dalí en Cadaqués.

Al día siguiente era la presentación en el Salón Municipal La Nona, un espacio para los artistas que llegan a Pirámides, y como siempre pedí conocer el lugar, previa visita a la escuela. Felicitaciones, Pirámides, por sus aulas, pulcritud, patios y maestros que con vocación hacen patria. Y sobre todo en los largos inviernos en que el frío, el viento, la intemperie azotan casas, caminos, vidas precarias, y la amistad y la solidaridad son sustancias esenciales para vivir allí.

El salón se vistió de gala esa noche; Mariana y Rita prepararon el lugar con cariño, y se notó.

Se llenó lentamente; parece que vino gente desde Madryn, Trelew y algunos turistas que a veces encuentran sin buscar a quienes el TAO deposita por sincronicidad en algún paraje.

Lindo debut para LSD. Me comprometí a volver cuando me convoquen a tan adorable lugar.

La maravilla de esta gira en Pirámides fue que todas las mujeres y Javier, el intendente, nos daban vales para almorzar y cenar en los restaurantes más adorables del pueblo. Gracias, dueñas, camareros, cocineras por tanto cariño gastronómico y afectivo.

Siempre es interesante conocer vidas de argentinos que emigraron hace tiempo por divorcios, exilios interiores, hartazgos o por un flechazo que provocó que algunos se la jugaran en una nueva aventura que los enraíza para siempre.

Es cierto que el cholulismo[8] abunda también en estas latitudes, y tuve que desairar a un astrólogo que daba por sentado que cenaría con él y su mujer, pues su amigo era el dueño del restaurante donde degustaríamos manjares.

Las estrellas titilaban con presencia esa noche, y después de otro buen vino y plato local me sumergí en sueños de Julio Verne.

---

[8] En Argentina, significa ser adicto a los famosos. Tuvo su origen en el nombre de la historieta *Cholula, loca por los astros*, creada por Toño Gallo en la década de los 50.

Al día siguiente, Javier, el querido amigo cabra de tierra, nos llevó a conocer la lobería y las playas más alejadas donde solo los pescadores conviven con la línea del horizonte infinito entre delfines, orcas, salmones, ballenas francas y sirenas que los enamoran irremediablemente. Tarde divina, soleada, con nuevas ideas y brotes de vida.

Al día siguiente volvíamos a Buenos Aires desde Trelew, despidiendo la gira patagónica.

Reconozco que en mi vocación literaria los viajes son las especies diversas, exóticas, imprevisibles que dan riqueza a mi sed de búsqueda humana, histórica, cultural y geográfica.

Las huellas que dejan los nuevos amigos, las mujeres a quienes admiro profundamente por sus vidas en remotos parajes del país aquietan mi corazón vagabundo, como canta Caetano.

El choque con Buenos Aires a veces lleva un tiempo en mi sistema inmunológico. Y así fue.

Reencuentro con Catman, una semana pagando facturas, y volver a Feng Shui para celebrar el cumpleaños de Muna, la abuela que inspiró mi vida aquí, y el de mis años en Traslasierra, que ya son muchos, para seguir regando árboles e ideas fundacionales.

Un vuelo con turbulencias, Guillermo, nuestro tigre *taxi driver*, y abrir la puerta del hogar nuevamente para respirar aire puro.

Días de semidescanso; experiencia digna del *ciudadano ilustre* para cobrar la jubilación en el correo de Las Rosas, donde el empleado, al verme, me dijo: «Ahhh, no tengo dinero: vuelva en dos días».

En fin… Jubilación mínima, la primera. Es una experiencia trascendental.

Todavía me faltaba viajar a Cancún para vivir un regalo de la gran organizadora de las constelaciones familiares en México; Angélica Olvera de Malpica y Alfonso, su marido, creadores de Cudec, escuela y universidad donde todos los cursos y cátedras se basan en la Hellinger Science.

Y después presentar el libro del gallo, que ya había volado bastante por el planeta en Ciudad de México.

Partí un día convulsionado de emociones: la voz de Magui, mi hermana, después de un año de un corte tremendo en el ADN, otro intento de jubilación frustrado con los astros en contra, dejar todo pagado y bien organizado entre el campo fundacional y los relámpagos de casi un mes de separación con Catman, además de rescatar mi portátil en Mendiolasa, localidad cordobesa, a través de los Sáenz, que en familia celebraban la boda de Nicolás con una bella cordobesa.

Ayyy... ¿cómo pude llegar viva al aeropuerto para despedirnos con Catman? Él iba a Buenos Aires y LSD, con espera de cuatro horas con escala en Panamá, a Cancún.

Así fue, querido zoo.

Para esta travesía a tierras mayas llevé en la cartera a «Pum para arriba», mi monito fetiche.

Sin acompañante en el asiento de al lado, me encomendé a Zeus, Hunab Ku y ángeles en un vuelo que salió como un cohete al espacio; apenas pude dormir, disfrutarlo, tenía el alma destemplada.

Fue un día largo, pero al llegar al aeropuerto de Cancún me encomendé a los mayas y a los aluxes, para tener una buena estancia.

Cuando buscaba las maletas, una pareja tucumana me saludó cálidamente; también estarían en el seminario de Hellinger en dos días.

Taxi, el primer hotel en la punta de Cancún, mudarme a otro similar al día siguiente, a cinco minutos caminando del centro de convenciones, un ovni, donde mil personas de treinta países conviviríamos con el maestro Bert Hellinger, Sophia, su mujer, Angélica, Alfonso y muchos compatriotas consteladores que encontré allí.

Volver al Caribe maya. Desde el balcón sentí el mar, las palmeras meciéndose, la suavidad del viento cálido, la dulzura de los mozos, las camareras, y se abrió un canal que tenía blindado.

La luna me saludaba, los fuegos en la playa, tantas vivencias que rompieron un dique emocional en los días previos al seminario.

En ambos hoteles me encontré con gente que expresamente había viajado a Cancún para el reencuentro con Hellinger, que ya a sus 91 años anunció que era su último viaje.

La ceremonia de presentación en el escenario, con los ancestrales rituales mayas, fue emocionante. Reviví mi búsqueda de siete años a través de José Argüelles, Carlos Barrios y Tony Ortiz, mi querido guía en Tikal. Mi currículum oculto de tantas vidas allí.

Fueron cinco días de transformación profunda: espejos entre los que se animaron a constelar ante esa multitud y los que nos reflejamos en sus vidas, respetando esta revolución molecular y álmica.

Agradecí profundamente esta invitación. Necesitaba alejarme de todo: país, trabajo, roles antisistémicos creados desde mi niñez y juventud; alinearme y equilibrarme con Catman, olvidarnos de lo que nos pasó en diez años como pareja y poner al día roles, ideas, rumbos.

Olvidarme de ser oráculo *full time* y bañarme en el mar sintiendo su transparencia y su calidez.

Tomar una margarita pensando en mi hermana y desearle lo mejor.

Tenía mi rutina: amanecía al alba con mate, me duchaba, desayunaba, caminaba hacia el seminario que se extendía hasta el mediodía, compraba comida en el súper, descansaba en el hotel hasta regresar al seminario a la tarde; volvía y, si podía, me quedaba en la playa o ya en la bella horizontalidad del ser. En silencio, escuchando mis vísceras crujir, llorar, acomodarse, atenta a los latidos del corazón, a los sueños que me visitaron cada día y noche. A mis 60 años.

Y al despedirnos del histórico seminario, un domingo, volví a mi habitación como si fuera el útero materno.

Un día más de digestión en Cancún, donde llovió para limpiar tanta carga eléctrica grupal, y en ese estado embarqué rumbo al DF aún envuelta en gasas invisibles que me retenían en tierra maya.

Me esperaba Giovanna, una nueva chica de Urano México que me recibió con una sonrisa tan plena como el sol cálido del mediodía.

Retorné a La Casona, el hotel que tantas veces visité en DF, y lentamente deshice la maleta, pues ese día, por la tarde, tenía muchas entrevistas en el hotel.

La habitación donde me alojé era ideal para digerir el sol intenso de Cancún; oscuro, sombrío, pero daba a un patio con una fuente de FENG SHUI, que estaba al lado de mi ventana y tenía un jardín delicioso.

Almorcé en esa misma manzana, y me entregué a estar en DF nuevamente.

Hice buenas, regulares y desconcertantes entrevistas ese día, y al siguiente algunas más, y me reencontré con Eloína, mi querida tigresa amiga de tantos años en su programa en el que habla de ciencia, arte, medicina y salud.

El tránsito en DF empeora día a día, año a año. Paciencia china entre cada lugar y confesarse con quien está a tu lado.

Siempre con rutina digna del caos de México y sus consecuencias con el vecino país, sentí muchas ganas de estar allí y solidarizarme con esta nueva etapa tan arbitraria que descolocó a México y a la vez lo fortaleció en identidad y espiritualidad.

Al día siguiente tenía una entrevista con Talina Fernández, mi amiga mono amada, queridísima, amiga, que siempre me abrió las puertas de sus programas para difundir mi obra. Hacía al menos doce años que no nos veíamos.

Y nuestro reencuentro antes del programa, al mediodía, fue un caudal eólico, solar, lunar.

Esa tarde presentaba el libro del año del gallo en la librería de Coyoacán. Y hacia allí fuimos con Giovanna. Llegamos en un dorado atardecer a las simpáticas calles, plaza y bares que son adorables para los visitantes.

Como siempre, me gusta estar al menos una hora antes para ultimar los detalles en el lugar.

¡¡Y BUENA FALTA QUE HIZO!!

Sonido, dvd de gira, recibir amigos y a mis coautoras, Cristina Alvarado y Acacia Engfui.

A trompicones, con gente amontonada en el sótano, comenzamos la presentación. Y fue maravillosa, con gran intercambio entre quienes escribimos el libro y nuevos aportes a la cosmovisión.

Un simpático cóctel y a firmar libros mientras escuchaba a los lectores que narraban sus vivencias.

Luego Larisa e Iván, editora y gerente de Urano en México, me invitaron a cenar en un restaurante uruguayo.

Hicimos balance de la gira, de lo que podríamos mejorar en este país, esotérico por excelencia, en el que LSD es conocida; solo nos falta potenciarnos.

Despedida con Sebastián, el dragón que me trasladaba por la ciudad y me llevó al aeropuerto.

Me quedé unos días más; hice mis recorridos, fui al cine y compré mi nuevo portátil, del que me quedé prendada en un centro comercial.

El día de la mujer lo pasé en el cielo, volviendo hacia Córdoba, en un vuelo que se me hizo eterno. Con escala en Panamá, y con argentinas que ya eran loros barranqueros contando sus viajes previos al retorno a la Argentina en crisis total.

Hola, Córdoba amada.

Medianoche.

Taxi hacia el hotel a recolocar mis experiencias en lo que pueda, lo demás... el año del gallo lo hará.

KIKIRIKÍ.

L. S. D.

Introducción a la Astrología china

por Cristina Alvarado Engfui

Las cinco energías del universo

No se sabe exactamente en qué momento surgió el primer chispazo de genialidad cuando alguien dijo: «Este es el modo en que se comporta la energía sutil de la tierra, vamos a clasificarla», pero cuando la teoría de las cinco energías Wǔ Xíng 五行 nació, la agricultura ya se había inventado en China y en otros lugares del mundo. Y una vez comprendidos los ciclos naturales por medio de la agricultura, junto con el sedentarismo comenzaron las disputas por el territorio y, con ello, la sed de poder de los más fuertes. La entelequia propia de los humanos tuvo que disfrazarse de magia y religión. Tras siglos de guerra, los más inteligentes o sensibles buscarían a sus mecenas entre los poderosos, o en el aislamiento, con lo cual la razón evolucionó hasta lo que ahora conocemos como ciencia, arte y filosofía, entre otros haberes humanos.

En China, esa búsqueda por comprender la existencia encontró su camino primero en el chamanismo primitivo. En los tiempos en los que se pasó de la piedra al bronce, ser chamán o Wū 巫[9]era ser mago, artista, médico, filósofo. Las mujeres también contribuyeron a esa época de ciencia primitiva. Tiempo después apareció la palabra «chamán», posiblemente acuñada por el sinólogo y científico Joseph Needham (Londres, 1900-1995). Esta palabra proviene de los títulos de los monjes budistas ascetas propios de la dinastía Tang (518-907 d. C.) shā mén 沙門, sāng mén 桑門, y sàng mén喪門, títulos que a su vez provienen del vocablo sánscrito Śramaṇa श्रमण dado a conocer en China cuando el budismo proveniente de la India se incorporó formalmente a la tradición filosófica, moral y religiosa del Noreste, en algún momento de la dinastía Han de los tres reinos (220-280 d. C.), y hasta llegar a la dinastía Tang (618-907 d. C.).

---

[9] Wū 巫 significa chamán o chamana. No es igual que wǔ 五que significa cinco. Veremos otros «Wu» en el texto, pero al ver el acento diacrítico en la «u» se distingue que son palabras distintas.

Pero el chamanismo chino (Wū) previo a la introducción del budismo en China, que es la base de la astrología china como la conocemos, es muy anterior a la dinastía Tang, y para entender el origen de la astrología china hay que remontarse a los tiempos legendarios de los Tres Augustos y los Cinco Emperadores 三皇五帝 Sān Huáng Wǔ Dì de la dinastía 夏 Xià, delimitada formalmente por los historiadores chinos entre los siglos XXI y XVI a. C., aunque podría ser tan antigua como para ubicarla en la Edad de Bronce.

La leyenda cuenta acerca de Fú Xī 伏羲 y de Nǚ Wā 女娲, que eran hermanos y consortes. En algún momento del tercer milenio antes de Cristo, Nǚ Wā, la esposa, había reparado el universo imperfecto a partir de cinco joyas preciosas. Un día, cuando Fú Xī 伏羲 estaba meditando al margen del río Luò Hé 洛洛河, se le apareció una tortuga mágica entre las aguas. En su caparazón llevaba las marcas de lo que hoy conocemos como el Luò shū o Documento del río Luò, que representa los cuatro puntos cardinales y el centro de la tierra; a partir de esas marcas, nacieron la escritura, los números del uno al nueve, las bases de lo que sería la brújula, el fēng shuǐ, el bā zì, la acupuntura y toda la cosmogonía china.

La historia y la mitología se unen cuando hablamos del wǔ xíng, llamados en Occidente «los cinco elementos», lo que hoy en día los maestros de fēng shuǐ y bā zi que enseñan en Singapur, Malasia y Taiwán, claramente influenciados por ideas occidentales, llaman *Alquimia Taoísta*.

Los cinco agentes descriptos por el Luò shū (habitualmente nombrado Lo Shu) para ordenar al wǔ xíng comienzan con los puntos cardinales: Norte, Sur, Este, Oeste y el Centro (bajo tierra). A partir de allí se hace una clasificación de toda la cosmogonía china.

De ella parten las artes marciales, la medicina tradicional, la gastronomía, la literatura, la ingeniería civil, la astronomía y las artes adivinatorias.

El wǔ xíng describe el comportamiento de la energía universal una vez que esta llega del universo hacia el planeta o cuando se forma aquí mismo.

Esa dualidad en la energía provoca tres fenómenos: podemos ver el comportamiento de la energía del cielo, gracias a la energía que llega del universo; podemos ver el comportamiento de la tierra, que son los cambios cíclicos provocados por las energías visibles y las energías

Diagrama supremo
tài jí tú shuō
太极 图说

无极
wú jí

太極
tài jí

五行 wǔ xíng

hembra
macho

万五花八门
wàn wǔ
huā bā mén

Todo lo
que hay

Forma moderna
del tài jí 太极

sutiles dadas las condiciones magnéticas, el clima y otras manifestaciones; y por último, vemos el comportamiento del hombre, que es la extensión **consciente** del universo. A estos comportamientos se les llama **Los Tres Destinos**: el destino del cielo, el destino de la tierra y el destino del hombre. La comprensión total de estos tres nos ayudará a vivir en armonía con nosotros mismos, el mundo y el universo. ¿Se dan cuenta de que comportamiento y destino son lo mismo bajo esta cosmogonía?

Desde el punto vacío wú jí 无极 lleno de posibilidades, surge una dualidad polar: *yin* y *yang*, positivo y negativo, hembra y macho, abierto y cerrado. Los matemáticos lo entendieron rápidamente y crearon el lenguaje binario, gracias al cual puedo redactar este texto y ustedes pueden verlo impreso en papel mucho más rápido que con medios analógicos.

De ese *yin* y *yang* sale todo lo demás en orden, sin forzar nada, tal como se ve en la ilustración. Comprender el orden en el momento en el que la energía universal se puede expresar por medio de la energía sutil es el meollo del asunto cuando hablamos del wǔ xíng. Hay varias disciplinas basadas en el análisis del orden de las cinco energías, aquí veremos las más relevantes.

La medicina tradicional china: por medio de la acupuntura, la moxibustión, los movimientos y masajes corporales que conocemos como qi gong y tao yin, estudia y soluciona los problemas que ocurren cuando la energía se atora o se desvía. De esa manera podemos lograr una vida inquebrantable.

La gastronomía y la dieta: proporcionan las claves del buen vivir por medio del consumo consciente de la energía que podemos tomar de los alimentos; de esa manera no gastamos nuestra energía vital sino que la reciclamos y le agregamos lo necesario para estar en condiciones óptimas y mantener la salud mental, física y emocional, inclusive la salud sexual.

Las artes marciales: englobadas en el zhōngguó wǔshù, del cual en Occidente las prácticas más conocidas son el kung-fu o mejor dicho: gōngfu 功夫 y el taichí chuán o tàijí quán 太極拳, nos ayudan a defendernos pero no por medio de la agresión, sino por medio del conocimiento para moverse y respirar junto con la energía, pues de esa manera evitamos lastimarnos y lastimar al contrincante.

El fēng shuǐ 风水 nos enseña que los fenómenos externos indican qué es bueno para la humanidad y qué es lo que le pertenece a la naturaleza y que por ende no es para que viva allí ninguna persona; de esa manera aprendemos a ponernos en nuestro lugar para poder crecer.

El bā zì 生辰八字 o hēng chén bā zì (la rama principal de la astrología china) nos enseña que nosotros mismos somos la energía de la tierra y la energía del cielo expresadas en esta dimensión, consciente o inconscientemente. Manifestamos nuestras inquietudes, sentimos lo que viene a nuestro ser según las cantidades de tal o cual energía.

Todas estas disciplinas, junto con el arte de la guerra, las artes de la alcoba, la poesía, la música, la educación y hasta las cinco tesis filosóficas de Mao, toda la cultura en China, aún en estos tiempos y a veces sin que los chinos contemporáneos se den cuenta, está basada en el comportamiento de las cinco energías derivadas de la energía primordial wú jí.

¿Qué son y cómo se expresan las cinco energías en la tierra?

El wǔ xíng 五行 describe el modo en que la energía se expresa. Cada energía gobierna un color, una forma, un sabor, un sonido, una emoción, un órgano, una parte del cuerpo visible, un objeto o manifestación, por ejemplo.

Las cinco energías nos dicen dónde se encuentran y cómo se expresan

Cuando vean un viento muy fuerte que hace que los árboles se muevan sin control es porque la energía **Madera** 木 mù lleva mucho tiempo acumulándose en un solo punto. En el cuerpo humano eso se manifiesta por medio de la ira y cuando la ira estalla es como un huracán imparable. Pero esos huracanes de ira atraen enfermedades: el iracundo daña a su hígado hasta llegar a sus riñones; como el huracán daña a todo a su paso.

Cuando vean a una persona con la cara roja después de reír sin control, su cuerpo está irradiando energía 火 huǒ o **Fuego**. En la naturaleza, los bosques se incendian espontáneamente cuando ya está acumulada la energía fuego y solo basta un roce constante en las ramas o una tormenta eléctrica para prender una chispa. En China se dice que cuando una persona comienza a reír sin control y tiene siempre la cara roja, es porque ya está lastimado su corazón.

Ahora vivimos en un planeta donde la energía predominante es la energía **Tierra** 土 tǔ, la tierra está arriba, abajo, detrás, adentro de todas las otras energías. Cuando vemos las arenas del desierto pensamos en fuego, cuando nuestras cámaras logran llegar al lecho marino pensamos en el agua. Entre los montes áridos de las zonas semidesérticas están los minerales que han dado nombre a las eras de la civilización humana, cuando partimos la roca con nuestro ingenio encontramos al metal escondido bajo la tierra. Cuando vemos la fertilidad de los bosques, nos fascinamos ante la vida expresada en la madera, pero la que es aún más abundante allí es la tierra.

Cuando se sientan tristes o deprimidos notarán que también les falta el aliento para hablar o incluso les duele el pecho, eso es porque el cuerpo expresa un desequilibrio en la energía **Metal** 金 jīn. Cuando las palabras sean pocas y la mente se vuelva rígida, sin espacio para cosas nuevas, es porque ya hay demasiado metal, pero si la persona logra sacar esas palabras y expresarlas, su sabiduría será infinita y la tristeza se anulará. En la naturaleza, las rocas de las minas son duras, pero adentro esconden metales pesados.

El metal está oculto, no es abundante… del mismo modo que la paz que viene con la ausencia de tristeza no es abundante tampoco.

Cuando entren en un cuarto desconocido, húmedo, cerrado, oscuro y frío, las manos comenzarán a sudarles, el pelo en la nuca se erizará, cada sentido se agudizará, pues cunde el miedo a lo desconocido. Todo eso es el efecto de la energía **Agua** 水 shuǐ cuando se presenta en exceso. El miedo se mete en cada poro, cada recoveco del cuerpo, del mismo modo que el agua cuando nos llueve encima. Cuando el miedo paraliza, nos orinamos en los pantalones: el miedo está ligado al agua. De todo lo que hay en el universo, lo que está debajo del agua nos parece más misterioso: lo desconocido está en casa.

Entonces el agua sale a la luz. Deja de ser un misterio y se convierte en vida. Cae a la tierra en su estado más *yin* y de esta comunión entre el agua y la tierra nace la madera: la vida.

Y se repite el ciclo: ira, alegría, pensamiento, miedo, tristeza; allí está la clave de la comprensión del universo, nuestro cerebro humano nos permite distinguir el ciclo completo, comenzando con nuestros sentimientos.

Qué hay en cada una de las cinco energías y cómo nos afectan

A cada una de las cinco energías le corresponden distintas características que son fáciles de entender. Para aplicar correctamente las disciplinas de las que hablamos: música, artes marciales, medicina, entre otras, es necesario saber de qué están hechas estas energías. Veamos cada una en el orden en que cada energía va procreando o controlando a la siguiente. Existen relaciones intensas entre las cinco energías y podríamos considerarlas una familia, con progenitores, abuelos y críos.

Hay que aclarar algo importante. Estas energías no son lo que Occidente conoce como «elementos». El concepto de los Cuatro Elementos es europeo, pertenece a la tradición de la alquimia y, como se parece un poco a las cinco energías porque utiliza el recurso de la metáfora, fue usado por los primeros europeos en llegar a China al tratar de explicarse esta cultura a la que eran ajenos y lo hicieron con una mentalidad medieval, sin una mente crítica y mucho menos científica.

Madera, fuego, tierra, metal y agua son metáforas de cada uno de los comportamientos de las energías sutiles del Qì 氣 (Chi, Ki) porque se comportan en ciclos cuando interactúan entre ellos.

Estos ciclos generan y mantienen en movimiento a la energía. La energía en movimiento es creación; en cuanto se detiene, aparece la destrucción.

Donde hay madera hay vida, pero también hay tierra, la tierra le da sustento a la madera y procrea el metal, pero al mismo tiempo detiene el agua, la cual alimenta a la madera. La madera cuando está nutrida crece y pronto son tantos los árboles y las plantas que la tierra se agota; la naturaleza comprende que hay que crear más tierra y ocurre un incendio: la madera es la madre del fuego y el fuego procrea a la tierra. Si hay demasiada tierra, esta se compacta hasta reunir todos los minerales y formar el metal, este ayuda a condensar el agua, quien vuelve a procrear a la madera. Ya sea por generación directa o indirecta, el ciclo no se detiene.

Las cinco energías tienen dos ciclos principales

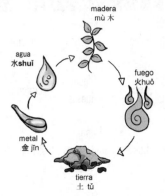

Ciclo de Generación propia o 相生 xiāngshēng.

Este ciclo obtiene el movimiento por medio de la creación. Cuando el ciclo se cumple tranquilamente, la naturaleza es creativa, de carácter *yang*. Los cambios en la naturaleza son evidentes en forma de prosperidad.

Ciclo de Control mutuo o 相剋 xiāngkè.

Este ciclo obtiene el movimiento por medio del control. Cuando el ciclo de control ocurre, la naturaleza se depura. Este ciclo es de carácter *yin*, por lo tanto fecundo, pero parece castigar y los cambios en la naturaleza se expresan como resistencia al cambio.

De los ciclos de generación y de control surgen todas las manifestaciones de la vida. Por lo tanto, si estos ciclos se detienen o se inclinan a una sola energía, comienzan la enfermedad, la guerra, los terremotos, los huracanes y todas las desgracias que conducen a la muerte. El desequilibrio es lo peor que puede pasar. Veamos todas las energías una por una. Cada energía tiene características que evocan a la naturaleza. La salud, la enfermedad, los fenómenos naturales; todo. Las siguientes tablas nos explican los distintos motivos y características en cada una de las energías en relación con distintos aspectos de la vida. No profundizaremos mucho debido a que esta información es enciclopédica y requiere años de estudio en medicina tradicional china y las cinco artes; aun así, estas tablas nos pueden ayudar a clasificar un poco lo que podemos manejar en la vida diaria.

Características generales de las cinco energías

Wŭ xíng 5 energías	Signos del zodíaco chino	Troncos celestiales	Emoción	Sabor	Partes del cuerpo	Aroma
Agua	鼠Rata 猪Cerdo	壬rén 癸guĭ	Miedo Erudición	Salado	Riñones Gónadas Vejiga	Umami*
Madera	虎Tigre 兔Conejo	甲jiă 乙yĭ	Ira Voluntad	Ácido	Hígado Huesos	Fermentado
Tierra	龍Dragón 牛Búfalo 羊Cabra 狗Perro	戊wù 己jĭ	Inteligencia Preocupación Obsesión	Dulce	Estómago Intestinos Bazo	Perfumado
Fuego	蛇Serpiente 馬Caballo	丙bĭng 丁dĭng	Alegría Frivolidad	Amargo	Sangre Corazón	Ahumado
Metal	猴Mono 鷄Gallo	庚gēng 辛xxīn	Depresión Angustia	Picante	Pulmones Bronquios	Oxidado

* Sabor y olor de los pescados, quesos, salsa de soja y setas.

Cuando una de las energías se desgasta o se acumula, ya sea por dieta desequilibrada, motivos genéticos o por accidentes, ocurren las enfermedades. Por ejemplo, una dieta muy salada sube la energía agua en exceso, el agua produce madera y esta a su vez aumenta el fuego, el cual sin control afecta la presión sanguínea, regida por el fuego, por eso la gente con hipertensión necesita dejar de consumir tanta sal. Otro ejemplo es que cuando estamos deprimidos (metal), buscamos comer cosas dulces (tierra), la depresión ocurre cuando hay poca energía metal y la madre de la energía metal es la energía tierra. ¡Pero cuidado! Si se les pasa la mano de tierra, producirán demasiado metal y el metal en exceso produce energía agua, la energía agua en exceso provoca problemas renales y hasta diabetes.

No se automediquen con esta información; como todo, la medicina tradicional china requiere conocimiento y maestría, mediten en cada una de las energías en base a los síntomas que pudiesen tener y hablen de eso con su médico de confianza.

Características de las cinco energías para el feng shui

Wŭ xíng 5 energías	Dirección	Trigrama	Estación	Clima	Colores	Forma
Agua	Norte	☵ kǎn	Invierno	Frío	Negro, azul	∿
Madera	Este	☳ zhèn ☴ xùn	Primavera	Ventoso	Verde	│
Tierra	Centro	☶ xùn ☷ kūn	Transición entre cada estación	Templado	Amarillo	—
Fuego	Sur	☲ lí	Verano	Caliente	Rojo	▲
Metal	Oeste	☰ qián ☱ duì	Otoño	Seco	Blanco	●

La disciplina del fēng shuǐ se basa en las cinco energías también. Todas esas «curas» que vemos en múltiples publicaciones son para poner en orden esas energías. Si por alguna razón una «cura» no está apegada al comportamiento de las cinco energías, no podemos asegurar su efectividad. Una casa demasiado fría tiene exceso de energía agua, es de tendencia *yin* y no resulta apropiada para la vida, que es de tendencia *yang*. Las casas con techos abovedados son de naturaleza metálica. Es común ver esas casas en los desiertos ya que esa forma favorece la circulación del aire y las refrigera: el metal produce agua, el agua refresca al fuego del desierto. En zonas donde abunda la nieve es buena idea hacer casas con forma triangular, porque la nieve resbala en el techo, por eso es común ver esas casas de techo a dos aguas en los Alpes suizos: la forma fuego controla la forma agua. Como pueden observar, hay un componente de sentido común no solo en el feng shui, sino en todo el manejo de las cinco energías, y es importante interiorizarlo una vez que se comienza a estudiar esta disciplina. En resumen, para comprender de lleno toda la filosofía china y el comportamiento de la naturaleza y el ser humano, hay que meditar sobre estas cinco energías. Vayan al campo, vean cómo están distribuidos los árboles. Dónde hay fuego, dónde hay madera, dónde hay agua, perciban el olor de la tierra, el sabor de las hojas. Allí está el secreto de la armonía y de la vida.

Que el Tao les sea propicio.

Astrología
poética

RATA

Soledad
en La Condesa
me evaporo
rumbo al Cinemex
de Solola e Insurgentes.
Vi dos por una,
haciendo trampa
como liebre en Feng Shui
saltando de sala en sala.
Lagon
Jackie
Moonlight
Manchester by the sea
haciéndolas una
con mi paréntesis existencial.

L. S. D.

鼠

譚國才 二〇十七年四月十五日

Ficha técnica

Nombre chino de la rata
SHIU

Número de orden
PRIMERO

Horas regidas por la rata
23.00 A 01.00

Dirección de su signo
DIRECTAMENTE HACIA
EL NORTE

Estación y mes principal
INVIERNO-DICIEMBRE

Corresponde al signo occidental
SAGITARIO

Energía fija
AGUA

Tronco
POSITIVO

Eres rata si naciste

18/02/1912 - 05/02/1913
RATA DE AGUA

05/02/1924 - 24/01/1925
RATA DE MADERA

24/01/1936 - 10/02/1937
RATA DE FUEGO

10/02/1948 - 28/01/1949
RATA DE TIERRA

28/01/1960 - 14/02/1961
RATA DE METAL

15/02/1972 - 02/02/1973
RATA DE AGUA

02/02/1984 - 19/02/1985
RATA DE MADERA

19/02/1996 - 06/02/1997
RATA DE FUEGO

07/02/2008 - 25/01/2009
RATA DE TIERRA

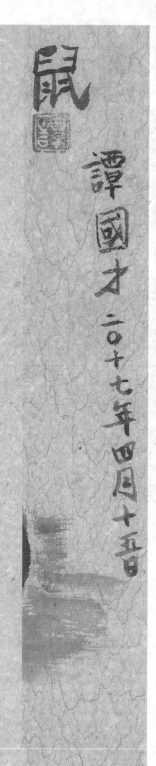

鼠

譚 國 才 二〇〇七年 四月 十五

RATA

En un mediodía gris, al llegar a la peluquería para tapar canas con el mágico henna, tuve la sensación de que estaba en el umbral de un día especial.

PATRICIA, la tigresa anfitriona *full time*, estaba sentada en un clima íntimo con una amiga.

No quería interrumpir, pero era la única clienta a esa hora, algo que siempre ayuda para salir antes.

Fui bienvenida por ambas con cariño, y la charla derivó al toque[10] sobre el bien que hace LA AMISTAD cuando nos toca cursar materias muy difíciles y se necesita la contención de una buena, vieja y querida amiga.

–¡¡Adivina de qué signo soy!! –me avasalló la mujer–. Soy del más horrible de todos.

–RATA –le dije.

–Sí, rata de 1948.

Examen de ambas; entró en tema al instante.

Me ocupé de desmitificar su malestar con este designio, pues irradiaba un aura de vulnerabilidad a pesar de su coquetería.

Amé su actitud de no victimizarse.

Y comenzó el monólogo: su marido cabra está con un diagnóstico peligroso en el pulmón, y aunque no saben qué harán: biomedicina o fulminantes rayos, o primero una práctica y luego otra, se notaba que su control mental estaba muy atento a las circunstancias.

Éramos tres mujeres en la peluquería inmensa; entonces MIRTA, la ratita, se quedó conversando un poco más de lo previsto para compartir su drama y encontrar palabras de aliento en LSD.

La empatía fue inmediata: temas en común: médico antroposófico, espíritu de resiliencia, capacidad de disfrutar a pesar de las pruebas que nos manda el GRAN ESPÍRITU.

Salió el tema de mi continuidad literaria, y el cariño y los condimentos que ponemos con el zoo que escribe, ilustra, diseña, hace fotos y deja su prana para que aporten cada vez más a los lectores que se suman cada año.

Me dijo que cuando se jubiló casi se muere.

Los cambios son drásticos en la mayoría de los humanos, con excepción de los que nos preparamos con prevención para «LO INESPERADO».

---

[10] *Al toque* es una expresión que se usa en Argentina para indicar enseguida o inmediatamente.

Mirta trabajaba en una institución educativa y era la mujer orquesta.

Escribía artículos, era la secretaria multimedia, cadete, gerente, siempre dispuesta a ayudar con un don que es parte del ADN ratonero: se diversifican y asisten a quienes golpeen su madriguera.

Un día salió sin rumbo buscando alguna señal que la ayudara en esa etapa de purgatorio que tienen en nuestra cultura occidental los jubilados.

Vio un cartel que decía: TALLER LITERARIO. Y averiguó que abarcaba a *amateurs* y profesionales para escribir cuentos, novelas y poesía.

Rauda, se apuntó sin dudarlo.

Quería contarles a su hija y a su nieta lo MARAVILLOSA que fue su MADRE, quien murió cuando Mirta despuntaba los dieciocho años.

Comenzó a escribir en el taller la historia de su vida: el origen de la familia enredada con episodios dignos de un sainete, de una novela de ultramar, de raíces que le dieron la semilla que floreció en ella a través de ser espejo de los cambios que nos abarcan a todos por igual, y que muy pocos se atreven a vivir en cada ciclo con aceptación.

La magia de su narración nos abrazó en un mediodía frío y sin calor materno.

Mirta siguió los consejos de su profesor literario y escribió cada capítulo convirtiéndolo en libro.

Salió orgánicamente, desde sus entrañas y voces interiores.

—¿Cómo se llama tu libro? —le pregunté.

—*MI PRIMERA Y ÚNICA HEROÍNA*

Y la admiré.

Así es la rata: el signo capaz de sobrevivir a las catástrofes climáticas, personales, sociales, mundiales y sobre todo afectivas con gran ESTOICISMO.

Sabe que puede seducir a quien se lo proponga y desplegar su arsenal de recursos para obtener «su queso favorito»: Mar del Plata[11], parmesano, gruyer, fontina, de campo, azul, mantecoso, de cabra, con pimienta u orégano.

Gran artista, diseca los recovecos del alma para teñirlos con su varita mágica.

Es minuciosa, detallista, precisa, premeditada, elucubradora y muy sutil para infiltrarse en el inconsciente colectivo.

---

[11] *Mar del Plata* es una variedad de queso argentino.

Su admirable talento es la capacidad para reciclarse por dentro y por fuera con rapidez, integrar lo posible a lo imposible sin dejar rastros que la conviertan en culpable si ha cometido alguna travesura, estafa o crimen pasional.

Su cerebro es veloz, astuto, inquisidor, y bucea en el inconsciente del ser amado hasta desactivarlo.

Necesita sobredosis de afecto, imaginación, cambios inesperados y sorpresas en la relación para no aburrirse.

Sabe amar con el cuerpo y los sentidos, con la capacidad de una tribu, con lucidez y pasión.

Necesita *feedback*, complicidad, juegos eróticos y a veces SADOMA-SOQUISMO para mantener el fuego sagrado, el volcán Etna en constante ebullición y apostar a TODO O NADA cuando sabe que puede perder a su ser más querido.

La rata no duerme jamás, está siempre alerta: sabe que las catástrofes del mundo son parte de su capacidad de reciclarse o refundarse, de tener que dar un salto cuántico al vacío y jugarse el pellejo en una guerra, un partido político o en el club del barrio.

Es intelectual, estudiosa, curiosa, ávida de nuevos experimentos que la estimulen, le den nuevas reglas de juego para competir, la ayuden a ser más holística y embarcarse en algún proyecto en el cual sea parte del engranaje para hacer funcionar un observatorio para ver las estrellas en el desierto de Atacama.

La rata que tuvo educación y una familia contenedora y saludable sobresaldrá en su profesión u oficio.

Tiene sentido común, perseverancia, olfato, es buscavidas y sabe adaptarse a climas, países y lugares donde el TAO la deposite.

A veces es su propia enemiga.

Se abandona al vicio, a los placeres que la confinan en una vida acomodada y sin nuevos horizontes.

Tiene que encontrar un equilibrio entre la pasión y la intuición y despertar el tercer ojo para no ser tan influenciable cuando la familia le reclama sus derechos.

La rata es un motor esencial en la vida de quienes comparten con ella el día a día, una sociedad, un equipo de fútbol, un partido político o un safari en África.

Su manera de ser y participar dejará marcas profundas en el alma. Su sentido del humor la convierte en un mago, un alquimista que sabe transmutar lo imposible en posible.

Un ser sabio que llegó primero a ver a Buda por su capacidad de seducción con el buey y su radar para saltar sobre su lomo y decir: SOY NÚMERO UNO, AUNQUE HAGA TRAMPA...

L. S. D.

La Rata va al cine

A la rata le gusta el cine pero más le gusta amarrocar[12] dinero. Toda salida implica un gasto y eso mucho no le divierte. Si hay un día o un horario con descuento en la entrada, esa será la oportunidad ideal para la salida. Ahora, a una rata enamorada le puedes sacar todo –hasta el corazón–, y en ese caso no importa cuánto se gaste. Si la película es para compartir con alguien a quien la rata quiere seducir, no dudará en elegir las de amor, y mejor si tienen un final feliz. Será el estado ideal para tomar la mano, o tocar la pierna o algo más de su acompañante. Pero si es para ver con amigos, elegirá un *thriller* y/o alguna película de terror. Le gusta la adrenalina y sentir miedo, como si una ratita viera a un gato. Aclarará que todo es a medias, desde la propina al acomodador hasta las palomitas de maíz que comprará en la entrada. Sugerirá llevar algún alimento para degustar mientras miran la película; obvio que aclarará que es por el colesterol y el «azúcar *free*»... o sea todo baja calorías. Uno sabe que son excusas para no gastar en comida, pero toda salida que hagas con una rata es divertida. Sus películas favoritas son: *Misery,* con Kathy Bates y James Caan; *Halloween*, con Jamie Lee Curtis (todas las de la saga, las 10); *Crepúsculo,* con Kristen Stewart, Robert Pattinson y Taylor Lautner; *Shakespeare enamorado*, con Gwyneth Paltrow, Joseph Fiennes y Judi Dench.

Tarot y Zoo

DIEZ DE BASTOS, NUEVE DE COPAS Y CABALLO DE ESPADAS

Para ti, Rata, las cartas del Tarot que trae el perro dicen: Este será un año en el que lograrás acomodar todas tus actividades, sentirás que al fin consigues la felicidad tan añorada. Emocionalmente sucederán cosas que te harán sentir feliz, pero cuidado. «Aún no puedes comen-

---

[12] En Argentina amarrocar significa guardar, juntar, amontonar, y en general se usa para referirse al dinero.

tarle al mundo las cosas excelentes que te van a estar sucediendo». Este año traerá vientos de libertad, necesitarás independizarte de personas o cosas que sientes que te dirigen la vida.

El universo te dará posibilidades para que de una vez logres hacer realidad muchos de tus sueños.

Ládrame tu karma

1) ¿Cuál fue la situación límite que cambió tu vida?

El día que probé un instrumento musical. Yo corría, hacía atletismo, fui a un ensayo de la banda de mi hermano y me di cuenta de que quería expresarme desde otro lugar, encontrarme con el arte; me abrió un mundo de posibilidades mucho más amplio.

2) ¿Cómo reaccionas ante una traición?

Opto por la indiferencia, que a la vez hace de recompensa. En esas situaciones es cuando más se aprende de uno. Se encuentra algo en lo cual el otro no nos gusta o el otro nos es grato.

3) ¿Cuáles son tus valores prioritarios en la vida?

Amor, en todas sus formas: amor de pareja, de amigos, de familia. Salud… Pienso que la salud también tiene que ver con el amor, ¡pero con el amor propio!

4) ¿Haces algo por los demás?

Sí, la mayoría de las veces esas personas están haciendo algo conmigo. Pero también he ayudado a gente desconocida sin esperar nada a cambio. Eso es lo que más se disfruta.

5) ¿Esperas algo de los otros?

Cuanto menos se espera, más se aprecia lo que se recibe. De todas formas considero que mi familia y mis amigos siempre van a estar ahí para contar con ellos, y uno se va armando una red de gente que sabe que lo puede sostener en las buenas y en las malas.

6) ¿Crees que las diferencias unen o separan?

Tuve diferentes experiencias y aunque antes pensaba que uno tiene que relacionarse con gente similar, con el tiempo me di cuenta de que cuanto más parecidos a mí son los otros, más choco. Me parece que las diferencias unen y las semejanzas separan.

7) ¿Qué significa fidelidad para ti?
Ser leal con uno mismo y al mismo tiempo con el prójimo; intento ser leal conmigo mismo. Cualquier persona puede ser leal pero no es algo a lo que estemos acostumbrados.

8) ¿A qué asocias la palabra diversidad?
Creo que la diversidad tiene que ver con apreciar las diferencias y la cantidad de pensamientos o características ajenas a uno y lo que uno considera propio, sin juzgar los pensamientos de los demás, que todo eso conforma la variedad de la que somos parte.

La Rata y su energía

RATA DE MADERA (1924-1984)
Una rata estética
Esta rata conoce los más profundos secretos para vivir en armonía y mantener el equilibrio. Buscará concretar sus ideales por medios lícitos y saldrá a elegir las mejores oportunidades. Muy creativa y con gran imaginación, moverá las piezas con éxito. Su punto G es el amor, y puede volverse loca si no es correspondida. Debe hacer alguna práctica espiritual, meditación, taichí chuán o algún deporte.
Alimentos recomendados
Cereales: avena, cebada, centeno. Necesita consumir mucha fibra vegetal completa (salvado + frutas + verduras). Carnes: muy magras; pollo. Pescados: bacalao. Mariscos: mejillones, almejas, cholgas. Lácteos: en general, evitarlos. Hortalizas: escarola, brotes de alfalfa, berro. Frutas: cítricos (lejos de las comidas). Huevos: no más de dos por semana. Bebidas: agua mineral y limonada. Infusiones: té con limón, bebidas amargas, alguna de alcachofas. Recetas preferidas: Arroz con mejillones, Pavo con manzanas, Avena para el desayuno.

RATA DE FUEGO (1936-1996)
Caipirinha on the rocks
Esta rata explosiva es entusiasta, idealista, creativa y dinámica; muy independiente y nada diplomática. Su velocidad para resolver

los problemas es asombrosa, se conduce puramente por intuición y dentro de su cerebro privilegiado jamás improvisa. Hiperexigente y muy rigurosa consigo misma, le cuesta bajar las revoluciones interiores. Sensual, divertida, original y totalmente imprevisible: LA ARGENTINA ES RATA DE FUEGO. Puede padecer del estómago o sufrir depresiones. Es absolutamente ciclotímica.

Alimentos recomendados

Cereales: maíz y avena. Carnes: vacunas, magras (dos veces por semana). Lácteos: yogur descremado. Hortalizas: verduras de hoja, alcachofas, espárragos, champiñones. Frutas: manzana, fresas. Bebidas: agua mineral (apaga el fuego), vino tinto seco (poco). Infusiones: manzanilla con miel (después de comer es muy digestiva), *ginseng*. Condimentos: perejil, albahaca, curry y poca sal. Recetas preferidas: Lomo con setas, Arroz Bombay, Manzanas crujietes.

RATA DE TIERRA (1948-2008)
Cable a tierra pero no tanto

Esta rata no pierde el tiempo: va siempre a lo seguro. Ama el orden, la disciplina y la seguridad. Su verdadera realización está en su profesión, en la que se desenvuelve con brillantez y eficacia. Cuida mucho su *look*, le encanta la frivolidad y es muy sentimental. Estará siempre insatisfecha y será muy responsable con su familia.

Alimentos recomendados

Cereales: mijo, trigo. Carnes: cortes magros de vacunos; no más de 120 g dos veces por semana; pavo. Pescados: salmón y mero. Mariscos: pulpo, langosta y camarones. Hortalizas: de hojas, crudas, siempre como primer plato; rábanos, zanahorias y boniatos bien dulces y hervidos. Frutas: cítricos y bananas. Bebidas: agua mineral, vino tinto tipo Saint-Èmilion (un vaso por comida). Infusiones: boldo, café de filtro (dos tazas diarias), manzanilla con miel después de las comidas. Cuidado con el tabaco. Recetas preferidas: Pudin de mijo y guisantes, Plato fresco con camarones, Ñoquis de boniato.

RATA DE METAL (1900-1960)
Cometa de aquí y de allá

Esta rata nació para destacar; en general lo logra y alcanza el éxito; otras veces muere en el intento. Es reflexiva, analítica, eficaz y creativa. Tiene una gran necesidad de afecto y a veces canaliza el amor solo a través del sexo, y se siente ultrajada. Es autónoma, adora el dinero ganado con sus esfuerzos y es muy generosa. Muy sensual, glotona y sin prejuicios, le gustan las emociones fuertes y el peligro.

Alimentos recomendados

Cereales: arroz integral y maíz. Carnes: pavo, pescado, aves silvestres. Hortalizas: de raíz, zanahoria, rábanos, patatas, entre otras. Frutas: melocotones. Evitar: azúcar blanca, miel, vinos dulces, grasas animales y fritos. Bebidas: agua, agua, y más agua. Champán extra brut en fiestas y aniversarios. Infusiones: menta, *ginseng*. Condimentos: jengibre. Recetas preferidas: Cazuela de pollo, Ñoquis de harina de maíz, Verduras salteadas con jengibre.

RATA DE AGUA (1912-1972)
Una sibarita

Esta ratita es irresistible; seductora, sutil, mágica e hipnótica, todo lo que se propone en la vida lo consigue sin mucho esfuerzo. Muy sociable, exquisita, elige los mejores ambientes para desarrollar sensibilidad. Su deporte favorito es el riesgo calculado, para lo cual se apoya en su notable intuición. Tiene poderes parapsicológicos y algo perversos.

Alimentos recomendados

Cereales: trigo integral, maíz blanco. Legumbres: frijoles negros, judía roja. Carnes: perdiz, pato, liebre. Pescados: salmón, gatuso.[13] Hortalizas: compactas y picantes, tomates. Algas marinas: muy recomendadas. Frutas: melón y sandía. Bebidas: agua mineral (no más de un litro y medio por día). Infusiones: yerba mate, cola de caballo. Evitar el alcohol. Condimentos: ají molido (con moderación), orégano y ajo. Recetas preferidas: Tomates rellenos, Vitel Toné, Sushi.

La Rata y su ascendente

Rata ascendente Rata: 23.00 a 01.00

Su rapidez por llegar a las metas le hace perderse lo que hay en la mitad del camino. Deberá poner su astucia, seducción y *charme* a favor para no desviarse del objetivo tan fácilmente. El fin justifica los medios.

---

[11] Es una variedad de pescado carnoso y sin espinas.

Rata ascendente Búfalo: 1.00 a 3.00

Buscará la estabilidad en su vida sentimental y profesional, sacrificando sus debilidades. Culta, introspectiva, obstinada; deberá encontrar la manera de caer bien y de controlar sus ataques de cólera.

Rata ascendente Tigre: 3.00 a 5.00

Esta rata se arriesgará por causas nobles. Buscará superarse y rodearse de gente creativa; tendrá una vida llena de matices, sobre todo por sus tormentosos amores.

Rata ascendente Conejo: 5.00 a 7.00

Su seducción será irresistible; provocará cortocircuitos astrales. Buscará fama, dinero y poder a cualquier precio, y cambiará de idea muy a menudo. Es muy contradictoria.

Rata ascendente Dragón: 7.00 a 9.00

Necesita público para realizarse. Es sibarita, curiosa, sociable, demostrativa y crítica. Resaltará por su exótica personalidad y triunfará por su perseverancia.

Rata ascendente Serpiente: 9.00 a 11.00

Esta rata es muy afortunada. Su ambición desmedida la incentiva para afilar la percepción y atacar a la presa en el momento exacto. Cuando se enamora entrega su fortuna y se convierte en Otelo.

Rata ascendente Caballo: 11.00 a 13.00

Dinamita pura. Todo lo que realice será por amor. Es capaz de vivir en el extremo de la riqueza o de la pobreza. Le costará establecerse en algún lugar y encontrar una profesión estable.

Rata ascendente Cabra: 13.00 a 15.00

Buscará el equilibrio en su vida. Amará el lujo, el confort, las relaciones influyentes y lo que le brinde seguridad. Pero también su gran corazón la conectará con gente muy espiritual y talentosa.

Rata ascendente Mono: 15.00 a 17.00

The sky is the limit. El fin justifica los medios... Hay que amarla o hacerse humo. En el amor será cerebral y no hará ninguna concesión.

Rata ascendente Gallo: 17.00 a 19.00

Vivirá peleando con su parte espiritual y su parte material. Necesitará que la aplaudan en cada acto de su vida y sobre todo ventilará sus intimidades. Su ciclotimia no le permite profundizar y se evade de los conflictos.

Rata ascendente Perro: 19.00 a 21.00

Una rata humanitaria, lúcida, honesta, fiel y profunda. Logrará sobresalir en su profesión y abrir nuevos caminos para la humanidad. Es filósofa, misántropa y muy *sexy*.

Rata ascendente Cerdo: 21.00 a 23.00

Su sensualidad y amor por la vida la hacen muy apetitosa. Tendrá principios e ideales; buscará el contacto con la naturaleza y se procreará velozmente. Una rata de oro por dentro y por fuera.

Cuéntame un cuento chino

Rodolfo Blanco • Presidente de Ediciones Urano Argentina

Y un día con tu llegada se abrieron las puertas de este misterioso y fascinante zoológico que nos rodea y nos impulsa, de estas figuras salvajes, tiernas, enigmáticas, encadenadas a las constelaciones que nos cobijan. A quienes habitamos en una gran ciudad nos queda poco tiempo para detenernos y pensar en todo lo que nos rodea día a día, y aquí en un café típico de esta bella Buenos Aires, intento frenar el ritmo alocado. Saboreo un sabroso y espumoso café con medialunas calentitas (el médico me aconsejó no comer harinas, pero no sé cómo se hace para resistir a ese aroma y no pecar), miro pasar a cada transeúnte, imaginándomelo con la cara del signo zoológico que lo rige; allí, en la esquina, por ejemplo, una pareja se abraza y se besa, y en mi fantasía veo a ese bello y tierno conejito montado sobre el lomo del gran búfalo recorriendo el pastizal, a mi lado dos señoras no dejan de charlar, ¿serán dos cabras hablando de sus padres, hermanos, tíos?, adolescentes gritando y en continuo movimiento, como monos de rama en rama.

El reloj me avisa de que mi momento de relax se acaba, pero podría seguir por tiempo indefinido mirando el desarrollo del movimiento de esta selva, este bosque, este campo. Es como imaginar figuras en el cielo mientras corren las nubes agitadas por el viento, evolucionando, transformándose, fundiéndose en una para desaparecer y renacer constante y milagrosamente.

Ya camino a mis tareas, mis preocupaciones y responsabilidades, mis pensamientos siguen jugando conmigo y se remontan a momentos de mi infancia, cuando el caritativo y laborioso señor Pérez se desvelaba para dejar su moneda debajo de la almohada y alzarse con su botín. Montones de ratas invadían nuestra infancia haciendo que riéramos con sus disparates, que las quisiéramos; aparecían en cada cuento, en cada historia, y así pasaron los años y las ratas pasaron a ser seres que se escapaban de la vorágine del día a día para correr por las calles de la ciudad, en soledad, o para creerse malabaristas y equilibristas en este gran circo urbano, al trepar a los cables y casi sentir que podían volar. Seres incansables, tenaces, observadores, agudos.

«¿Yo qué soy? –me pregunté–: ¿Rata? ¿Rata de qué?... Ahhhh, sí, rata de tierra.»

Y descubrí que ese soy yo, con polos opuestos en continuo movimiento a punto casi de rozarse.

Me identifico realmente con mi signo, sumamente terrenal; mi ser se esconde en las oscuras alcantarillas o respira el aire húmedo de mi amada ciudad, en la azotea de alguna casona de San Telmo.

No dejo ningún rincón sin recorrer, me adentro en los zaguanes, examino, elevo la mirada a las trabajadas cúpulas, en constante observación del mundo que me rodea.

Rata consecuente, rata trabajadora. La tierra se mueve bajo mis pies y yo con ella, y con mis seres queridos, a los cuales cuido, vigilo, ayudo, defiendo, como rata que soy.

Seres que despertamos todo tipo de sentimientos, según el cristal con que nos miren.

Ohhhhh, gran zoo humano, ¿cuánto nos quedará por recorrer...? ¿Cuántos escondites por explorar...? La aventura apasionada continúa...

© buzzfuss (Banco de Imágenes 123RF)

Sofía Vergara
Rata de Agua

Personajes famosos

RATA DE MADERA (1864-1924-1984)
Marcelo Mastroianni, Charles Aznavour, Hugo Guerrero Marthineitz, Narciso Ibáñez Menta, William Shakespeare, Scarlett Johanson, Henry Mancini, Carlos Tévez, Andrés Iniesta, Toulouse-Lautrec, Johan Strauss (padre), Paula Chávez, Lauren Bacall, Doris Day, Mark Zuckerberg, Eva Gabor, Marlon Brando, Lisa Simpson.

RATA DE FUEGO (1876-1936-1996)
Oriana Sabatini, Pablo Casals, Glenda Jackson, Charlotte Brontë, Anthony Hopkins, Mario Vargas Llosa, Wolfang Amadeus Mozart, Norma Aleandro, Mata Hari, Ursula Andress, Kris Kristofferson, Rodolfo Bebán, Bill Wyman, Antonio Gades, Richard Bach, Pino Solanas, Jorge Mario Bergoglio, Padre Luis Farinello.

RATA DE TIERRA (1888-1948-2008)
Thierry Mugler, Leon Tolstoi, Robert Plant, Olivia Newton-John, Grace Jones, príncipe Carlos de Inglaterra, Rubén Blades, Lito Nebbia, Karlos Arguiñano, Brian Eno, James Taylor, Donna Karan, Chacho Álvarez, Vitico, Gerard Depardieu, Indio Solari, Irma Salinas.

RATA DE METAL (1900-1960)
Jorge Lanata, Roberto Arlt, Bono, Cura Brochero, Gabriel Corrado, John Kennedy, Tomás Ardí, Antonio Banderas, Tchaikovsky, Ayrton Senna, Juan Cruz Sáenz, Luis Buñuel, Gustavo Francisco Petro Urrego, José Luis Rodríguez Zapatero, Nastassja Kinski, Daryl Hannah, Sean Penn, Alejandro Sokol, Ginette Reynal, Spencer Tracy, Diego Maradona, Lucrecia Borgia.

RATA DE AGUA (1912-1972)
Sofía Vergara, Charo Bogarín, Gene Kelly, Raj Patel, Antonio Gaudí, Loretta Young, George Washington, Cameron Díaz, reina Letizia Ortiz, Facundo Arana, Lawrence Durrell, Zinedine Zidane, Charo Bogarín, Lolo Fuentes, Pablo Lescano, Maju Lozano, Valentina Bassi, Eve Arden, Pity Álvarez, Roy Rogers, Antonio Rossini, Valeria Mazza, Pablo Rago.

Tabla de compatibilidad

	Amor	Amistad	Negocios
Rata	2	1	2
Búfalo	1	2	2
Tigre	3	2	3
Conejo	2	1	2
Dragón	2	2	2
Serpiente	1	1	1
Caballo	2	3	2
Cabra	2	1	1
Mono	2	2	2
Gallo	3	2	2
Perro	2	1	1
Cerdo	2	2	2

1 mal 2 regular 3 bien

Nota: las compatibilidades son desde el punto de vista de cada animal.

BÚFALO

Trabajar no está de moda
en el cansancio del mundo globalizado
donde todo se facilita
sin esfuerzo, inspiración, imaginación,
estímulo.
Ay, búfalo, símbolo del trabajo en China
desde el Emperador Amarillo hasta Lao Tse
que predicó el TAO sobre tus ancas.

L. S. D.

牛
二零十六年春
譚國才

Ficha técnica

Nombre chino del búfalo
NIU

Número de orden
SEGUNDO

Horas regidas por el búfalo
01.00 A 03.00

Dirección de su signo
NOR-NORDESTE

Estación y mes principal
INVIERNO-ENERO

Corresponde al signo occidental
CAPRICORNIO

Energía fija
AGUA

Tronco
NEGATIVO

Eres búfalo si naciste

06/02/1913 - 25/01/1914
BÚFALO DE AGUA

25/01/1925 - 12/02/1926
BÚFALO DE MADERA

11/02/1937 - 30/01/1938
BÚFALO DE FUEGO

29/01/1949 - 16/02/1950
BÚFALO DE TIERRA

15/02/1961 - 04/02/1962
BÚFALO DE METAL

03/02/1973 - 22/01/1974
BÚFALO DE AGUA

20/02/1985 - 08/02/1986
BÚFALO DE MADERA

07/02/1997 - 27/01/1998
BÚFALO DE FUEGO

26/01/2009 - 13/02/2010
BÚFALO DE TIERRA

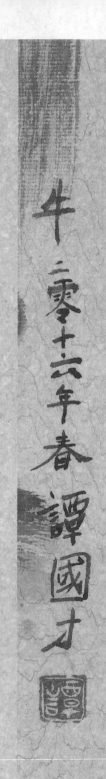

BÚFALO

Ayer apareció nítida la imagen de LA NONA, mi primera representante cuando despuntaba los veintitantos.

Era la tía de ANTONIO GASALLA, y la representante de él y de CARLOS PERCIAVALLE, y de nadie más.

Como yo era una niña que vivía entre artistas de una generación mayor, la influencia de ellos contagió mi vocación histriónica y artística que fue alentada con cariño y convicción.

ROSITA, ese era su nombre antes del bautismo de LA NONA, me estimuló desde que me vio hacer papeles en el café concert, cuando Carlitos me invitaba a compartir el escenario en Rugantino o en Punta del Este, donde me descubrió TATO BORES.

Ambos, TATO y LA NONA, eran búfalo en el horóscopo chino. Este signo es temido por el zoo por su carácter y las reglas rígidas que aplica en su conducta y en la de los demás, pero adora al mono, que lo entretiene con sus ocurrencias, ideas e imaginación.

El destino quiso que en la década de los 80 TATO BORES me diera una oportunidad para hacer un papel que hasta el día de hoy recuerda el querido pueblo argentino.

Era una «recomendada» de la junta militar que lo perseguía por los estudios de televisión para que me diera un papel y me contratara.

Entonces apelé a mi precoz don de autora, y en el *sketch* compuse a una poetisa neurótica que recitaba poemas surrealistas con voz de pito.

Y Tato me miraba aterrado, absorto, como si presenciara la aparición de un E.T.

LSD fue un *boom* y desde entonces mi carrera artística creció hasta que me dediqué a escribir sobre horóscopo chino, también gracias a la popularidad que tuve imitando a una gitana en el programa de mi querido amigo ANDRÉS PERCIVALLE, que partió hace una semana al largo viaje que nos iguala a los mortales.

LA NONA, a petición mía, me representó durante los años siguientes en programas de televisión que me dieron más popularidad; *Galería* fue uno de ellos.

Con su avanzada edad y su experiencia, me decía que tenía talento y que me iría muy bien en la carrera artística y que siguiera el ejemplo de los amigos citados para prepararme en esta difícil profesión, donde muchos se quedan por el camino.

Tato Bores fue sin duda el hombre más respetado, profesional, serio –a pesar de su humor de alto vuelo– que tuvo la televisión argentina.

Poseía una memoria prodigiosa, sabía lo que quería en su programa, hizo surgir actores como ROBERTO CARNAGHI, FEDERICO PERALTA RAMOS; vedetes y actrices como CAMILA PERISSÉ, y jamás mezcló lo profesional con lo personal de ninguno de los que tuvimos la oportunidad de que nos descubriera y luego nos hicimos famosos.

En mi caso, a Tato le gustaba que lo sorprendiera en directo con mis poemas, y no ensayábamos.

Trabajaba seis meses al año arduamente y descansaba en Uruguay o donde más le gustaba con BERTA, su amada cabra, y sus tres amorosos hijos: ALEJANDRO, SEBASTIÁN y MARINA, que ya demostraron su talento en cada elección vocacional y profesional con humildad y grandeza, como su padre búfalo.

En una mañana serrana en que el sol comienza a iluminar la cresta de las sierras, los pájaros cantan tímidamente, y el cielo es traslúcido, recordar a estos dos búfalos que me dieron el pasaporte para confiar en mí plenamente, en meterme en el fango de una profesión que hoy es lejana, pues hace treinta y cuatro años me dedico a ser la SCHEREZADE DEL HORÓSCOPO CHINO, vocación que me reconforta.

La admiración hacia este signo es profunda; en China lo aman y veneran, pues dicen que Lao Tse predicó el *Tao Te King* sobre un buey recorriendo el país de Norte a Sur y de Este a Oeste con paciencia china.

Es el que ara, surca la tierra día a día con dedicación, paciencia, esfuerzo, y pisa con firmeza para sembrar el arroz, el trigo, el maíz y la soja…

Desde que nace, tiene claras las prioridades de su vida: trabajar, formar una familia y vivir en la naturaleza.

Su rendimiento y buena suerte dependerán de la época de su nacimiento: invierno o verano.

Los búfalos de invierno deben trabajar mucho más, pues escasean las reservas de alimentos y deben proteger a la manada para brindarles el sustento. Los de verano, en general, son más ociosos y viciosos; tienen siempre un mecenas que los ayuda, o logran sin tanto esfuerzo más resultados.

El varón es hosco, ermitaño, solitario, y algunos –según el ascendente– serán más sociables, con dones artísticos y sibaritas.

Saben que el éxito en su vida depende de ellos mismos, de su capacidad para elegir bien el camino o profesión.

En general tienen problemas de autoridad con sus padres, hijos, pareja: su temperamento dominante y demandante produce un ataque de pánico en el prójimo, y tendrán que hacer terapias alternativas o mucho deporte, yoga, polo, golf, karate para atenuar su CHI (energía) y no volcarlo en ataques de furia o embestidas que podrían producir femicidios o crímenes pasionales.

Para la mujer más que para el varón es fundamental construir una familia y tener descendencia.

A veces, por el deseo de procrear en su juventud o con el primer amor no miden las consecuencias y caen en relaciones tóxicas, sadomasoquistas, dominantes, que perjudican su salud y futuro.

Es fundamental que controlen sus reacciones, impulsos, deseos y caprichos.

El búfalo se obsesiona, enceguece y autodestruye.

Cuando logra enamorarse y ser correspondido, armar una vida armónica, equilibrada y con *feedback,* es muy feliz y expande su experiencia a su descendencia.

Su capacidad organizativa es admirable; tiene un ordenador en su cerebro y es un líder nato.

El orden, la programación, los proyectos a largo y medio plazo le salen a la perfección; no le pidan que resuelva algo en un corto tiempo, pues las presiones le impiden pensar bien y crear un microclima ideal para el desarrollo.

Amante de la naturaleza, buscará construir su casa o establo en algún lugar que prefiera: campo, mar, montaña o en algún acantilado donde nadie pueda molestarlo.

Su corazón estará disponible para las personas que ame, admire, para aquellos que sienta que son parte de su ecosistema y con quienes pueda expresarse libremente.

Su presencia es fundamental en cualquier proyecto compartido; un equipo de fútbol, una ONG, un comedor como el que lleva adelante la búfala MARGARITA BARRIENTOS, un safari, una empresa donde asesore con justicia e ideas originales y, como contrapartida, una ministra como Margaret Thatcher, con quien infelizmente nos sumergimos en la guerra de las Malvinas, o dictadores que alienaron a su pueblo cometiendo guerras y destrucciones: Hitler, Sadam Hussein, Videla, Mussolini. OMOMOM.

El búfalo es intenso, no tiene colores intermedios entre el blanco y el negro; es radical en su conducta y sus decisiones, y le cuesta admitir que maneja el control remoto de la familia, de los socios, de las obras de planificación y de ODEBRECHT...

Signo protector, rumiante, tozudo, emprendedor, con capacidad sobrenatural para resistir las pruebas entre el INFRAMUNDO y el SUPRAMUNDO.

L. S. D.

El Búfalo va al cine

Entenderse con un Búfalo para ir al cine es una pesadilla... son muy indecisos a la hora de elegir una película. Primero y principal, el tiempo que tardan en dejar toda su casa en orden. Y al mejor estilo detective, antes de salir hay que revisar si dejan algún grifo abierto, si están todas las luces apagadas y si todas las puertas y ventanas se encuentran debidamente cerradas por si algún motochorro[14] en alas delta quisiera entrar en su morada. Uno debe estar preparado para ver una película que sea más larga que las demás y en algún idioma del cual no sepamos una palabra... Si quieres quedar bien con un Búfalo invítalo a ver *El cuchillo bajo el agua*, de Roman Polansky; *Esposas y concubinas*, de Yimou Zhang; *El último Emperador*, de Bernardo Bertolucci; *Moonlight*, con Mahershala Ali, Naomie Harris y Janelle Monae.

Tarot y Zoo

La Luna, Ocho de Bastos y Cinco de Espadas

Para ti, Búfalo, las cartas de Tarot que trae el perro dicen: Este será un año en el que los miedos te acecharán, en el que sentirás que estás absolutamente solo en el camino; sin embargo el pasar por este proceso de miedos e inseguridades te hará ser asertivo en tus hechos y palabras. Emocionalmente, Cupido alcanzará tu corazón, sentirás

---

[14] En Argentina se llama así a los delincuentes (chorros) que roban desde una moto.

que al fin llegó el momento de realizarte en pareja a pesar de tu situación sentimental; lograrás que pueda revivir la relación que tienes o conseguir una nueva para ser feliz. La lucha será el desafío de este año; el Tarot te aconseja enfrentarte con nobleza a todos los grandes desafíos.

Ládrame tu karma

1) ¿Cuál fue la situación límite que cambió tu vida?
Reconozco un par de situaciones límite. Las dos fueron expresadas a través de mi cuerpo físico, y decidí empezar una vida más independiente y conectada con mis deseos reales. En ambas oportunidades el cuerpo habló claramente, ya sea a través de pánicos o hernia de disco y me hizo registrar que debía hacer un cambio impostergable. En una de ellas nació mi carrera profesional como cantante.

2) ¿Cómo reaccionas ante una traición?
No me gusta para nada. Soy prudente con la confianza; necesito un tiempo de conocimiento, me cuesta confiar rápidamente. También por eso, ante una traición, lo primero que pierdo por completo es toda esa confianza que fui construyendo, y es difícil que pueda revertir esa situación.

3) ¿Cuáles son tus valores prioritarios en la vida?
La sinceridad, la autenticidad, la humildad, la bondad, la compasión y el respeto; siempre se presentan situaciones en las que uno tiene que recordar de qué está hecho y poder anteponer sus valores, que son los que a la larga terminan equilibrando las relaciones con los demás.

4) ¿Haces algo por los demás?
Creo en el respeto hacia uno mismo y hacia los demás, los buenos tratos son fundamentales en todo sentido, no se debe violentar ni agredir. Cuando es posible, prefiero dar educación y herramientas o posibilidades para evolucionar antes que donaciones, ya que creo que generan dependencia eterna. Una que me sale muy natural es ayudar a pensar como ser más real y feliz.

5) ¿Esperas algo de los otros?

No, no soy de esperar de los otros, me encanta, disfruto y acepto recibir lo que me quieren dar y soy muy agradecida de ello también.

6) ¿Crees que las diferencias unen o separan?

Depende del EGO de cada uno. En mi caso trato de integrar un aprendizaje y tiene que ver con cuánto estimo a la persona o la calidad de la relación, pero pienso que normalmente las diferencias separan.

7) ¿Qué significa fidelidad para ti?

Mi familia, mis amigos y mi pareja. Ser consciente de cuáles son las cosas importantes para nosotros, lo que se mantendrá siempre a nuestro lado, la esencia de uno tanto como las verdaderas personas que nos acompañan día a día, y están incondicionalmente.

8) ¿A qué asocias la palabra diversidad?

Al cambio. Diversidad para mí es cambiar la rutina de todos los días agregándole pequeños detalles; un juego, hacer algo que me sacuda, que me mueva aunque sea en lo mínimo. Desde un cambio de *look* hasta sacarme un pasaje espontáneamente, o comprar un té rico para degustar en compañía.

El Búfalo y su energía

BÚFALO DE MADERA (1925-1985)

Un búfalo cotizado

Este búfalo adorable tiene espíritu de equipo y es más flexible que sus congéneres. Sólido, confiable, intelectual, íntegro, tiene principios éticos y estéticos y le gusta esforzarse. Es innovador, original y muy *sexy*. Tendrá muchas víctimas a través de su vida, debido a su *sex-appeal*.

Alimentos recomendados

Cereales: trigo, avena, cebada. Necesita incorporar buena cantidad de fibra vegetal completa. Diariamente, por lo menos una porción de cereal integral, una ensalada de hojas grandes y dos frutas. Legumbres: evitar el frijol de soja. Los demás (negro, judía roja, de manteca, etcétera) siempre junto con el cereal, en una proporción de no más del 20%. Hortalizas: todas las de hoja, preferentemente las amargas. Frutas: manzanas, cítricos. Bebidas: agua mineral. No tomar junto con las comidas. Evitar el alcohol. Infusiones: menta, manzanilla. Recetas preferidas: Sopa crema de apio, Pavo con manzanas, Guiso de arroz y espinacas.

BÚFALO DE FUEGO (1937-1997)
Un búfalo ardiente
Este búfalo es el más vistoso, enérgico, dominante, testarudo, materialista, apasionado y directo de los de su especie. La figuración social y el éxito son fundamentales en sus metas. Es muy atractivo y tiene mucho éxito con el sexo opuesto. Es extremista; si alguien no le gusta o no le cae bien, no para hasta que no lo desintegra. Objetivo, lúcido, consecuente y perseverante en el trabajo, es casi un militar. Como enemigo es feroz, y como amigo el más generoso y cariñoso.
Alimentos recomendados
Cereales: maíz, trigo, arroz. Carnes: no más de dos veces por semana; evitar las grasas y los fritos. Pescado: salmón, besugo, merluza. Hortalizas: raíces y tubérculos. Frutas: todas las de estación, frescas (2-3 por día). Bebidas: agua mineral, vinos secos. Lácteos: solo descremados. Infusiones: *passiflora* (maracuyá). Condimentos: ají molido, jengibre, atención al consumo de sal; debe cuidarse de la hipertensión. Para este signo es importante practicar aeróbic y controlar el peso. Recetas preferidas: Arroz parmesano, Merluza con patatas y pimientos morrones, Patatas con champiñones.

BÚFALO DE TIERRA (1949-2009)
Un búfalo dominante
Es un búfalo paciente y sufrido, le cuesta progresar en la vida. Las oposiciones que se les interponen aumentan su tesón y su empeño. Prácticos, materialistas, consiguen lo que se proponen. *Piano, piano…* El éxito no les resulta fácil, pero siempre llega. Lucharán con tesón por obtener seguridad y estabilidad. No son demostrativos afectivamente y no tienen sentido del humor.
Alimentos recomendados
Cereales: trigo, mijo, arroz, avena. Carnes: carnes rojas magras (2 veces por semana). Pescados: pejerrey, corvina, salmón, bacalao. Lácteos: descremados, roquefort, camembert. Hortalizas: de hoja, de

raíz. Legumbres: garbanzos, frijoles negros, judías rojas. Frutas: uvas, cítricos, manzanas asadas. Bebidas: vinos afrutados, secos, agua, limonada. Infusiones: artemisa, *ginseng*. Práctica aeróbica, yoga o meditación. Recetas preferidas: Escalopes de mijo, Corvina a la vasca, Ensalada proteica, Milanesas de soja.

BÚFALO DE METAL (1901-1961)
Búfalo, ten piedad de mí
Este búfalo es exigente, a veces maníaco, déspota y muy carente afectivamente. Sus pedidos son demandas y hay que quererlo mucho para soportarlo. Sabe lo que quiere profesionalmente, pero a veces se sobrevalora y pierde las mejores oportunidades. Tiene una gran coraza que lo defiende. Cuando se abre será para toda la vida. Ama el arte y a veces es un gran artista. Hiperresponsable, tenaz y arrogante, no conoce la palabra fracaso. Es un mal perdedor.
Alimentos recomendados
Cereal: arroz, avena. Mariscos: calamares, centollas, pulpo. Hortalizas: todas las de raíz. Frutas: manzanas al horno, almendras. Evitar los azúcares simples como azúcar blanco, miel, melazas. Bebidas: agua mineral, vinos secos y champán. Recetas preferidas: Rodajas de lomo con salsa de vino, Salmón con albahaca, Trigo integral con verduras, Patatas con perejil.

BÚFALO DE AGUA (1913-1973)
Un búfalo sweety
Este bufalito tierno, dulce y cariñoso es un idealista que concreta sus sueños. Es paciente, práctico y ambicioso. Tiene valores éticos, se compromete en sus actos y tiene tacto para organizar grandes empresas. Es razonable y flexible, abierto a sugerencias, aunque no esté de acuerdo con que se entrometan en sus cosas íntimas. No es tan terco como otros búfalos y se adapta mejor a los cambios.
Alimentos recomendados
Cereal: arroz integral, maíz. Carnes: magras, aves silvestres. Pescado: trucha, arenque, merluza. Hortalizas: de hojas grandes. Legumbres: frijoles diversos, garbanzos, guisos en invierno. Frutas: cítricas y manzanas. Bebidas: agua, con moderación. Evitar la sal. Recetas preferidas: Arroz integral a la china, Hummus, Arepas.

El Búfalo y su ascendente

Búfalo ascendente Rata: 23.00 a 01.00
Será un búfalo muy sociable, lleno de vitalidad, iniciativa e imaginación. Ganará dinero con facilidad y tendrá muchas propuestas sentimentales, a las que no desatenderá.

Búfalo ascendente Búfalo: 1.00 a 3.00
Un soldado inflexible que combatirá aun por pequeños detalles. Cumplirá con sus deberes y jamás improvisará. Su carácter es inflexible y no tiene sentido del humor. Trabajará por dos y jamás admitirá errores.

Búfalo ascendente Tigre: 3.00 a 5.00
Tendrá una contradicción entre lo que se siente y lo que se debe. A su pesar abandonará las obligaciones por los ideales. Cuando se enamora su vida tiene sentido. Un idealista que concreta sus sueños.

Búfalo ascendente Conejo: 5.00 a 7.00
Su sentido estético limará su tosquedad; amará el lujo, el placer y la buena mesa. Tendrá un humor refinado, sabrá conquistar y ser diplomático. Dispondrá de dinero para vivir y disfrutar sin sobresaltos.

Búfalo ascendente Dragón: 7.00 a 9.00
Vivirá el «aquí y ahora» y sacará provecho de cada encuentro. Brillará en sociedad, hará buenos negocios y se evaporará. Cupido será muy generoso con él y se casará muy bien.

Búfalo ascendente Serpiente: 9.00 a 11.00
Tendrá la táctica para actuar y enroscarse en el momento justo. Amará el lujo, las relaciones influyentes y las infidelidades. Será un luchador que no admitirá trabas en su camino.

Búfalo ascendente Caballo: 11.00 a 13.00
Necesitará estar inspirado para hacer algo. Odiará la rutina, buscará trabajos que no lo aten y defenderá la justicia. En el amor será irresistible, generoso y muy ciclotímico.

Búfalo ascendente Cabra: 13.00 a 15.00
Tendrá que repartirse entre los seres que lo necesitan. Será romántico, desinteresado, generoso y muy solidario. Su creatividad necesitará ser compensada por seguridad material. Un soñador con imaginación para vivir.

Búfalo ascendente Mono: 15.00 a 17.00
Especulador, astuto, irónico, no dará puntada sin hilo. Será un prodigio de adaptación para afrontar los cambios, y un seductor irresistible.

Búfalo ascendente Gallo: 17.00 a 19.00
Disfrutará con su trabajo y podrá mantenerse sólidamente. Su amistad es muy preciada, nunca abandona lo que emprende y es extremadamente responsable. Amará a su prole y se desvivirá por ella.

Búfalo ascendente Perro: 19.00 a 21.00
Una vida inquieta, defendiendo a los demás y luchando por los derechos humanos. Le quedará tiempo para desarrollar su vocación, viajar y casarse. A veces puede ser derrotista y abandónico, un ser absolutamente dependiente.

Búfalo ascendente Cerdo: 21.00 a 23.00
Su vitalidad y buen humor lo hacen adorable. Es autoritario, celoso y muy apasionado. Le gustan los altos y bajos placeres de la vida. Encontrará mecenas que lo mantendrán.

Cuéntame un cuento chino

Oscar Martínez • Actor, director, escritor •
Argentina

He sido siempre perseverante, paciente, leal, protector y dador con mis seres queridos, fiel, obstinado en la obtención de mis logros... Cada vez que leo descripciones del carácter y el comportamiento del Búfalo me siento muy retratado en la mayoría de esas caracterizaciones. No solo en los atributos que pueden considerarse como buenos.

Soy rumiante, puedo ensimismarme, puedo ser susceptible en exceso; condiciones que en ocasiones pueden hacerme padecer a mí y a los otros, sobre todo si son personas que me tienen afecto. Como se ve, soy también sincero y trato de ser una persona honesta siempre que puedo. Imagino que quizá tenga que ver también con mi condición de Búfalo.

Volkswagen
Búfalo de Fuego

Personajes famosos

BÚFALO DE MADERA (1865-1925-1985)

Benito Laren, Lula Bertoldi, Paul Newman, Johann Sebastian Bach, Jack Lemmon, Rafael Squirru, Peter Sellers, Rock Hudson, Carlos Balá, Richard Burton, Roberto Goyeneche, B. B. King, Dick van Dyke, Johnny Carson, Bill Halley, Tony Curtis, Malcolm X, Sammy Davis Jr., Bert Hellinnger, Jimmy Scott, Rosario Ortega.

BÚFALO DE FUEGO (1877-1937-1997)

Robert Redford, Dustin Hoffman, Trini López, Boris Spassky, Martina Stoessel, Warren Beatty, Jack Nicholson, Diego Baracchini, Jane Fonda, Norman Brisky, José Sacristán, rey don Juan Carlos I de España, Hermann Hesse, María Kodama, Facundo Cabral.

BÚFALO DE TIERRA (1889-1949-2009)

Jairo, Meryl Streep, Oscar Martínez, Joaquín Sabina, Luis Alberto Spinetta, Richard Gere, Ángeles Mastretta, Paloma Picasso, Jessica Lange, Fernando Parrado, Renata Schussheim, Claudio Gabis, Alejandro Medina, Charles Chaplin, José Pekerman, Jean Cocteau, Gene Simmons, Napoleón Bonaparte, Billy Joel, Sergio Puglia.

BÚFALO DE METAL (1841-1901-1961)

Carlos Pagni, Enzo Francescoli, Barack Obama, Louis Armstrong, James Gandolfini, Boy George, Alfonso Cuarón, Alejandro Agresti, Cinthia Pérez, The Edge, Sergio Bergman, Ingrid Betancourt, Ronnie Arias, Walt Disney, Juana Molina, Jim Carrey, Lucía Galán, Eddie Murphy, Andrea Frigerio, Alejandro Awada, Andrés Calamaro, Diego Capusotto.

BÚFALO DE AGUA (1853-1913-1973)

María Eugenia Vidal, Vivien Leigh, Albert Camus, Alan Ladd, Belén Esteban, Bruno Stagnaro, Inés Sastre, Nicolás Pauls, Juliette Lewis, Iván González, Cristina Pérez, Sebastián Ortega, Juan Manuel Gil Navarro, Cecilia Carrizo, Zambayonny, Carolina Fal, Carlo Ponti, Martín Palermo, Juan Manuel de Rosas.

Tabla de compatibilidad

	Amor	Amistad	Negocios
Rata	2	2	2
Búfalo	2	2	1
Tigre	2	2	1
Conejo	2	3	3
Dragón	2	3	1
Serpiente	1	2	2
Caballo	2	2	2
Cabra	3	3	3
Mono	3	1	2
Gallo	2	1	1
Perro	2	2	3
Cerdo	2	2	1

1 mal 2 regular 3 bien

Nota: las compatibilidades son desde el punto de vista de cada animal.

TIGRE

Escala Panamá.
La noche me recibió sigilosa.
Reconocí el purgatorio
de almas migratorias.
Encontré el lápiz marrón oscuro
para mis ojos cansados
del insomnio entre la tierra y el cielo.

Llegué al Vip deshilachada
al unísono con el amanecer
templando mi alma.
Ahau me saludó con ternura
bendiciendo mi viaje al retorno
de quien fui antes de enraizar.

L. S. D.

二〇十七年三月二十八日謹圖

虎

Ficha técnica

Nombre chino del tigre
HU

Número de orden
TERCERO

Horas regidas por el tigre
03.00 A 05.00

Dirección de su signo
ESTE-NORDESTE

Estación y mes principal
INVIERNO-FEBRERO

Corresponde al signo occidental
ACUARIO

Energía fija
MADERA

Tronco
POSITIVO

Eres tigre si naciste

26/01/1914 - 13/02/1915
TIGRE DE MADERA

13/02/1926 - 01/02/1927
TIGRE DE FUEGO

31/01/1938 - 18/02/1939
TIGRE DE TIERRA

17/02/1950 - 05/02/1951
TIGRE DE METAL

05/02/1962 - 24/01/1963
TIGRE DE AGUA

23/01/1974 - 10/02/1975
TIGRE DE MADERA

09/02/1986 - 28/01/1987
TIGRE DE FUEGO

28/01/1998 - 15/02/1999
TIGRE DE TIERRA

14/02/2010 - 02/02/2011
TIGRE DE METAL

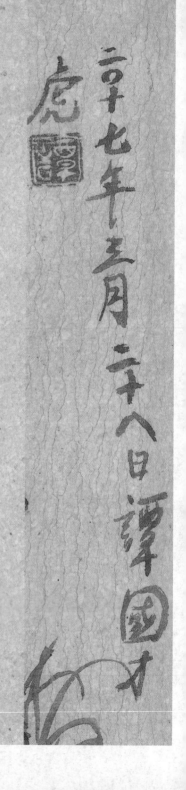

TIGRE

Tu aniversario, ya hace trece años, amaneció igual de triste que en el otoño del año del mono de madera; con lluvia, neblina, y un silencio que traspasa el cielo raso.

Prendí una vela celeste, día Keej 2 en el Tzolkin; levanté a Maximón y a tu amada Marilú, y te recordé con infinita ternura.

Tomé mate, al rato café, para que el lunes sea amigable y tenga una melodía que no empañe la Pascua.

Repasé las imágenes de PUERTO MADRYN-PIRÁMIDES en mi memoria selectiva, y te solté al viento patagónico para que respires profundo desde tu morada.

Elegí el comedor-biblioteca para detenerme en la máscara del tigre realizado por los WICHIS[15], y de a poco los rayos del sol porteño entibiaron mi corazón.

Fuiste protagonista de varios libros citando tu signo rebelde, audaz, valiente, insolente, imprevisible, trasgresor, indomable y arriesgado en el arte de vivir.

Sin códigos éticos ni morales, el tigre tiene su propia ley, es el rey de la selva donde todo vale: cara o cruz.

Depredador en épocas de sequía, hambruna o cambio climático.

Sed de adrenalina por el riesgo deslizándose sigilosamente, sabiendo que el cazador lo enfoca con una escopeta, con una emboscada en la jungla o que el mono le tira un coco desde la palmera.

Vértigo constante en cada compás de tango, zamba, rock, jazz o zarzuela elegida para cada ocasión.

Actor cómico, dramático, mimo, acróbata, según sean las condiciones para sobrevivir desde el origen hasta el final.

El tigre no tiene límites para conseguir lo que soñó despierto o dormido después de las bacanales en la selva o en el Taj Mahal.

Intuye, ruge, abre compuertas, limpia su lengua en los charcos que quedan entre la hojarasca antes de cazar a la gacela, y afila sus uñas en las piedras antiguas de las sierras COMECHINGONAS.[16]

SABE QUE NO SABE.

Es una estrella fugaz que puede traer suerte o desgracias a su familia, de la que raras veces se siente parte.

La mujer tigre es sobreprotectora, pero si aparece una meta

---

[15] Se denomina wichis o matacos a los integrantes de una etnia originaria de Argentina y Bolivia.
[16] Alude a las sierras de Córdoba y San Luis (Argentina), que fueron habitadas por los comechingones, pueblo originario.

profesional o afectiva que la saque de su rutina, dejará a la cría en manos de la providencia.

NO ESCUCHA CONSEJOS.

Tiene mucha energía para decidir el rumbo, que cambiará como el viento. Es el rey de la tierra para los chinos, y rige el Oeste.

Samurái, guerrero, con o sin armas, su velocidad mental ametralla al interlocutor y lo deja KO, sin poder de réplica.

El tigre ama profundamente; y deja huellas en los rasguños, que tardan en cicatrizar.

Su entrega cambia el eje de la tierra, la fertiliza, fecunda, poliniza... y enamora. Abarca con sus felinos ojos el arcoíris de arco a arco, y derrite sus colores evaporándolos en la galaxia.

ES FIEL A SÍ MISMO.

El sexo constituye el motor de sus decisiones desde que descubre precozmente su instinto animal, y sabe que es capaz de conseguir en una *performance* más que cualquier ministro o rey en ejercicio.

Histriónicos, divertidos, *sexy*, son muy buscados por su alto erotismo, glamur y picardía, y las hembras se excitan desde otras galaxias hacia el tantra.

Signo noble y mesiánico. Su liderazgo produce terremotos, maremotos, tsunamis en los albores de su infancia, adolescencia y juventud; es respetado y venerado como jefe de la REVOLUCIÓN CUBANA.

El tigre tiene hambre y sed de conocimiento, merodea con su olfato el arte, y es un gran marchante, o un estafador internacional.

Sibarita, en épocas de vacas gordas hará fiestas inolvidables con champán, caviar, ostras y será el mejor anfitrión de Hollywood, como el GRAN GATSBY.

Cuando los excesos lo sacan del circuito debe recuperarse en clínicas de adelgazamiento o adicciones y aceptar sus límites.

Su vida es apasionante, juega al truco y pide retruco en cada situación que lo fascina o entretiene.

Aprenderá en la madurez que sus excesos le cobrarán peaje, que tiene que graduar su *egotrip*[17] para escuchar al otro y darle un lugar en la selva lacandona.

Dejarse acariciar, cepillar, mimar, acicalar y masajear cada extremidad, órgano, pelaje hasta olvidarse de su ferocidad y entregarse sin especular ni medir las consecuencias.

---

[17] Es un término que alude a alguien que ansía estar en el centro de todo, ser quien siempre marque el rumbo.

Es jefe, empleado, cadete y portavoz de sus ideas, empresas, imperios o producciones teatrales.

No mide bien las ganancias y puede gastarlas en una utopía, regalarlas a una amante o a un rufián, jugando al póker o a la ruleta, o viajando a Tailandia un fin de semana.

Su energía *yang* lo convierte en animal venerado y respetado en China.

Nos protege de los ladrones, el fuego y los fantasmas: a veces su espíritu sobrevuela el espacio sideral y nos toca una rodilla sin que lo veamos.

Tiene un gran sentido del humor, es histriónico, seductor irresistible; sus atributos físicos en general están acompañados de una mente brillante.

Alquimista, sabe condimentar reuniones políticas, eventos sociales, deportivos, de solidaridad con los más pobres e indefensos dando ejemplo con desapego y cariño.

El tigre necesita público real o virtual cuando decide rugir sus ideas y defender los derechos humanos, bastante alterados por la política, aunque sabe profundamente que él es libre como la brisa que recorre el mar Mediterráneo en la isla de Isquia.

Su suerte oscila entre la de MARILYN MONROE y la de LEONARDO DICAPRIO.

L. S. D.

El Tigre va al cine

Es muy fácil entenderse con un Tigre para ir al cine… ya que están siempre dispuestos a cualquier salida y con la ventaja de que te dirán: «Vayamos a ver la peli que a ti te guste…».

El único problema es que se distraen muchooooo y eso a veces nos puede llegar a exasperar… Si pasan por una librería querrán entrar y revisar sin orden todo libro que esté a su alcance, pero sin ninguna intención de comprar alguno, y si ven una tienda con ofertas también entrarán, «total, todavía tenemos tiempo» dirán. Luego, si todavía faltan cinco minutos para que comience la película, pedirán tomar un cortadito, y siempre te tocará que el acomodador te dé una butaca al fondo, y con la peli ya empezada.

Invita al Tigre a ver… *Terminator*, de James Cameron; *E.T.*, de Steven

Spielberg; *Transformers*, de Michael Bay; **Blade Runner**, de Ridley Scott; *Arrival*, con Amy Adams, Jeremy Renner y Forest Whitaker.

Tarot y Zoo

El Emperador, Sota de espadas y La Fuerza

Para ti, Tigre, las cartas de Tarot que trae el perro dicen: Este será un año en que los avances profesionales te llevarán a logros inimaginables. Cuando llegues a ese territorio tan ansiado será difícil moverte de ahí. Emocionalmente, resurgirás como el ave fénix. Pueden surgir amores del pasado, o simplemente que tu corazón te haga recordar la felicidad vivida y te dé la oportunidad de volverla a vivir. Hay una palabra clave que no debes olvidar durante todo este año y es «autocontrol». Actúa con diplomacia, delicadeza, pero a la vez con fortaleza, para que ese lugar que se te brindó no se pierda.

Ládrame tu karma

1) ¿Cuál fue la situación límite que cambió tu vida?

La separación matrimonial. En ese momento y por primera vez empecé a tomar conciencia de que estaba al mando de mi vida y de la de mis hijos, y por supuesto que eso me hizo entrar en un vértigo que solo se fue aliviando como producto de una disciplina fuerte con el análisis, la introspección y el paso del tiempo. Pienso que ahí empecé a madurar y a comprender algo sobre las pocas cosas importantes de la vida; otras las sigo procesando y creo que va a seguir siendo así durante el tiempo que viva.

2) ¿Cómo reaccionas ante una traición?

Me considero una persona leal y siempre intento cumplir con la palabra comprometida y con lo acordado con otro. Soy bastante apegada a esto y por eso cuando alguien no cumple con su palabra me afecta. Por cierto, en la actualidad estoy mejor preparada ante este tipo de situaciones y, cuando ocurre, sigo adelante y me hago la idea de que yo o la otra persona no estamos pudiendo cumplir lo que habíamos imaginado. Duele aceptarlo, pero en este sentido estoy bastante mejor, antes me caía fatal y me demoraba demasiado con este tipo de cosas, haciéndome mil rollos y comiéndome la cabeza. No sé si lo que respondí se ajusta estrictamente a la pregunta pero creo que va en ese sentido. Traición, tal vez, imagino que tiene más que ver con algo institucional, como la traición a un juramento que se hace cuando un funcionario asume un cargo público.

3) ¿Cuáles son tus valores prioritarios en la vida?
La honradez, la concordia y el respeto a la vida en sentido amplio.

4) ¿Haces algo por los demás?
Si, estar atenta. Cuido y me ocupo de estar cerca de mis afectos más importantes: mis hijos, mi madre, mis hermanos, mi pareja, en fin, mi familia. También incluyo en esto a mi familia extendida, mis mascotas, mis plantas, mis amigos y mis vecinos. A la convivencia le presto importancia y le dedico mi atención y mi amor. Para mí, el foco de la vida está puesto en las cosas de la cotidianidad. También me dedico profesionalmente a colaborar en los procesos de organización de la sociedad civil y en ese sentido siento que ayudo a que los ciudadanos recuperemos el protagonismo social y la fuerza para transformar la realidad juntos.

5) ¿Esperas algo de los otros?
Me gustaría que cuidaran más sus pensamientos y la forma de emitirlos, el lenguaje, la comunicación. En el mundo de hoy con las redes sociales se perdió un poco la interacción directa, y todos están siempre enganchados al teléfono, como si lo que tuvieran delante no fuera tan importante como lo que está del otro lado.

6) ¿Crees que las diferencias unen o separan?
Separan, inevitablemente. Se puede ser tolerante con las diferencias un tiempo, pero a la larga, las personalidades chocan, y la paciencia no cubre esos espacios. Es más sano relacionarse con lo semejante.

7) ¿Qué significa fidelidad para ti?
Fidelidad es el amor reflejándose en las personas o cosas que nos son más cercanas. En mi caso, mi familia; puedo tener otras actividades y una vida socialmente rica, pero mi prioridad son ellos.

8) ¿A qué asocias la palabra diversidad?
A que todos somos diferentes, y a la aceptación que ello conlleva;

como individuos pensamos, sentimos y actuamos de modo diferente, y eso genera diversas personalidades, lo cual es supernutritivo.

El Tigre y su energía

TIGRE DE MADERA (1914-1974)
Un tigre creativo
Este tigre es el más liviano, despreocupado y con suerte de los de su especie. Solo le interesa el prójimo si puede obtener algún beneficio. Es leal y fiel a sí mismo. Tiene carisma, intuición y se aventura en empresas riesgosas. Tolerante y analítico, le cuesta profundizar en las relaciones. A veces se bloquea y no acepta críticas. Hay que domesticarlo con sabiduría.
Alimentos recomendados
Cereales: cebada perlada, trigo. Carnes: con bajo contenido en grasas; evitar las rojas. Pescados: bacalao, salmón. Lácteos: quesos descremados, muy poco. Hortalizas: verdes en general, brotes de alfalfa. Legumbres: frijoles negros, lentejas. Frutas: cítricas, piña, uvas, bananas. Bebidas: agua mineral con limón, té frío. Infusiones: carqueja y boldo. Este tigre debe masticar muy bien, comer más despacio y no tomar líquidos con la comida. Un limón en ayunas es una buena práctica. Recetas preferidas: Ensalada de lentejas con huevos de codorniz, Salmón con albahaca, Pizza con anchoas.

TIGRE DE FUEGO (1926-1986)
Un tigre calentón
Este felino es el tren bala sin escalas. Hay que seguirle el ritmo o abandonar antes de empezar. Su lema es vencer y llegar primero a destino. Dinámico, creativo, imaginativo, seduce sin piedad a sus víctimas. Hechicero, casi un mago en el arte de embrujar, cuando se enamora es Otelo. Su vitalidad es digna de *Terminator*.
Alimentos recomendados
Cereales: maíz y arroz. Carnes: rojas (dos veces por semana). Pescados: salmón. Mariscos: langosta, camarones. Lácteos: quesos camembert con nueces o almendras (al mezclar las nueces con el queso se neutraliza el mal efecto de las grasas). Hortalizas: de hoja grande, amargas. Legumbres: judías rojas, lentejas; frijol de soja (no más de dos cucharadas por plato y por día). Frutas: manzanas y pomelos.

Bebidas: champán seco extra brut, valeriana, en maceración durante toda la noche (como sedante). Infusiones: té verde, *ginseng*. Muy aconsejable: consumir polen de abejas y practicar yoga, meditación, relajación. Recetas preferidas: Lomo con hongos, Pan de harina de maíz, Plato fresco con camarones.

TIGRE DE TIERRA (1938-1998)
Un tigre equilibrado

Este tigre es un ejemplar tranquilo, comparado con otros de su especie. Realista, responsable, metódico y organizado, llevado a la acción, dirige su energía a los objetivos tangibles. Tan creativo como lúcido, enfrenta los problemas con objetividad, y logra el éxito. Estudia muy bien sus jugadas y antes de cazar a su presa se acomoda y calcula el zarpazo. En general es más cómodo que bohemio, bastante fiel, y un gran amante.

Alimentos recomendados

Cereales: arroz integral, trigo. Carnes: pavo, aves silvestres; evitar las rojas o comerlas en pequeñas cantidades. Pescados: merluza, besugo, salmón. Mariscos: mejillones y almejas. Lácteos: quesos descremados, muy poco. Hortalizas: redondas y todas las más dulces, bien cocidas. Bebidas: agua mineral, zumos naturales de frutas; evitar el alcohol. Infusiones: manzanilla con miel, *ginseng*, guaraná. Recetas preferidas: Rollitos de merluza «Tía Luisa», Pavo con manzanas, Arroz con champiñones y brotes.

TIGRE DE METAL (1950-2010)
Un tigre efervescente

Este tipo de tigre resulta avasallante. Su presencia es atractiva e irresistible. Se enamora fácilmente y es fiel hasta que se extingue el último rayo de su pasión. Se compromete con las grandes causas; es valiente, audaz y tiene alma de Robin Hood. Fascinante y competitivo, jamás pasa inadvertido. Independiente y viajero, enferma cuando siente bloqueada su libertad (jamás se lo debe enjaular). Muy directo para enfocar sus problemas, sin dudar cambia las situaciones radicalmente. Se lleva al mundo por delante, aunque se estrelle. Sumamente original, no sigue reglas fijas.

Alimentos recomendados

Cereales: arroz integral, trigo burgol. Carnes: aves silvestres (pato, perdiz,), pavo. Pescados: salmón, pejerrey, brótola, atún. Lácteos: yogur descremado, queso roquefort. Hortalizas: de hoja, muy tiernas; si tiene problemas de intestino, solo cocidas y licuadas; patatas, boniatos, mandioca, yuca. Legumbres: lentejas, frijoles negros, alubias. Frutas: cítricas y uvas. Bebidas: agua mineral con limón. Infusiones: menta peperina con miel, después de las comidas, té de jengibre (para los problemas pulmonares), mate amargo, *ginseng* (el café no le conviene). Controlar su tendencia a consumir azúcar y carnes rojas. Recetas preferidas: Ensalada de trigo, Atún a la húngara, Ñoquis verdes al roquefort.

TIGRE DE AGUA (1902-1962)
La fierecilla domada
Es un tigre muy abierto a los demás, a las ideas de avanzada, flexible, emotivo y efectivo. Le gusta conquistar el mundo, pero asegurándose el pan y la casa. Este tigre cerebral está dotado de una gran intuición que aplica en sus actividades para poder sacar el máximo provecho. Casi nunca falla y tiene el don de la oratoria; es un líder pacífico muy hábil para resaltar sus virtudes y disimular sus defectos. Cuando ama es constante, fiel, generoso y muy celoso.
Alimentos recomendados
Cereales: avena, arroz, maíz (polenta). Carnes: rojas, magras, dos veces por semana, cordero o cabrito una vez al mes. Pescados: mero, salmón, sardinas, anchoas. Hortalizas: de raíz; rábanos, zanahoria, berro, cebolla. Legumbres: judías rojas, garbanzos. Fruta: manzana. Lácteos: quesos tipo parmesano (poca cantidad: dos cucharaditas, rallado, por comida). Bebidas: controlar la excesiva ingesta de líquidos. Infusión: *equisetum arvense* (cola de caballo), *ginseng*. Eliminar azúcar blanco, miel y sal de las comidas (depresores para el tigre). Importante: para las mujeres, practicar danza jazz o aeróbic; para los hombres, deportes aeróbicos. Recetas preferidas: Ñoquis de harina de maíz, Guisado estilo griego, Ruedas de salmón veraniegas.

El Tigre y su ascendente
Tigre ascendente Rata: 23.00 a 01.00
Su vida será una búsqueda de continuas emociones. Un tigre samaritano que viajará lejos y se adaptará a las más diversas situaciones. Tendrá una vida sentimental fascinante.

Tigre ascendente Búfalo: 1.00 a 3.00

Sentirá que tiene que cumplir con el deber y no se distraerá en la jungla. Amará a su familia y no descuidará las finanzas. Su talento se organizará y fomentará la cultura.

Tigre ascendente Tigre: 3.00 a 5.00

Su casa es el mundo. Vivirá intensamente sin privarse de nada, y se la jugará a cada instante. No conocerá el orden, la rutina ni la autoridad. Su voracidad será su mayor enemigo.

Tigre ascendente Conejo: 5.00 a 7.00

Tendrá suerte y elegirá siempre lo que más convenga. Buscará la belleza, la armonía y las relaciones influyentes. Actuará con cautela, midiendo los riesgos, asegurándose la herencia y la trascendencia.

Tigre ascendente Dragón: 7.00 a 9.00

Un prodigio de energía y comunicación. No conoce los obstáculos y juega con las mejores cartas. Amante del lujo, el placer y los viajes. Muy narcisista, le cuesta admitir que se equivoca.

Tigre ascendente Serpiente: 9.00 a 11.00

Un calculador con sensibilidad. Necesitará controlar a los suyos y se la jugará por sus intereses. Déspota, ambicioso y endiabladamente seductor, nunca saldrá perdiendo.

Tigre ascendente Caballo: 11.00 a 13.00

Será irresistible. *Sexy*, seductor, carismático, avasallador, no se adaptará a la sociedad. Defenderá con pasión los derechos humanos y se olvidará de él mismo.

Tigre ascendente Cabra: 13.00 a 15.00

Amará la buena vida y encontrará la manera de procurársela. Será muy dependiente, estético y sibarita. Hará fortuna, desarrollando su talento, y organizará eventos que servirán a la humanidad. Sacrificará su libertad por la seguridad.

Tigre ascendente Mono: 15.00 a 17.00

La astucia y la destreza se unirán en este tigre, que se sentirá capaz de comerse el mundo. Nada lo detendrá, y a veces utilizará recursos ilícitos para conseguir lo que se propone. Su humor será excepcional y sus amores harán historia.

Tigre ascendente Gallo: 17.00 a 19.00

Un tigre segmentado entre los sueños y el deber. Buscará encerrarse en su mundo y no concederá audiencia. Cuando se concentre en algo, aparecerán otras causas para irse de viaje. Contradictorio y muy original.

Tigre ascendente Perro: 19.00 a 21.00

Un soldado que defenderá con garras y olfato a los demás. Nunca se cansará de luchar, emprenderá nuevos proyectos y aportará sabiduría a quienes quieran escucharlo.

Tigre ascendente Cerdo: 21.00 a 23.00

Un conocedor de la vida. No dejará de luchar por causas nobles y buscará gente que lo inspire, estimule y aporte macromambo a su inquieta existencia. Tiene un corazón de oro.

Cuéntame un cuento chino
**Julián Randle • Tigre de Agua • Coach Eneagrama •
Argentina**

Me siento felino en todo sentido. Creo que la vida es una magnífica experiencia de opuestos inevitables; oportunidad para descubrir a fondo innumerables caminos divergentes, en contrapunto. El tigre es un buscador incesante. Su naturaleza pasional lo lleva a viajar hondo en su sensibilidad hasta alcanzar el corazón de la jungla… y también a buscar alturas desde donde observar, pausadamente, el manso paisaje sobre el que se enseñorea como ningún otro.

Mash –sobrina de Ludovica– ve en mí una compleja y sutil conjunción de ternura y poderío. Enigmáticamente, eso mismo hallo en mi gato Tom cuando, acurrucado en mis brazos, me mira con intención ambivalente: amarme y cazarme. Amar a un tigre es amar, justamente, el hecho de que no podrás domesticar su lado salvaje. Es, también, rendirte a su mirada de la que no puedes retornar…

El tigre es un eficaz cazador y lo hace desde la esencia de su corazón. Atención, entonces: si has sido presa de un tigre, inevitablemente morirás… de amor.

Joaquín Furriel
Tigre de Madera

Personajes famosos

TIGRE DE MADERA (1854-1914-1974)

Martín Tetaz, Julio Cortázar, Meg White, Joaquín Furriel, Oscar Wilde, Adolfo Bioy Casares, Leonardo DiCaprio, Robbie Williams, Penélope Cruz, Richard Widmark, Germán Paoloski, Rafael Amargo, Alberto Castillo, Dani Umpi, Marguerite Duras, Thomas Merton, Eleonora Wexler, Emmanuel Horvilleur, María Julia Oliván, Elena Roger, Ariel Ortega.

TIGRE DE FUEGO (1866-1926-1986)

Nazareno Casero, Marilyn Monroe, Mel Brooks, Dalmiro Sáenz, Lady Gaga, Rafael Nadal, Sai Baba, Martín Piroyansky, Luis Suárez, Martina Soto Pose, Lea Michele, Klaus Kinsky, Miles Davis, Robert Pattinson, Alfredo Di Stéfano, Oscar Ustari, Fidel Castro, Alberto de Mendoza, Jerry Lewis.

TIGRE DE TIERRA (1878-1938-1998)

Ángela Torres, Isadora Duncan, Tina Turner, Roberto Carnaghi, Roberta Flack, Rudolf Nureyev, Alan Watts, reina Sofía de España, Alejandro Sessa, Ángela Torres, Issey Miyake, Karl Lagerfeld, Ellen Johnson-Sirleaf, Kofi Atta Annan, Pérez Celis, Augusto Mengelle, Jaime Torres, Leonardo Favio, Héctor Larrea.

TIGRE DE METAL (1890-1950-2010)

Carlos Gardel, Norberto «Pappo» Napolitano, Stan Laurel, Hugo Arias, Miguel Ángel Solá, Matildo Ubaldo Fillol, Quinquela Martín, Stevie Wonder, Oscar Mulet, Peter Gabriel, Laura Esquivel, Michael Rutherford, Dolli Irigoyen, Charles de Gaulle, Laurie Anderson, Teté Coustarot, Pelito Gálvez, Marcela Tinayre.

TIGRE DE AGUA (1842-1902-1962)

Caruso Lombardi, Alfredo Casero, Divina Gloria, Karina Lascarin, Andrea Bonelli, Ian Astbury, Jodie Foster, Tom Cruise, Carola Reyna, Ricardo Iorio, Ivo Cutzarida, Simón Bolívar, Bahiano, Sandra Ballesteros, Leonardo Becchini, Ana Tarántola, Juanse Gutiérrez, Juan Namuncurá, Silvina Chediek, Fernando Bonfante.

Tabla de compatibilidad

	Amor	Amistad	Negocios
Rata	2	2	1
Búfalo	2	1	1
Tigre	3	2	2
Conejo	2	3	2
Dragón	2	2	2
Serpiente	2	2	2
Caballo	2	1	2
Cabra	2	2	1
Mono	3	2	2
Gallo	2	2	1
Perro	2	3	3
Cerdo	1	3	2

1 mal 2 regular 3 bien

Nota: las compatibilidades son desde el punto de vista de cada animal.

CONEJO

ANDRÉS

El día denso, aunque el aire claro.
Remonté un vuelo para volver a casa.
Algo me decía entre el embarque y la quietud
     en el cielo
que una noticia extraña sacudiría mi llegada.
Así fue:
Me diste tiempo para templar los cuartos,
     preparar un té Earl Gray
sentir la humedad ocre en el silencio de la montaña.
Buscar leña y enredarme entre el poncho
     y lo que muchos ya sabían
por la velocidad que tiene LA PARCA en buscarnos.
Y se detuvo el reloj, cuando acompañarte
     fue un compás tardío
a tu morada entre INDRA Y BUDA.

L. S. D.

元零十六年三月十二日
鬼譚國才

Ficha técnica

Nombre chino del conejo
TU

Número de orden
CUARTO

Horas regidas por el conejo
05.00 A 07.00

Dirección de su signo
AL ESTE DIRECTAMENTE

Estación y mes principal
PRIMAVERA-MARZO

Corresponde al signo occidental
PISCIS

Energía fija
MADERA

Tronco
NEGATIVO

Eres conejo si naciste

14/02/1915 - 02/02/1916
CONEJO DE MADERA

02/02/1927 - 22/01/1928
CONEJO DE FUEGO

19/02/1939 - 07/02/1940
CONEJO DE TIERRA

06/02/1951 - 26/01/1952
CONEJO DE METAL

25/01/1963 - 12/02/1964
CONEJO DE AGUA

11/02/1975 - 30/01/1976
CONEJO DE MADERA

29/01/1987 - 16/02/1988
CONEJO DE FUEGO

16/02/1999 - 04/02/2000
CONEJO DE TIERRA

03/02/2011 - 22/01/2012
CONEJO DE METAL

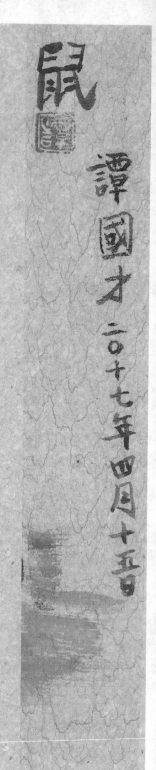

CONEJO

Hace unos días leí en el diario que LA LAGUNA DE MAR CHIQUITA, en el noreste de la provincia de CÓRDOBA, será Parque Nacional.

Recuerdo las visitas que hacíamos con mi papá cuando éramos niñas. Él siempre la consideró un lugar mágico, único en el mundo, y tenía la fantasía de que viviríamos en Córdoba algún día (o en Traslasierra) o seríamos vecinos de la extraña laguna de agua salada más grande de SUDAMÉRICA.

Su biodiversidad en flora y fauna la convierten en un sitio fascinante, donde a pesar del abandono del noreste de Córdoba en sus cercanías sobreviven pueblos que esperan acrecentar el turismo cuando la laguna sea foco de miles de turistas nacionales e internacionales.

En la fauna autóctona sobresalen flamencos, aves locales y migratorias, teros, pecarís y, sobre todo, el conejo de monte, especie casi extinguida por los cazadores y depredadores que han diezmado animales por *hobby*, para cazar o vender a nuestro zoo telúrico.

En mi jardín convivo con liebres de diferentes tamaños, según la época del año en la cual danzan, saltan o se esconden, embelleciendo el paisaje y protegiéndome de los malos espíritus.

Signo venerado en Oriente por su armonía, salud, refinamiento, gracia, inteligencia, seducción, poderes adivinatorios, *sex-appeal,* encanto y liviandad del ser. La búsqueda del elixir eterno de la juventud es parte del misterio que trae el conejo para los chinos, la liebre para los japoneses, y el gato para los vietnamitas.

SON SINÓNIMOS, NO QUIERO DARLES GATO POR LIEBRE.

Signo sensual, hedonista, sibarita, sabe apreciar el silencio, los buenos modales, la estética, el glamur desde que abre sus ojos felinos y se despereza en los mullidos almohadones, en las sábanas de raso rojo donde dedicará gran parte de su noche a deleitarse en EL TAO DEL AMOR Y DEL SEXO, compensando la vida a plena luz del día, cuando intenta ser EL CIUDADANO ILUSTRE.

El conejo sabe que su magnetismo, carisma y sensibilidad le pueden abrir puertas en el SUPRAMUNDO.

En ambos sexos y en el tercero, siempre será líder, la estrella del barrio, del club, de la escuela, en sets de televisión, cine o teatro de cualquier capital del mundo. Tiene siete vidas, y en cada una está protegido por BUDA y los monjes vivos y muertos de Oriente.

Cae bien parado, sabe elegir el momento adecuado para protagonizar algún escándalo mediático y vender más entradas que en el último partido de un Mundial.

El conejo aprecia la inteligencia y el talento en otros signos.

No reconocerá sus zonas erróneas, salvo que lo condenen a cadena perpetua, y tendrá siempre un as debajo de la manga, para salir ileso de situaciones de alto riesgo. Su buen humor, energía, amplitud mental y cultura lo convierten en alguien excepcional.

Su vida es surrealista, llena de episodios que son de CHAPLIN, ALMODÓVAR, WOODY ALLEN, LELOUCH, TRAPERO, CAVANI; oscilará entre la tragedia y la comedia sin perderse nada de lo que pasa dentro y fuera de su vida.

Es tan seductor que puede convencer a un oficial del KGB, y tocar el punto G de quien le interese para lograr lo que se propone.

Su hipersensibilidad a veces le juega en contra; demandante, autoritario, cínico, sádico, déspota, no mide las consecuencias de sus arrebatos y estafas morales y económicas.

Tiene rachas en las que hace buena letra: paga los impuestos, ayuda a los más excluidos, colabora en las campañas para los damnificados, hace recitales para sus mecenas, y cuando se aburre, se encierra durante nueve lunas y nadie sabe si está vivo o muerto.

Siempre sorprende, llama la atención, tiene pendiente al zoo terrestre y planetario. Sus salidas son dignas de BRAD PITT y ANGELINA JOLIE, que juntos o separados darán la nota en el *show business*.

La causalidad quiso que para este anuario canino, dos conejos muy queridos se autoconvocaran para escribir: mi alma gemela, ESTEBAN VILLAREAL, que vive en Miami hace quince años, y con quien compartimos millas de aventuras reales y ficticias. Fui la que le dijo una vez: ESTE ES TU LUGAR EN EL MUNDO, y así ocurrió.

Desde entonces, se sumerge en ese mar turquesa y lo envía a sus amigos junto a Leu, primero, y Allegro, ahora, sus amados e inseparables perros, a los que ama.

LOURDES, otra conejita adorable, gran astróloga y estudiosa del TAROT, aporta su caudal esotérico.

Y recientemente DIANA, la coneja masajista que me hizo drenar traumas en el abdomen y me prometió que seré una *sex symbol* del espíritu en breve.

Amores, amantes, amigos, ídolos: todos han dejado mucha magia en mi sangre 0 RH negativa.

L. S. D.

El Conejo va al cine

Ama el cine y sobre todo las películas retro de la época de oro. El conejo se prepara como si fuera a la alfombra roja de LOS OSCARS... Puede ir solo, pero prefiere hacerlo con algún acompañante, para después de finalizada la película comentar todo de todo, al mejor estilo crítico de cine: ropa, luz, música, actuación, diálogos... ¡TODO! Al conejo no se le escapa nada. Ama las comedias musicales, los *thrillers* y las comedias románticas... pero no lo lleves jamás a ver un documental porque seguramente te borrará de su Facebook. El conejo conoce la vida de todos los actores y actrices del cine... además no se deja llevar por los críticos ya que por lo general no concuerda con la masa; él tiene su estilo.

Invita al Conejo a ver: *Los caballeros las prefieren rubias*, con Marilyn Monroe y Jane Rusell; *Pretty Woman*, con Richard Gere y Julia Roberts; *Atracción fatal*, con Glenn Close y Michael Douglas; *Los isleros*, con Tita Merello.

Tarot y Zoo

REY DE ESPADAS, AS DE OROS Y OCHO DE ESPADAS

Para ti, Conejo, las cartas de Tarot que trae el perro dicen: Este será un año en el que necesitarás ser absolutamente ordenado; todo tiene que ser claro, todo debe estar documentado. Sentirás el rigor de tu propia mente a cada instante. Adorable conejo, tendrás una exigencia que puede generar mucho estrés, pero este año las materializaciones serán tu triunfo. Emocionalmente, te veras algo confundido, es probable que exista un movimiento que te provocará aislamiento. Un año de trabajo; el romanticismo puede esperar.

Ládrame tu karma

1) ¿Cuál fue la situación límite que cambió tu vida?

Separarme en París me abrió los ojos a los defectos que no estaba registrando de mí misma, a no ser tan impulsiva y evaluar el contexto y las consecuencias antes de tomar decisiones; me volvió más madura, más receptiva para escuchar a los demás, y más consecuente.

2) ¿Cómo reaccionas ante una traición?

Con indiferencia absoluta; soy paciente, trato de contemplar las diferencias, de justificar que lo que está sucediendo es para que la relación crezca. Soy cero rencorosa, perdono varias veces cuando algo me lastima, pero cuando veo algo injusto o premeditado, te lo digo en la cara y dejas de existir.

3) ¿Cuáles son tus valores prioritarios en la vida?

El respeto, la transparencia, la honestidad y la solidaridad. Lo que damos a otros nos lo damos a nosotros mismos.

4) ¿Haces algo por los demás?

Considero que sí; trato de escuchar a mis amigos y a mí familia para ver qué los traba y cómo podríamos hacer para salir de esa situación, si las cosas se pueden resolver con un consejo acompaño en eso, y también en la acción cuando lo requiere.

5) ¿Esperas algo de los otros?

Aprendí que las expectativas son enemigas de la paz, ja, ja, ja. Creo que siempre es mejor esperar lo mínimo posible de las personas, y poner esa energía en que el equilibrio y el universo hagan lo suyo.

6) ¿Crees que las diferencias unen o separan?

En mi caso compruebo que separan, pero apuesto a que todo se puede dialogar, e intento fomentar la comunicación siempre para no llegar al extremo de discutir o tener que alejarme de la persona.

7) ¿Qué significa fidelidad para ti?

Para mí, fidelidad es cuando dos cosas se adhieren y no se pueden separar porque se sienten hechas a la medida, o «el uno para el otro»; es como si fuera una parte tuya o con la que te compenetras o sientes identificado, y con la que quieres permanecer, cuidándola y siendo leal.

8) ¿A qué asocias la palabra diversidad?

A la variedad, en todo sentido, me parece que es maravilloso que exista la diversidad, que la perspectiva del otro nos enriquece y transforma si le prestamos atención. Podemos usar la diversidad como herramienta para entendernos mejor socialmente y aceptar las diferencias.

El Conejo y su energía

CONEJO DE MADERA (1915-1975)

Un conejo complaciente

Este conejo introvertido y tímido es el más santo de los de su especie y corre el riesgo de que lo devoren. Buscará el orden y la disciplina como metas para encauzar su vocación y lo conseguirá exitosamente. Está dotado para la investigación y el trabajo en equipo. Es muy dulce, cariñoso, y tiene un exquisito sentido del humor que lo hace adorable.

Alimentos recomendados

Cereales: trigo, avena. Carnes: evitar las grasas en general. Pescados: salmón, pejerrey, bacalao. Quesos: gruyer y descremados. Legumbres: garbanzos, judías rojas. Verduras: de hoja, amargas; necesitan mucha fibra en la dieta para regular el funcionamiento hepatobiliar. Hortalizas: patatas, boniatos, remolacha. Frutas: naranjas, pomelos en especial. Bebidas: agua mineral con limón, el mínimo con las comidas; evitar el alcohol. Infusión: menta con miel después de comer. Recetas preferidas: Barritas de avena, Bacalao mariachi, Berenjenas con queso.

CONEJO DE FUEGO (1927-1987)

Un conejo ardiente

ESTE CONEJO TIENE MUCHA ENERGÍA Y DEMASIADA AMBICIÓN. Nació con la estrella del éxito y si no encuentra grandes impedimentos en su camino, alcanzará la gloria y la fama. Es un hábil político y muy astuto con las especulaciones. Sutil y poco fiable, sabe actuar y dar en el blanco. Tiene excesiva intuición, paciencia y convicción.

Alimentos recomendados

Cereal: maíz, avena. Carnes: magras, aves silvestres, pavo. Pescados: salmón, mero, bacalao, merluza. Quesos: roquefort, camembert (con nueces y Châteauneuf du Pape cosecha 87). Hortalizas: de hoja grande, y las amargas, berro; evitar las patatas. Frutas: desecadas, manzanas asadas. Bebidas: agua mineral con sauco, vinos secos tintos. Infusiones: carqueja. Fundamentalmente deben controlar la ingesta de grasas y sal. Recetas preferidas: Mero a la parrilla, Pan de avena, Panqueques de manzana.

CONEJO DE TIERRA (1939-1999)
Un conejo realista

Este conejito responsable y metódico es el más interesado y materialista de los conejos, y encauza su energía en metas que siempre alcanza. Muy sensible a la violencia y a los escándalos, se refugia en su mundo y no sale hasta que haya pasado el temporal. Es casero, un buen confidente y detesta la improvisación. En el amor, muy sentimental, fiel y constante.

Alimentos recomendados

Cereales: mijo, avena. Carnes: preferentemente ninguna; pavo, aves y animales silvestres con muy bajo contenido en grasas saturadas, a veces. Pescados: salmón, merluza y besugo. Mariscos: langosta, camarón. Lácteos: leche de cabra, quesos descremados. Hortalizas: col, acelga, lechuga. Frutas: dulces de estación, uvas y pasas, dátiles. Bebidas: agua mineral lejos de las comidas. Infusiones: manzanilla con miel después de comer. Muy recomendados el polen de abejas y la jalea real. Recetas preferidas: Flan de mijo, Liebre pastora, Canapés de espinaca.

CONEJO DE METAL (1951-2011)
Un conejo apasionado

Este conejo es el más valiente y robusto. Saldrá «por los tejados de cinc caliente» en busca de aventuras, y como es agresivo y buscapleitos pero la suerte no lo abandona, caerá bien parado. Antes de lanzarse a cualquier empresa, analiza, calcula y especula. Por ser inflexible en sus decisiones muchas veces pierde grandes oportunidades. En el lecho es un volcán, y como amigo, fiel y leal.

Alimentos recomendados

Cereales: arroz integral, maíz. Carnes: magras, preferentemente pescado y aves silvestres. Lácteos: quesos roquefort y descremados (25 g por día como máximo). Hortalizas: zanahorias, rábanos, espárragos, patatas, boniatos, remolacha cruda en ensalada. Bebidas: vinos secos (un vaso con la comida, especialmente para acompañar productos animales). Infusiones: té de jengibre con miel, guaraná. Consumir polen de abejas les resultará muy beneficioso. Es importante que practiquen técnicas de relajación, danza, aeróbic. Recetas preferidas: Salmón con hortalizas, Buñuelos de arroz con sésamo, Ñoquis de calabaza.

CONEJO DE AGUA (1903-1963)
Un conejo esotérico
Este conejo es el más sensible e intuitivo, además de ser mágico e irradiar un encanto muy especial. Tiene capacidad para ejercer las profesiones más diversas y lograr el éxito, pues sabe adaptarse a cambios y situaciones inesperadas. Tiene pasta de artista o de psicólogo; debe luchar con sus duendes paranoicos para no desviar su TAO.
Alimentos recomendados
Cereales: trigo candeal, sarraceno. Carnes: rojas, hasta dos veces por semana. Pescados: salmón, merluza. Lácteos: quesos descremados (tipo *cottage*), parmesano (rallado, una cucharada por comida), leche descremada en polvo (dos cuchadas por día). Hortalizas: compactas y picantes. Legumbres: judías rojas y negras. Algas marinas. Frutas: manzanas. Bebidas: agua mineral, zumos de fruta; evitar el alcohol. Infusiones: té verde, *ginseng*. Debe tener cuidado especial para mantener su tono muscular. Recetas preferidas: Pizza de espinacas, Espaguetis mediterráneos, Tarta de manzanas.

El Conejo y su ascendente

Conejo ascendente Rata: 23.00 a 01.00
Un conejo radiactivo. Buscará ascender, integrarse e imponerse. Muy astuto, no dejará escapar a la presa y exigirá más de lo que dará.

Conejo ascendente Búfalo: 1.00 a 3.00
Se desvivirá por ser el mejor. Muy trabajador, responsable y autoritario. Buscará formar una familia y expresarse políticamente. Tendrá ideas muy conservadoras y un humor imprevisible.

Conejo ascendente Tigre: 3.00 a 5.00
Será un conejo salvaje, emotivo y aventurero. Elegirá con el corazón y no medirá las consecuencias de sus actos. Muy original, independiente y apasionado. Es imprevisible en sus decisiones.

Conejo ascendente Conejo: 5.00 a 7.00
Vivirá buscando el equilibrio, la belleza y la seguridad. Será exquisito y tendrá los gustos más caros del planeta. Artista o parásito, siempre dará que hablar.

Conejo ascendente Dragón: 7.00 a 9.00
Tendrá iniciativa, brillo y suerte. Será un gran orador, maestro y amigo. Se enamorará cada cinco minutos e inspirará protección. Alcanzará la fama a cualquier precio.

Conejo ascendente Serpiente: 9.00 a 11.00
Tendrá la intuición y la astucia para construir un imperio. Exigirá contrato en las relaciones sentimentales y despilfarrará su fortuna si se enamora. Su sensibilidad es exquisita.

Conejo ascendente Caballo: 11.00 a 13.00
No soportará estar encerrado. Será líder, muy independiente y organizado. El amor siempre lo distraerá, aunque esté en primer lugar. Su impulsividad será su constante.

Conejo ascendente Cabra: 13.00 a 15.00
La seguridad material será indispensable para desarrollarse. Buscará rodearse de gente influyente y no se privará de nada. Deberá plasmar artísticamente su sensibilidad.

Conejo ascendente Mono: 15.00 a 17.00
Un intelectual con posibilidades de transformarse en jeque. Necesitará una fortuna para vivir, que compartirá con los amigos, novios y protegidos. Su lema es «el fín justifica los medios».

Conejo ascendente Gallo: 17.00 a 19.00
La responsabilidad se transformará en obsesión. Será introspectivo, analítico y crítico. Le costará disfrutar y dejar a los demás atender su juego. Muy servicial y protector, se puede contar con él.

Conejo ascendente Perro: 19.00 a 21.00
Estará siempre dispuesto a ayudar a los demás, defender una causa y compartir lo que gana. Tendrá suerte en los negocios y cambios drásticos de vida, a los que se adaptará con naturalidad.

Conejo ascendente Cerdo: 21.00 a 23.00
Un sibarita con mundo interior. El placer ante todo, y después las responsabilidades. Necesitará amor y comprensión para realizarse. Buscará infatigablemente mejorar y sacar lo positivo del otro.

Cuéntame un cuento chino

Fernando Samalea • Artista macrocósmico • Argentina

Me reconozco conejo cuando lo sentimental y lo carnal vibran codo a codo, anulando pasados y futuros, como en las mejores películas románticas. Bajo su influjo de mamífero, es posible excavar o dar saltos de liebre y, aun así, cocer las fibras más íntimas a fuego lento.

Del gato me invade su sibaritismo, independencia y deseo de existir sin presiones ni obstáculos molestos. Placer y placer a través de maullidos, gemidos y algún gruñido ocasional.

Como buena fuente de inspiración, el agua ayuda a que la curiosidad no se deteriore ni envejezca.

Siempre preferí negarme a lo ortodoxo, preservando intactos mis anhelos adolescentes: recorrer el mundo, reírme con ganas, afrontar lo impensable, atravesar selvas y montañas, montar en alfombras voladoras, leer bibliotecas enteras, ver mucho cine, desear algo y pedírselo al Universo, comer rico y exótico, practicar la vagancia y el no-acto en plan zen, ayudar a quien lo necesite y cantar canciones de júbilo entre amigos y almas afines. ¡Aunque sea a martillazos, quiero abrir los chacras superiores y usar la otra mente!

Una vez, alguien dijo: «El maestro cuando muere no recuerda su sabiduría, pero cuando renace y vuelve a aprender, se convierte en el mejor de los alumnos».

Si la magia existe, no dudaré en apostar fuerte. Cuando las aguas del verano se mezclen con la arena, florecerá mi gratitud y podré escuchar señales invisibles con un elepé de Benny Goodman de fondo.

Todos lo sabemos, el amor es bienvenido para mirarse a los ojos durante el estallido supremo o acariciarse en la inocencia, ya que dentro de ese gran sueño no hay partes rotas sino unión y libertad.

Habrá que signar el corazón de entrega y picardía, simplemente.

Los conejos, los gatos y las liebres no meditan sus actos, solo los viven.

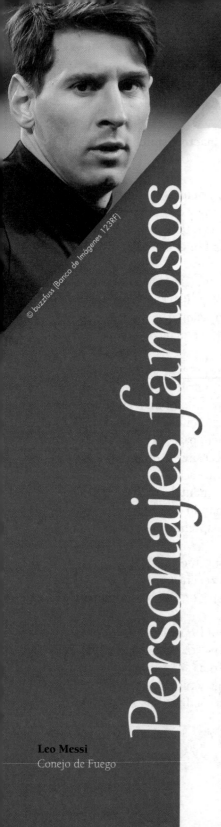

Personajes famosos

Leo Messi
Conejo de Fuego

CONEJO DE MADERA (1855-1915-1975)
Osvaldo Miranda, Michael Bublé, Edith Piaf, Orson Wells, Abel Santa Cruz, Liliana Simoni, Ingrid Bergman, Anthony Quinn, Jack White, David Beckham, Paola Barrientos, Frank Sinatra, Angelina Jolie, Dolores Barreiro, Tiger Woods, Leticia Brédice, Luciano Castro, Bertín Osborne, Charly Menditeguy, Hernán Crespo, Gabriel Ruiz Díaz, Billie Holiday, Daniel Hendler, David Rockefeller, Enrique Iglesias, Eugenia Tobal.

CONEJO DE FUEGO (1867-1927-1987)
Raúl Alfonsín, Tato Bores, Leo Messi, Choly Berreteaga, Luisana Lopilato, Peter Falk, Ángel di María, Gabriel García Márquez, Mirtha Legrand, Gilbert Bécaud, Jimena Barón, Gina Lollobrigida, Neil Simon, Harry Belafonte, Ken Russell, Emilia Attias, Francisca Valenzuela, Raúl Matera, Osvaldo Bayer.

CONEJO DE TIERRA (1879-1939-1999)
Albert Einstein, Paul Klee, reina Victoria, Andrés Percivale, George Hamilton, Francis Ford Coppola, Peter Fonda, Centro Bert Hellinger de Argentina, Stalin.

CONEJO DE METAL (1891-1951-2011)
Sting, Pedro Almodóvar, Isabel Preysler, Ana Belén, Christian Lacroix, León Gieco, Anjelica Huston, Michael Keaton, Cheryl Ladd, Carlos Barrios, Confucio, Hugo Porta, Gustavo Santaolalla, Charly García, Rosa Gloria Chagoyan, Thelma Biral, Romeo Gigli, Raymond Domenech, Jaco Pastorius, Juan Leyrado, Valeria Lynch.

CONEJO DE AGUA (1843-1903-1963)
Niní Marshall, Fernando Peña, Fito Páez,

Johnny Depp, Quentin Tarantino, George
Michael, Gisela Valcárcel Álvarez, Brad Pitt,
Fernando Samalea, Whitney Houston, Fatboy
Slim, Rosario Flores, Norma Antunes, Hilda
Lizarazu, Ramiro Agulla, Sergio Goycochea,
Xuxa, Elio Rossi, Sheila Cremaschi, Fabián
Gianola, Germán Palacios, Gabriela Epumer,
infanta Elena de España, Gustavo Elía, Jaime
Marichalar, Costi Vigil.

Tabla de compatibilidad

	Amor	Amistad	Negocios
Rata	1	1	2
Búfalo	2	2	3
Tigre	1	2	2
Conejo	3	2	2
Dragón	3	3	3
Serpiente	1	3	3
Caballo	2	2	3
Cabra	3	3	2
Mono	2	3	2
Gallo	2	2	1
Perro	3	2	1
Cerdo	3	3	2

1 mal 2 regular 3 bien

Nota: las compatibilidades son desde el punto de vista de cada animal.

DRAGÓN

Mi hija vuelve a Marruecos.
Viaja con los Reyes Magos
sin escalas al Sahara.
Mi hija es de allí, me dijo
al terminar su masaje
en mi cuerpo olvidado de ti.

L. S. D.

Ficha técnica

Nombre chino del dragón
LONG

Número de orden
QUINTO

Horas regidas por el dragón
07.00 A 09.00

Dirección de su signo
ESTE-SUDESTE

Estación y mes principal
PRIMAVERA-ABRIL

Corresponde al signo occidental
ARIES

Energía fija
MADERA

Tronco
POSITIVO

Eres dragón si naciste

03/02/1916 - 22/01/1917
DRAGÓN DE FUEGO

23/01/1928 - 09/02/1929
DRAGÓN DE TIERRA

08/02/1940 - 26/01/1941
DRAGÓN DE METAL

27/01/1952 - 13/02/1953
DRAGÓN DE AGUA

13/02/1964 - 01/02/1965
DRAGÓN DE MADERA

31/01/1976 - 17/02/1977
DRAGÓN DE FUEGO

17/02/1988 - 05/02/1989
DRAGÓN DE TIERRA

05/02/2000 - 23/01/2001
DRAGÓN DE METAL

23/01/2012 - 09/02/2013
DRAGÓN DE AGUA

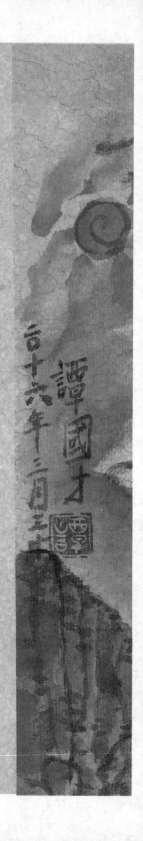

DRAGÓN

Ayer por la tarde sentí la ley de la gravedad sobre mi cuerpo, y hubiera dado cualquier cosa para no moverme del templo porteño.

Vi, después de veinte años, TITANIC, completa, en la televisión, y quedé estupefacta con la tragedia que nadie hubiera imaginado. Leo y Kate interpretando esa historia de amor me dieron fuerza para arreglarme y llegar a la calle, aun con las últimas luces del día, y tomar un taxi rumbo al cumple de CLAUDIA.

La conductora era mujer, y apenas subí, me dijo:

—QUÉ RICO PERFUME. ¿SOS LUDOVICA?

—SÍ

—ME PARECÍA. ESTÁS UN POCO MÁS GORDITA.

OMOMOM.

La empatía fue inmediata.

El viaje era corto, pero le transmití la admiración hacia las mujeres conductoras de taxis.

Ella me contó, sin recargar las tintas, que hacía poco tiempo un hombre le había apuntado y había querido robarle el taxi.

Ella forcejeó, lo empujó, lo tiró y gritó.

Me mostró la mano toda rasguñada por el vil ladrón, al que pudo eludir. Como buen dragón, fue capaz de zafarse del asalto, y tal vez del fin de su vida.

Insistía en que el perfume era una delicia. Y así es.

CECILIA me dijo que había comprado mi libro en su año, 2012, y que esperaba le fuera bien este año.

Por supuesto, al bajar sentí una inmensa admiración hacia ella, y su valentía al jugarse cada día el pellejo para «pagar la olla», y respiré hondo ante la cumpleañera.

En China el dragón es venerado y respetado por su influencia positiva en la vida familiar, de la comunidad y del país. Se lo considera portador de las máximas virtudes: riqueza, armonía, longevidad y fortaleza espiritual, y es considerado el REY DEL CIELO. Desde que el emperador FU SHI designó el hexagrama número 1 con este símbolo, a los emperadores se les decía HIJOS DEL CIELO O DRAGONES.

Cuando estuve en China en el año del dragón de tierra, 1988, pude comprobar esta realidad.

China, aún comunista, durante esos cuatro días cambió de forma radical: los campesinos visitaban a sus parientes en las ciudades; los parques estaban atestados de gente celebrando el baile del dragón y los rituales que hace más de cinco mil años realizan en ese país.

Por el control de natalidad, durante muchos años los chinos podían tener solo un hijo en la vida (esto cambió en 2016), e históricamente preferían que naciera para el año del dragón, y si era varón, mejor.

En estos ciclos (los últimos fueron 2000 y 2012) se produce un *baby boom* que genera bendiciones en la familia, la base de la sociedad en China.

En los distintos sexos, el dragón no pasa inadvertido. Su caudal eólico, lunar, solar e hidráulico se instala como un remolino apenas aparece. Él tiene fe en su éxito en la vida y desde pequeño será más seguro, maduro y aplomado que el resto del zoo.

Su destreza física, su salud holística, la tendencia al deporte o a las técnicas orientales como yoga, taichí, chi kung lo convierten en un ejemplo de vitalidad y talento en lo que emprenda.

Médium del cielo y sus designios, estará inspirado para ser mensajero de la paz como Lennon, Martin Luther King, y dejará su última vida antes del retorno al NIRVANA.

Su fuerte carácter o temperamento le causará malas jugadas con compañeros, socios, amigos e íntimos enemigos.

Sentirá que puede atravesar la muralla china, cruzar los Andes o escalar el Everest solo y con un ejército de nahuales que lo protejan.

Su vocación florecerá desde la niñez.

El dragón sabio integrará cada etapa de su vida con conciencia; la mayoría sigue con piloto automático sin recapacitar en sus errores, en el egoísmo que los dejará solos y aislados la mayor parte de su vida, pues en su reino, sea en una zona humilde o en un imperio, necesita súbditos que le obedezcan sin chistar; premiará a su séquito y castigará con el exilio a los que se rebelen.

Estará dispuesto a aprender de quien se le cruce en el TAO para sumar maestros, chamanes, científicos, reyes, ministros, que lo adoptarán para que los guíe e ilumine. Siempre multiplica su curiosidad por infiltrarse en nuevas técnicas, artes, formas de creación.

El dragón puede ser inconstante, pero si desde su infancia da en la tecla con su vocación, consagrará su vida a este destino, y será un número uno.

A veces es demandante, entrometido, comete excesos, no gradúa su energía, y se convierte en alguien insoportable. Se le recomienda que busque ayuda terapéutica, que tenga contacto con la naturaleza, escuche consejos, participe en reuniones comunitarias, abra su corazón a quienes lo aman y se deje influenciar por gente más joven.

Ambicioso, piensa que el fin justifica los medios, y cae en la trampa de adherirse al político de turno para tener algún puesto o ser parte de un relato inexplicable. No le importa, sabe que renacerá como el ave fénix en su carrera meteórica al estrellato.

El dragón tendrá muchos amores y casamientos; tal vez hijos a los que criará con desapego, pues nadie lo detendrá en su hiperactividad.

Su espíritu viajero lo llevará a planear el mundo desde sus posibilidades. Puede ser *boy scout*, llegar en bicicleta desde USHUAIA a ALASKA si se lo propone, viajar en primera clase, y en los cruceros más caros del mundo, en la bodega o siendo parte del elenco artístico.

Mago, hechicero, líder, es un signo fascinante y siempre nos sorprenderá con su equilibrio entre el SUPRAMUNDO y el INFRAMUNDO.

L. S. D.

El Dragón va al cine

Sacar a un Dragón de su casa para ir al cine no es fácil. Uno debe usar todas las artimañas posibles y todas las armas de seducción para convencerlos de que el cine es una buena opción. Meditando en su sillón anaranjado y prendiendo algún sahumerio te dirá: «¿Te apetece ir al cine… no estamos mejor en casa? Te preparo un té de jazmín y escuchamos música». Por eso uno debe ir muy preparado para que el Dragón solo te diga «¿Por qué no vamos al cine?». Debemos comentarle que estas películas estuvieron nominadas para el Oscar y las están dando en algún cine que no sea muy lejos de su casa, y que se puede ir caminando o en bicicleta porque odia el metro y el autobús.

Al dragón le pueden interesar las películas basadas en hechos reales: *Un camino a casa*, de Garth Davis; *Talentos ocultos*, de Theodore Melfi; *Moonlight*, de Barry Jenkins; *Teresa de Calcuta*, de Fabrizio Costa.

Tarot y Zoo

DIEZ DE BASTOS, RUEDA DE LA FORTUNA Y LA EMPERATRIZ
Para ti, Dragón, las cartas de Tarot que trae el perro dicen: Este

será un año en el que tendrás mucho por hacer, el trabajo en conjunto dará resultados inmediatos y positivos. Será un año de encuentros, la rueda de la fortuna te llevará por un viaje en el que puedes decidir cuándo bajar. Emocionalmente estarás muy seductor; serás un imán que atraerá cosas maravillosas. Es un gran momento para disfrutar al máximo; y tal vez un bebé quiera visitar la casa de los dragones.

Ládrame tu karma

1) ¿Cuál fue la situación límite que cambió tu vida?
La falta de amor a mí misma, la falta de autoestima y la falsa sensación de estar desconectada del universo me llevó a situaciones de sometimiento o aceptación de circunstancias que no me hacían bien. Aislamiento.

2) ¿Cómo reaccionas ante una traición?
Expresando mis sentimientos con respecto a eso. Según qué nivel de traición. Puede ser llorando o gritando descontroladamente.

3) ¿Cuáles son tus valores prioritarios en la vida?
Respeto; es aplicable a todo. Al otro, a la naturaleza y a mí misma.

4) ¿Haces algo por los demás?
Sí, ayudo siempre que puedo.

5) ¿Esperas algo de los otros?
Espero amabilidad, coherencia y buenas charlas.

6) ¿Crees que las diferencias unen o separan?
Depende de dónde esté el ego y cuál sea el vínculo... Pero siempre se puede conciliar.

7) ¿Qué significa fidelidad para ti?
Estar tan conectado con el otro que no necesitás conectar con nadie más.

8) ¿A qué asocias la palabra diversidad?
A todo lo que existe.

El Dragón y su energía

DRAGÓN DE MADERA (1904-1964)

Un dragón creativo

El más humano de los dragones: cálido, confiable, original y muy sociable. Es un artista de vanguardia y tiene un talento inagotable. Muy distraído y desinteresado, vive al día. Le gusta profundizar en las relaciones personales, filiales, sentimentales y profesionales. Cuando se enoja es testarudo, primitivo y deshonesto. Su gran realización es encontrar a la musa que lo inspire para compartir su vida.

Alimentos recomendados

Cereales: cebada y trigo. Carnes: pavo, aves silvestres, liebre; evitar las rojas. Pescados: salmón y pejerrey. Lácteos: descremados; quesos, lo menos posible. Hortalizas: de hojas amargas, zanahorias, patatas, boniatos, ajo, cebolla. Legumbres: todas. Frutas: cítricas y ácidas. Bebidas: limonada, lejos de las comidas; vinos dulces. Infusiones: boldo, menta. Le conviene el siguiente ritmo alimentario: desayuno copioso, almuerzo muy liviano y cena temprano. Recetas preferidas: Sopa turca, Pizza de mozzarella y cebollas, Conejo pastora.

DRAGÓN DE FUEGO (1916-1976)

Un dragón «terminator»

Este dragón escupe llamaradas y hay que protegerse de sus ataques. Es fogoso, ambicioso, directo y muy exigente con sus íntimos. Puede ser intolerante y muy autoritario, debe hacer yoga o meditación para no exaltarse tanto. Sensual y vicioso, cometerá algunas infidelidades pero no romperá lazos profundos de amor.

Alimentos recomendados

Cereales: maíz, trigo. Carnes: con bajo contenido de grasas. Pescados: salmón, merluza. Lácteos: evitarlos en general, queso Camembert con nueces con moderación. Hortalizas: amargas, berro, escarola, perejil, patatas, boniatos, cebolla y ajo (potente hipotensor). Legumbres: garbanzos, lentejas. Frutas: de estación, dos por día, lejos de las comidas, manzanas al horno. Bebidas: champán, vinos secos, agua mineral (como relajante, valeriana: 1 cucharada y ½ de agua fría, dejar macerar toda la noche). Infusiones: menta y romero, guaraná y *ginseng*; evitar el café. Recetas preferidas: Garbanzos con acelgas, Ruedas de salmón veraniegas, Tarta de manzana.

DRAGÓN DE TIERRA (1928-1988)
Un dragón holístico
Este dragón lúcido, justo y con las antenas parabólicas alertas es capaz de concretar grandes empresas si se siente estimulado. Se destacará en la diplomacia y en la comunicación. Tiene prolijidad y eficacia para la administración de empresas y la dirección personal. En el amor es leal, fiel y buen amigo; una joyita muy preciada.
Alimentos recomendados
Cereales: Avena, mijo. Carnes: magras, no más de 120 gramos diarios. Pescados: salmón, mero, anchoas. Lácteos: descremados, quesos emmental, gouda. Hortalizas: zapallo, calabaza, patatas, boniatos. Legumbres: lentejas, garbanzos, judías rojas. Frutas: todas las de estación. Bebidas: champán, vinos tintos secos. Agua mineral con limón y miel. Infusiones: manzanilla, tila. Recetas preferidas: Escalopes de mijo, Pudin de calabaza, Pizza de anchoas.

DRAGÓN DE METAL (1940-2000)
Un dragón con suerte
Este dragón nació para destacarse en actividades inéditas y espectaculares. Su obsesión y la gran fe que tiene en sus aptitudes lo llevan lejos, a veces al borde del abismo. Líder carismático, voluntarioso, original, intrépido, intransigente y nada diplomático, jamás pasará inadvertido. Un plato fuerte para sí mismo y para digerir.
Alimentos recomendados
Cereales: arroz integral. Carnes: pocas; evitar las rojas. Pescados: salmón. Lácteos: descremados, queso port salut. Hortalizas: zanahorias, rábanos, diente de león, remolacha, patatas, boniatos. Legumbres: lentejas, frijoles. Frutas: manzanas, peras, higos. Bebidas: champán. Infusiones: té de jengibre, café de filtro. Importante: practicar técnicas de respiración profunda, yoga. Recetas preferidas: Pan de arroz integral sin levadura, Pastel de carne vegetal con patatas, Salmón con albahaca.

DRAGÓN DE AGUA (1952-2012)
Un dragón desinteresado
Este dragón conoce sus virtudes y sus limitaciones. Comunicativo, vital, simpático, seductor, generoso y dispuesto a escuchar y ayudar a los demás. Lúcido y con sentido común, es más espiritual que material. Si desarrolla su vocación encontrará una razón fundamental para vivir; el amor es su punto G y a veces tarda un tiempo en renacer.

Alimentos recomendados

Cereales: trigo burgol, maíz. Carnes: rojas, dos veces por semana; aves silvestres. Pescados: salmón, sardinas (¡poca sal!). Hortalizas: perejil, berro, rábanos. Legumbres: frijoles. Frutas: manzanas secas. Bebidas: agua, vino tinto. Infusiones: té de hierbas. Recetas preferidas: Empanadas trigueñas, Lomo con setas, Calabacines con soja.

El Dragón y su ascendente

Dragón ascendente Rata: 23.00 a 01.00

Concretará sus sueños. Buscará acortar caminos con mucha iniciativa e imaginación. Amasará una fortuna y la repartirá con sus seres queridos. Será un intelectual con un refinado sentido del humor.

Dragón ascendente Búfalo: 1.00 a 3.00

Un estratega que trabajará para los desprotegidos. Introspectivo, sentimental, generoso, no se atará por mucho tiempo a nada ni a nadie.

Dragón ascendente Tigre: 3.00 a 5.00

Un dragón que buscará libertad, justicia e igualad. Amará sin control y en ocasiones será juzgado por sus decisiones arbitrarias.

Dragón ascendente Conejo: 5.00 a 7.00

Un hábil especulador con infinito afán de riqueza y poder. Sacrificará cualquier cosa por obtenerlos, cubierto con máscara de ingenuidad.

Dragón ascendente Dragón: 7.00 a 9.00

Un dragón con destino universal. Su enseñanza será ejemplo para la humanidad, pero a él le costará vivir en un mundo terrenal.

Dragón ascendente Serpiente: 9.00 a 11.00

Con la suerte de los elegidos, concretará sus ideas y se la jugará por sus convicciones. Vivirá en la opulencia y amará apasionadamente.

Dragón ascendente Caballo: 11.00 a 13.00

Un inquieto dragón que seguirá siempre el latido de su corazón. Trabajará lo justo, y dejará todo si se enamora. Le cuesta no desviarse de sus objetivos. Será un amigo leal para compartir viajes inolvidables.

Dragón ascendente Cabra: 13.00 a 15.00

Será un artista lleno de contrariedades al que le costará valorarse. Buscará expresarse por cualquier medio, ayudará a los necesitados y dejará que el amor guíe su camino.

Dragón ascendente Mono: 15.00 a 17.00

Hará lo que se propone sin medir los riesgos. Su audacia, talento y convocatoria le abrirán las puertas al infinito. Se casará varias veces.

Dragón ascendente Gallo: 17.00 a 19.00

De principios inquebrantables y corazón abierto, sacrificará sus necesidades por un ideal. Un filántropo para escuchar con atención.

Dragón ascendente Perro: 19.00 a 21.00

Vivirá en la realidad y no descuidará las fantasías. Perseverante, leal, protector, no admite la hipocresía. Tiene humor negro.

Dragón ascendente Cerdo: 21.00 a 23.00

Un sibarita víctima de sus pasiones. Adora la creatividad, el estímulo intelectual y los amigos. Persigue sus ilusiones.

Cuéntame un cuento chino

Fernando Manguz • Artista cósmico • Argentina

Cuando era adolescente, me hizo volar Krishnamurti, después con el Yoga, logré el equilibrio, y cuando llegó el I Ching a mi vida, no pude soltarlo, me apasionó sin dudas, tenía siempre la respuesta precisa para momentos existenciales. Entonces Ludovica se transformó en una aliada de lujo con sus predicciones.

Después empecé a buscar en mi sangre *Camiare* (originaria de Córdoba, Argentina) las respuestas que me faltaban para reconstruir lo ancestral. El camino me llevó a vivir, hace siete años, a La Majada (Traslasierra - Nono); junto a otra Mona, Carla, recuperando territorio ancestral de su familia, nos transformamos en los guardianes del lugar, también en vecinos de Ojo de Agua, y por ende de Ludovica.

Todo está lleno de cosmovisión originaria, del pueblo Chelko Jerú (comechingones), de bosque nativo, hierbas medicinales, animales autóctonos y seres mágicos. Cuando llegamos, se estaba produciendo la mayor sequía de los últimos años; se secaban vertientes, arroyos, ojos de agua, y vimos cómo el pozo de agua del lugar, con quince metros de profundidad, bajaba día a día, hasta quedar totalmente vacío, por primera vez en más de cien años.

Guiados por Vimma y Oshuko, (Liwa y Tucma, guías espirituales, sacerdotes de Quilmes y Tucumán), tuvimos que trabajar mucho, realizar ceremonias, ofrendas, cantos, rezos para restablecer los tiempos del agua, y así lo hicimos.

Aprendimos que agua en lengua *cacan* (lengua originaria que se habló en el centro norte de Argentina) se dice *coo*, que en mapuche (gente de la tierra), agua también se dice *coo*, pero la sorpresa fue un día, que vimos que en el Sum de Nono proyectaban una película llamada *El verano de Coo*; era una película japonesa de dibujos animados que hablaba de una tortuga de agua, de nombre Coo, que venía de la tierra antigua, quedaba congelada y despertaba en el ahora. Ella sabía la danza de la lluvia, y cuando la hace convoca a un gran dragón, que trae las nubes con agua, que hacen llover… ¡ahí entendí todo!

Sostener el verde de la Madre Tierra es un trabajo que realizamos entre todos los seres y faltaba nuestra parte, la de los humanos, para mantener el equilibrio de la vida.

Los pueblos originarios hemos construido instrumentos para llamar a los vientos que traen a la lluvia (erques, sikus, trutrukas, ñorquin, sonidos con caracoles) y también morteros (espejos cósmicos) que reflejan constelaciones, estrellas que marcan los tiempos, de danzas de jaguares, suris, y el camino para que los dragones den otra vuelta trayendo y llevando vida, desde los Andes hasta nuestros territorios.

Un día, cuando se prendió un fuego que avanzaba quemándolo todo, que parecía venirse rapidísimo hacia nuestro lugar, y la esperanza de los paisanos se rompía porque el viento de las sierras que despierta al atardecer empuja fuerte hacia acá, subí a la montaña, toqué mi ñorquin y ahí lo vi, era enorme, apareció de la nada, con su gran boca, traía nubes negras que descargaron con todo, contra el gran fuego amenazador; así fue, increíble, el puente de comunicación con los aliados de la naturaleza estaba nuevamente construido, de dragón a dragón. Trabajar juntos es la tarea.

Sostener el verde de la Madre Tierra es la misión.

Personajes famosos

John Leguizamo
Dragón de Madera

DRAGÓN DE MADERA (1844-1904-1964)

Matt Dillon, Sergio Lapegüe, Bing Crosby, Osvaldo Pugliese, Pablo Neruda, Sandra Bullok, Ricardo Balbín, Tita Merello, Eleonora Cassano, Salvador Dalí, Palo Pandolfo, John Leguizamo, Jorge Drexler, Gustavo Bermúdez, Humberto Tortonese, Kevin Johansen, Felicitas Córdoba, Esther Feldman, Raúl Urtizberea, Nietzsche, Mario Pergolini.

DRAGÓN DE FUEGO (1856-1916-1976)

María Paz Ferreyra («Miss Bolivia»), Nicole, Paloma Herrera, Gregory Peck, Pérez Prado, Sigmund Freud, Glenn Ford, Valeria Subbert, Nadine Heredia Alarcón de Humala, Shakira, Damián Szifron, Françoise Miterrand, Paz Vega, Monoto Grimaldi, Carola del Bianco, Luciano Cáceres, Roberto Galán, Dante Spinetta, Anita Álvarez Toledo, Kirk Douglas, Florencia de la V.

DRAGÓN DE TIERRA (1868-1928-1988)

Eddie Fisher, Martin Luther King, Shirley Temple, James Brown, Roger Moore, Adam West, Javier «Chicharito» Hernández, Alan Pakula, Carlos Fuentes, Ximena Navarrete, Sarita Montiel, Ernesto «Che» Guevara, Rihanna.

DRAGÓN DE METAL (1880-1940-2000)

Tom Jones, Al Pacino, Ringo Starr, Jesucristo, John Lennon, Raquel Welch, Amelita Baltar, Brian De Palma, Pelé, Andy Warhol, Joan Baez, Herbie Hancock, Frank Zappa, John Cale, Wangari Maathai, John Maxwell Coetzee, Muta Maathtai, Muhammad Yunus, Bruce Lee, Antonio Skármeta, Oscar Araiz, Federico García Vigil, David Carradine, Bernardo Bertolucci, Nacha Guevara, Carlos Bilardo.

DRAGÓN DE AGUA (1892-1952-2012)
Robin Williams, Jean Paul Gaultier, Mae West, Guillermo Vilas, Nito Mestre, Miguel Ruiz, Hugo Soto, Federico Trillo, Raúl Perrone, Sylvia Kristel, Norberto Alonso, Jimmy Connors, Lalo Mir, Susú Pecoraro, Ferit Orhan Pamuk, Stewart Copeland, Soledad Silveyra.

Tabla de compatibilidad

	Amor	Amistad	Negocios
Rata	1	2	1
Búfalo	3	2	2
Tigre	2	2	1
Conejo	1	2	1
Dragón	2	2	2
Serpiente	2	3	3
Caballo	2	2	2
Cabra	3	3	3
Mono	2	2	2
Gallo	2	2	2
Perro	1	2	2
Cerdo	1	2	1

1 mal 2 regular 3 bien

Nota: las compatibilidades son desde el punto de vista de cada animal.

SERPIENTE

No sé si son las palomas
las que gimen
entre las 4 y las 5 de la tarde
o una pareja
que hace el amor
en un cuarto donde Piria
los acompaña hasta el éxtasis
para resucitar a Eros.

L. S. D.

二〇十七年四月十五

蛇 譚國才

Ficha técnica

Nombre chino de la serpiente
SHE

Número de orden
SEXTO

Horas regidas por la serpiente
09.00 A 11.00

Dirección de su signo
SUD-SUDESTE

Estación y mes principal
PRIMAVERA-MAYO

Corresponde al signo occidental
TAURO

Energía fija
FUEGO

Tronco
NEGATIVO

Eres serpiente si naciste

23/01/1917 - 10/02/1918
SERPIENTE DE FUEGO

10/02/1929 - 29/01/1930
SERPIENTE DE TIERRA

27/01/1941 - 14/02/1942
SERPIENTE DE METAL

14/02/1953 - 02/02/1954
SERPIENTE DE AGUA

02/02/1965 - 20/01/1966
SERPIENTE DE MADERA

18/02/1977 - 06/02/1978
SERPIENTE DE FUEGO

06/02/1989 - 26/01/1990
SERPIENTE DE TIERRA

24/01/2001 - 11/02/2002
SERPIENTE DE METAL

10/02/2013 - 30/01/2014
SERPIENTE DE AGUA

Hoy es el cumpleaños de INÉS, mi hermana mayor.

Es una pura sangre serpiente de metal, Tauro.

A ella le debo el descubrimiento del arte escénico, que marcó mi vida en mi tierna infancia.

Su vocación de empresaria *underground* en la década de los 60 y la influencia del Instituto Di Tella la llevaron a ser pionera del café-concert, junto a tres sierpes más: ANTONIO GASALLA, CARLOS PERCIAVALLE y EDDA DÍAZ.

Help Valentino marcó un hito en el inicio del café-concert en la Argentina.

Inés, bella e inteligente, fue musa de artistas y marginales. Después de la muerte de mi padre, a quien quería mucho, comenzó una nueva vida, y cambió la piel en Punta del Este, donde aún vive.

También nos marcó a todas las hermanas nuestra historia familiar.

Y gran parte de mi búsqueda de las respuestas que necesité de pequeña fueron las CONSTELACIONES FAMILIARES.

Tal vez el hecho de nacer en mayo, como ella, hizo que fuéramos las dos puntas que buscaron respuestas al nudo familiar que nos recorre la vida como un espinel.

Es cierto que dentro del zoo chino la serpiente logra captar mi atención, tiempo y energía. Admiro su cabeza, que es un ordenador último modelo, capaz de procesar tantas imágenes, datos, información, como un pescador con su red en alta mar.

Signo dual: *yin-yang* en ambos sexos y el mejor hermafrodita o especie sui géneris del zoo animal.

Sabe seducir como nadie sin proponérselo. Y cuando se lo propone: ¡CUERPO A TIERRA! Y LLEVAR SUERO ANTIOFÍDICO EN LA CARTERA.

Gran aprendiz de la vida. Su capacidad laboral, inteligencia práctica, intuición, sus contactos, sed de conocimientos, lengua afilada, sentido del humor negro o ácido, exótica belleza y originalidad la convierten en un ser hipnótico y carismático.

Sabe desde niña que QUIERE SER RICA Y FAMOSA, A CUALQUIER PRECIO.

Sus armas son incuestionables: desde su cuerpo, influencias, magia negra, hijos, nietos, cónyuges vivos o muertos. La frase «EL FIN JUSTIFICA LOS MEDIOS» le viene como anillo al dedo.

La moral y la ética de la sierpe son patrimonio del mundo ofídico.

Como el dragón, su aliado kármico, sabe que no vuelve a reencarnar y llegará al cenit de vicios, placeres, obscenidades, estafas dignas de ALÍ BABA Y LOS CUARENTA LADRONES, pero arrojando bolsos en conventos, enterrándolos en vinotecas o en las arenas de las alejadas estancias patagónicas sin escrúpulos[18].

NADA PERSONAL, INFORMACIÓN GALÁCTICA.

La serpiente asombra desde niña con sus ideas propias, ingenio, locuacidad, virtudes tanto manuales como intelectuales.

Le gusta el dinero contante y sonante; sabe generarlo y acumularlo.

Tiene fama de avara; para devolver favores lo hará a través de algún canje, trueque, envío a domicilio, o mensajero a medianoche.

Su salud dependerá del afecto recibido en la infancia y la adolescencia, y de su inclusión social.

Una serpiente resentida acumula un *spam* tóxico que envenenará su entorno y dejará secuelas mortales.

TIENE UN RADAR O TERCER OJO PARA DETECTAR LAS ZONAS VULNERABLES DE SU VÍCTIMA O ADVERSARIO, Y NO DARÁ TREGUA HASTA DEVORARLA COMO BOA CONSTRICTOR.

Su capacidad de construir desde un relato, un *best seller*, un imperio, un ejército, un restaurante, un diario o una revista muy bien diseñada, elaborada y revolucionaria es parte de su ADN, de su lucha por sus ideales… o ambiciones. Necesita súbditos, gente que le diga amén a todos sus antojos y caprichos, y que no la contradiga.

La serpiente que nace en un hogar humilde y asume su condición social, sin ocultarla, llegará lejos en su destino.

Las personas que la apoyen, amen, compartan un espacio público o privado y admiren su capacidad de liderazgo le jurarán obediencia de vida. Dependerá de su lealtad que no se conviertan en traidores a los pocos minutos.

La mujer es ejemplo de feminidad, seducción, glamur, y aptitudes notables para enroscar a la víctima que prefiera.

Sabe equilibrar la vida hogareña con las vueltas por el mundo, cultivándose, estudiando y buscando reyes para casarse. Y LO CONSIGUE.

El hombre es un espécimen digno del sultán de LAS MIL Y UNA NOCHES; que derrite a cada mujer con sus anillos fosforescentes hasta transportarla a otra dimensión.

La fidelidad es una materia que le cuesta aprobar.

Y difícil de perdonar.

---

[18] Esta enumeración (bolsos en conventos, vinotecas, estancias patagónicas) alude a hechos de corrupción ocurridos en Argentina (se puede investigar en internet).

Aman a su descendencia y los controlan hasta para elegir a sus cónyuges. Pecan de soberbias, manipuladoras e insoportables; agotan con sus demandas afectivas, económicas y sociales; muchas sierpes se victimizan y logran espantar hasta a la estatua de la libertad.

La gran virtud que tienen es que se reinventan; cambian la piel, dejan atrás una vida y dan comienzo a otra, renovadas, abiertas, libres, irremediablemente reincidentes en oportunidades que no se les otorgan a la mayoría de los mortales.

L. S. D.

La Serpiente va al cine

Cuando no sepas qué película ver, no sepas qué hacer y estés aburrido, tienes que ir a visitar a una serpiente. Ella te enroscará e hipnotizará con sus palabras y te convencerá de ver una película que seguramente nunca se te hubiera ocurrido. No creas que te llevará a ver *Cleopatra* o *La boa asesina*. Tiene un gusto muy original y sofisticado a la hora de ir al cine. Después de tomar una copa de un buen vino te contará por qué quiere ver determinada película. Amante del cine en blanco y negro y de Greta Garbo, no es de su agrado ir a una sala donde el público coma palomitas, perritos calientes y patatas fritas. Te llevará a algún microcine con público muy reducido e intelectual, para disfrutar en silencio de la cinta. Sus películas preferidas: **La Dama de las camelias**, con Greta Garbo; **Luces de la ciudad**, de Charles Chaplin; **La caja de Pandora**, de Georg Wilhelm Pabst, 1929.

Tarot y Zoo

Tres de Espadas, As de Bastos y As de Oros

Para ti, Serpiente, las cartas de Tarot que trae el perro dicen: Este será un año en el que deberás ser muy precavida y estar atenta a los movimientos que surgen. Sentirás que vas un paso por detrás de lo que sucede; para que esto no se convierta en una complicación, lo ideal es actuar como un lince. Emocionalmente, conquistarás lo que deseas, las relaciones tendrán un toque de pasión más que de amor. Tu vida sexual se verá incrementada. Finalizando el año de perro, serpiente querida, lograrás poner un sello de éxito a todo lo que has empezado.

Ládrame tu karma

1) ¿Cuál fue la situación límite que cambió tu vida?

Encontrarme con la guitarra de mi madre, que pasó a ser mía, cambió mi vida y la llenó de propósitos y alegrías.

2) ¿Cómo reaccionas ante una traición?

Muy inmaduramente, huyo sin decir nada, simplemente no quiero saber nada más con la persona, ni dar explicaciones. Corto todo tipo de contacto.

3) ¿Cuáles son tus valores prioritarios en la vida?

Ser una persona compañera, agradecida, y tratar de ayudar siempre a quienes lo necesitan desde aquel punto que pueda; la bondad y el respeto hacia quienes me quieren y quiero.

4) ¿Haces algo por los demás?

Sí, rezo por los demás, por mi familia, por mis amigos, por quienes me hicieron daño; también le pido a Dios que los perdone, trato de ayudar siempre a quienes lo necesitan, y de compartir con los demás algo que sé que puede ayudarlos a crecer.

5) ¿Esperas algo de los otros?

A veces espero algo de quienes deseo algo, pero la mayoría de las veces no espero nada; que me sorprendan.

6) ¿Crees que las diferencias unen o separan?

Las diferencias separan, pero he tenido experiencias en las que el tiempo lo cura todo, y a la larga, algunas diferencias se vuelven no tan graves porque añoras a la persona, o te das cuenta de que un mal momento no puede arruinar todo lo construido.

7) ¿Qué significa fidelidad para ti?

Vivir tranquilamente con lo necesario, compartir el tiempo que me queda de vida con amigos y familia.

8) ¿A qué asocias la palabra diversidad?

Al abanico de posibilidades que se da en el día a día, donde nada es igual que ayer y se puede poner en práctica una nueva forma de ser mejor.

La Serpiente y su energía

SERPIENTE DE MADERA (1905-1965)

Una serpiente hipnótica

Esta fascinante serpiente llega al final de sus proyectos, pues es muy perseverante, curiosa, mundana, sagaz y perfeccionista. Ama la comodidad y el lujo, se interesa por las artes y la naturaleza. Fiel en el amor y la amistad, se casará joven y tendrá una numerosa familia. Debe controlar «los siete pecados capitales», que tiene muy marcados.

Alimentos recomendados

Cereales: arroz integral, avena. Carnes: magras, en especial de aves silvestres. Pescados: salmón, lenguado. Mariscos: langosta, camarones. Hortalizas: de hoja, berro, perejil, cebolla, ajo, puerro, patatas. Lácteos: evitarlos en general; quesos descremados. Frutas: cítricas, en especial pomelo y limón. Bebidas: evitar el alcohol, limonada. Infusiones: menta con miel después de las comidas. Condimentos: jengibre. Recetas preferidas: Arroz integral con brócoli, Pavo con manzanas, Filete de lenguado en salsa de tomates.

SERPIENTE DE FUEGO (1917-1977)

Una serpiente extremista

Esta especie es dominante, avasalladora, deslumbrante. Mental y físicamente, la más enérgica de todas. Muy personal, con gran carisma, hipnotiza a quienes la rodean. Transmite confianza y posee capacidad de liderazgo. Desconfiada por naturaleza, solo tiene fe en sí misma. Rápida para censurar, y con fanatismos personales que provocan aislamiento. Desea la fama, el poder y el dinero; no se detendrá hasta obtenerlo. Por ser la más sensual, ferviente y celosa de todas, se prodigará en excesos de amor y de odio.

Alimentos recomendados

Cereales: maíz, trigo. Carnes: cordero, pavo, pato, perdiz. Pescados: salmón, boquerones, anchoas. Mariscos: mejillones, almejas. Lácteos: descremados, queso roquefort. Hortalizas: de hoja grande, amargas, berro, perejil, patatas, boniatos, yuca. Legumbres: lentejas, frijoles negros. Frutas: pomelo, naranja, uvas. Bebidas: agua, coñac.

Infusiones: té de *ginseng*. Recomendaciones: jalea real, prevención de aterosclerosis, controlar las enfermedades cardiovasculares con técnicas de relajación, *biofeedback*, yoga, entre otras. Recetas preferidas: Pato con aceitunas, Ensalada de brócoli, Flan de arroz.

SERPIENTE DE TIERRA (1929-1989)
Una serpiente realista y amorosa

Es la más tranquila y relajada de todas, cálida, espontánea, amable y más moderada en sus opiniones. Escrupulosa, muy persistente y de confianza, sabe llegar a los demás, pues es muy directa, lúcida e inteligente. En ambos sexos, influye a la multitud con su gran carisma. Muy leal con sus amigos. Sabe ganar dinero y conservarlo. Conoce sus límites y siempre sobrevive a todas las situaciones adversas.

Alimentos recomendados

Cereales: arroz integral. Carnes: hasta tres veces por semana. Pescados: salmón. Mariscos: langostinos, pulpo, centolla, mejillones. Lácteos: quesos descremados. Hortalizas: calabaza, calabacín; todas las dulces bien cocidas, patatas, boniatos, yuca. Legumbres: lentejas, judías rojas. Frutas: las de estación (tres por día). Bebidas: vinos afrutados, té con limón (frío o caliente). Infusiones: manzanilla con miel después de las comidas. Le va muy bien consumir polen de abejas, practicar aeróbic, danza, ciclismo, tenis. Recetas preferidas: Arroz con mejillones, Pudin de calabaza, Rosca morena bahiana.

SERPIENTE DE METAL (1941-2001)
El imperio de los sentidos

A esta serpiente es mejor tenerla de amiga, de lo contrario resulta letal. Es la más ambiciosa, fría, calculadora, posesiva, celosa y absorbente, y necesita mayor reconocimiento. Triunfa con tenacidad, voluntad y perseverancia deslumbrantes, y si pierde puede ser muy resentida. Competitiva al máximo, está más pendiente del éxito ajeno que del propio. Debe ser más abierta y flexible a los cambios, pues su omnipotencia la aleja de sus verdaderos amigos.

Alimentos recomendados

Cereales: arroz integral, sémola. Carnes: en poca cantidad. Pescados: salmón, bacalao. Mariscos: mejillones, almejas. Lácteos: evitarlos en general, queso roquefort con almendras. Hortalizas: de todo tipo, bien cocidas, patatas, boniatos, cebolla, ajo. Algas marinas. Legumbres: todas, menos el frijol de soja. Frutas: manzanas, uvas. Bebidas: vinos afrutados y champán, caipiriña. Infusiones: té de *ginseng*. Es muy conveniente para este signo aprender técnicas de relajación, yoga y control de estrés. Equilibrar la dieta hacia el lado *yin*. Recetas preferidas: Arepas, Pizza marinera, Raviolis de pescado.

SERPIENTE DE AGUA (1953-2013)
Una serpiente competitiva

Una serpiente intuitiva, muy reflexiva, menos absorbente y despótica que las otras, aunque sutilmente se enrosca y consigue lo que quiere. Es buena para trabajar en equipo, pues posee una gran profusión de ideas. Algo paranoica, abandónica, a veces se aísla. Cuando se obsesiona por una persona es celosa y posesiva. Triunfará materialmente y en su profesión; tendrá muchas aventuras amorosas y se tirará algunas canitas al aire cuando se case. Si la traicionan es muy vengativa.

Alimentos recomendados

Cereales: trigo, avena. Carnes: hasta dos o tres veces por semana; evitar el cerdo. Pescados: salmón. Mariscos: langostino, pulpo. Lácteos: de cabra en lo posible, queso parmesano, roquefort. Hortalizas: del tipo compacto, bien cocidas con algas marinas, zanahoria, cebolla, ajo, patatas, boniatos, yuca, remolacha. Legumbres: todas. Frutas: manzanas y desecadas. Bebidas: evitar el alcohol. Solo agua mineral. Controlar cuidadosamente el consumo de líquidos, sal y dulces. Infusiones: cola de caballo. Atención con los excesos sexuales. Recetas preferidas: Lomo con salsa de vino, Ñoquis de boniato, Sopa fría de verduras.

La Serpiente y su ascendente

Serpiente ascendente Rata: 23.00 a 01.00

Buscará rodearse de lujo, gente influyente y naturaleza. Será muy celosa, materialista y astuta. Autodestructiva, necesita una actividad que la estimule para no desperdiciar su potencial.

Serpiente ascendente Búfalo: 1.00 a 3.00

Una trabajadora infatigable, que no admitirá que la contradigan. Amará a la familia, las fiestas, el arte, y participará políticamente de los actos públicos.

Serpiente ascendente Tigre: 3.00 a 5.00

Una impulsiva y aventurera serpiente, que dejará todo por amor, viajes y nuevos horizontes. Será muy *sexy*, graciosa e inteligente. Hará trampa para cazar la presa.

Serpiente ascendente Conejo: 5.00 a 7.00

Su encanto será irresistible; amará la frivolidad, el lujo, las relaciones influyentes y la vida le resultará fácil. Tendrá suerte y varios amores que se la disputarán.

Serpiente ascendente Dragón: 7.00 a 9.00

Su magnetismo e inteligencia le abrirán las puertas del firmamento. Tendrá una vida sentimental agitada, complicaciones en los negocios, humor y muchas relaciones fugaces.

Serpiente ascendente Serpiente: 9.00 a 11.00

Una boa constrictor preparada para enroscar al primer ingenuo que se le acerque. Habrá que tenerle «paciencia china» en todo.

Serpiente ascendente Caballo: 11.00 a 13.00

Brillará por su gracia, talento y sinceridad. No será calculadora ni posesiva. Desarrollará a pleno sus dotes naturales y encontrará gente que la protegerá.

Serpiente ascendente Cabra: 13.00 a 15.00

Buscará fama, poder y dinero y los conseguirá, pues su encanto será muy apreciado. Su humor es delicioso, su sensibilidad exquisita y su ambición infinita.

Serpiente ascendente Mono: 15.00 a 17.00

Será una estratega genial. Conocerá los secretos de la vida, y tendrá vocación de maestro. Deberá plasmar su talento, pues si no será una resentida. Vida sentimental complicada y llena de cortes y rupturas.

Serpiente ascendente Gallo: 17.00 a 19.00

Una filósofa a la que habrá que escuchar. Medirá sus sentimientos; no se arriesgará en territorios desconocidos, y concretará su energía en la familia, los amigos y su vocación.

Serpiente ascendente Perro: 19.00 a 21.00

Una ciclotímica y pesimista serpiente, que no se tiene fe; buscará protección, confort y asegurarse la sobrevivencia a cambio de que no le exijan demasiado.

Serpiente ascendente Cerdo: 21.00 a 23.00

Tendrá necesidades diferentes a través de su vida. Su sensibilidad le hará trampa, y se sacrificará por los demás, postergando su tiempo, vocación y talento.

Cuéntame un cuento chino

Carlitos Páez • Serpiente de Agua • Conferencista Sobreviviente de los Andes • Uruguay

Describe mi querida amiga Ludovica que la Serpiente, al igual que el dragón, no se reencarnará más y que esta vida es la única que tiene para explorar todo lo que hay por descubrir. Quizá sea por eso, quién sabe, que vivo esta vida intensamente. Tanto que a veces parecen varias vidas. Trabajé en el campo, conduciendo ganado, esquilando, esperando impacientemente los ciclos de cada cosecha: algo que para mí fue una tortura ya que nunca fui bueno esperando. Necesito hacer que las cosas pasen, que las cosas se muevan, fluyan... así que me fui a la Publicidad y ahí estaba más en sintonía con mi naturaleza; había dinamismo, desafíos, arte... pero todavía sentía que faltaba algo.

En el año 2003 me invitaron a dar la primera conferencia. Una empresa quería que compartiera con sus colaboradores mi experiencia en la Cordillera de los Andes, cuando en 1972 el avión en el que viajaba se cayó a 4300 metros de altura y me obligó a protagonizar una de las historias de supervivencia más grandes de todos los tiempos. Ese día, algo hizo clic. Encontré aquello que me permitía deslizarme por países, culturas, mares y ciudades, dejando en cada conferencia una capa de mi piel. Como orador, es fundamental ser perceptivo, capitalizar el humor y ser un poco histriónico. Hay pocas cosas que me den tanto placer como el que siento cuando tengo mil personas totalmente hipnotizadas y doy rienda suelta a la Serpiente.

Quizás no sea casualidad que Frank Marshall –el director de la película ¡Viven!– haya elegido a John Malkovich, otra serpiente, como el actor que me representaría en el inicio y el final de la película.

© sportgraphic (Banco de Imágenes 123RF)

Personajes famosos

Quique Sánchez Flores
Serpiente de Madera

SERPIENTE DE MADERA (1845-1905-1965)

Robert John Downey Jr., Raúl Soldi, Quique Sánchez Flores, Greta Garbo, Pilar Sordo, Björk, Antonio Berni, Catherine Fullop, Inés Estévez, Christian Dior, Mariana Brisky, Gabriela Toscano, Willy Crook, Pablo Motos Burgos, Daniel Barone, Gillespi, Sergio Pángaro, Courtney Love, Javier Zucker, Mariana Arias, Fabián Mazzei, Henry Fonda, Moby, Charlie Sheen, Gabriela Arias Uriburu.

SERPIENTE DE FUEGO (1857-1917-1977)

Anita Tijoux, Kanye West, John Fitzgerald Kennedy, Emanuel Ginóbili, Luciana Aymar, Mel Ferrer, Esteban Lamothe, Leonora Carrington, Gonzalo Valenzuela, Dizzy Gillespie, Fionna Apple, Iván de Pineda, Romina Gaetani, Lucrecia Blanco, Julieta Cardinali, Natalia Oreiro, Leonardo Franco, Alika, Esther Cañadas, Julieta Díaz, Dean Martin.

SERPIENTE DE TIERRA (1869-1929-1989)

Justina Bustos, Sofía Viola, Gandhi, Militta Bora, Irene Papas, Carlos «Calica» Ferrer, princesa Grace de Mónaco, Emilio «Miliki» Aragón, Jacqueline Onassis, Milagros Schmoll, Alejandro Jodorowsky, Belinda, Imre Kertész, Chet Baker, Milan Kundera, Roberto Gómez Bolaños «Chespirito», rey Hassan de Marruecos, Jaser Arafat.

SERPIENTE DE METAL (1881-1941-2001)

Bob Dylan, Carole King, Marta Pelloni, Antonio Gasalla, Plácido Domingo, Luis A. Lacalle, Sonia Breccia, Raúl Ruiz, Dostoievski, Pablo Picasso, Paul Anka, Charlie Watts, María Teresa Campos, Tom Fogerty, Tina Serrano, Franklin Roosevelt, Palito Ortega, Chick Corea, Carlos Perciavalle, Lito Cruz, Papa Juan XXIII.

SERPIENTE DE AGUA (1893-1953-2013)

Thomas Jefferson, Ana Botella, Herta Müller, John Malkovich, Oprah Winfrey, Raúl Taibo, Luca Prodan, Alan Moore, Osvaldo Sánchez Salgado, Zoilo Cantón, Leonor Benedetto, Mao Tse-Tung, Ricardo Bochini, Francisco de Narváez, Graciela Alfano.

Tabla de compatibilidad

	Amor	Amistad	Negocios
Rata	2	2	2
Búfalo	2	1	1
Tigre	3	3	3
Conejo	1	2	2
Dragón	2	2	1
Serpiente	3	2	2
Caballo	2	2	2
Cabra	1	2	2
Mono	2	2	2
Gallo	2	2	2
Perro	2	2	2
Cerdo	1	2	2

1 mal 2 regular 3 bien

Nota: las compatibilidades son desde el punto de vista de cada animal.

CABALLO

Evaporada
huiste sin decirme dónde
como bruja enojada.
Sin rastros.
Sin demanda
dejando un pozo a la intemperie
que solo recibe almas inundadas.

L. S. D.

馬

Ficha técnica

Nombre chino del caballo
MA

Número de orden
SÉPTIMO

Horas regidas por el caballo
11.00 A 13.00

Dirección de su signo
DIRECTAMENTE AL SUR

Estación y mes principal
VERANO-JUNIO

Corresponde al signo occidental
GÉMINIS

Energía fija
FUEGO

Tronco
POSITIVO

Eres caballo si naciste

11/02/1918 - 31/01/1919
CABALLO DE TIERRA

30/01/1930 - 16/02/1931
CABALLO DE METAL

15/02/1942 - 04/02/1943
CABALLO DE AGUA

03/02/1954 - 23/01/1955
CABALLO DE MADERA

21/01/1966 - 08/02/1967
CABALLO DE FUEGO

07/02/1978 - 27/01/1979
CABALLO DE TIERRA

27/01/1990 - 14/02/1991
CABALLO DE METAL

12/02/2002 - 31/01/2003
CABALLO DE AGUA

31/01/2014 - 18/02/2015
CABALLO DE MADERA

CABALLO

Angélica apareció en mi vida en el momento en que tenía problemas para continuar con la aceptación de que tenía que seguir viendo por qué mi hermana MARGARITA, yegua de madera, tenía esa cruz que le pesaba tanto y se expandía, por supuesto, en la constelación familiar.

Es mi hermana mayor, de madre y padre, llevamos el mismo apellido y nos criamos juntas en Parque Leloir desde que nací hasta que la vida nos tomó exámenes arduos en la adolescencia: la partida de papá cerdo cuando apenas nos asomábamos a la juventud y el incendio de nuestra amada quinta, la casa donde crecimos.

Para Magui, ambos episodios fueron catastróficos, y para LSD liberadores.

Éramos inseparables, cómplices, jugábamos y nos divertíamos.

Nos gustaba estudiar cuando nuestro padre nos daba un recreo después de cumplir con las tareas *yin-yang* que nos tocó aprender por no tener hermanos varones: buscar los caballos, cepillarlos, darles un balde de avena y alfalfa, engrasar riendas y cabestros, llevar leña, y además cocinar, preparar el café y atenderlo como un sultán… y nos tenía al trote como hacen en el campo, en China, con las mujeres.

También se encargó muy bien de marcar las predilecciones por ambas: él prefería a su princesa guaraní, MARGARITA, y mi madre, MARILÚ, a su princesa florentina, LUDOVICA.

Su prematura partida, en nuestra casa y a causa de un infarto, nos cambió la vida. Agradecí su herencia oriental que me encargué muy bien de estudiar, aprender, acrecentar, y convertir la filosofía y la astrología orientales en una tradición en AMÉRICA y ESPAÑA.

Siendo muy consciente de su cosmovisión, desde niña Magui prefirió estudiar la carrera de veterinaria y compenetrarse en la posibilidad de formar una familia lo antes posible.

Salió al galope de Fortín Bellaco, la quinta en que vivíamos, y después de una temporada en que fuimos huéspedes en casas de hermanas y amigos, por no tener casa propia, trabajó en la Galería del Este cuando era la base más divertida y creativa a finales de la década de los 70 y allí se topó con su futuro marido y padre de sus dos hijos, que son su obra maestra.

Creo que necesitaba su caballeriza, tener a su serpiente y a su cabra dentro del corral y afrontar la dura convivencia con el búfalo, que es una excepción a las características del signo.

Fui tía de dos sobrinos que quiero mucho y aún, a pesar de que son dos hombres, intento compartir lo que la vida nos da de propina.

«El tiempo es veloz, la vida esencial» dice DAVID LEBON.

Y cuando murió MARILÚ, la polémica madre que nos regaló la vida, mis hermanas de su anterior matrimonio y Magui hicieron una lista de reproches que atravesaba la Vía Láctea. Sus hijos formaron pareja, y la cabra se radicó en Europa; entonces Magui se encontró con el nido vacío y una realidad que no pudo aceptar hasta el día de hoy.

Somos seres psicosomáticos; su cuerpo comenzó a tener artritis reumatoide, problemas renales, cefaleas, estrés y hoy está sufriendo su vía crucis.

Compartió trece años con una cabra MAPUCHE, que hizo lo que pudo con ella y su vida y que fue expulsada del corral por mala conducta.

ANGÉLICA, les contaba al inicio, ES UNA CONSTELADORA DE OTRAS DIMENSIONES, que cumple años el mismo día, mes y año que Margarita, y que vino a equilibrar la balanza en la hermandad que se interrumpió con ella, y a acompañarme en ACEPTAR el misterioso tránsito de doble dimensional que no se dio con mi hermana por razones inexplicables del alma.

También MARISA, mi querida correctora de libros, y SILVIA, mi amiga de la secundaria a quien le tocó estar el día del incendio en la quinta y nos salvó llamando a los bomberos, son yegüitas de madera, y las siento hermanas.

MÓNICA, mi querida masajista en cuyo santuario ambas nos confesamos, y SILVIA, con quien nos hicimos íntimas en Sevilla en un seminario, y con quien continuamos unidas dándonos aliento en nuestros karmas, se suman a la tropilla.

Este animal que me busca, ama, odia, admira, envidia, compite y se deja domar por la mona flamígera está en mi TAO (camino).

He amado a caballos y he sufrido cuando partieron en momentos en los cuales no tenía un palanque donde rascarme.

Los conozco tanto en sus debilidades, defectos, arrebatos, gestos de grandeza y de indiferencia, que trato de alejarme cuando se convierten en caballos engreídos, egoístas, vanidosos y algunas veces resentidos cuando creyeron que sus planes se cumplirían y la taba se les dio vuelta y no pudieron sacarse la sortija en la calesita.

Para el caballo de ambos sexos y los otros, el tiempo es un enemigo.

La juventud es una etapa que les gustaría congelar y mirarse como Narciso en el espejo, sin envejecer, sin dejar de ser el *sex symbol* que atrae como un imán a una legión de fanes, amantes, cónyuges, amigovios[19]. Y como esporádicos y furtivos andariegos, dejan el chakra del sexo activado las veinticuatro horas del día.

El caballo necesita ser protagonista de su club, barrio, ciudad, pueblo o… ¡¡país!!

Tiene carisma, es abierto a influencias que lo estimulen y, apenas conoce a alguien que le gusta o a quien admira, le pone un pleno para ser socio o emprender algún camino al paso, trote o galope.

Con la edad comprenderá que se desboca con facilidad y que debe pensar antes de actuar, y no dejarse llevar por su instinto.

Tiene más conocidos que verdaderos amigos: le cuesta comprometerse, abrir su corazón blindado y prefiere ser el *showman* del grupo a sufrir el abandono.

Su naturaleza física lo convierte en un gran deportista, músico, actor, bailarín, acróbata, y en el caso de las mujeres en *femmes fatales*, en hechiceras que dejarán un tendal de hombres enamorados que esperan ser recibidos en el potrero.

Ama a su familia, la que él forma, y es capaz de defenderlos con ferocidad cuando alguien los ataca.

Muy buen amigo, se puede contar con él para SOS, pero le cuesta aceptar ayuda cuando la necesita.

Triunfará en la vida el equino que sea estimulado y dedique tiempo al estudio y al trabajo, e integre a otros para evolucionar y compartir sus logros.

Algunos son ciclotímicos, inconstantes, ociosos, esperan milagros sin hacer elongaciones, pilates, yoga, *gym* ni sacudir sus crines en el escenario.

Signo contradictorio, temeroso, dual: las pruebas de la vida lo convierten en un sabio o en un nibelungo.

L. S. D.

---

[19] Este término se usa en Argentina para referirse a una relación de «más que amigos» que no tiene la formalidad ni la categoría de «novios».

El Caballo va al cine

El caballo siempre estará listo y predispuesto a galopar fuera de su hogar. No pondrá reparos en que tú hayas elegido la película que veréis. Aunque él prefiera ver otras, la aventura de lo nuevo lo excita. Es obvio que preferirá películas *hot* de tramas dramáticas y eróticas para después tener material en su mente y en la soledad de su alcoba relinchar sobre el cuerpo de los protagonistas del filme. El cine no le molesta pero prefiere ver la peli en la casa de algún amigo. Generoso, llevará comida, bebidas y algo extra para pasar mejor la velada. Prefiere la noche y, en lo posible, que el grupo cinéfilo no sea muy grande; siempre tendrá un plan que le permitirá, después de debatir sobre el tema de la película, llevarse a su cama a algún miembro del grupo, no importa el sexo. Sus películas preferidas: *9 semanas y media*, con Kim Basinger y Mickey Rourke; *50 sombras de Grey*, con Jamie Dorman y Dakota Johnson; *Instinto básico*, con Michael Douglas y Sharon Stone.

Tarot y Zoo

DIEZ DE COPAS, EL MAGO Y NUEVE DE COPAS

Para ti, Caballo, las cartas de Tarot que trae el perro dicen: Este será un año en el que la felicidad te brotará por los poros, el Tarot te augura un gran momento familiar. Llegar a ese lugar adonde tú querías; tienes la posibilidad de hacer de este mundo tu paraíso, y eso significa que eres el hacedor de tu destino. Emocionalmente, te sentirás más que estable y pasarás de un trote lento a convertirte en un Caballo de fuego, contagiando de alegría todo a tu paso. Resumiendo, el año del perro será para ti, Caballo, un año repleto de felicidad y conquista.

Ládrame tu karma

1) ¿Cuál fue la situación límite que cambió tu vida?

Fue cuando tuve ataques de pánico, sentí que me moría; desde ese momento me di cuenta de que era importante dormir y descansar la mente, y de verdad eso ordenó un montón de otras cosas.

2) ¿Cómo reaccionas ante una traición?
No la perdono nunca más, pierdo por completo el lazo con esa persona.

3) ¿Cuáles son tus valores prioritarios en la vida?
La solidaridad, totalmente vinculada por mi parte a la sensibilidad social, y después más que nada ser sincero conmigo mismo, ser una persona genuina, aceptar mis buenos valores y también mis miserias.

4) ¿Haces algo por los demás?
Creo que sí. A nivel macro, trato de mantenerme informado, lo cual me permite estar al tanto de qué pasa políticamente y votar bien; y a nivel micro, tengo una especie de ONG con amigos y ayudamos a comedores durante todo el año.

5) ¿Esperas algo de los otros?
Sí, espero amor, y que mantengamos eso a través de los valores que nos vinculan.

6) ¿Crees que las diferencias unen o separan?
Hay diferencias que unen, y otras que separan, depende sobre qué tema se esté tratando, quién sea la persona, el tiempo de relación y calidad, hay muchas cosas que se evalúan en el momento de decidir algo así para mí.

7) ¿Qué significa fidelidad para ti?
Ser fiel a mí mismo y mis principios, a mi libertad, siempre teniendo en cuenta al otro y sin lastimar a nadie, pero el ser humano es cambiante y creo que uno tiene que fluir y ser fiel a esos cambios.

8) ¿A qué asocias la palabra diversidad?
Me viene a la mente que no todos somos iguales, y que tiene que ver con aceptación de esa diversidad, y que hay que aceptar esa diversidad para poder tener una buena convivencia social.

El Caballo y su energía

CABALLO DE MADERA (1954-2014)

Un caballo superdotado

Este ejemplar equino es cabeza dura y le cuesta entrar en razones. Muy arriesgado, sigue sus impulsos primitivos y sus bajas pasiones hasta el final. Hiperseductor, vive el aquí y ahora; es muy emotivo. Cuando se desboca, su enfermedad se manifiesta como una tendencia al aislamiento. En la juventud vive muchos sobresaltos amorosos y situaciones imprevistas. Es líder y tiene carisma. No se comunica bien con la gente que podría ayudarlo; su sobreexcitación lo pierde.

Alimentos recomendados

Cereales: cebada, trigo, avena. Carnes: rojas, solo magras y poca cantidad; liebre, perdiz, pato. Lácteos: quesos descremados en poca cantidad. Hortalizas: verdes en general, brotes de alfalfa, cebolla y ajo, bien cocidos, patatas, yuca y boniatos. Legumbres: lentejas, judías rojas. Frutas: cítricas, pomelos, limón. Bebidas: champán extra brut. Infusiones: menta, manzanilla, mate amargo, *ginseng*. Deben evitar en lo posible la manteca y las grasas animales, dulces, picantes y el alcohol. Controlar la ingesta de sal. Recetas preferidas: Lomo al champiñón con boniatos asados, Ensalada fresca, Milhojas de dulce de leche.

CABALLO DE FUEGO (1906-1966)

Carrozas de fuego

Este caballo es el más extraordinario, pues tiene más acentuados los defectos y las virtudes que sus hermanos. Es magnético, ultradeportivo, sensual, elegante, bellaco, indómito, rebelde sin pausa. Se cuestiona todo y no le teme a los riesgos. Para él la vida es una montaña muy empinada a cuya cima debe llegar primero y triunfal. Es muy emprendedor, ambicioso, sociable, obsesivo y capaz de grandes sacrificios por sus seres queridos. Su punto G es el amor; se enamora perdidamente y se encandila. No sabe frenar la pasión, y si no es correspondido puede cometer locuras. Este equino trae suerte a los demás y es una bendición.

Alimentos recomendados

Cereales: maíz y avena. Carnes: pavo, conejo; evitar las rojas. Pescados: salmón, bacalao. Hortalizas: amargas, calabaza, cebolla, ¡ajo!

(gran hipotensor), patatas, boniatos, yuca. Legumbres: garbanzos, alubias. Frutas: manzanas. Bebidas: zumos de fruta y vinos secos. Infusiones: uva ursi, té de *ginseng*. Mantener el estado físico con aeróbic, danza o cualquier deporte. Relajación y yoga. Recetas preferidas: Salmón con albahaca, Canelones de verdura y pescado, Ñoquis de boniato.

CABALLO DE TIERRA (1918-1978)
Un caballo prudente

Este caballo es más reflexivo, pensativo, cuidadoso, con ideas claras, concreta sus planes lentamente pero con seguridad. Tiene buen humor, ama la vida y sabe disfrutarla. Con mucho amor propio, no le gusta que lo contradigan.

Muy cariñoso con sus seres queridos, forma una familia estable. Es claro para sus decisiones y una vez que elige el camino difícilmente se desvía. El más proclive a lograr el éxito profesional y laboral, y alcanzar sus metas.

Alimentos recomendados

Cereales: trigo y mijo. Carnes: magras, de pavo; evitar las grasas animales. Pescados: salmón, merluza, pejerrey, lenguado. Mariscos: langosta. Lácteos y quesos: evitarlos. Hortalizas: elegir las más dulces, como calabaza, boniatos. Frutas: cítricos, cerezas, ciruelas. Bebidas: champán seco, muy poca cantidad. Infusiones: manzanilla con miel después de las comidas. Fundamental el ejercicio físico regular; mantener el peso; tener presente en la dieta el aporte de fibras vegetales completas (frutas, verduras crudas y cocidas, cereales integrales). Recetas preferidas: Pastel de lenguado, Paté vegetal, Pudin de pan.

CABALLO DE METAL (1930-1990)
Un caballo irrompible

Este corcel de acero pisa fuerte. «SABE LO QUE QUIERE Y LO QUIERE YA». Enérgico, temperamental, orgulloso, intrépido; pertinaz en el acierto y en los errores. No retrocede jamás. Rebelde, con gran intuición y fecunda imaginación, tiene una vida sentimental agitadísima y gran entrenamiento físico. Es testarudo y le gustan las peleas. Tiene un ego del tamaño del obelisco; necesita que lo estimulen y aprecien. Odia la rutina y cualquier clase de control. No administra correctamente sus bienes. Es un torbellino, y no puede encontrar paz interior.

Alimentos recomendados

Cereales: arroz y trigo burgol. Carnes: magras, aves silvestres, pavo. Pescados: salmón, pejerrey. Mariscos: langostinos, langosta. Lácteos: descremados, queso gruyer. Hortalizas: de raíz, bien cocidas, ajo, perejil, cebolla, patatas, yuca. Legumbres: lentejas, frijoles negros, garbanzos. Frutas: muchas; de estación, frescas. Bebidas: cerveza y malta. Infusiones: manzanilla. Recetas preferidas: Crema de zanahorias, Patatas con perejil, Tabulé.

CABALLO DE AGUA (1942-2002)
Un caballo «moody»

Irreflexivo, nómada y aventurero, nunca está quieto física ni mentalmente. Alegre, jovial, muy apasionado, siempre hace lo que quiere sin dar explicaciones. Creativo, imaginativo e inconstante, rara vez concreta sus proyectos. Adora vagabundear. Tiene mucho sentido del humor, pero se conecta mal con el trabajo y las responsabilidades. La familia y una pareja que cumpla con sus antojos sin contradecirlo constituyen su verdadera realización.

Alimentos recomendados

Cereales: trigo candeal, arroz integral. Carnes: magras, no más de dos veces por semana. Pescados: salmón, merluza, bacalao. Lácteos: descremados y de cabra, queso parmesano. Hortalizas: cebolla, ajo, repollo bien cocido, yuca. Algas marinas. Bebidas: zumos de fruta, agua mineral, champán. Recetas preferidas: Savarín de pescado, Pizza marinera, Bacalao mariachi.

El Caballo y su ascendente

Caballo ascendente Rata: 23.00 a 01.00

Dedicará su vida a las relaciones sentimentales. Necesitará afecto, aprobación, y amará la vida social y las fiestas. Será explosivo y colérico, no escuchará consejos.

Caballo ascendente Búfalo: 1.00 a 3.00

Este caballo llegará a las metas que se ha fijado. Será perseverante y más responsable que otros. En cada momento de su vida buscará inspiración y rodearse de gente creativa.

Caballo ascendente Tigre: 3.00 a 5.00
Esta combinación será para valientes. La fuerza y la libertad se aliarán para que consiga lo que se proponga y será infatigable. Un líder de multitudes y, en el amor, un elegido.

Caballo ascendente Conejo: 5.00 a 7.00
Un equino lujoso y rococó, esteta y *sexy*. Buscará incansablemente el equilibrio sin depender de nadie. Con su inteligencia moverá montañas.

Caballo ascendente Dragón: 7.00 a 9.00
Llevará sobre sus alas proyectos majestuosos. Odiará la rutina y será fácil de convencer con halagos. Muy humanitario, defenderá a los desprotegidos. Gastará dinero sin ningún tipo de remordimientos.

Caballo ascendente Serpiente: 9.00 a 11.00
Calculador y orgulloso, adorará las cosas caras y refinadas. Tendrá historias de amor tormentosas. Será astuto y hábil para los negocios.

Caballo ascendente Caballo: 11.00 a 13.00
Este caballo siempre será desbocado. No escuchará consejos; se comportará de manera irracional, con soberbia y orgullo. Gran seductor, pagará caro sus impulsos.

Caballo ascendente Cabra: 13.00 a 15.00
Será muy sentimental. Plasmará su talento artísticamente y organizará la vida de los demás. Amará la belleza y será imprevisible, viajará y dará la vida por amor.

Caballo ascendente Mono: 15.00 a 17.00
Lúcido, inteligente, manipulador, fantasioso, ambicioso, todo lo que haga resultará un éxito. Será infiel y jamás perderá en lo que realice.

Caballo ascendente Gallo: 17.00 a 19.00
La agenda de este caballo siempre está bien organizada. Conoce sus tiempos y es cumplidor, diplomático y popular. Deberá aprender a menguar su *egotrip*[20].

---

[20] Véase nota al pie de página 84.

Caballo ascendente Perro: 19.00 a 21.00
Leal hasta la muerte, este caballo será el mejor amigo del hombre. Le gusta filosofar e involucrarse en causas humanitarias, es realista, apasionado y protector. La honestidad lo caracterizará.

Caballo ascendente Cerdo: 21.00 a 23.00
Un *dandy* que adora la comodidad y las poses más inhóspitas del kamasutra. No tendrá pelos en la lengua y amará la aventura hasta el fin. Será muy bondadoso y generoso con sus seres queridos.

Cuéntame un cuento chino
Valentina Cuña • Psicóloga, Comunicadora Mística y Viajes • Uruguay

PROTECCIONES ENERGÉTICAS

¿Viajar es una necesidad o un placer? La pregunta sería ¿qué estamos buscando? Internamente surge la idea por un estímulo externo, que me lleva a pensar en la posibilidad de viajar, luego siento qué se «mueve» con esa idea. Obviamente aparecen respuestas: desde siempre soñé con este lugar, me interesa la historia, quisiera conocer esta cultura, por ejemplo. Indiscutiblemente, en esas respuestas vemos reflejados ambos aspectos del ser: el intelecto y el corazón. Entonces allí tomamos conciencia de que no solamente surgió la posibilidad sino que, según el esoterismo, «el lugar nos llama».

Académicos de la Universidad de Griffith (Australia) hablan de los multiversos, dimensiones energéticas en las cuales existiría una versión nuestra mejorada. Podríamos especular que allí, quizá, se encuentren nuestros seres de luz, ángeles de la guarda, guardianes y guías espirituales. Yo creo y estoy convencida de que así es. En un artículo publicado en la revista *Physical Review X*, Howard Wiseman y Michael Hall, del Centro de Dinámica Cuántica de Griffith, y Dirk-Andre Deckert, de la Universidad de California, explican que estos mundos cercanos existen y que influyen entre sí.

Causalmente cada lugar energético espiritual del planeta, Machu Picchu (Perú), Cerro Uritorco (Argentina), Pirámides de Egipto, Turquía, entre otros, algunos de los lugares a los cuales he viajado, están situados en puntos geológicos estratégicos, grietas telúricas, ríos subterráneos, cruces de líneas Hartmann y Curry, paralelo 33, y cada uno de estos sitios posee una conciencia de cuarta, quinta o sexta dimensión. Entonces las civilizaciones antiguas sabían de esto, y de las alteraciones y transformaciones que producían en nosotros, los seres vivientes.

Por eso, es nuestra Alma la que emprende estos viajes y la mente solo acata creyendo que decidió. Recibimos el llamado de nuestros guías desde otras dimensiones convocándonos en estos lugares planetarios para que tengamos nuestro despertar de conciencia, nuestra activación, empoderándonos de nuestra magia interna que yace dormida hasta que el caminante alquímico despierta, activando dones, sanación, visión cósmica, entendimiento, sabiduría, discernimiento, amor, voluntad. En mi caso recibo con antelación fechas, lugares a visitar, los trabajos que debemos realizar, por lo tanto también recibimos las oposiciones para no llegar, para no poder acudir a nuestra convocatoria.

Entonces hemos aprendido a cuidarnos y cuidar nuestro viaje. Enseñamos que al tomar la decisión de ir, no debemos contar demasiado lo que iremos a hacer; todos los días por la mañana, al despertar, tengo que colocar la mano dominante en mi nuca y repetir por un minuto «activo Dios en mí». La idea del viaje, la imagen, la envuelvo en una esfera de luz blanca de protección todos los días. Si somos varios los que viajamos con la misma intención, como es nuestro caso en Viajes Místicos, días antes nos juntamos a trabajar y cuidar de nuestro viaje, visualizando a cada una de las personas que viajan dentro una cúpula dorada llena de pensamientos positivos.

Antes de tomar los vuelos o los buses, formamos un círculo tomados de la mano, repetimos palabras sagradas, recitamos algún rezo pidiendo a los seres de luz que nos esperan en cada lugar al que vamos que nos ayuden a llegar en tiempo y forma. Y terminamos diciendo: «Dios está en nosotros y con nosotros, viajamos en Paz». Cada día de nuestro viaje al prepararnos para salir a los distintos lugares, nos reunimos y trabajamos energéticamente, preparándonos para ese día. Los mismos trabajos energéticos que hacemos antes de viajar, también los realizamos al regreso. Recordando que volvemos más grandes espiritualmente, ya que las experiencias vividas y el registro ancestral de cada lugar nos ha impregnado. *Para Siempre,* esa es nuestra herencia en la Tierra.

Personajes famosos

Salma Hayek
Caballo de Fuego

CABALLO DE MADERA (1894-1954-2014)

Mario Testino, Kevin Costner, Kim Basinger, Michael Rourke, John Travolta, Pat Metheny, Matt Groening, Bob Geldoff, Aníbal Landi, Luisa Kuliok, Carlos Alberto Berlingeri, Annie Lennox, Georgina Barbarossa.

CABALLO DE FUEGO (1846-1906-1966)

Samuel Beckett, Carla Bruni, Salma Hayek, Marina Borenstein, Leticia Sabater, Macarena Argüelles, Fernando Trocca, Rembrandt, Thomas Edison, Cindy Crawford, Marta Sánchez, Fabián Quintiero, César Francis, Lucía Etxebarria, Gabriela Guimarey, Sinead O'Connor, Fernando Ranuschio, Hoby De Fino, Marco Rivara, Mónica Mosquera, Julián Weich, Claudio Paul Caniggia.

CABALLO DE TIERRA (1858-1918-1978)

Mia Maestro, Lisandro Aristimunio, Rita Hayworth, Robert Stack, Benjamín Vicuña, Billy Graham, Santiago del Moro, Carles Puyol, Nelson Mandela, Catarina Spinetta, Gonzalo Suárez, Gael García Bernal, Liv Tyler, Pearl Bailey, Mariano Mores, Lionel Scaloni, Leonard Bernstein, Raimon Panikkar, Mariano Martínez, Dolores Fonzi, Juan Román Riquelme.

CABALLO DE METAL (1870-1930-1990)

Iggy Azalea, Ray Charles, Alfredo Alcón, Steve McQueen, Federico Chopin, Neil Armstrong, Clint Eastwood, Sean Kingston, Sean Connery, Carmen Sevilla, Harold Pinter, Robert Duvall, Boris Yeltsin, Franco Macri.

CABALLO DE AGUA (1882-1942-2002)
Barbra Streisand, Paul McCartney, Caetano Veloso, Felipe González, Jimi Hendrix, Rafael Argüelles, Nick Nolte, Harrison Ford, Carlos Reutemann, Beatriz Sarlo, Janis Joplin, Linda Evans, Martin Scorsese, Andy Summers, Chris Evert, Fermín Moreno Q., Lou Reed, Hugo O. Gatti, Mohammed El Baradei, Haby Bonomo.

Tabla de compatibilidad

	Amor	Amistad	Negocios
Rata	2	1	1
Búfalo	3	2	2
Tigre	2	1	1
Conejo	3	2	3
Dragón	2	2	3
Serpiente	2	3	1
Caballo	2	3	3
Cabra	1	1	3
Mono	2	2	2
Gallo	2	2	2
Perro	3	2	3
Cerdo	3	2	2

1 mal 2 regular 3 bien

Nota: las compatibilidades son desde el punto de vista de cada animal.

CABRA

Explorador galáctico
en tu paso por altas cumbres
bebiendo agua pura
sanación pránica
a quienes se acerquen sin apuro
al manantial interno
del dios que lo habita.

L. S. D.

羊

譚國才

二〇一七

四月

十二日

Ficha técnica

Nombre chino de la cabra
XANG

Número de orden
OCTAVO

Horas regidas por la cabra
13.00 A 15.00

Dirección de su signo
SUD-SUDOESTE

Estación y mes principal
VERANO-JULIO

Corresponde al signo occidental
CÁNCER

Energía fija
FUEGO

Tronco
NEGATIVO

Eres cabra si naciste

13/02/1907 - 01/02/1908
CABRA DE FUEGO

01/02/1919 - 19/02/1920
CABRA DE TIERRA

17/02/1931 - 05/02/1932
CABRA DE METAL

05/02/1943 - 24/01/1944
CABRA DE AGUA

24/01/1955 - 11/02/1956
CABRA DE MADERA

09/02/1967 - 29/01/1968
CABRA DE FUEGO

28/01/1979 - 15/02/1980
CABRA DE TIERRA

15/02/1991 - 03/02/1992
CABRA DE METAL

01/02/2003 - 21/01/2004
CABRA DE AGUA

19/02/2015 - 07/02/2016
CABRA DE MADERA

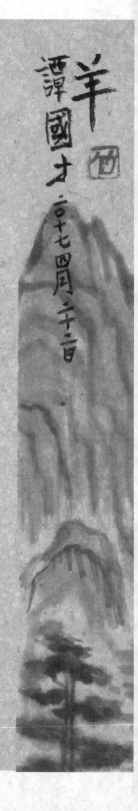

CABRA

Viernes Santo. Amaneció con sol y tuve ganas de salir en busca de algún mensaje cristiano.

Decidida, le comenté a Catman que iría al cine a ver El faro de las orcas. La película comenzaba a las 11 de la mañana a dos manzanas del búnker porteño.

Él dudaba, prefería emprender la caminata hacia Catalinas Sur, donde saca buenas fotos siempre, y mantiene el estado físico.

De pronto, estábamos sentados, esperando que se apagaran las luces del cine para sumergirnos en una aventura que solo el talento puede producir, transformando el estado alquímico del ADN.

Así fue; desde la primera imagen de PUERTO PIRÁMIDES y la PENÍNSULA DE VALDÉS, reviví mi estancia allí, y agradezco la amabilidad de RITA y los espíritus que son apóstoles de la soledad inabarcable de la Patagonia, que hacen patria día a día con su vocación, izando la bandera que ondea y se deshilacha por la crudeza climática y anímica del país.

La película narra la historia real de ROBERTO, un guardabosques que tiene una conexión misteriosa y afectiva con las orcas, y su pasión por la vida en la península de Valdés. Es conmovedora e inspiradora para quienes navegan en mares de desesperanza existencial.

La resiliencia por su tragedia afectiva y familiar es notable; la generosidad que tuvo para recibir y ayudar a una madre que viajó desde España y a su hijo autista da ganas de desafiar la ley de la gravedad.

Inmediatamente asocié, en mundos paralelos, a quien es el intendente de la península de Valdés —JAVIER ROLDÁN, cabra de tierra, nativo del lugar, elegido por la comunidad que lo vio nacer, crecer y desarrollarse en su hábitat— con la fauna marina, las playas desiertas, los pescadores que sueñan con delfines, ballenas francas, lobos de mar y sirenas encantadas.

Un domingo de enero, el intendente y la comitiva cultural de la joyita de PIRÁMIDES nos agasajaron a Claudia y a mí con un ágape marino, y cuando llegamos al restaurante, él nos pidió que lo llamáramos Javi.

Enseguida sentí empatía con el joven intendente, que tiene la edad de mi querido sobrino SANTIAGO, cabra de tierra. Sensible, abierto, generoso en su disponibilidad para que nos sintiéramos en casa.

Y así fue. Además de mi debut en la Sala del Pueblo, donde dejaron su huella los más notables artistas del país, y que fue amorosamente decorada al estilo «chino patagónico», Javi y sus ángeles nos invitaron a degustar cada mediodía y noche manjares en el restaurante de Puerto Pirámides.

¡Qué manera de mimarnos, querido zoo! Y en la balanza se notó.

Noches de cielos en que las estrellas brillaban con más voltaje, días de verano sin el viento que azota sin tregua la península: un verdadero regalo de Madre Natura.

La cabra es un signo que se hace querer con rapidez. Su armonía física, gestual, delicada atrae instintivamente a quienes se acercan al corral. Es elegante, sobria, refinada en sus modales, aunque no haya recibido educación tendrá una gracia particular, que causará admiración entre los suyos, pues la mayoría de los chivos y cabras nacen con gran tendencia artística, que expresarán precozmente.

La cabra necesita sentirse amada, admirada por sus padres, hermanos y compañeros de escuela o barrio. A veces puede dudar sobre qué sendero debe tomar; y si se la apura en cambios o decisiones que aceleren su compás de baile, suele dejarse influenciar por malos consejos o personas que la llevarán a la ruina.

Es fundamental que tenga I-SHO-KU-JU (techo, vestimenta y comida), pues su espíritu sensible y artístico se nutre de arte, cultura y mecenas que la protegerán para su desarrollo humano y creativo.

La cabra es *yin-yang*. Para el desarrollo de su vocación resulta fundamental el apoyo familiar, y después el de su pareja, pues a veces es insegura y se desvía fácilmente del TAO.

Necesita tiempo para el ocio creativo, para desarrollar su vocación samaritana en ONG, comedores e instituciones que le permitan ayudar desinteresadamente a quienes sufren calamidades climáticas, de maltrato o desnutrición.

Su buena salud le permite ser gran deportista, destacar en baile, acrobacia, interpretación o magia en teatros, circos o clubes de barrio.

Amante de la naturaleza, tendrá «su lugar en el mundo» por mérito propio o a expensas de terceros, para cultivar la huerta, tener colmenas o ser la cabra madrina del rebaño.

Con gran habilidad manual, puede ser una gran artista plástica, escenógrafa, encargada de vestuario, ceramista, orfebre, chef o masajista, y desarrollar técnicas como reiki, drenaje linfático u otras actividades que la convierten en alguien notable en su oficio o profesión.

L. S. D.

La Cabra va al cine

No será fácil sacarla de la paz de su hogar y de su eterna vagancia. Es muy cómoda y, aunque el dicho popular proclame que la cabra siempre tira para el monte, en la vida real tira para la tranquilidad de su casa. Tendrás que avisarle con mucho tiempo de anticipación sobre la salida al cine. Aunque no tenga nada que hacer, su reloj interno necesita poner el despertador para el día y la hora de la cita. Puede estar pintando un cuadro durante meses o escribiendo una novela durante años; su tiempo no va a velocidad luz sino a velocidad sombra. Nunca la invites a una función de noche y menos a un estreno. Odia las multitudes. Prefiere ir a un cine de barrio y a una función por la tarde. Las películas no deben ser violentas ni ruidosas. Cuanto más simple y cotidiana sea la trama, más le agradará. Sus películas preferidas son: *La inmigrante*, con Marion Cotillard y Joaquin Phoenix; *Five nights in Maine*, con David Oyeowo y Dianne Wiest; *Elsa y Fred*, con China Zorrilla y Manuel Alexandre.

Tarot y Zoo

TRES DE ESPADAS, SOTA DE OROS Y NUEVE DE ESPADAS

Para ti, Cabra, las cartas de Tarot que trae el perro dicen: Este será un año en el que tendrás que cuidar mucho tus espaldas. Deberás esmerarte para que lo que tú quieres se realice; tienes que estar alerta no solo en tu vida profesional, sino también en tu vida afectiva. La economía te dará un respiro, pero de todas maneras tú seguirás preocupada por asuntos que por ahora no tienen por qué ser resueltos. Mantén la calma y descansa. Las cabras solteras necesitarán afirmarse en hogares placenteros, las casadas deben cuidar mucho su pareja.

Ládrame tu karma

1) ¿Cuál fue la situación límite que cambió tu vida?

La enfermedad de mi mejor amiga, que me llevó a poner toda mi fuerza, creatividad y entereza para poder acompañarla y auxiliarla; darme cuenta de lo importarte que es compartir, aun el dolor, y cómo se transmiten la voluntad y la fuerza, me abrió los ojos.

2) ¿Cómo reaccionas ante una traición?

Quedo perplejo y me apeno e intento perdonar, pero si el otro no cambia su actitud opto por alejarme. Normalmente, después de un tiempo de conocer a la persona te das cuenta si dándole la mano te agarra el brazo entero, o es un ida y vuelta.

3) ¿Cuáles son tus valores prioritarios en la vida?

La familia, el hogar y el amor, la tolerancia y la libertad, estos son los valores que siempre se inculcaron en mi familia. Creo que es importante recuperar los antiguos valores tradicionales, que me parece que se están perdiendo en las familias de hoy en día.

4) ¿Haces algo por los demás?

Intento abrirles la mente y sanar cuando se puede. Asisto a varios talleres, entre ellos uno de abrazos y arrullos, trato de volcar todo mi amor y DAR de manera menos selectiva, por medio de este tipo de actividades.

5) ¿Esperas algo de los otros?

Generosidad y confianza, hay que saber manejar el equilibrio entre el dar y el recibir. Me considero una persona generosa, y no todo el mundo tiene la capacidad de recibir, en general espero rodearme de gente que tenga esa apertura.

6) ¿Crees que las diferencias unen o separan?

Enriquecen, pero pueden tanto acercar como separar, trato de ser tolerante con ellas, hasta el punto de tomármelo como un aprendizaje que tengo que transitar.

7) ¿Qué significa fidelidad para ti?

Ser honesto con los propios sentimientos y considerado hacia las personas que te quieren. Soy leal a mi corazón y a mi forma de pensar en el día a día, pero para las grandes decisiones el corazón manda y es la prioridad; seguir ese instinto me parece que es ser fiel a mí mismo.

8) ¿A qué asocias la palabra diversidad?

Diversidad es aceptar que no todos sienten ni piensan como uno, que ninguna verdad es absoluta, y hay que ser respetuoso y tolerante con los demás.

La Cabra y su energía

CABRA DE MADERA (1955-2015)

Una cabra generosa

Una cabrita sentimental, confiada y encantadora. Tiene fe en sí misma y en la vida; es optimista, creativa y sabe encontrar la pradera que necesita para triunfar. Independiente y muy generosa, teme al autoritarismo y a los contratiempos. En el amor es exclusiva y celosa.

Alimentos recomendados

Cereales: arroz integral. Carnes: solo silvestres, perdiz, liebre, cordero. Pescados: salmón, corvina. Lácteos: en poca cantidad. Hortalizas: de hoja, brotes de alfalfa, soja, zanahoria, cebolla, ajo. Legumbres: lentejas, judías rojas. Frutas: cítricas, limón, pomelo. Bebidas: agua con limón; evitar el alcohol. Infusión: menta con miel. Recetas preferidas: Perdices en escabeche, Fattush, Corvina a la vasca.

CABRA DE FUEGO (1907-1967)

Una cabra imprevisible

Esta cabra emotiva y sensible es muy exagerada para expresar sus emociones; le encanta hacerse notar. Cuando se enoja es agresiva, colérica, severa, testaruda e irracional. Se fascina con amigos exóticos, es ultragenerosa y muy hospitalaria. Trae suerte y tiene muchísima suerte en la vida.

Alimentos recomendados

Cereales: maíz. Carnes: aves, conejo, pavo. Pescados: salmón, anchoas. Lácteos: descremados; quesos en poca cantidad. Hortalizas: patatas, boniatos, mucho ajo y cebolla, verduras de hoja, amargas. Legumbres: garbanzos, lentejas. Frutas: de todo tipo, tres por día. Bebidas: vinos secos. Infusiones: té de *ginseng*. Se le recomienda practicar aeróbic, yoga y *jazz-dance*. Recetas preferidas: Tarta de guisantes, cebolla y apio, Pizza con anchoas, Empanadas de atún.

CABRA DE TIERRA (1919-1979)

Una cabra servicial

Cuidadosa y conservadora, sabe lo que cuesta ganar las cosas, y las cuida. Optimista, alegre y muy ligada a la familia. Empeñosa en el trabajo, toma las responsabilidades seriamente. No es de las más deslumbrantes ni exitosas, tampoco aventurera ni arriesgada. Muy sensible, las cosas le afectan profundamente y necesita protección.

Alimentos recomendados

Cereales: trigo y avena. Carnes: rojas, dos veces por semana; pollo. Pescados: salmón, bacalao, merluza. Lácteos y quesos: descremados. Hortalizas: boniatos, patatas, calabaza, remolacha, zanahoria. Legumbres: frijoles negros, lentejas. Frutas: manzanas asadas, uva. Bebidas: cuidado con el alcohol y el café. Infusiones: manzanilla. Evitar las frutas como postre; comerlas lejos de las comidas. Recetas preferidas: Pollo con setas, Bacalao mariachi, Pudin de calabaza.

CABRA DE METAL (1931-1991)
Una cabra artística

Una cabra de acero inoxidable. Combativa, hipersensible, confiada, vulnerable y muy susceptible. Es una artista nata que consigue triunfar en su carrera y tener una sólida posición económica. Una maestra en su especialidad. Muy ciclotímica, pasa por etapas de depresión y aislamiento. Es muy posesiva, autoritaria y celosa.

Alimentos recomendados

Cereales: arroz integral. Carnes: muy poco. Pescados: salmón. Mariscos: mejillones, almejas. Lácteos: descremados, quesos. roquefort y parmesano. Hortalizas: cebolla, ajo, calabaza, verduras de hoja, patatas, yuca. Frutas: manzanas, ciruelas. Bebidas: vinos dulces. Infusiones: café de malta y cebada. Recetas preferidas: Arroz parmesano, Arroz con champiñones y brotes, Strudel de manzana.

CABRA DE AGUA (1943-2003)
Una cabra dependiente

Una de las más atractivas. Bastante descarriada, inspira protección. Le cuesta ser constante y tener fe en sí misma. Habitualmente se siente criticada y rechazada. Por el contrario, es adorable y tiene un gran carisma. Impresionable e influenciable, conservadora y burguesa, sueña con un matrimonio de conveniencia. Si no busca su seguridad desde joven, terminará refugiada en casa de amigos o en el asilo.

Alimentos recomendados

Cereales: avena, maíz. Carnes: rojas, tres veces por semana; pollo. Pescados: salmón, lenguado. Mariscos: langosta. Lácteos: evitarlos, queso camembert con almendras en ocasiones especiales. Hortalizas: de hoja, compactas, yuca. Algas marinas. Legumbres: lentejas, garbanzos. Frutas: manzana, coco fresco. Bebidas: agua mineral. Infusiones: uva ursi, *Equisetum* (cola de caballo). Atención: controlar el consumo de sal y líquidos, café y azúcar. Recetas preferidas: Lenguado en salsa crema, Pollo deshuesado al champiñón, Barritas de avena.

La Cabra y su ascendente

Cabra ascendente Rata: 23.00 a 01.00
No dará puntada sin hilo. Su ambición la llevará a tocar las puertas más codiciadas y conectarse con los poderosos. Muy «sentimentaloide» y contradictoria, le costará encontrar el equilibrio.

Cabra ascendente Búfalo: 1.00 a 3.00
Tendrá la gracia, el talento y la constancia para destacar en las artes o la política. Formará una familia numerosa y adoptará a los necesitados.

Cabra ascendente Tigre: 3.00 a 5.00
Una fiera para defender los derechos humanos; no descansará hasta lograr lo que se proponga, aunque el amor la distraiga del camino. Hipersensible, ciclotímica y muy graciosa, encontrará gente que la protegerá.

Cabra ascendente Conejo: 5.00 a 7.00
Una cabrita equilibrada, estética y refinada que vivirá con opulencia. Deberá encauzar su vocación y dedicarle todo el tiempo del mundo para ser la mejor. Tendrá muchos amigos, amará el lujo, las fiestas y la frivolidad.

Cabra ascendente Dragón: 7.00 a 9.00
Su voluntad es inquebrantable. Tendrá principios, será luchadora y muy humana. Con gran poder de oratoria, arengará a las multitudes. Se casará por amor, pero no despreciará lo que le ofrezcan.

Cabra ascendente Serpiente: 9.00 a 11.00
Una cabra astuta, sagaz, intuitiva y con olfato para los negocios. Cambiará de profesión, casa y pradera muy a menudo. Necesitará que la admiren y adulen para sentirse segura. Atención: muy rencorosa si la abandonan.

Cabra ascendente Caballo: 11.00 a 13.00
Antojadiza, graciosa, talentosa y muy imaginativa, despertará pasiones locas en la gente. Amará la libertad y la vida en la naturaleza.

Cabra ascendente Cabra: 13.00 a 15.00
Un prodigio de creatividad. Su obra será fecunda, original y popular. Buscará gente afín para plasmar su imaginación, no soportará límites para vivir y hará lo que se le antoje siempre.

Cabra ascendente Mono: 15.00 a 17.00
Interesada, cínica y especuladora, se rodeará de lo mejor, no se dejará atrapar y gastará millones en la cuenta de su cónyuge.

Cabra ascendente Gallo: 17.00 a 19.00
Delirante y maniática, esta cabra exigirá mucho y marcará «su estilo». Necesitará programar su futuro y tener la ilusión de que es el amor de la vida de todo el mundo.

Cabra ascendente Perro: 19.00 a 21.00
Lúcida, justiciera y concreta, no hará ninguna cosa que no sienta. Comunicativa, profunda e incisiva, saldrá al mundo a luchar por sus ideales y encontrará gente que la seguirá en sus batallas.

Cabra ascendente Cerdo: 21.00 a 23.00
Generosa, servicial, sibarita e inquieta, amará el hogar, los amigos y las cosas esenciales de la vida. Su ambición se limitará a vivir cómodamente y a buscar el sustento cuando no haya más remedio.

Cuéntame un cuento chino
Celeste Bravo Oliva • Bailarina - Secretaria de un hospital • Argentina

Qué decir de esta cabra libre, inquieta, por momentos solitaria, por momentos líder de manada, muchas veces impulsiva, muchas veces sometida…

Los caminos montañosos desiguales, los límites, los precipicios y las borrascas jamás han hecho que detuviera el paso, solo que a veces esperara impaciente para visualizar el rumbo. Pasó años junto a otra cabra creyendo o intentando ser de esa manada, pero en su interior sabía perfectamente que no pertenecía, ni iba a pertenecer nunca. El encierro no era su anhelo, pero sentía cierto miedo a contradecir al caprino y poner en riesgo a sus crías por un carnero loco, apasionado e impiadoso.

Hasta que un día llegó a los valles de Traslasierra, lugar que ella ama con toda su sangre, su espíritu y su inquieto cuerpo, casi como si su alma hubiera vivido varias vidas allí... Es el lugar que la conecta con quien es y sus raíces... El lugar que el caprino impiadoso detesta y prohíbe casi como premonición, sabiendo que un ser libre es una amenaza para otro inseguro...

La cabra se cruzó inocentemente con el búfalo; un ser maravilloso, un grandote de movimientos algo torpes por su gran porte, de corazón enorme, con una sonrisa dolida de tanto pasar duelos, una mirada casi desesperanzada de tanto postergar sueños. Cualquiera vería a un hombre enorme y fuerte; ella vio a un niño mojado, solo y con frío.

La cabra sabía que en el interior de ese búfalo había una vida inmensamente rica, profunda e iluminada. Ella, que tan golpeada y sobresaltada andaba, con solo escuchar el sonido de la voz del búfalo se adormecía, se calmaba y se conectaba con quien era realmente: una eterna bohemia, un ser íntimamente conectado con la tierra.

El búfalo le hizo tirar los relojes, la llevó a conocer todos sus ríos, le mostró sus pesares y sus pasiones; juntos miraron muchas noches los millares de estrellas del cielo de Traslasierra casi sin decir palabras, otras miles dieron envidia al mismísimo cielo por la luz que irradian juntos. Ellos saben que el encuentro de sus almas es un milagro.

La cabra le ofrece locuras, risas, viajes, amor sin condiciones, lo conecta con ese ser que había casi muerto en él, ella logró resucitar a ese animal fuerte y vigoroso capaz de esquivar cualquier obstáculo que se le presente. El búfalo le devolvió la paz y la quietud que tanto le hacía falta, y no intenta domesticarla sino que disfruta de su irreverencia y rebeldía, ni qué decir del amor y los cuidados que embelesado le brinda.

Así, juntos, caminan por los valles y las ciudades, mutuamente se armonizan y se lamen las heridas, explotan sexualmente, se divierten, se ríen y se admiran. No saben de compatibilidades, porque ellos ya vivieron juntos otras vidas... todo lo demás es un cuento chino.

Diego Luna
Cabra de Tierra

Personajes famosos

CABRA DE MADERA (1895-1955-2015)

Zuchero, Groucho Marx, Isabelle Adjani, Alfredo Leuco, Marcela Sáenz, Nelson Castro, Elvis Costello, Patricia Miccio, Miguel Ángel Buonarotti, Jorge Valdano, Rosa Benito, Nina Hagen, Marcelo Bielsa, Miguel Zabaleta, Johnny Rotten, Homer Simpson, Guillermo Francella, Nicolás Sarkozy, Boy Olmi, Miguel Botafogo, Roberto Pettinato, Bruce Willis, Steve Jobs, Mercedes Morán, Julio Cobos, Krishnamurti, Aníbal Pachano, José M. Recalde, Mel Gibson.

CABRA DE FUEGO (1847-1907-1967)

Katharine Hepburn, Julio Bocca, Carlos Casella, Atahualpa Yupanqui, Frida Kahlo, Nicole Kidman, Maximiliano Guerra, Miguel de Cervantes, Gastón Acurio Jaramillo, Andrés Giménez, Araceli González, Pepe Monje, Boris Becker, Julia Roberts, Ivonne Reyes, Karina Rabolini, Milo Lockett.

CABRA DE TIERRA (1859-1919-1979)

Diego Luna, Jack Palance, Lana Turner, Adán Jodorowsky, Brenda Martin, Zsa Zsa Gabor, Andrea Pirlo, Evangeline Lilly, David Bisbal, Ian Smith, Dino De Laurentis, Margot Fonteyn, Malcolm Forbes, Vanesa Lorenzo, Diego Forlán, Nicolás Cabré, Andrea Galante, Eva Perón.

CABRA DE METAL (1871-1931-1991)

James Dean, Annie Girardot, Ettore Scola, Franz Liszt, Mónica Vitti, Alice Munro, Lali Espósito, Angie Dickinson, Candela Vetrano, Gastón Sofritti, Mariana Espósito, James David Rodríguez Rubio, Maggie Simpson, Osho, Brenda Asnicar, Rita Moreno.

CABRA DE AGUA (1883-1943-2003)

Arnaldo André, Catherine Deneuve, Luis Eduardo Aute, Charo López, Ernesto Pesce, Jim Morrison, Rubén Rada, Marilina Ross, Terrence Malick, Lech Walesa, Hermes Binner, Keith Richards, José Luis Rodríguez, Jimmy Page, Víctor Sueiro, Adolfo Pérez Esquivel, Muhammad Alí, Joan Manuel Serrat, Mick Jagger.

Tabla de compatibilidad

	Amor	Amistad	Negocios
Rata	2	2	2
Búfalo	2	1	2
Tigre	2	1	1
Conejo	3	3	3
Dragón	2	1	1
Serpiente	2	1	1
Caballo	2	2	1
Cabra	2	2	2
Mono	2	1	1
Gallo	2	2	2
Perro	3	2	2
Cerdo	3	2	2

1 mal 2 regular 3 bien

Nota: las compatibilidades son desde el punto de vista de cada animal.

MONO

No hay premio sin renuncia.
Milagro sin conciencia.
Mediodía
con amanecer incierto.
Zorro plateado
diciéndome algo.
Puerta abierta a un hogar
habitado por tu espíritu.
Lazo invisible
nutre el TAO
mariposas blancas
enamoradas
sin rumbo.

L. S. D.

猴

三十七年四月十四日 譚國才

Ficha técnica

Nombre chino del mono
HOU

Número de orden
NOVENO

Horas regidas por el mono
15.00 A 17.00

Dirección de su signo
OESTE-SUDESTE

Estación y mes principal
VERANO-AGOSTO

Corresponde al signo occidental
LEO

Energía fija
METAL

Tronco
POSITIVO

Eres mono si naciste

02/02/1908 - 21/01/1909
MONO DE TIERRA

20/02/1920 - 07/02/1921
MONO DE METAL

06/02/1932 - 25/01/1933
MONO DE AGUA

25/01/1944 - 12/02/1945
MONO DE MADERA

12/02/1956 - 30/01/1957
MONO DE FUEGO

30/01/1968 - 16/02/1969
MONO DE TIERRA

16/02/1980 - 04/02/1981
MONO DE METAL

04/02/1992 - 22/01/1993
MONO DE AGUA

22/01/2004 - 08/02/2005
MONO DE MADERA

08/02/2016 - 27/01/2017
MONO DE FUEGO

MONO

No sé por qué, intuyo que este cumpleaños marcará una nueva etapa en mi vida.

Amanecí al alba, en mi hogar porteño, con un tul de sueños gratos que se fueron evaporando mientras ponía el agua para el mate, encendía una vela roja y respiraba hondo.

Hace unos días participé en la FERIA DEL LIBRO, y confirmé que no podría ser otra mujer que la que soy para seguir en contacto con el zoo, lectores invisibles y tangibles, espíritus sedientos de prana, ideas, afecto, arte y creatividad.

¿Destino elegido o predeterminado?

Sé que desde niña, muy pequeña, intuía que mi vida sería diferente a la del resto de mis compañeros de escuela, amigas, y familia.

Me refugiaba en el bosque que teníamos en la quinta donde vivíamos en Parque Leloir y subía a un árbol que era mi resguardo cuando las verdades crudas de la infancia me taladraban el corazón.

Nadaba en mi universo buscando las estrellas, los planetas y la luna como aliados. No sabía por qué, pero me sentía protegida ante las adversidades que me hicieron madurar prematuramente.

Yo misma era un tronco fértil por donde subían lianas que me ahogaban, asfixiaban, demandaban, exigían, antes de que pudiera respirar profundamente el aire puro del pulmón de árboles diversos lindante con el INTA[21].

Era una esponja de mar; absorbía todas las emociones en el campo morfogenético. Hablaba sola, creando una escuela invisible con alumnos imaginarios a los que les ponía notas, les hacía formar fila, izar la bandera, pasar al frente; ya nacía en esa etapa LSD didáctica, histriónica y amante del destino.

Escuchaba los relinchos de Magui, mi hermana que sufría casi por todo, y con la cual en esa época éramos inseparables y muy compinches. La vida se encargó de hacernos cursar materias en las que no nos encontramos en la misma sintonía.

Crecí libre por dentro, y muy *geisha*, a disposición del padre jabalí de agua que me mantuvo al trote en el Fortín Bellaco, la quinta en que vivíamos, donde apenas podíamos, como Buda, cruzar el umbral.

Etapas aceleradas: su muerte anunciada, el incendio de la mítica casa y el despegue hacia una nueva vida en la ciudad, en plena adolescencia.

---

[21] Instituto Argentino de Tecnología Agropecuaria.

Crecer, trabajar en cuanto trabajo estuviera disponible, y amar la herencia espiritual que nos dejó como el mejor y único legado.

Cuántas experiencias en la pubertad: iniciar estudios de arte dramático, trabajar de secretaria en una escribanía, vendiendo vinos en la calle, en la Galería del Este; hacer lo que pudiera para ganarme el maní y compartirlo con mi madre perro y la yegüita.

Orgullosa de mi independencia económica desde pequeña, esa buena predisposición continúa hasta *ahorita nomás*, y me ha permitido concretar sueños que eran muy nítidos en esa etapa.

Escuché mis voces interiores contra viento y marea, las expresé en medios de difusión en mi etapa de actriz, y se produjo un *gong* que fue el trampolín para desarrollar la vocación de médium entre Oriente y Occidente, a través de los anuarios chinos, charlas, conferencias, viajes y encuentros con el animal de turno en mi vida cotidiana.

Ser mono es una extraña alquimia fenomenológica.

Cada día observo más a mi especie y confirmo lo que les cuento; son originales, intuitivos, valientes, utópicos, líderes, altruistas, creativos, autodidactas, perseverantes en las buenas y malas ideas, pseudoindependientes. En sus metas personales nadie detiene a un mono, en su vida afectiva es adicto emocional, y paga caro este karma.

Abierto en su cosmovisión, puede ser hermético en sus conexiones con el mundo exterior: fóbico, desmesurado, le cuesta graduar el CHI, y entonces resulta muy exagerado o ascético en el *feedback* con el otro. Su mayor pecado es el ego; le llevará toda la vida disolverlo en partículas homeopáticas. Caerá una y mil veces y volverá a la lucha en el *ring*. Aprende de sus errores y los paga en incómodas cuotas.

Es ciclotímico; su humor y estabilidad emocional dependen de sus afectos, amigos, trabajo, y de poder concretar sus sueños en cada etapa de su vida.

Es un gran entusiasta; convence de lo que se propone al más descreído, y arenga al zoo en la búsqueda del tesoro en el arcoíris.

Cuando lo bajan de la palmera, o se cae por sus excesos y adicciones, pasa una larga temporada *off Brodway*, lamiéndose las heridas.

En sus etapas oscuras o de tristeza prefiere hacer mutis por el foro.

Es su propio jefe, detesta los horarios y las reglas convencionales para cumplir con su trabajo; es capaz de resolver en poco tiempo lo que a los demás les lleva desde las 9 de la mañana hasta las 5 de la tarde.

Solitario, profundo, investigador de sus zonas erróneas, en su madurez logrará reconocer algo del piloto automático que puso para negar su sufrimiento, las culpas y la liviandad del ser.

L. S. D.

El Mono va al cine

Uno de sus programas favoritos es ir al cine, y luego tomar un té con alguna torta en algún café cercano para seguir disfrutando de la salida. Todos pensarán que seguramente al mono le gustan las películas de la selva, como *Tarzán* o *King Kong*. Cuán equivocados están. Aunque desde la altura de una palmera le tire un coco por la cabeza a alguien y disfrute de su travesura, a la hora de ir al cine el mono es muy romántico, y preferirá una historia de amor a una comedia ligera. Es muy tradicional, no ve películas por televisión y menos por internet, le gusta la pantalla grande. La ceremonia de ir al cine, sacar su entrada y sentarse en una mullida butaca. ¡Pero nunca llegues tarde! El mono odia perderse los tráileres de los próximos estrenos. Ama el cine tradicional y las películas que te dejen algún sabor en la boca del estómago cuando salgas del cine. Sus películas preferidas son: *Los puentes de Madison*, con Clint Eastwood y Meryl Streep; *El Gran Gatsby*, en versión Leonardo DiCaprio; *Cinema Paradiso*, de Giuseppe Tornatore; y *Hanna y sus hermanas,* escrita y dirigida por Woody Allen.

Tarot y Zoo

La templanza, Seis de Copas y El Sol

Para ti, Mono, las cartas de Tarot que trae el perro dicen: Este será un año en el que todos los monos fabricarán redes de comunicación, de reencuentros, de volver a la niñez. Te encontrarás con personas que hace mucho tiempo no veías y reaparecerán sentimientos que tú creías perdidos. En lo emocional sucederán cosas similares, te sentirás un eterno adolescente que se vuelve a enamorar de las mismas cosas. En conclusión, el perro te hará vivir un año rápido, alegre, pleno, y con buenas noticias a nivel laboral y económico.

Ládrame tu karma

1) ¿Cuál fue la situación límite que cambió tu vida?
La muerte de mi madre en un accidente automovilístico. Me dio la pauta para entender que lo más importante es lo simple, que la vida pasa por otro lado, que no hay que correr tanto, me ayudó a reducir la marcha, a conectarme con lo auténtico y con quien realmente soy.

2) ¿Cómo reaccionas ante una traición?
Con exceso de diplomacia, implosivamente, en claro viaje hacia mi silencio. Leo libros, busco música nueva, miro películas, salgo a correr, hago yoga. Una suerte de camino a la paz, demasiado tranquilo, quizás, y algo pasivo, pues cierta confrontación inteligente, sin ira, pero dando una respuesta que «ubique» a la fuente de ese dolor provocado resultaría más liberador.

3) ¿Cuáles son tus valores prioritarios en la vida?
La honestidad; la responsabilidad; el respeto, el compromiso, la compasión, la cortesía, la confianza, y la humildad. Encuentro mis prioridades en el día a día, y a su vez eso construye mis valores.

4) ¿Haces algo por los demás?
No de manera sistemática, pero soy bastante «llorona de velorio», si alguien que quiero la está pasando mal, acompaño y trato de reinventar la situación para que el trance sea más llevadero.

5) ¿Esperas algo de los otros?
Sí, espero que estén dispuestos a dar tiempo, afecto, que es casi lo mismo. Espero respeto y admiración, creo que busco admirar a las personas, por lo que sea, ampliar el espectro de lo admirable me parece que nos acerca más. Encontrar en sitios insospechados una fuente de encuentro con los otros.

6) ¿Crees que las diferencias unen o separan?
He tenido diferentes experiencias, creo que tiene que ver mucho con la forma de comunicarse de cada uno. También pienso que en mi caso particular, según la persona y la energía que fluya, la misma actitud en dos personas distintas me puede unir o separar.

7) ¿Qué significa fidelidad para ti?

La fidelidad para mí es ser honesta conmigo misma, íntegra, que mi sí sea sí y mi no sea no. Ser fiel es adherirse a las convicciones que uno tiene como si fuera lo único que tuviera. Pero siempre manteniendo el equilibrio con el desapego.

8) ¿A qué asocias la palabra diversidad?

¡A la cultura! Me encanta conocer gente de diferentes países, viajar, hablar un poco de cada idioma, me hace sentir conectada y me revitaliza. Se podría decir que para mí la diversidad está en el intercambio social, aprender de los otros, que no siempre son como uno, y me parece muy interesante cómo se refleja eso en la cultura.

El Mono y su energía

MONO DE MADERA (1944-2004)

Un mono entusiasta

Un mono ideal para trabajar en relaciones humanas y comunicación, pues es honesto y cae muy bien. Intuitivo, capta la realidad de forma inmediata. Sabe capitalizar las oportunidades. Su excelente sentido del humor lo convierte en un ser adorable. Fantasioso, inmaduro y glotón en el amor, los matrimonios le cuestan caros, por una u otra razón.

Alimentos recomendados

Cereales: arroz y trigo burgol. Carnes: magras de aves silvestres; liebre. Pescados: salmón y mero. Lácteos: evitarlos. Hortalizas: hojas verdes tiernas, bien cocidas, diariamente una buena porción; brotes, remolacha cruda, cebolla, ajo, puerro. Legumbres: lentejas y judías blancas. Frutas: variadas. Bebidas: agua mineral con limón y miel, evitar el alcohol. Infusiones: menta con miel. Recetas preferidas: Sopa de algas con huevo de codorniz, Pato con aceitunas, Arroz con champiñones y brotes.

MONO DE FUEGO (1956-2016)

Un mono «hacelotodo»

Un mono muy enérgico, líder e innovador. Seguro de sí mismo, decidido y auténtico, muy sensual, expresa con vehemencia sus emociones. Tiene gran vitalidad y jamás aceptará ser dominado. Competitivo y celoso, su gran imaginación puede traerle conflictos;

es paranoico y muy desconfiado. Le gusta coquetear con el peligro. Su creatividad está cimentada en fuerza de voluntad, iniciativa y talento; su complejo de inferioridad no le permite estar mejor ubicado. Terco, obstinado y discutidor, tiene suerte y despierta altas y bajas pasiones.

Alimentos recomendados

Cereales: cebada perlada. Carnes: magras y de aves. Pescados: jurel. Lácteos: quesos descremados. Hortalizas: amargas. Legumbres: frijoles, lentejas. Frutas: mango y nísperos. Bebidas: vino blanco. Infusiones: té verde, guaraná, mate. Se le recomienda practicar taichí. Recetas preferidas: Escalopes al marsala, Pudin de vegetales, Strogonoff.

MONO DE TIERRA (1908-1968)
Un mono responsable.

Un investigador apasionado. Su ambición y destreza lo convertirán en un prodigio. Le costará perseverar y no dispersarse. Sibarita, buen amigo, confiable y crítico, tendrá una manera original y positiva de ver la vida. Estará rodeado de gente talentosa y servicial que le facilitará la tarea. En el amor, es el más estable de los monos.

Alimentos recomendados

Cereales: arroz integral, trigo. Carnes: pavo, aves silvestres, evitar las rojas. Pescados: merluza, besugo, salmón. Mariscos: mejillones, almejas. Lácteos: poca cantidad. Hortalizas: las más dulces, bien cocidas, y las redondas. Frutas: las de estación, frescas. Bebidas: agua mineral, zumos naturales; evitar el alcohol. Infusión: manzanilla con miel, guaraná. Recetas preferidas: Rollitos de merluza, Pollo a la provenzal, Gambas al ajillo, Rollito primavera.

MONO DE METAL (1920-1980)
Un mono astuto

Un temperamento de hierro, aunque muestre guantes de seda. Su capacidad para convencer o conseguir sus propósitos es tan grande como su orgullo, y sabe enfrentarse a sus adversarios más difíciles con altura. Algo manipulador, maquiavélico y dominante, es un obsesivo del trabajo y en el amor buscará consortes que tengan la Visa Oro.

Alimentos recomendados

Cereales: arroz, trigo. Carnes: rojas en poca cantidad, magras, aves silvestres. Mariscos: langostas, camarones. Lácteos: evitarlos en general. Hortalizas: todas las de raíz. Legumbres: todas. Frutas: todas, también almendras, nueces, cacahuetes. Bebidas: champán, vinos secos. Infusiones: té de jengibre. Recetas preferidas: Plato fresco con camarones, Arroz Bombay, Pan de manzana.

MONO DE AGUA (1932-1992)
Un mono magnético
Cooperativo, intuitivo y simpático, tiene una apariencia mundana y tranquila, pero es muy susceptible. De naturaleza bondadosa y sutil, esconde bajo un aspecto afable y creativo su faz especuladora. Algo excéntrico, conoce las relaciones humanas y es servicial, pero puede mostrarse vacilante, indeciso y entrometido.
Alimentos recomendados
Cereales: avena. Carnes: día por medio, sin grasa. Lácteos: descremados, poca cantidad. Hortalizas: patatas, boniatos, remolacha, zanahoria, cebolla, ajo, perejil. Algas marinas. Legumbres: frijoles, lentejas. Bebidas: vinos secos. Infusiones: té de *ginseng*. Consumir polen de abejas y ser precavido con la sal y el azúcar blanco. Recetas preferidas: Pizza marinera, Manzanas crujientes, Rollitos de merluza.

El Mono y su ascendente

Mono ascendente Rata: 23.00 a 01.00
Necesitará controlar todo. Su astucia, avidez y rapidez para acortar caminos es asombrosa. El amor será una ecuación peligrosa y determinante en su destino. Cuidado con las trampas.

Mono ascendente Búfalo: 1.00 a 3.00
De firmes principios, será autoritario y paternal. Ambicioso, tenaz y creativo, amará el lujo, los viajes y las relaciones influyentes.

Mono ascendente Tigre: 3.00 a 5.00
El músculo y el cerebro unidos para conquistar el universo. Nunca se lo detectará en sus trampas, desaparecerá cuando se lo necesite. Romperá corazones… pero él es muy difícil de atrapar.

Mono ascendente Conejo: 5.00 a 7.00
Estético, refinado y sibarita, será asediado socialmente. Sabrá actuar en el momento justo, y siempre caerá bien parado. Triunfará en su vocación y en el matrimonio, y logrará tener armonía en su vida.

Mono ascendente Dragón: 7.00 a 9.00
Iluminado y humano, hará las cosas a lo grande. Será hipersensible, carismático, vital y muy curioso. Se enamorará profundamente y tendrá más de un matrimonio. Todo lo que toca se transforma en oro.

Mono ascendente Serpiente: 9.00 a 11.00
Intelectual y filósofo, tendrá oportunidades increíbles para desplegar su talento. Le encantan el poder, el lujo y el control de las relaciones sentimentales. Su vida será legendaria.

Mono ascendente Caballo: 11.00 a 13.00
Aventurero, inconstante y apasionado. Perseverante solo cuando algo le interesa. Su originalidad, buen corazón y convicción le abrirán las puertas en todo el mundo, pero no se dejará atrapar fácilmente.

Mono ascendente Cabra: 13.00 a 15.00
Un artista refinado. Viajará por trabajo, amor o placer. Deberá tomar responsabilidades desde muy pequeño y concretará con felicidad sueños infantiles. Su imaginación es su riqueza.

Mono ascendente Mono: 15.00 a 17.00
Tendrá pactos con Dios y con el diablo. Su meta será protagonizar una vida de película y escalar posiciones sociales, políticas y sentimentales. Un genio de la estrategia.

Mono ascendente Gallo: 17.00 a 19.00
Un mono exigente y estudioso que buscará perfeccionarse. Será muy sentimental, posesivo y contradictorio. Le costará reconocer errores y mantener la palabra. A veces reclamará más de lo que brinda.

Mono ascendente Perro: 19.00 a 21.00
Tendrá un espíritu humanitario y desinteresado. Luchará por una causa justa y no desaprovechará los contactos que surjan en su épica y agitada existencia. Tenderá al abandono y a la subestimación.

Mono ascendente Cerdo: 21.00 a 23.00
Original y epicúreo, no se sacrificará demasiado por lo que hace. Se desviará con facilidad de su camino, pues no podrá resistir las tentaciones ni las influencias que surjan.

Cuéntame un cuento chino

**Rosa Steudel • Consteladora del centro Hellinger
y traductora de Bert Hellinger • Alemania**

Ludovica siempre me emocionó, y más desde que la conocí de cerca durante un curso. ¿Cómo podía ser una mujer tan sabia, conocer tanto acerca de las características y cualidades de las personas según su signo en el calendario chino? Y, además, ¡ser tan humilde! En febrero de 2017 asistí a un encuentro, se me asignó un lugar y… ¡a mi lado estaba Ludovica! ¡Qué emoción! Comenzamos a charlar y, de repente, me dijo: «¿Vos que sos? ¿Mono?». ¿Cómo sabía «mi animal»? Mi admiración hacia ella creció aún más. ¡Y en esa oportunidad me enteré de que ella también es mono!

Al leer los datos clave del Mono veo en Ludovica el «mejor rol»: autoridad suprema.

En ella lo veo; en mí no. ¿Hay excepciones en las características de los animales, Ludovica? ¿O yo vendría a ser una mona «extraviada»?

Me siento mona en que me adapto a las diferentes situaciones y lugares que encuentro en mi andar, por supuesto que unas veces con facilidad, y otras con más esfuerzo. Hace tiempo cumplía un trabajo bastante estructurado, mientras que en la actualidad, como docente y traductora, estoy aprendiendo a cada instante que hay más de lo que se ve a primera vista. Y eso me inspira a seguir expandiendo mi mirada y mi corazón, a intercambiar ideas con otros y a respetar sus opiniones, por más diferentes que sean a las mías. En eso me beneficia enormemente haberme encontrado con grandes maestros que me han apoyado. Disfruto estar en su compañía para poder seguir transformándome. Como todos nosotros, en realidad, que a través de lo que vemos y escuchamos afuera vamos mutando y transmutando nuestro mundo interno de manera que siempre vamos siendo distintos. Me llevó un tiempo darme cuenta de que la imagen que tenía de una persona hoy tal vez ya no coincida con lo que esa misma persona es al encontrarnos la próxima vez. ¡Ahora estoy fascinada con este descubrimiento que me coloca en un espacio de novedad continua!

Me encanta el jazmín. Y el color violeta. ¡O sea que algo de mona tengo! ¡¡Pertenezco!!

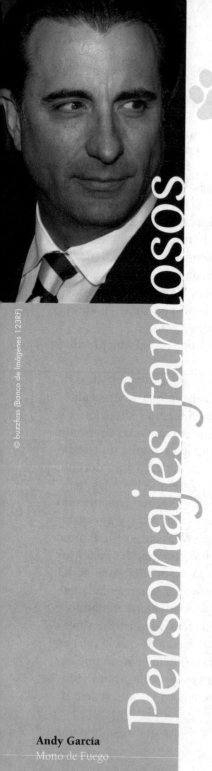

Andy García
Mono de Fuego

Personajes famosos

© buzzfuss (Banco de Imágenes 123RF)

MONO DE MADERA (1884-1944-2004)

Gianni Morandi, Eliseo Subiela, Arturo Puig, Selva Alemán, Danny de Vito, Gabriela Acher, Diana Ross, Susana Giménez, Bob Marley, George Lucas, Rod Stewart, Antonio Grimau, Roger Waters, David Gilmour, María Marta Serra Lima, Sebastián Spreng, Michel Douglas, Marta Oyhanarte, Talina Fernández, Nora Cárpena, Mario Mactas, Zulma Faiad.

MONO DE FUEGO (1896-1956-2016)

Ricardo Darín, Andy García, Carolina de Mónaco, Ludovica Squirru, Björn Borg, Alejandro Kuropatwa, Imanol Arias, Bryan Lee Cranston, Geena Davis, Osvaldo Laport, Patricia Von Hermann, Ulises Sábato, Luis Luque, Julio Chávez, Helmut Lang, Peteco Carabajal, Daniel Grinbank, Luz O'Farell, Celeste Carballo.

MONO DE TIERRA (1848-1908-1968)

Santiago «Motorizado», Kim Kardashian, Betty Davis, Adrián Suar, Leonardo Abremón, Viviana Saccone, Martín Jacovella, Darío Sztajnszrajber, Antonio Birabent, Alejandro Sanz, Chayanne, Daniel Craig, Libertad Lamarque, Gabriel Batistuta, Guillermo Andino, Fabián Vena, James Stewart, Diego Olivera, Salvador Allende, rey Felipe de Borbón y Grecia, Cartier Bresson, Adrián Dárgelos, Fernando Ruiz Díaz, Nelson Rockefeller.

MONO DE METAL (1860-1920-1980)

Mickey Rooney, Federico Fellini, Olga Orozco, Ray Douglas Bradbury, Marina Glezer, Soledad Pastorutti, Ricardo Montalbán, Ronaldinho, Charlie Parker, Justin Timberlake, Luis González, Luciana Salazar, Nicole Neuman, Mario Benedetti, Lorenzo Anzoátegui, Gabriel Milito, Valentino Spinetta, Luis Ortega, Papa Juan Pablo II.

MONO DE AGUA (1872-1932-1992)

Santiago Artemis, Joaquín Salvador Lavado (Quino), Elizabeth Taylor, Magdalena Ruiz Guiñazú, Eugenia Suárez, Peter O'Toole, Anthony Perkins, Miley Cyrus, Cara Delevigne, Jean Cacharel, Omar Sharif, Neymar Da Silva Santos Júnior, Felipe Sáenz, Mariano Grondona.

Tabla de compatibilidad

	Amor	Amistad	Negocios
Rata	2	2	3
Búfalo	2	2	1
Tigre	1	2	1
Conejo	2	3	3
Dragón	2	2	1
Serpiente	2	2	1
Caballo	2	2	2
Cabra	3	2	2
Mono	3	2	2
Gallo	2	1	2
Perro	3	2	2
Cerdo	3	2	2

1 mal 2 regular 3 bien

Nota: las compatibilidades son desde el punto de vista de cada animal.

GALLO

Ushuaia.
Domingo.
Volví a caminar
por senderos de hayas
piedras y precipicios,
sin rumbo
hacia donde el viento me lleva.
Largo día sin noche
pecados a la luz
purgatorio para reflexionar.
Mar abierto, arisco, temible
no me atrevo a navegar.
Repaso el cielo anterior
guiada por estrellas opacas
cansadas de brillar.
Mozo somnoliento
prefiere soñar a trabajar.

L. S. D.

二〇十七年四月十五

雞

譚國才

Ficha técnica

Nombre chino del gallo
JI

Número de orden
DÉCIMO

Horas regidas por el gallo
17.00 A 19.00

Dirección de su signo
DIRECTAMENTE AL OESTE

Estación y mes principal
OTOÑO-SEPTIEMBRE

Corresponde al signo occidental
VIRGO

Energía fija
METAL

Tronco
NEGATIVO

Eres gallo si naciste

08/02/1921 - 27/01/1922
GALLO DE METAL

26/01/1933 - 13/02/1934
GALLO DE AGUA

13/02/1945 - 01/02/1946
GALLO DE MADERA

31/01/1957 - 17/02/1958
GALLO DE FUEGO

17/02/1969 - 05/02/1970
GALLO DE TIERRA

05/02/1981 - 24/01/1982
GALLO DE METAL

23/01/1993 - 09/02/1994
GALLO DE AGUA

09/02/2005 - 28/01/2006
GALLO DE MADERA

28/01/2017 - 15/02/2018
GALLO DE FUEGO

GALLO

Ayer toqué nuevamente las piedras de la pared de mi casa-templo-pagoda serrana y apareció don ENRIQUE ACOSTA, nítido, poniendo cal, arena y sosteniendo en sus manos las piedras traídas de una cantera de Altas Cumbres para levantar el hogar que reconstruí desde los cimientos en un espacio que el FENG SHUI chino indica como el ideal.

ENRIQUE es gallo de metal y apenas nos conocimos tuvimos afinidad. De fuerte estampa, erguido, delgado, con facciones y gestos firmes y al mismo tiempo refinados, es leyenda viva en nuestros pagos.

La seguridad para calcular espacios, dimensiones, distancias, materiales y niveles en terrenos con pendientes y declives habla de su experiencia en el lugar.

Siempre galante y seductor, su mujer tuvo que acostumbrarse a criar nueve hijos y adaptarse a sus escapadas del gallinero en busca de otras especies para confirmar su virilidad.

Es famoso por la construcción de chimeneas de piedra, en altura y profundidad. En el valle comentamos lo bien hechas que están por DON ACOSTA.

Su consejo para los mortales cuando se le pregunta cómo hace para estar tan bien es: TRABAJAR, EQUILIBRAR LA COMIDA Y TOMAR UN VASO DE VINO TINTO TODOS LOS DÍAS.

Y se me aparece DIONISIO AZCORBE, el otro gallo de metal constructor del famoso castillo en Aimogasta, La Rioja.

Cuántas anécdotas con este hombre que marcó mi destino al volver de China en el asentamiento de tamaña experiencia.

Su temperamento y creatividad lo tallaron con la energía solar, lunar y PLEYADEANA para crear con sus manos y su energía un lugar que hasta hoy visitan peregrinos del país y del mundo por sus semejanzas con GAUDÍ, a quien Dionisio no conocía.

Era el calco de VAN GOGH; con su larga barba blanca y sus ojos de un extraño azul turquesa que perforaban los siete cuerpos.

Eligió la precordillera riojana para crear su universo y abrirlo a quienes por intuición dejaba atravesar su portal galáctico.

Cuando volví de China y estuve una larga temporada en el purgatorio, Dionisio apareció como una estrella en el firmamento a la que debía seguir.

Y me largué al encuentro sin conocerlo, sin saber dónde vivía, apenas con una nota que había leído en *Clarín Revista* del año 1988.

Con dos personas que me acompañaron en coche desde la capital riojana, y sin esperanza de que existiera este semidiós, un mediodía de primavera, zigzagueando el estrecho camino de guijarros llegamos a la puerta del castillo.

Bajé del coche sola, abrí su puerta que daba al jardín y lo llamé: «DIONISIO, DIONISIO».

Salió con un mate en la mano; me preguntó si era una poetisa yugoslava, y me abrió sus brazos firmes y fuertes y sus alas de gallo multicolor.

Nos quedamos hasta el atardecer y nos introdujo en cada etapa de la decisión de elegir «una nueva vida y un lugar en el mundo».

Con su infinito caudal creativo en el arte de construir, sacar fotos, pintar, escribir, sembrar árboles que le dieran sombra, frutas y nueces formó su oasis en pleno desierto riojano.

Vivió al dar y recibir energía cósmica, a través de la inspiración de la fauna y los mensajes telepáticos que le llegaban de otro lugar.

Y me dijo que no creía en la astrología, y que algún día no escribiría más y me comunicaría telepáticamente con la gente.

Volví tres veces a visitarlo. Sola y acompañada. Siempre en situaciones en las que tenía problemas y no sabía adónde recurrir.

ALTO ENCUENTRO.

Hoy es el cumpleaños de otro maestro mayor de obras, SANTO DE FINO, calabrés, y un luchador en nuestras tierras, donde con MARÍA tuvieron tres hijos varones y tres nietos, que son la esperanza de su gran sacrificio. Santo es gallo de agua, y siempre pude contar con él para supervisar temas edilicios.

Amanecí con la energía del gallo madrugador, constante, profundo y comprometido.

Signo que trae fortuna y también puede dilapidarla si no tiene las patas en la tierra, apoyo familiar, sentido común, proyectos utópicos o hiperrealistas. En ambos sexos y en otras opciones del nuevo milenio, el gallo es altruista y le encanta ayudar al prójimo.

A veces el trueque que pide puede ser muy costoso.

Es demandante, egocéntrico, autoritario, déspota y tiene su propio reglamento para que todos le digan «AMÉN», so pena de una *rebelión en la granja*.

El gallo o la gallina son sociables, algunos cultos, siempre dispuestos a aprender y embarcarse en técnicas de autoayuda que lo hagan crecer y evolucionar en su TAO.

Galantes, seductores, tienen encanto y recursos para llevarse la frutilla de la torta en una reunión o elección de MISS MUNDO.

Son exigentes con ellos mismos y también con los hijos, socios, compañeros de trabajo, o con alguien que conocen en un *tour*. Sienten que la formalidad en las relaciones es algo fundamental para el compromiso.

Les gusta organizar bodas, compromisos, cumpleaños, o cualquier reunión en donde se junten personas diferentes que tengan algo que compartir: un oficio, un descubrimiento, viajes, o simplemente solidaridad en la comunidad de los hombres. Tienen fama de luchadores, y es cierto: hay gallos de pelea, pendencieros y ególatras que necesitan llamar la atención a cualquier precio.

Los que han cultivado sus zonas erróneas, transitado técnicas como la meditación, la medicina núbica, constelaciones familiares, curso de milagros y matriarcado saben que todo es flexible en el universo y que hay que ser diplomáticos para sobrevivir en la globalización.

Es el signo que más tiempo dedica a la familia, a escuchar y dar consejos, a participar aunque interfiera en el karma ajeno, a resolver problemas sistémicos.

Su buena voluntad, sentido del humor y curiosidad lo convierten en una extraña ave, capaz de resolver con conciencia y planificación los grandes problemas dentro y fuera del gallinero.

A veces la ansiedad por llegar a cumplir alguna meta lo distrae del arte de vivir y aceptar sus límites.

La autoestima es fundamental para su paz interior y para quienes lo rodean.

Gallos de medianoche, noctámbulos y taciturnos, introvertidos o solares, madrugadores, enérgicos y expresivos, siempre darán la nota de color cuando los recordemos.

Y tendrán un ejército de fanes, como SANDRO[22], cuando decidan afinar su voz para enamorarnos irremediablemente.

L. S. D.

El Gallo va al cine

Si quieres ir al cine con un gallo, tienes que avisarle con mucho tiempo de anticipación; en su ordenada y prolija agenda mental y de

---

[22] Fue un cantautor, músico y actor argentino muy popular.

papel anotará día, hora y la película que iréis a ver. No le cambies el día, la hora ni la película porque el gallo no solo te sacará tarjeta roja sino que te recordará de por vida ese error que lo hizo cacarear hasta quedarse mudo. Y lamentablemente, todo humano, conocido o no, que lo rodee padecerá el cuento de tu falta. Como buen gallo le gusta ir al cine lo más temprano posible; si hubiera una función al amanecer sería el horario ideal. Te llamará varias veces, y dejará mensajes en tu Facebook, Instagram y Twitter recordándote la cita que tenéis para ir al cine, aunque falte todavía un mes para el evento. Va de un extremo a otro en su gusto cinéfilo, desde una película tradicional hasta la menos convencional. Sus películas preferidas son: *El Álamo, western* con John Wayne; *Teorema*, de Pasolini con Terence Stamp y Silvana Magnano; *La naranja mecánica*, de Stanley Kubrick con Malcolm McDowell, y *La ventana indiscreta*, de Alfred Hitchcock con Grace Kelly y James Stewart.

Tarot y Zoo

REY DE OROS, LA FUERZA, DIEZ DE ESPADAS

Para ti, Gallo, las cartas de Tarot que trae el perro dicen: Este tiempo será favorable para tu vida económica, todos los proyectos planteados en tu año lograrás ahora pasarlos a oro. Debes estar muy atento a tu comportamiento, seguramente estos logros se verán reflejados en todas las áreas de tu vida, pero puedes caer en la trampa de creer que terminó el trabajo. La vida nunca es un trabajo finalizado. Emocionalmente intentarás dominar tus impulsos, te sentirás como queriendo escapar de una jaula. Esto traerá consecuencias, será una nueva vida. Puedes plantearte cambios de pareja, trabajo o tal vez terminar algún vínculo o situación que te agobiaba.

Ládrame tu karma

1) ¿Cuál fue la situación límite que cambió tu vida?

El día que tuve que pasar por la increíble situación de ser acusado por error de un delito menor. Esa noche me fue a buscar la policía a mi casa, y después de entrar sin orden judicial me sacaron esposado. En unas horas se aclaró todo; salí de esa situación límite muy impactado y dispuesto a compartir la historia para que no le pase a otra persona.

2) ¿Cómo reaccionas ante una traición?

Me cuesta tolerar la traición, al igual que otras injusticias y maldades humanas. Soy muy visceral y me enojaba mucho, y respondía con muchas «Barbariverdades»... Ahora trato de ser más frío y tolerante en esos momentos, que duela lo menos posible, y alejarme del foco del conflicto y de quienes (quizá tengan sus motivos, o por deporte algunos) traicionan y dan lo que no quieren recibir.

3) ¿Cuáles son tus valores prioritarios en la vida?

Ser consecuente en todos los aspectos, trato de hacerlo en todo momento, ser honesto, leal, transparente ya casi no se usa... Creo que lo más importante es DAR AMOR en cada acto y momento de la vida; y que nada recibo de quienes no pueden dar algo mejor. Seguir con mis valores y principios siempre.

4) ¿Haces algo por los demás?

Ser artista. Soy actor y mimo, hago espectáculos para niños; esa es mi manera de hacer algo por los demás, hacerlos sonreír, compartir la alegría. Porque creo y siento que el amor es lo único que crece cuando se reparte.

5) ¿Esperas algo de los otros?

Realmente y tristemente, cada vez espero menos de los otros... vivimos tiempos de egocentrismo, egoísmos y tantos otros «ismos» más... que para no volver a pasar por momentos amargos me estoy relacionando cada vez menos con «gente adulta». Y no espero nada más... sigo dando igual... si vuelve, mejor, claro.

6) ¿Crees que las diferencias unen o separan?

Creo que separan en la relaciones entre seres que no están evolucionados de la misma manera. Las diferencias nos deberían ayudar para comprender y respetar a los demás, crecer y evolucionar, pero al menos «a esta raza humana actual»... terminan separándonos.

7) ¿Qué significa fidelidad para ti?

Si lo analizamos a nivel de relaciones amorosas, la fidelidad es serlo en principio con uno mismo. ¿Quién podría serlo realmente con los demás si no lo es consigo mismo? De alguna manera las otras preguntas se tocan y mezclan. Fidelidad, honestidad, bondad, principios, respeto; poder trabajar con uno mismo día a día para no correrse de ese camino es la tarea.

8) ¿A qué asocias la palabra diversidad?

Hace poco que se plantea la diversidad, creo que tiene que ver un poco con la fidelidad propia, creo que es el respeto y la aceptación del otro tal como es y no como a mí me gustaría o conviniese que fuera.

El Gallo y su energía

GALLO DE MADERA (1945-2005)

Un gallo púdico

El más considerado y el que tiene una perspectiva más amplia de la vida. No es tan terco ni porfiado, pero se asfixia en sus problemas. Obstinado, autoritario y obsesivo, se entusiasma y apasiona por sus cosas y pretende que los demás lo sigan. Progresista, honrado, íntegro, de mentalidad abierta, alegre y sociable, busca la perfección en lo que hace. Acepta las críticas y se relaciona con personas afines.

Alimentos recomendados

Cereales: trigo y avena. Carnes: evitar las rojas; pavo. Pescados: salmón, atún. Mariscos: langostinos. Lácteos: evitarlos. Hortalizas: cebolla, ajo, remolacha, de hojas verdes, brotes de alfalfa. Legumbres: lentejas. Frutas: todas las de estación, lejos de las comidas. Bebidas: agua y zumos de frutas naturales. Infusiones: manzanilla con miel después de comer. Se recomienda el consumo de polen y mucha fibra en la dieta. Recetas preferidas: Ensalada con manzanas, Langostinos con salsa golf, Barritas de avena.

GALLO DE FUEGO (1957-2017)

Un gallo movilizador

Un gallo de riña: independiente y temperamental, muy nervioso y vigoroso, con mucha energía, está siempre motivado. Le gusta el éxito y administra bien sus cosas. Buen líder, defiende sus puntos de vista y no es influenciable. Antepone siempre la ética y su profesionalismo. Es inflexible y superanalítico, inquisidor y sarcástico, talentoso pero muy ciclotímico. Debe controlar la ansiedad y la impaciencia.

Alimentos recomendados

Cereales: maíz. Carnes: solo las de bajo contenido en lípidos;

pato, perdiz, pollo. Pescados: salmón, merluza. Mariscos, langosta, camarones. Lácteos: siempre descremados. Hortalizas: cebolla, ajo (muy bueno para la hipertensión), todas las amargas. Legumbres: frijoles negros, judías rojas. Frutas: manzanas y dátiles. Bebidas: champán. Infusiones: té de *ginseng*, mate amargo. Evitar el exceso de sal y productos animales. Recetas preferidas: Pan de maíz, Perdiz en escabeche, Sopa turca de lentejas y vegetales.

GALLO DE TIERRA (1909-1969)
Un gallo eficaz
Un gallo analítico, investigador, serio y responsable. Madura a temprana edad. Es eficiente y cuidadoso en todo lo que emprende. Lúcido, objetivo y muy profundo pero algo charlatán, no mide las consecuencias de sus palabras. De espíritu humanitario y místico, lleva una vida simple, armónica y sin demasiadas pretensiones. Es sistemático y científico en su análisis de la realidad.
Alimentos recomendados
Cereales: arroz, mijo. Carnes: aves en general, con poca grasa. Pescados: salmón, bacalao, merluza (evitar fritos). Mariscos: mejillones, cangrejo. Lácteos: mejor evitarlos o consumir poca cantidad. Hortalizas: las redondas y dulces. Legumbres: lentejas, garbanzos. Frutas: todas en general. Bebidas: agua mineral con limón y miel, vinos dulces con moderación. Infusiones: manzanilla con miel después de las comidas, guaraná. Se recomienda el consumo de polen de abejas. Recetas preferidas: Buñuelos de arroz y sésamo, Arroz con mejillones, Bacalao mariachi.

GALLO DE METAL (1921-1981)
Un gallo egotrip[23]
Muy práctico y ejecutivo, es un investigador lúcido con una actitud apasionada y optimista para el trabajo. Muy locuaz, agota un poco con su KIRIKIKÍ constante, siempre tiene razón y subestima a los demás. Cuando le tocan el ego se pone a la defensiva y picotea. Racionaliza todo y pierde oportunidades de actuar. En el amor se muestra frío y distante, un poco inhibido. Voluntarioso, obstinado siente una necesidad vital de fama y dinero. Es muy maniático, le interesa la vida social y salir en las revistas.

---

[23] Véase nota al pie de página 86.

Alimentos recomendados
Cereales: arroz. Carnes: pollo de campo, aves silvestres, codorniz. Pescados: salmón, besugo, merluza. Mariscos: langosta. Lácteos y quesos: descremados. Hortalizas: zanahoria, remolacha, patatas, boniatos, yuca, cebolla, ajo, bien cocidos con algas marinas. Legumbres: lentejas, judías rojas. Frutas: compotas en general. Bebidas: vinos afrutados, sidra. Infusiones: manzanilla, té de jengibre. Recetas preferidas: Pollo con setas, Buñuelos de arroz y sésamo, Merluza con patatas y pimientos morrones.

GALLO DE AGUA (1933-1993)
Un gallo con una psiquis sospechosa
Este gallo es el más intelectual, y no tiene pretensiones de fama y reconocimiento. Con mucha iniciativa y energía, encuentra a los compañeros de camino adecuados para desarrollarse, y sabe hacer valer lo suyo. Es muy claro en el pensar y posee sentido práctico. No es ni tan austero ni tan sacrificado como los otros. Le gusta pasarlo bien y dedicarse a las empresas culturales. Buen orador, tiene carisma, se interesa por el arte y la ciencia, y es perfeccionista.
Alimentos recomendados
Cereales: trigo burgol, avena. Carnes: tres veces por semana, preferentemente de pavo y pollo. Pescados: salmón, merluza. Mariscos: mejillones y almejas. Lácteos: en general en poca cantidad. Hortalizas: verduras de hoja, cebolla, ajo, zanahoria, yuca. Algas marinas. Legumbres: frijoles de soja, alubias, garbanzos. Frutas: de estación. Bebidas: agua mineral con limón, vino dulce, en poca cantidad. Infusiones: *Equisetum* (cola de caballo), *ginseng*. Les perjudica ingerir en exceso sal, líquidos, alimentos crudos, bebidas frías. Recetas preferidas: Empanadas trigueñas, Pavo con manzanas, Calabacines rellenos con soja.

El Gallo y su ascendente
Gallo ascendente Rata: 23.00 a 01.00
Un gallo taciturno al que le costará enfrentarse a la vida. Aprovechará todas las ocasiones para sacar tajada, y desaprovechará los resultados. Muy intelectual y rebelde.

Gallo ascendente Búfalo: 1.00 a 3.00

Un sabio y organizado gallo que programará la vida, y al que nada ni nadie podrán desviar de sus objetivos. Amará el arte, los viajes y la filosofía. Se enamorará racionalmente y tendrá una prolífica descendencia.

Gallo ascendente Tigre: 3.00 a 5.00

Un gallo audaz, intrépido y con coraje. Se la jugará por los demás y tendrá una vida plena de acontecimientos extraordinarios. Le costará adaptarse a la sociedad.

Gallo ascendente Conejo: 5.00 a 7.00

Vivirá en dos mundos: el real y el imaginario, y necesitará apoyo afectivo para tomar decisiones. Contradictorio, racional, escéptico, nunca estará conforme con lo que pasa. Se enamorará fácilmente y volará prontamente hacia el matrimonio.

Gallo ascendente Dragón: 7.00 a 9.00

Tendrá talento, carisma, y contará con la ayuda de gente macromambo[24], que lo incentivará a realizarse. Amará el dinero, el confort y los placeres altos y bajos de la vida.

Gallo ascendente Serpiente: 9.00 a 11.00

Necesitará tener el control de los movimientos y sentimientos ajenos. Será un perfeccionista del trabajo, no improvisará. Su realización está en el matrimonio pero es capaz de mantener relaciones paralelas.

Gallo ascendente Caballo: 11.00 a 13.00

Vivirá alocados y fantásticos amores que decidirán su destino. Le costará perseverar y no dispersarse en sus proyectos. Soñará y le costará enfrentarse a las responsabilidades.

Gallo ascendente Cabra: 13.00 a 15.00

Este será un gallo hipersensible, emotivo y muy seductor. En su vida buscará la belleza, la armonía y la gente que lo proteja. Se especializará en una carrera artística, y abrirá nuevos caminos a la humanidad.

---

[24] La autora hace décadas acuñó este término para referirse a personas con vuelo existencial o de gran personalidad.

Gallo ascendente Mono: 15.00 a 17.00

Un original y humorístico gallo que conseguirá sus objetivos con rapidez. Ganar dinero fácilmente lo estimulará. Tendrá una vida sentimental agitada, con posibles matrimonios e hijos.

Gallo ascendente Gallo: 17.00 a 19.00

Profundo e intelectual dedicará su vida a una causa o a la investigación. Absolutamente imprevisible, su mente nunca descansa. En el amor es auténtico y original.

Gallo ascendente Perro: 19.00 a 21.00

Inquieto y optimista, estará al servicio de los demás. Pensará a largo plazo y sorprenderá a muchos por sus ideas avanzadas. Vivirá austeramente y saldrá del corral cuando sea necesario.

Gallo ascendente Cerdo: 21.00 a 23.00

Un gallo desinteresado y cariñoso, que abrirá su casa a quien lo necesite. No delegará trabajo en nadie y se ocupará de mantener el control en la economía de la familia.

Cuéntame un cuento chino
Martín Azul • Actor • México

Gallo se nace, no se hace.
Se construye con el tiempo, eso sí.
Se construye, se destruye y se vuelve a construir.
Nada mejor para un Gallo que estrenar un plumaje nuevo, limpio y virgen, sin manchas del pasado.

Es curioso cómo la especie humana pasó tantos siglos queriendo separarse de la especie animal, atribuyéndose superioridad por el simple hecho de tener raciocinio. ¿Acaso no somos animales racionales? ¿Qué nos separa de ellos, entonces? Además de la razón, el intelecto y el lenguaje supongo. Basta observar a los animales en la naturaleza dentro de un ecosistema manifestándose de una forma armónica y perfecta, y compararlo con el caos que representa la «civilización» humana para volver a hacernos esa pregunta. ¿Aún nos creemos más inteligentes que ellos?

La conexión que tengo en el presente con mi ser animal es un reflejo constante de mi persona. Un reflejo fiel que muestra lo mejor y lo peor de mí. Mis virtudes y mis miserias, cara a cara. En este caso, el gallo en mi vida se presenta de diferentes formas. Cuando aparece en la sombra y dibuja la silueta perfecta de su cresta acompañada de un pico prominente, ¡ese soy yo! Ese animal humanizado y domesticado. Veo esa sombra que soy yo y que a la vez se desprende de mí. Entonces me doy cuenta de que es solo un reflejo, una ilusión. Porque el gallo no está en la sombra, el gallo está adentro. Es inevitable ser gallo e ir en contra de tu naturaleza altanera, perfeccionista, prepotente pero siempre creativa. Creo que el arte es el único lugar donde el gallo puede fluir sin sentirse como un animal descabezado. Esa imagen que construí de mí mismo, a veces, es difícil de sostener, cuando la sensibilidad me gana vuelvo a ser un pollito... pero no me gusta descansar tanto debajo del ala de otro ser, tarde o temprano necesito volver a liderar y alzar la cabeza. Así voy surfeando mis estados emocionales entre lo que en verdad soy, lo que aparento y lo que quiero ser. Lo que tengo claro es que no me gusta pasar inadvertido, pero con el tiempo me voy despojando cada vez más de la mirada ajena para volverme más auténtico. Ya no busco llevarme el mundo por delante aunque esté roto por dentro. Aprendí a mostrarme vulnerable sin caer en el victimismo. Por eso reconocerse y conocerse es vital para estar en armonía y que el animal que albergo dentro salga a flote por sus mejores virtudes y no por su instinto más salvaje y peleador. Es difícil describir a este animal que va cambiando de forma y evolucionando a cada paso: en el día, multicolor, y en la noche, más oscuro que su propia sombra. Me gusta navegar por los terrenos del subconsciente. El orden externo no necesariamente es congruente con mi orden mental... pero ya demasiado caos hay en mi mente como para encima vivir en un sitio desordenado. La imagen del gallo refleja perfección pero el gallo en sí está muy lejos de serlo. Por eso cuando ando con la cresta caída, solo tengo que ver una imagen de mí mismo para recordar quién soy. Un ser imperioso, combativo y con la frente siempre en alto. El gallo en su máxima expresión pocas veces puede brillar completamente, pero las veces que lo hace deja un registro imborrable, una imagen que persevera en el tiempo y de la que se siente enteramente orgulloso.

© buzzfuss (Banco de Imágenes 123RF)

Personajes famosos

Javier Bardem
Gallo de Tierra

GALLO DE MADERA (1885-1945-2005)
Elton John, Franz Beckenbauer, Sergio Renán, Diane Keaton, Eric Clapton, Peter Townshend, Sandro, Carmen Maura, Deborah Harry, Tanguito, Bette Midler, Gal Costa, Ritchie Blackmore, Julio Iglesias, Milo Manara, Piero, Luisina Brando, Bryan Ferry, Juan Alberto Mateyko, Luiz Inácio Lula Da Silva, Yoko Ono.

GALLO DE FUEGO (1897-1957-2017)
Miguel Bosé, Alicia Moreau de Justo, Alejandro Lerner, Sandra Mihanovich, Daniel Day-Lewis, Fernando Iglesias, Juan Luis Guerra, Katja Alemann, Andrea Tenuta, Melanie Griffith, Luis Salinas, Daniel Melero, Vando Villamil, Robert Smith, Ricardo Mollo, Miguel Botafogo, Jorge Valdivieso, Siouxsie Sioux, Sid Vicious, Nicolás Repetto, Alfie Martins.

GALLO DE TIERRA (1849-1909-1969)
Javier Bardem, Guiseppe Verdi, José Ferrer, Gwen Stefani, Diego Korol, Marguerite Yourcenar, Alex Ross, Valeria Bertucelli, Elia Kazan, Juan Di Natale, Joselillo, Laura Novoa, Horacio Cabak, Diego Rafecas, Cecilia Milone, Pablo Echarri.

GALLO DE METAL (1861-1921-1981)
Esther Williams, Peter Ustinov, Simone Signoret, Astor Piazzolla, Dick Bogarde, Dionisio Aizcorbe, Charles Bronson, Deborah Kerr, Tita Tamames, David Nalbandian, Natalie Portman, Fernando Alonso, Luciano Pereyra, Jane Russel, Britney Spears, Alex Haley, Laura Azcurra, Javier Saviola, Ana Aznar, Andrés D'Alessandro.

GALLO DE AGUA (1873-1933-1993)
Ariana Grande, Montserrat Caballé, María Rosa Gallo, Alberto Migré, Santo De Fino, Quincy Jones, Larry King, Roman Polanski, Tato Pavlovsky, Juan Flesca, Benito Cerati Amenábar, Sacha Distel, Jean Paul Belmondo, Carol Burnett, Costa-Gavras, Joan Collins, Alberto Olmedo.

Tabla de compatibilidad

	Amor	Amistad	Negocios
Rata	2	1	1
Búfalo	2	2	2
Tigre	2	2	2
Conejo	3	3	2
Dragón	2	2	2
Serpiente	2	2	2
Caballo	2	2	1
Cabra	3	3	2
Mono	2	2	1
Gallo	2	3	1
Perro	1	1	1
Cerdo	1	2	2

1 mal 2 regular 3 bien

Nota: las compatibilidades son desde el punto de vista de cada animal.

PERRO

Presencia sin ausencia
continuidad desde el cordón umbilical
hasta la próxima vida.
En cada una/o de ustedes
siento el amor
sin fecha de vencimiento.
Sé que les debo milenios de caricias
que se los llevó el viento.

L. S. D.

Ficha técnica

Nombre chino del perro
GOU

Número de orden
UNDÉCIMO

Horas regidas por el perro
19.00 A 21.00

Dirección de su signo
OESTE-NORDESTE

Estación y mes principal
OTOÑO-OCTUBRE

Corresponde al signo occidental
LIBRA

Energía fija
METAL

Tronco
POSITIVO

Eres perro si naciste

10/02/1910 - 29/01/1911
PERRO DE METAL

28/01/1922 - 15/02/1923
PERRO DE AGUA

14/02/1934 - 03/02/1935
PERRO DE MADERA

02/02/1946 - 21/01/1947
PERRO DE FUEGO

18/02/1958 - 07/02/1959
PERRO DE TIERRA

06/02/1970 - 26/01/1971
PERRO DE METAL

25/01/1982 - 12/02/1983
PERRO DE AGUA

10/02/1994 - 30/01/1995
PERRO DE MADERA

29/01/2006 - 17/02/2007
PERRO DE FUEGO

16/02/2018 - 04/02/2019
PERRO DE TIERRA

PERRO

MILAGRO CANINO.

Estoy aprendiendo a escribir en mi nuevo portátil Anaïs Nin, muy moderna para mí. También es un gran ejercicio para mis neuronas.

La tecnología tiene que estar unida a la inteligencia emocional.

De Windows 2007 hacia 2017... Un salto cuántico que requiere estar atenta a todo avance a mi alrededor.

Admiro a quienes componen estos bichitos que son parte de nuestra vida cotidiana. Intento fluir en mis ideas como cuando escribo a mano.

Con música clásica, en soledad, tejo nuevas hebras de vivencias para el libro canino.

Estoy muy conectada con mi madre, Marilú, que guió mi camino con buen olfato, mejores consejos y fe. Con el tiempo, su presencia es más nítida, luminosa y vital.

Los muertos están a nuestro lado, y pueden atormentarnos o estimularnos, según haya sido nuestra relación con ellos durante su vida o después de su muerte.

Rumbo al año del perro de tierra, evoco a mis guías para que me conecten con esta raza con la cual convivo desde mi infancia en Parque Leloir.

Son tantos los perros que me acompañaron y que amé, sin duda, como a ningún mortal, que este capítulo será similar a la lluvia torrencial del otoño en la Argentina, que dejó diezmadas ciudades, pueblos, vidas, mujeres, hombres, niños, jóvenes, por tantas lágrimas volcadas por la abuela Ixmucane, diosa de la lluvia y de la fertilidad para los mayas.

El cielo está indexando milenios de heridas abiertas, rencores, venganzas, traiciones, pérdidas afectivas en guerras que siguen su curso acelerado pulverizando en instantes a gente indefensa de la misma forma que matamos las hormigas en nuestro jardín con veneno radiactivo.

Mis perras serranas son testigos de nuestra forma de equilibrar la ecología en nuestro micromundo.

La tibieza emocional que siento al estar en el día a día con mis amigos perros humanos y reales no puedo compararla con nada.

Piden poco, mucho o demasiado (los humanos); el animal, apenas unos huesitos, sobras de comida, caricias y compañía.

Y ladran a los espíritus que se cuelan en la privacidad donde vivimos, a los caballos que saltan cercas para pastar a su lado, a las liebres
que los enamoran aunque les parezcan inalcanzables, y a la luna llena.
Desde que vivo en las sierras he tenido, al menos, ocho perros/
as que me atravesaron *il cuore* hasta derretirlo de afecto y de pena
cuando el cancerbero los eligió para desencarnarlos hacia la próxima,
sin duda, reencarnación.

Máxima pureza de amor.
Lealtad sin manchas.
Fidelidad en el ADN.
Feedback prístino.
Lazo de amistad perenne.
Inteligencia intuitiva.
Protección cósmica y terrenal.
Diálogo profundo.
Comunión espiritual.
Manantial creativo.
Hipertensión.
Alerta meteorológico.
Continuidad democrática.

Tantas noches de desvelo con la jauría en celo; mis perras unidas a
candidatos de distintos pelajes, suburbios, villas o palacios, sangran-
do hasta el amanecer. Tantas mordeduras letales, feroces, colmillos
en las vísceras, a veces la muerte en las escaramuzas de sexo sin amor.
Y al día siguiente, enlodadas, llenas de abrojos y garrapatas, a buscar
la caricia del amo, para confirmar el «otro amor».

De eso saben quienes son perros o perras; la caseta donde nacen
marcará a fuego su destino, y podrán desdoblarse, parir sin amor,
volver al dueño con su instinto que no falla jamás.

Hambre de calle, de justicia social, de defender a los más vulnerables. Colmillos afilados para proteger a la cría, a los amigos, y defenderse de quienes intenten usurparle su tiempo sagrado en el que
medita en la sobrevivencia propia y la de sus seres queridos, como
Julio Bazán.

En el día del animal, el 29 de abril, en Feng Shui me visitaron
mi sobrino Usi y Lolita, su hija perrita de fuego, fruto de un amor
holando-argentino.

Disfruté esta alícuota de ADN, que escasea en mi vida.

Lolita, con sus flamantes diez años, es un equilibrio de armonía, belleza e inteligencia emocional.

Nos vimos apenas dos veces y ya siento que es de la tribu; femenina y salvaje, atenta y curiosa, exploró el jardín con su papá, que tiene alma de biólogo u hombre de ciencias, con su lupa para observar insectos, aves y flora autóctona.

Magia pura en ese día de sol serrano, que nos dio la tibieza que nos falta en la áspera realidad familiar.

De pronto, cuando Lolita decidió darse un chapuzón en la piscina, dejándonos sorprendidos por su audacia, apareció un perro de pelo castaño con ladrido de hiena.

Lolita tuvo empatía, y se generó un romance de perra a perro que duró todo el día. Jugaban a lanzar y traer palos y Nino, así lo bautizó, danzaba a su alrededor con gracia.

Sentí que ningún animal tiene una respuesta tan inmediata de cariño como el perro.

Adopta a desconocidos por hambre y sed de amor. Puede dejar toda una vida en un instante si siente que hay alguien esperándolo con un hueso, una galletita o una sobra de comida y una caricia.

Sabe elegir a sus dueños temporales o *part time*; no especulan: te toman o te dejan sin aviso.

Tiene heridas de pasión, sexo y *rock and roll*.

Le gusta dormir con su amo entrelazando las patitas al lado de una salamandra en los gélidos inviernos, o derretirse al sol acompañando al amigo que busca una sombra bajo el turbinto.

Es sostenedor de relatos, a veces agotados, pero su convicción y lealtad a quien lo encandiló o entusiasmó lo mantienen en el frente día y noche con sus colmillos y su lengua afilados.

Los perros hacen el amor por ubicuidad; mandan su caudal erótico en sueños hiperrealistas, y nos desnudan en cámara lenta.

Defienden su territorio: abren el corazón cuando se sienten captados, amados, y a veces maltratados, pues su autoestima oscila como un péndulo.

No tienen despertador: su olfato, intuición y sexto sentido los mantienen despabilados: como Halcón, que encontró a Araceli como alma redentora de una tragedia sin escapatoria.

Perros vagabundos, de barrio, jardín, campo abierto, de mar, siberianos, con pedigrí, mastines napolitanos, labradores, cuscos y de otras razas son reencarnaciones sufridas, que deben volver una y mil veces a aprender el perdón, y constelar pecados mortales y capitales hasta quedar libres de karma.

Su salud dependerá de su cuidado familiar: sanos, neuróticos, con hipocondría, obsesivos de la dieta, *gym*, deporte, yoga, meditación, estarán alertas para ser *sex symbols* en ambos sexos, o como Prince, hermafrodita.

Alto voltaje en la piel; aman y dan más de lo que pueden en cada encuentro sexual en la cama, o en las playas de Colonia[25] a la siesta, después de devorar carne de vaca y beber el mejor vino charrúa.

Simpáticos, extrovertidos como JORGE ASÍS O MADONNA, serán noticia por sus ladridos afinados o desafinados en tiempos de cólera.

Sabios, analíticos, reservados o chusmas, contarán cuentos hiperrealistas hasta enamorar a su interlocutor.

Con estilo propio como JUANITA VIALE O LUIS MIGUEL, tendrán fanes que los seguirán hasta Alaska.

Mimosos, cariñosos, ariscos o a la defensiva, el perro es nuestro amigo incondicional, abierto a escuchar y contener nuestro caudal eólico, lunar, solar.

A compartir en su año nuestros profundos sentimientos y espejismos.

GUAU GUAU.

L. S. D.

El Perro va al cine

Cinéfilo por excelencia, puede estar viendo películas todo el día. Si no va al cine, se quedará sentado varias horas frente al televisor. Fiel a su gusto, puede ver la misma película más de veinte veces; conocerá los diálogos y se reirá o emocionará como si la estuviera viendo por primera vez. Su abanico a la hora de elegir una película es muy amplio, pero también muy sofisticado. Si lo invitas al cine, el perro prefiere elegir la película y te convencerá de que no puede haber un mejor plan que ver esa película. Antes de ir al cine te esperará en su casa con un rico té y pastelitos hechos por sus propias manos. Si tuviera que elegir un compañero para ir al cine, el perro no dudaría en convocar para tal evento a otro perro o a un mono. Siempre llevará en su cartera algo dulce y

---

25 Colonia del Sacramento es una hermosa ciudad turística uruguaya.

vivirá todo lo que sientan los protagonistas de la película como si fuera su propia historia. Ama el cine francés e italiano. Sus películas favoritas son: *Lo que el viento se llevó*, con Vivian Leigh y Clark Gable; *La colina del adiós*, con William Holden y Jennifer Jones; *Titanic* con Leonardo DiCaprio y Kate Winslet; *Elle*, con Isabelle Huppert.

Tarot y Zoo

El Ermitaño, El Emperador, Caballero de Bastos

Para ti, Perro, las cartas de Tarot que trae el perro dicen: Este es tu año, el perro visita al perro y el Tarot sugiere un reencuentro con el pasado, imagínate dentro de una rueda o espiral donde debes pasar por el mismo lugar pero en un piso superior. Solamente tienes que poner luz donde hay oscuridad; solamente hay que frenar para mirar atrás, hay que detenerse, respirar hondo. Tal vez tengas que llorar, despedirte, dar la vuelta y seguir adelante. El año promete seguridad, estar inamovible en todos los ámbitos, todo lo que llega ahora lo hace para quedarse, puedes reinar con seguridad, lo construido hasta el momento te hace fuerte. Lo emocional estará teñido de pasión, desenfreno y sexo; disfruta de tu año.

Ládrame tu karma

1) ¿Cuál fue la situación límite que cambió tu vida?

Tras una operación, tomar conciencia de que no somos eternos. No fue el dolor el que generó el cambio de perspectiva. Aunque sí el hecho de reconocer el temor a la muerte y el compromiso con las cosas del mundo.

2) ¿Cómo reaccionas ante una traición?

Tristemente, la confianza en los demás es algo muy importante. Es una experiencia que te deja cerca del cinismo, aunque una vez más estás en presencia de tus propias expectativas.

3) ¿Cuáles son tus valores prioritarios en la vida?

La sutileza y la amistad. La complicidad. La bondad. La alegría. Lo simple. El cariño. La poesía. La búsqueda incansable de algo profundo. Algo así como la inteligencia. La curiosidad. La intención. La liberación.

4) ¿Haces algo por los demás?

Sí, creo que somos estos seres humanos no porque robamos la misma manzana, sino por la historia de los hombres y mujeres despiertos que colaboraron a un descubrimiento, o una causa «justa».

5) ¿Esperas algo de los otros?

Sí, dar es más importante que recibir, pero son caras de la misma moneda. La reciprocidad es también algo importante. Da aquel que registra la humanidad en otros y en sí mismo.

6) ¿Crees que las diferencias unen o separan?

No siempre unen, no siempre separan, en todos los casos es una condición para la vida. Desde el principio del universo la vida tomó distintos caminos en un intento por desarrollarse y lograr alguna especie de cohesión. Unirse y separarse también son partes de un proceso que está en continuo movimiento.

7) ¿Qué significa fidelidad para ti?

Una acción que sigue a un discurso. Estar de acuerdo con uno mismo. Encontrar el equilibrio entre lo que pienso, siento y hago. Y ahí están los demás, en el mundo caótico, que son el único foco de la acción.

8) ¿A qué asocias la palabra diversidad?

A los otros, a lo no imaginado, a la posibilidad de aprender. Al encuentro con las propias dificultades. A lo multiforme y multicolor. A la esperanza, tal vez. La persecución de la diversidad es el miedo a la muerte, a la soledad, a la vejez.

El Perro y su energía

PERRO DE MADERA (1934-1994)

Un perro servicial

Este perro buscará rodearse de gente creativa, original, trabajadora, y se compenetrará con ellos para desarrollar su carrera. Necesitará seguridad material. Es exquisito, muy sociable, culto, estético y generoso; será un amigo de oro. A la hora de la verdad deberá decidir entre su profesión y su corazón.

Alimentos recomendados

Cereales: arroz integral. Carnes: muy magras, una o dos veces por semana. Pescados: salmón, pejerrey. Lácteos: consumirlos con moderación. Hortalizas: cebollas, calabaza, dulces en general, y brotes de alfalfa y soja. Legumbres: lentejas, judías rojas. Frutas: de estación. Bebidas: evitar el alcohol. Infusiones: manzanilla con miel. Muy importante el consumo de fibra vegetal y polen de abeja. Recetas preferidas: Salmón con albahaca, Arroz con champiñones y brotes, Pudin de calabaza.

PERRO DE FUEGO (1946-2006)

Un perro idealista

Este perro nació para triunfar en la disciplina que elija. Su convicción, coraje, esfuerzo y perseverancia lo convierten en un mastín. Muy apasionado, violento y arbitrario, no soporta ser perdedor y defenderá una causa hasta la muerte. Su espíritu de combate y su energía son contagiosos.

Alimentos recomendados

Cereales: arroz y avena. Carnes: aves silvestres, pollo de campo. Pescados: salmón. Lácteos: consumirlos con moderación. Hortalizas: todas las amargas. Frutas: de estación. Bebidas: champán, malta. Infusiones: *ginseng*. Prohibida la sal en la mesa. Recetas preferidas: Pollo en escabeche, Ruedas de salmón veraniego, Pudin de café de malta.

PERRO DE TIERRA (1958-2018)

Un perro estable

Este perro hará las cosas poco a poco y se conformará con sus logros. Muy estudioso, paciente, perseverante y disciplinado, necesitará guías que lo conduzcan. Sentimental, tierno, cariñoso, se la juega por una causa. Es un excelente amigo.

Alimentos recomendados

Cereales: arroz integral. Carnes: magras; cordero. Pescados: salmón. Mariscos: langosta y langostinos. Lácteos: todos descremados. Hortalizas: redondas y dulces. Legumbres: lentejas, garbanzos. Frutas: de estación, ensalada de frutas, pero siempre lejos de las comidas.

Bebidas: vinos afrutados en poca cantidad. Infusiones: manzanilla con miel. Se recomienda el consumo de polen de abeja. Recetas preferidas: Ensaladas de lentejas con huevos de codorniz, Arroz al estilo chino, Atún a la húngara.

PERRO DE METAL (1910-1970)
Un perro con garra
Este perro concreta siempre sus sueños. Tiene resistencia, coraje, valor y mucha ambición. Sus afectos son intensos, no perdonará una traición y buscará aliados. Llegará lejos y en el camino se encontrará con situaciones muy difíciles que resolverá con maestría. No conocerá los matices, jugará a blanco o negro.
Alimentos recomendados
Cereales: trigo. Carnes: solo magras, 150 g dos veces por semana. Pescados: salmón, pejerrey. Mariscos: evitarlos. Lácteos y quesos: descremados. Hortalizas: de hoja y de raíz, con mucho limón; patatas, boniatos, en especial para los atletas. Legumbres: todas. Frutas: todas, tres o cuatro por día. Bebidas: agua mineral con limón; champán para brindar en el cumpleaños. Infusiones: té de jengibre y menta. Recetas preferidas: Lomo con setas, Ñoquis de boniato, Panqueques de manzana.

PERRO DE AGUA (1922-1982)
Un perro liberal
Este perro vivirá a través de los demás. Su intuición, lucidez y olfato estarán custodiando siempre los intereses ajenos. Le costará poner límites y ser autodisciplinado. Será un perro sociable y muy profundo. Tendrá una vida sentimental tormentosa y buscará equilibrar su ansiedad con actividades intelectuales.
Alimentos recomendados
Cereales: avena. Carnes: pollo de campo, cordero. Pescados: salmón, anchoa, merluza. Lácteos: descremados. Hortalizas: cebolla, ajo, puerro, de raíz. Algas marinas. Legumbres: lentejas, frijoles, garbanzos, guisantes. Frutas: manzana, fresas, mango. Bebidas: Agua, zumos naturales. Infusiones: *equisetum* (cola de caballo). Recetas preferidas: Pizza de anchoas, Granola, Tarta de guisantes, cebolla y apio.

El Perro y su ascendente

Perro ascendente Rata: 23.00 a 01.00
Un tanto interesado, tendrá espíritu muy crítico. Participará en eventos populares y sabrá escuchar consejos. Un perro muy sentimental que estará apegado al pasado.

Pero ascendente Búfalo: 1.00 a 3.00
Vivirá exigido por las responsabilidades propias y ajenas y no descansará nunca. Sus principios son sólidos, nobles y desinteresados. El amor será para él la recompensa más preciada y difícil de obtener. Sus reglas son flexibles, y su humor, corrosivo.

Perro ascendente Tigre: 3.00 a 5.00
Un soldado de la justicia y los derechos humanos. Hará todo por convicción y nunca se entregará. Amará apasionadamente y tendrá un espíritu altruista. Nació para la política y las artes.

Perro ascendente Conejo: 5.00 a 7.00
Este perro sibarita y discreto necesitará mucho afecto para realizarse. Tendrá suerte, trabajará lo necesario y no se privará de nada. Es sumamente vulnerable a la influencia de los demás.

Perro ascendente Dragón: 7.00 a 9.00
Inquieto, innovador y egocéntrico, buscará prestigio, fama y poder. Amará el lujo, el confort, y tendrá relaciones efímeras y superficiales, aunque trate de profundizarlas. Un inconformista que se sentirá a gusto en los negocios, las ciencias o los deportes.

Perro ascendente Serpiente: 9.00 a 11.00
Un perro lleno de prejuicios y contradicciones. Necesitará dominar sus impulsos para no agobiar con exigencias a los demás. Descollará en los negocios o en la política. Buscará escalar socialmente; será una burbuja de champán.

Perro ascendente Caballo: 11.00 a 13.00
Un increíble y magnético perro. Egocéntrico, autoritario, avasallante, su humor es genial, y su capacidad de resolver problemas, admirable. Despertará pasiones irrefrenables.

Perro ascendente Cabra: 13.00 a 15.00
Servicial, inconstante y sentimental, deberá tener seguridad material para no desequilibrarse. Es antojadizo, caprichoso, informal y muy selectivo. Necesitará que lo admiren y aplaudan para tomar decisiones.

Perro ascendente Mono: 15.00 a 17.00
Un perro ácido, profundo y sagaz que hará siempre lo que se le antoje. Será creativo, original, inquieto, y vivirá peripecias sentimentales que decidirán su destino.

Perro ascendente Gallo: 17.00 a 19.00
Quisquilloso, calculador y muy inseguro, necesitará comprobar para creer. Le costará arriesgarse a la hora de tomar decisiones. El amor será un tormento si no acepta al otro como es.

Perro ascendente Perro: 19.00 a 21.00
Un trashumante que se enriquecerá con su propia experiencia. Será idealista, vivirá al día y siempre tendrá tiempo y espacio para los amigos. Un sabio consejero al que habrá que escuchar con atención.

Perro ascendente Cerdo: 21.00 a 23.00
Este perro generoso, auténtico y talentoso, concretará sus aspiraciones si tiene apoyo afectivo. Hará dinero y lo donará a instituciones benéficas. Se casará varias veces y tendrá muchos hijos.

Cuéntame un cuento chino

Charlie Squirru • Perro de Madera • Artista plástico y escritor • Argentina

Para Ludovica, con todo cariño.
Memorias de Bobi, 2007.
Soy Bobi el fox terrier de Charlie Squirru.
Fue una gloria compartir su amistad, momentos luminosos, llenos de imágenes al hablar, y tan poco previsibles ¡que podían convertirme en una estatua de sal!

Recuerdo que al regreso de uno de sus tantos viajes entre el cielo, el horizonte y su atelier, contaba sin melancolía unas historias desopilantes; nosotros los perros entendemos todo. A raíz de la comida que reunía a sus más queridos amigos salió el tema de cómo se come en España. En ese momento sus pestañas enfocaron de repente el barrio de Chueca, detrás de la calle Fuencarral.

Con deseos de no perderse el barrio empieza a caminar, y su olfato de perro lo lleva al restaurante difícil de detectar del dueño, chef y *maître* Iñaki Camba. A mi amigo lo deslumbra el talento, así que estuve muy atento para poder contarles. Aunque realmente les va a resultar un cuento chino.

Parece que al trasponer la puerta se entra en un ambiente que no se sabe cuán amplio es, dada la oscuridad reinante, pero realmente es un comedor donde las mesas se van iluminando mientras llegan los comensales.

En ese clima teatral aparece con su gran simpatía austera Iñaki, vestido de blanco imposible, gran gorro plisado de chef y un delantal que le aprieta mucho.

A mi dueño le encanta gritar «¡mozz...!», pero no hizo falta. En su mano izquierda traía una especie de recetario, y los acompañó hasta la mesa, que iluminó dejando a la vista una vajilla absolutamente original y se le sentó enfrente, mirándolo fijamente... Le dijo «¿Tenemos hambre? ¿Apetito? ¿Ganas? ¿Qué vamos a querer?». Charlie quedó mudo. Mientras, Iñaki trataba de escribir en su libreta de abajo hacia arriba. Entonces dijo «Vamos a hablar del plato principal hasta que lo lleve a lo que lo trajo!» Algún amigo osó decir «Pero, ¿y el primer plato?». «Cuando se hace una casa se empieza por los cimientos», con ese modo, por lo que contaba Charlie, lo imaginaba intenso, natural, hondo, con fino sentido del humor; mientras, aclaro que no es cautivo de ningún plato. Solo cautivo de la excepcionalidad del producto, cocina de temporada, de toda la vida.

Les contó que en poco más se iniciaba la media veda de caza, otro tema que a mi dueño le trae buenos recuerdos. «Vamos a recibirlo como en casa».

El 20 de agosto, primero entra con codorniz, tórtola y torcaza, luego sigue con perdiz, liebre conejo, azulón, cerceta, faisán (¡cómo me hubiese gustado estar allí para correr con ellos por el campo!)... para acabar con ciervo, jabalí y corzo. Es tan rica la variedad durante todo el año, que se aburre sirviendo atún rojo. La noche se prolongó con exquisiteces y sorpresas. Charlie lo sintió tan artista que quiso saber cuál era el sello de Madrid, e Iñaki le respondió «Madrid es la acogida, dar cariño a todos los que recibe».

Con cariño, Bobi.

Lino Patalano • Perro de Fuego • Mago del arte, productor • Nacido en Italia y argentino por elección y adopción

Dice mi horóscopo que por ser de Fuego debo agregar a las cualidades de lealtad, buena fe y humildad las de ser fiel a mis principios, belicoso, seductor y comediante. Y a los defectos de ansiedad, pesimismo y sumisión, el de ser poco tolerante con las agresiones o con quienes quieran obligarme a hacer algo contra mi voluntad. Y si tomo en cuenta mi ascendente, considerando que nací en Italia, calculo que por la diferencia horaria me da que lo tengo en Tigre, lo cual me hace ser, además, crítico, arbitrario, activo, valiente y representante de un momento histórico... ¡Vaya mezcla! Pero siendo sincero, debo reconocer que me veo reflejado en varias de esas características, ya que a lo largo de mi vida y de mi carrera hice de la lealtad y la buena fe una constante, y si bien no siempre fui demasiado humilde, tampoco creo haber pecado de belicosidad extrema. Seductor y comediante, lo soy 100% en la medida que sea necesario y tenga, por ejemplo, que hacer firmar un contrato que creo indispensable. ¿Ansioso? También, por demás. Dame un teatro o un local, o una casa, o lo que sea que tenga cuatro paredes y –salvo que adores el reciclaje inmediato– no me dejes a solas con un martillo en la mano. Mi profesión me obliga a ser crítico, aunque a veces no me gusta y me vuelvo arbitrario cuando me quieren convencer de algo de lo que sé que no estaré convencido jamás. Activo, claro. Cuando no es con el cuerpo, es con la cabeza. No puedo parar y a veces me da un poquito de miedo. Pero como también soy valiente, no le doy bola y sigo. Y por último, mi horóscopo y ascendente dicen que soy representante de un momento histórico. Tal vez se refieran a que fui testigo y protagonista activo de la era del café-concert en los dorados comienzos de la década de los 70. Si es por eso, entonces es verdad. Dicen que entiendo el dinero como algo que hace falta solo si la familia lo necesita, que adoro lo paranormal –confieso que sí–, que lo peor que podría hacer es dedicarme a actuar, cosa que no necesito que me recuerden. Nunca me gustó estar sobre el escenario. Me da vértigo y me sudan las manos. Y que entre mis preferencias para el ocio está ver películas o jugar a las cartas. Y sí, no cambio por nada una tarde de amigos jugando un truco de seis o volviendo a mirar la trilogía de *El padrino*. También aciertan con que amo Nueva York y Roma pero no dicen que te cambio París por Gaeta, que es mi pueblo natal. Vestirme de negro me asegura una discreta elegancia, seguramente por aquello de que «el negro adelgaza» y entre las numerosas profesiones que se supone me deberían atraer, aciertan con la de sacerdote, ya que de jovencito fui monaguillo en la iglesia de Lanús, donde me crié, pero que duró poco, porque me gustaba comerme las hostias y tomarme el vino. Para terminar, mi horóscopo dice que cada perro tendrá el karma que se merece con el zoo. No sé cuál será el mío, solo puedo decir que muchas veces, de tanto estar vigilando para que nada se les incendie a los demás, terminé con mi canil prendido fuego. Pero eso debe ser porque nací de noche, y estoy condenado a estar alerta, ser servicial… y parece que a no tener paz. No me arrepiento. Por eso debería agregar a toda esta lista una característica más: soy un perro de fuego… inconsciente.

Manuel Valdivia • Perro de Tierra • Periodista • Perú

PELANDO LA CEBOLLA

Cincuenta y nueve años tardé en darme cuenta de que había nacido en Ciudad Cebolla y que por ende algo había allí, justamente, así vino la mano, como si se tratara de pelar una cebolla. Al universo le gustan mucho las sincronías, dijo Borges, y es cierto, si me quedaba alguna duda, sonó mi celular mientras comía ensalada de cebolla, para que Anabel me recordara, el 2 de junio, el día del Perro, el cuentito chino para el Libro del Año del Perro.

La cebolla, mi cebolla, la que me vio nacer, tiene un manto morado como el Señor de los Milagros –y yo nací el día del Señor de los Milagros–, y es fuerte y tan intensa que hace llorar hasta al menos celoso, ama tanto la tierra que si se mete bajo sus enaguas brota, sus primeras hojas son gruesas y cuesta pelarla a mano, y si quieres empezar a deshojarla –creo que a nadie se le ha ocurrido contar cuántas capas tiene– parece que nunca terminan y, además, da trabajo pelarla porque las capas están muy unidas entre sí. Es curioso que, grande o pequeña, la cebolla joven no solo da menos trabajo cuando se la pela, sino que la vieja tiene más capas gruesas pero, casi al final, todas tienen el mismo sabor. Y así pasaron mis días, hasta que en uno de ellos me encontré encebollado, a veces en esta situación dan ganas de quitarse la vida, pero quiso el curso de un milagro que me encontrara tres flores en su camino, una rosa sufí que decía: «A un discípulo atento una señal le basta, y a un negligente cien mil consejos no le alcanzan». Un jazmín del jardín del sentido común que decía: «Las cosas que uno contempla cambian cuando uno cambia las maneras de contemplar las cosas», y una orquídea del paraíso que decía: «Perdonar, sin juicios y sin culpas», con estas tres flores empecé, intuí u olfateé que un encebollado de la existencia no justifica quitarse la vida pero, si de cebolla se trata el asunto, el punto era que para llegar al fondo del tema habría que empezar a quitar las capas para ir limpiando o develando el misterio, y fue entonces que «La Cebolla» se fue abriendo como una rosa y habló: «A los ocho años empecé a creer que el amor de los hombres lo podía todo. Después creí en la religión, creí en el dinero, creí en la fama, creí en el éxito, creí en que tendría la mujer más linda, creí en el poder, creí mucho en el placer, creí en la política, creí en la justicia, creí que el amor podría cambiar a mi pareja, creí que los buenos iban a ganar, creí en los finales felices, creí en los flacos, en los gordos, en los ricos, en los pobres, en los blancos, en los negros, en los maestros, en los chantas, en los chamanes, en los charlatanes, en mis amigos, en mis enemigos y así me la pasé creyendo y creyendo hasta que, de tanto pelar la cebolla un día pude creer que me podía reír de mí mismo, y me cagué de la risa tanto que me di cuenta de que nada era cierto... ¿Qué podía ser cierto? Si todo es blanco y negro, arriba abajo, al Norte o al Sur, al Este y al Oeste, aquí o allá, ¿dónde está el adentro? ¿Dentro de la cebolla? ¿Y qué habrá cuando termine de pelar la cebolla?

Ahora, solo contemplo y espero que mi cuerpo tenga vida para poder ver qué es lo que hay cuando levante la última capa de la cebolla; aunque si es un milagro, cada vez me importa menos.

Nitsy Grau • Perro de Metal • Escritora de teatro, Directora de Cine y Televisión • Cuba

Soy una perra con sobredosis de amor. Podría sonar algo empalagoso, pero no estamos en el sitio de la vergüenza, sino en el de las confesiones. Desde niña me he sentido amada y a los 18 años encontré al ser humano que no quería perder de vista. Siempre me ha jugado bien la suerte por ese lado, así que entre los dos tipos de perros soy el extrovertido. Ladro abiertamente por la vida y me acuesto a dormir a los pies de las personas en las que creo y confío.

Supe que era PERRA porque Ludovica me lo dijo ese día que la conocí y que todos amanecimos con un revuelo llamado Trump presidente. Yo estaba en un momento de desplazamiento de casi todo lo físico que un ser humano puede mover. Había roto con lo que tenía acumulado hasta el momento y me había lanzado a una vida de inmigrante por segunda vez. Era una refugiada recién etiquetada como tal y con un vacío por llenar en todos los sentidos. Ludovica me dijo que era perra, y que los perros teníamos un gran olfato. «Debe ser así», me dije, y decidí confiar en ello. Luego supe que mi territorio más sagrado lo había traído conmigo. Que subí a un avión justo lo más importante. «No está tan mal la cosa –pensé–, si puedo seguir despertando a mi gente con un cafecito». Tengo un ascendente de serpiente que según lo que leí me hace una persona romántica, profunda e intelectual. Me viene bien ese toque. Lo compro.

Ando enamorada hace 28 años de una cabra que me arropa y se deja arropar. Tengo un monito y una conejita que proteger. En realidad no he conquistado mucho desde ese día de Ludovica. Trump ya es presidente y yo estoy saliendo de una primera etapa que me ha robado mucha energía y me ha dado, contradictoriamente, unas libras de más. El choque ha sido duro, no siempre la gente y la ciudad te están esperando y no siempre uno trae lo que se necesita. Pero huelo algo bueno en el camino y confío. Como toda perra, me gusta llegar a casa y ver las luces prendidas. Me pongo el cartelito de valiente siempre y cuando tenga a quien defender. Disfruto la adrenalina, pero en el salto mortal que estoy dando, necesito estar atada a los que amo. Si no, me caigo de cabeza contra el piso, o la vida, da igual. Cuando cambiaron la ley de pies secos, pies mojados en los Estados Unidos, confirmé lo del buen olfato, entramos por la última ventana abierta que quedaba, al menos eso dicen las noticias. La vida del inmigrante está llena de reinventos y creo que uno arma y desarma la maquinaria, pero no el motor. Así que vamos, navegando en medio del oleaje, con la casa a cuestas, y cuando digo casa, me refiero a algo que nos cobija y nos calienta el espíritu, porque el techo como tal, aún no lo hemos recuperado.

Marilú Dari • Perro de Agua • Mujer sabia, vanguardista, existencialista, y además, en un esfuerzo de producción, la que me dio el ser • LA FAMOSA MUÑECA MARILÚ • Argentina

Soy un perro de agua. Dicen los que saben que soy la más *easy-going*. Mi ascendente es mono, lo que resulta realmente una buena combinación.

Tengo las típicas características del perro, fiel hasta el hartazgo, leal, honrada hasta la exasperación, obediente, educada, demasiado tal vez, y con amigos, no muchos pero que son los mismos que perdurarán a través de los años. Íntimos, muy pocos. No me considero tema de conversación. Perdí mi ego en algún pantano lateral, esos que uno va encontrando en el apasionante camino de la vida.

Si tuviera que elegir qué raza de perro me correspondería, no dudaría en elegir algún galgo divino, pero yo sé que en realidad soy fatalmente un SAN BERNARDO, esos que buscan y ayudan con la botellita a los que se perdieron por ilusos.

Tengo también grandes defectos: no me gusta delegar. Opino que lo que puedo hacer yo, lo hago mejor que nadie.

Como soy terriblemente observadora, no tengo paciencia con los ignorantes, con los soberbios, con los egoístas, con las personas que se consideran personalidad obsequio y con los que les gusta que los adulen.

Tengo fama de avara, pero no lo soy; ayudo cuando puedo, silenciosamente. Puedo ser mordaz, criticona y burlona, y generalmente doy consejos sabios que nadie escucha.

Ámame o déjame, porque soy fatalmente así.

Personajes famosos

PERRO DE MADERA (1874-1934-1994)
Gato Barbieri, Charly Squirru, Shirley McLaine, Horacio Accavallo, Brigitte Bardot, Elvis Presley, Chunchuna Villafañe, Enrique Cáceres, Sofía Loren, Rocío Jurado, Justin Bieber, Voltaire, Mónica Cahen D'Anvers, Enrique Macaya Márquez, Federico Luppi.

PERRO DE FUEGO (1826-1886-1946)
Freddie Mercury, Pipo Lernoud, Martín Seppi, Tomás Abraham, Javier Martínez, Susana Torres Molina, Oliver Stone, Ilie Nastase, Gianni Versace, Elfriede Jelinek, Cher, Bon Scott, Rolando Hanglin, Pablo Nazar, Jorge Asís, Susan Sarandon, Silvester Stallone, Eduardo Constantini, Gerardo Romano, Moria Casán, Donald Trump.

PERRO DE TIERRA (1838-1898-1958)
Michelle Pfeiffer, Gipsy Bonafina, Prince, Tim Burton, Michael Jackson, Madonna, Reina Reech, Eduardo Blanco, Kate Bush Petru Valensky, Silvana Suárez, Rigoberta Menchú, José Luis Clerc, March Simpson, Ana Obregón, Gary Newman, Gustavo Belati, Pipo Cipolatti, Chou En-Lai, Marcelo Zlotogwiazda.

PERRO DE METAL (1850-1910-1970)
Martín Lousteau, David Niven, Luis Miguel, Maribel Verdú, Madre Teresa de Calcuta, Ernesto Alterio, Jacques Costeau, Martín Churba, Matías Martin, Halit Ergeneç, Juan Cruz Bordeu, Juan Castro, Matt Damon, Paola Krum, Gabriela Sabatini, Uma Thurman, Jorge Javier Vázquez, Sócrates, Verónica Lozano, Andre Agassi, Andy Chango, Bob Marley, Lola Flores, Andy Kusnetzoff, Chiang Ching-Kuo, Gerardo Rozín, Puff Dady, Juan Pablo Varsky, Leonardo Sbaraglia.

PERRO DE AGUA (1862-1922-1982)

Vittorio Gassman, Ava Gardner, Marilú Dari, China Zorrilla, Molière, Julieta Pink, Víctor Hugo, Alejandro Dumas, José Saramago, Alberto Closas, Stan Lee, Malena Pichot, Sol Mihanovich, Cory Monteith, Pierre Cardin, Marcela Kloosterboer, Juana Viale, Norman Mailer, Bart Simpson, Paula Morales, Rodrigo Palacio.

Tabla de compatibilidad

	Amor	Amistad	Negocios
Rata	1	2	1
Búfalo	1	2	2
Tigre	1	1	1
Conejo	2	2	2
Dragón	2	1	2
Serpiente	2	1	1
Caballo	2	2	2
Cabra	3	2	1
Mono	2	3	2
Gallo	1	1	1
Perro	2	2	2
Cerdo	2	2	1

1 mal 2 regular 3 bien

Nota: las compatibilidades son desde el punto de vista de cada animal.

CERDO

El eco…
El eco de una sola risa
resuena dentro
de la calavera
abrazados andábamos
rumbo a la pocilga
a picarle el culo a las puercas calientes.
Sísifos precarios
al revés
nos aventábamos de la colina
en una llanta de tractor
subir al vehículo
era fácil
lo duro era parar.

JUAN MANUEL GÓMEZ

猪
二〇十七年五月
吾
覃國才

Ficha técnica

Nombre chino del cerdo
ZHU

Número de orden
DUODÉCIMO

Horas regidas por el cerdo
21.00 A 23.00

Dirección de su signo
NOR-NORDESTE

Estación y mes principal
OTOÑO-NOVIEMBRE

Corresponde al signo occidental
ESCORPIO

Energía fija
AGUA

Tronco
POSITIVO

Eres cerdo si naciste

30/01/1911 - 17/02/1912
CERDO DE METAL

16/02/1923 - 04/02/1924
CERDO DE AGUA

04/02/1935 - 23/01/1936
CERDO DE MADERA

22/01/1947 - 09/02/1948
CERDO DE FUEGO

08/02/1959 - 27/01/1960
CERDO DE TIERRA

27/01/1971 - 14/02/1972
CERDO DE METAL

13/02/1983 - 01/02/1984
CERDO DE AGUA

31/01/1995 - 18/02/1996
CERDO DE MADERA

18/02/2007 - 06/02/2008
CERDO DE FUEGO

CERDO

El sábado 6 de mayo fue el día que elegí para dar la tradicional conferencia en la FERIA DEL LIBRO, a las seis de la tarde.

Acompañada por Gabriel, mi talismán de la buena suerte y *look*, y Claudio, el cerdo protagonista de mi vida y libros, *blow up*, el fotógrafo que ve la vida detrás de su tercer ojo, nos deslizábamos en un coche con ventilación más cálida que fría, para llegar íntegra, sin derretirme, a la maratoniana cita anual con el zoo.

En un semáforo de la avenida Sarmiento vi pasar con suma elegancia a un señor exacto a GRANDE PA, mi amado terapeuta cerdo de agua con el que por designio astral y kármico nos cruzamos en la vida para ordenar la estampida de sucesos ingratos que me pasaron cuando aún era hipomaníaca y abría mi corazón, lugar y energía a quien se me acercara.

Ese hombre menudo, delgado, con barbita blanca y prolija, sin duda era ÉL.

Creo en esas apariciones en momentos en que tengo que embarcarme en una charla que despierte interés y sea integradora para el inédito público, que es un zoológico humano imprevisible.

Sentí que GRANDE PA (así bauticé al doctor Domingo Grande), con su gran humor, se cruzó en su barrio del Rosedal, donde atendía y vivía en su última etapa.

¡¡CÓMO NOS QUISIMOS!!!

¡QUÉ BIEN NOS HIZO A AMBOS ESTA RELACIÓN!

TRANSFERENCIA Y CONTRATRANSFERENCIA.

Este jabalí había nacido el mismo año que mi papá, EDUARDO SQUIRRU.

Durante casi cuatro años de encuentros tuve una gran oportunidad para revisar esa relación «eléctrica» que me produjo un destino *yin-yang*, de guerrera luminosa, *sanyasin*, mujer multimedia, campestre, alma federal, curiosa en artes adivinatorias y artísticas, viajera, rebelde hasta el tuétano, lúdica y solitaria.

HOMENAJE A LOS CERDOS EN DÍA DE LUNA LLENA.

Este signo es realmente una CAJA DE PANDORA.

Su estilo en ambos sexos es brusco, rústico, simple y visceral.

No se anda con tonterías, salvo que tenga un ascendente más sutil que lo llame a meditar y pensar lo que dirá cuando le venga el ataque de ira, bastante frecuente en épocas de desamor. OMOMOM.

¡A quererlos y aceptarlos como son! El cerdo vive compenetrado con su ecosistema. Es muy importante que sepa desarrollar su vocación contra viento y marea, mandatos y situaciones límite.

Necesita escuchar su voz interior y no desviarse de sus metas, porque el vicio es parte de su lucha en la vida: alguna adicción que puede detener su desarrollo y hacerle perder la autoestima y el coraje para emprender nuevos desafíos.

Su inteligencia es notable; puede tener talento intelectual, manual, intuitivo y sabe sazonar la vida en cada etapa con sus creencias y convicciones.

El cerdo es un animal muy respetado en China. Trae prosperidad y amor a la familia, pues como no es ambicioso sabe degustar cada etapa con su propio ritmo, indiferente a críticas o presiones de la sociedad.

En cualquier sexo, es apasionado, visceral, ardiente y le encanta revolcarse en la pocilga cuando alguien atraviesa su espesa piel ávida de caricias y arrumacos.

Tal vez no sea muy constante en seducir o mantener el fuego en la relación, pues cuando elige a alguien lo siente como una POSESIÓN.

Es territorial, marca la pocilga con tiza y candado y sabe que será el mejor custodio para su familia o pareja. Si no es estimulado en sus deseos, el cerdo puede dejarse llevar por malas influencias, que saben que su temperamento es ciclotímico y fácil de convencer.

A través de la vida tendrá muchas experiencias que lo marcarán, y los resultados dependerán de la contención familiar, el entorno y los amigos, que son fundamentales en sus decisiones para evolucionar o involucionar.

En ambos sexos y en otros mutantes, el cerdo ama ser libre y dueño de sus tiempos.

Buscará un entorno agradable, en la naturaleza o cerca de ella, donde pueda conjugar la jardinería con alguna actividad terapéutica que lo mantenga entretenido mientras organiza un asado para sus amigos.

Sensual, epicúreo, hedonista, sabe equilibrar los placeres terrenales con los celestiales y alejarse cuando siente peligro de ser devorado en Navidad.

Auténtico, es un experto en disecar la conducta ajena, dar consejos, aportar ideas creativas y opinar sobre los vaivenes de un mundo en desintegración.

Al cerdo o jabalí no le gusta que le exijan resultados; aunque es competitivo, su posición en general (hay excepciones, perfil bajo y poco presumido) es inscribirse en concursos, licitaciones y ¡candidaturas presidenciales! Y se convierte en el primer sorprendido cuando gana.

A veces parece naif, pero es agudo en sus deducciones cuando alguien lo sube al *ring*.

Tiene cualidades ideales para compartir la vida: compañero, cariñoso, protector, y a veces un poco celoso cuando siente que la pocilga corre peligro de abandono o invasión de espíritus de otras dimensiones.

Mientras celebro la resolución legislativa y la marcha del 2×1,[26] en una noche fresca de mayo, iré a la cocina a comer una mazorca de maíz por los dos.

L. S. D.

El Cerdo va al cine

No creas que porque es cerdo en el Horóscopo Chino solo gusta de las películas pornográficas o eróticas. A este simpático cerdito le gusta reír, reír y comer. El programa de ir al cine tiene que ser un combo. Tu invitación debe decir: «¿Vamos al cine? Primero nos comemos una porción de fugazzeta[27] y una de fainá[28], vemos la peli y a la salida nos vamos a comer una pasta con tuco y pesto o una milanesa con patatas fritas "doble caballo", por supuesto de postre un flan con dulce de leche». No dudes que el cerdo estará listo desde el momento en que el sol haga su aparición. Sutilmente le tendrás que decir que se ponga algo un poco más decente para la salida, porque el cerdo hace caso omiso a la moda y puede ir a la cita en pijama o disfrazado de Batman. Es muy cómodo, odia los autobuses y más el metro, por lo tanto tendrás que pasarlo a buscar con tu coche o de lo contrario ir en taxi, no tiene mucha paciencia a la hora de esperar. Sus películas preferidas son: *La Pantera Rosa*, con Peter Sellers; *Todo lo que siempre quiso saber sobre el sexo*, de y con Woody Allen; *Solo en casa*, con Macaulay Culkin; *Kung Fu Panda*, película animada con las voces de Angelina Jolie y Dustin Hoffman entre otros.

---

[26] Se refiere a una resolución legislativa para impedir la aplicación del beneficio de 2x1 en tiempo para las penas a cumplir por represores que actuaron durante la dictadura militar argentina.
[27] Variedad de pizza rellena con mozzarella y cubierta por cebolla.
[28] Masa fina hecha a base de harina de garbanzo. En Argentina suele acompañar a la pizza.

Tarot y Zoo

Ocho de Espadas, Siete de Oros y El Juicio Final

Para ti, cerdo, las cartas de Tarot que trae el perro dicen: Este será un año en el cual debes trabajar la paciencia, aprender que aislarte y no escuchar los consejos de los otros es desacertado. Las pruebas que te trae este año son de tolerancia y aprendizaje; sentirás que el mundo se frena, que has hecho y dado todo y sin embargo nada se acomoda. Los resultados no están dependiendo de ti; verdaderamente tú has hecho lo que necesitabas, pero como en todas las cosas hay que esperar un tiempo de maduración. Emocionalmente sentirás una necesidad de evaluar tu vida completa, no es necesario ponerte tan drástico ni querer solucionar todo ahora. Disfruta de cada momento sin preocuparte de lo que ha pasado ni de lo que pasará.

Ládrame tu karma

1) ¿Cuál fue la situación límite que cambió tu vida?

Cambió mi vida cuando conocí a Enzo (mi perro), la vida nos cruzó, en principio no era para mí pero el destino no se elige, el destino te alcanza.

2) ¿Cómo reaccionas ante una traición?

Prefiero no enfrentarme y no perdono.

3) ¿Cuáles son tus valores prioritarios en la vida?

La sinceridad, el empuje y la sabiduría, los que me enseñó mi padre, que me acompañan y pienso transmitir a mis hijos el día que los tenga.

4) ¿Haces algo por los demás?

Siempre que puedo echo una mano, de hecho soy bastante servicial, me gusta colaborar, especialmente cuando el otro está al límite, y poder ayudarle.

5) ¿Esperas algo de los otros?

Que den TODO.

6) ¿Crees que las diferencias unen o separan?
Unen. Los opuestos se atraen.

7) ¿Qué significa fidelidad para ti?
La fidelidad en la pareja es muy importante, en la amistad fundamental, y en la música casi indiscutible.

8) ¿A qué asocias la palabra diversidad?
La asocio a diferentes ideologías que puede haber dentro de una misma cultura. Y al derecho de poder pensar diferente. A que en un mismo espacio podemos encontrar infinitas formas de pensamiento individual. Creo que la diversidad son las diferencias en sí desde la aceptación y el respeto por esas mismas diferencias.

El Cerdo y su energía

CERDO DE MADERA (1935-1995)
Un cerdo supersport
Este cerdo será un constante emprendedor. Desarrollará su vocación, rodeándose de estímulos y personas positivas, y sabrá distribuir el tiempo entre el trabajo y el placer. Formará una familia sólida y estará rodeado de amigos. Un cerdo de lujo.
Alimentos recomendados
Cereales: trigo. Carnes: evitar las rojas. Pescados: salmón. Mariscos: almejas. Lácteos: muy pocos. Hortalizas: de hoja, bien cocidas, evitar patatas y boniatos. Legumbres: lentejas. Frutas: de estación. Bebidas: vinos secos y champán, limonada, té frío. Infusiones: manzanilla con miel. Debe aportar abundante fibra en su dieta, también frutas secas; y mantener su peso. Recetas preferidas: Canapés de espinaca, Canelones de verdura y pescado, Trigo burgol con leche.

CERDO DE FUEGO (1947-2007)
Un cerdo combativo
A este jabalí le encantan los desafíos. La pasión guiará su vida y deberá encauzar su energía para desarrollar su talento. Los vicios altos y bajos serán frecuentes, y le costará pedir ayuda. Un líder político y artístico que abrirá nuevos caminos. Cuando se enoja es capaz de llevar a cabo tropelías.

Alimentos recomendados
Cereales: avena y maíz. Carnes: pollo y pavo de corral. Pescados: salmón, mero. Lácteos: quesos roquefort y camembert. Hortalizas: cebolla, ajo, perejil, patatas, setas. Todas las algas. Frutas: mandarinas y manzanas, piña y melocotones. Higos frescos y desecados, almendras. También aceitunas negras. Bebidas: cerveza, champán. Infusión: manzanilla con miel. Recetas preferidas: Ñoquis de maíz, Salmón con albahaca, Raviolis de pescado, Espaguetis al pesto.

CERDO DE TIERRA (1959-2019)
Un cerdo sabio
A este cerdo hay que tenerle «paciencia china-criolla-sueca» y espacial; hay que esperarlo siempre, pues es muy indeciso y un poco *egotrip*.[29] Previsor, perseverante, estudioso, nada improvisado, necesita toda la seguridad afectiva y material para lograr su equilibrio psicosomático. Un amigo de oro y un amante misterioso.
Alimentos recomendados
Cereales: arroz. Carnes: magras. Pescados: salmón, merluza, besugo. Mariscos: pulpo, langosta. Lácteos: descremados. Hortalizas: calabaza, boniatos, remolacha, zanahoria, patatas, cebolla, ajo. Legumbres: todas en general. Frutas: de estación y compotas, lejos de las comidas. Bebidas: champán. Muy aconsejable: consumir polen de abejas y hacer ejercicio aeróbico. Evitar las grasas animales y los dulces. Recetas preferidas: Flan de mijo, Besugo a la vasca, Pudin de calabaza.

CERDO DE METAL (1911-1971)
Un cerdo en acción
Sabrá lo que quiere y perseverará hasta conseguirlo. Será muy precoz, aventurero, rebelde, avasallante y autoritario. Formará una familia, tendrá muchos hijos y participará en eventos políticos, artísticos y sociales. Un cerdo exitoso.
Alimentos recomendados
Cereales: arroz integral. Carnes: magras, tres veces por semana. Pescados: salmón, besugo, mero. Mariscos: pulpo, mejillones. Hortalizas: cebollas, puerro, ajo, de raíz, yuca. Legumbres: lentejas, frijoles. Frutas: manzana. Bebidas: vinos secos, champán. Infusiónes: menta, boldo. Cuidado con el exceso de picantes. Prohibida la

---

[29] Véase nota al pie de página 84.

pimienta. Sí al consumo de polen. Recetas preferidas: Mero a la parrilla, Arroz con mejillones, Crujiente de manzana.

CERDO DE AGUA (1923-1983)
Un cerdo lujurioso
Un sensible, confiado y sensual cerdo que no soportará que le manden. Necesitará estar rodeado de confort, belleza y amigos para encontrar su equilibrio. Será muy influenciable, débil y abandónico. Amará dedicarse al ocio creativo. Será un gurú, sabio o filósofo.
Alimentos recomendados
Cereales: arroz integral, trigo sarraceno. Carnes: magras, día por medio. Pescados: salmón, atún. Mariscos: langosta, camarones. Hortalizas: patatas, boniatos, cebolla, ajo, picantes. Algas marinas: kombu. Legumbres: frijoles de soja. Frutas: de estación. Bebidas: champán. Infusiones: manzanilla con miel, *ginseng*. Tener en cuenta que le perjudican el exceso de sal y los azúcares. Recetas preferidas: Lomo con salsa de vino, Plato fresco con camarones, Milanesas de soja.

El Cerdo y su ascendente

Cerdo ascendente Rata: 23.00 a 01.00
Un cerdo vicioso, astuto y muy entrometido. Le encantará ser el primero en enterarse de las cosas, y le costará guardar un secreto.

Cerdo ascendente Búfalo: 1.00 a 3.00
Autoritario y responsable, pensará en el deber por sobre todas las cosas. Disciplinado, estudioso, obsesivo, no claudicará en sus objetivos. Buscará el apoyo de la familia y los amigos.

Cerdo ascendente Tigre: 3.00 a 5.00
Rebelde y corajudo, defensor incondicional de la justicia. Será muy inconstante, ciclotímico y vicioso. Tendrá que hacerse cargo de las pasiones que despierta y de los hijos que trae al mundo.

Cerdo ascendente Conejo: 5.00 a 7.00
Un cerdo refinado, sibarita y estético al que le costará encontrar su vocación. Estará apegado a la familia y necesitará amor para su realización holística.

Cerdo ascendente Dragón: 7.00 a 9.00

Protagonizará sucesos extraordinarios, cambiará de trabajo, país y amigos con asombrosa rapidez. Hará fortuna, la gastará y empezará de nuevo. Un cerdo con ambición.

Cerdo ascendente Serpiente: 9.00 a 11.00

Posesivo, celoso y exigente. De ambiciones desmedidas, gustos caros y mucha suerte, este cerdo conseguirá lo que se proponga. En el amor desplegará sus encantos para conquistar lo imposible.

Cerdo ascendente Caballo: 11.00 a 13.00

Un eterno inconformista, ambicioso, egocéntrico, déspota, no soportará perder. Necesitará triunfar en su vocación y hará todo lo posible para lograrlo. El amor le llegará cuando menos lo espere.

Cerdo ascendente Cabra: 13.00 a 15.00

Este cerdo sensual, gracioso y artístico desbordará generosidad y camaradería. Tendrá una casa confortable en la que se sentirá protegido. El amor será su refugio y estímulo creativo.

Cerdo ascendente Mono: 15.00 a 17.00

Original, inteligente y profundo, sabrá los secretos de las relaciones entre los seres humanos. Descollará en su profesión y se dispersará en los laberintos de su imaginación.

Cerdo ascendente Gallo: 17.00 a 19.00

Un experto artista que sabrá equilibrar la pasión y la razón. Tendrá muchas oportunidades y las dejará pasar. Necesita más convicción y firmeza en sus ideas. Una vida afectiva con altibajos. Cuide su pocilga y disfrute la vida cotidiana.

Cerdo ascendente Perro: 19.00 a 21.00

Este cerdo solitario y arisco vivirá observando a los demás para luego criticarlos. Trabajará intensamente y guardará el dinero para la vejez. Tendrá varios amores y matrimonios; pero con la vejez puede volverse avaro y miserable.

Cerdo ascendente Cerdo: 21.00 a 23.00

Un diamante en bruto al que habrá que saber pulir sin dañar.

Necesitará más amor que otras cosas para ser feliz, desarrollarse y crecer artísticamente. Un espécimen sabio e intelectual.

Cuéntame un cuento chino

**Marina Fages • Artista plástica, Música •
Argentina**

Una canción invisible construida en sueños
habla del poder del deseo guiando al acto.
Un círculo de piedras formando un estanque
es un portal en el fondo del patio.

Los amigos vienen a festejar
cantando canciones de júbilo.
Ya llegan los amigos a festejar
y sobre líneas doradas dibujan y cantan:

«Había una casa sobre la colina
donde cada noche se reunían,
apilaban cosas, una sobre otra,
para confundirlas.

La casa vacía y las montañas doradas
donde el cielo ocupa el espacio del hambre.
Las estrellas acompañan cuando los amigos exploran
hay nubes que se acercan en forma de dragón
lluvia y trompetas: una invasión de ídolos.

Suenan los árboles del valle.
Los frutos están guardados
en canastas para esperar el invierno.
Luego, las luces blancas.

Es hora de volver
ya vimos los dioses flotando, se llevaron el hambre.
Es hora de volver y dormir
crear y dormir».

CERDO DE MADERA (1875-1935-1995)

Julie Andrews, Luciano Pavarotti, Isabel Sarli, Woody Allen, Eduardo Gudiño Kieffer, Lula Bertoldi, Mercedes Sosa, Pocho Lavezzi, Elvira Domínguez, Pinky, Bibi Andersen, Maurice Ravel, Dalai Lama, Jerry Lee Lewis, Antonio Ravazani, Julio Maharbiz, José Mujica, Alain Delon.

CERDO DE FUEGO (1887-1947-2007)

Gigliola Cinquetti, Mijail Barishnikov, José Carreras, Georgia O'Keefe, Richard Dreyfuss, Steven Spielberg, Hillary Clinton, Georgio Armani, Iggy Pop, Oscar W. Tabarez, Jorge Marrale, Brian May, Paul Auster, Glenn Close, Mick Taylor, Carlos Santana, Ron Wood, Steve Howe, Deepak Chopra, Le Corbusier, Keith Moon, Oscar Moro, Chiang Kai-Shek.

CERDO DE TIERRA (1839-1899-1959)

Jorge Luis Borges, Victoria Abril, Alfred Hitchcock, Juan José Campanella, Fred Astaire, Humphrey Bogart, Val Kilmer, Indra Devi, Gustavo Cerati, Claudio Gallardou, Semilla Bucciarelli, Pedro Aznar, Ana Torroja, Michelle Acosta, Fabiana Cantilo, Angus Young, Nito Artaza, Bobby Flores, Hugh Laurie, Ramón Díaz, Al Capone, Darío Grandinetti.

CERDO DE METAL (1851-1911-1971)

Ernesto Sabato, Mario Moreno «Cantinflas», Máxima Zorreguieta, Paulo Vilouta, Ricky Martin, Winona Ryder, Robert Taylor, Claudia Schiffer, Martín Ciccioli, Carolina Peleritti, Eugène Ionesco, Dolores Cahen D'Anvers, Ginger Rogers, Pablo Trapero, Gloria Carrá, Juan Manuel Fangio, Julieta Ortega, Gastón Pauls, Diego Torres, Wally Diamante.

LSD con Borges, cerdo, y Bioy, tigre en La Biela
Cerdo de Tierra

CERDO DE AGUA (1863-1923-1983)
Mariana Fages, Alberto Ajaka, Guillermo
Cooke, Maria Callas, príncipe Rainiero de
Mónaco, Eduardo Falú, René Favaloro,
Natalia Lafourcade, Celeste Cid, Carlos Páez
Vilaró, Gustavo López, Richard Avedon, Darío
Barassi, Piru Sáez, Carlos Jimena Butti, Sabrina
Garciarena, Agustina Cherri, Henry Kissinger.

Tabla de compatibilidad

	Amor	Amistad	Negocios
Rata	2	2	2
Búfalo	3	3	3
Tigre	3	2	1
Conejo	2	2	2
Dragón	3	2	1
Serpiente	2	2	1
Caballo	3	2	2
Cabra	3	1	1
Mono	3	2	2
Gallo	2	2	2
Perro	3	2	2
Cerdo	2	2	2

1 mal 2 regular 3 bien

Nota: las compatibilidades son desde el punto de vista de cada animal.

1. Ludovica en Salinas Grandes, Jujuy.
2. Madre Teresa de Calcuta, perro de Metal.
3. Javier Martínez, perro de Fuego.
4. Liza Minelli, perro de Fuego.
5. José Saramago, perro de Agua.
6. Lola Flores, perro de Metal.

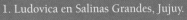

7. Luis Miguel, perro de Metal.
8. Madonna, perro de Tierra.
9. Michael Jackson, perro de Tierra.
10. Sabrina Olmedo, perro de Metal.
11. Vittorio Gassman, perro de Agua.
12. Sofía Loren, perro de Madera.

1

Cocinar, meditar, sanar

por Mona Tao

RATA

Ratas en la cocina

Las ratas son felices viviendo en la ciudad. Buscan instintivamente habitar en lugares con mística urbana.

Altos edificios, calles superpobladas, embotellamiento de taxis, propuestas teatrales, restaurantes y cafés no pueden faltar en su modo de vida. Adoran salir de paseo solo para descansar tomando un café, siempre en distintos sitios de moda. Si su economía hogareña lo permite, saldrán a cenar todas las veces que puedan. Les gusta el ritual de sentarse a la mesa de un restaurante y ser atendidas como reinas y reyes.

De lo contrario, se conforman con ir a comer a una cadena de comida rápida y pedir el menú del día sin sentir ningún remordimiento. Siempre disfrutan de la comida, sea en un restaurante de autor o en un carrito de perritos y hamburguesas.

Cuando se quedan en casa, prefieren la opción del servicio a domicilio. Guardan varios imanes en la nevera para resolver rápidamente la urgencia del hambre. Incluso cuando tienen invitados o cuando los chicos vuelven de la escuela. Su relación con la comida es visceral; si tienen hambre, salen a buscar por donde sea.

Son omnívoras y de amplio paladar. Les gustan las verduras crudas, los raviolis y el asado al horno con patatas. Las tortas con dulce de leche, el helado y las barritas de cereales. Se adaptan fácilmente a las circunstancias, aceptando y agradeciendo el alimento de cada día, ya sea hecho en casa o comprado.

Cuando cocinan, se ponen delantal y buscan un viejo recetario que heredaron de alguna tía glotona.

Si organizan reuniones, llenan la mesa de bandejas, abundantes y sabrosas. No escatiman en cantidad ni en variedad de gustos. Destacan como anfitrionas, ya que saben abrir las puertas de su casa a lo grande, con todas las luces encendidas, y un *show* sorpresa que hará de la fiesta un encuentro sobresaliente.

Su especialidad es el pastel de cumpleaños casero. Ponen tanto amor en la decoración y en el relleno, siempre de dulce de leche, que termina siendo una obra de arte. No hay nada mejor que tener un amigo o hermana rata, para recibir el mejor regalo del mundo, una tarta hecha por sus manos.

Meditación en acción

«Om Shaanti Shaanti Shaanti»

La palabra en sánscrito «shaanti» significa paz, es un mantra budista que se utiliza en muchas ceremonias, como invocación a la paz. También puede usarse para entrar en estado de paz personal.

La rata, inquieta, inconstante, movediza, necesita concentración en el aquí y ahora, especialmente mientras cocina para su amada familia. Una vez que compruebe los resultados de repetir esta palabra sagrada, ya no podrá prescindir de repetirla, incluso en silencio mientras trabaja o cuando interactúa con otras personas. Lograrán armonía y serenidad, y un manto de protección y paz interior las tendrá a salvo de las inclemencias de la vida.

BÚFALO

Búfalos en la cocina

Tenacidad, perseverancia, empuje son cualidades que caracterizan a los búfalos.

En el ámbito de la cocina se manejan con responsabilidad y asumen su tarea, aun presionados por la rutina, con buena predisposición. Si su objetivo es la alimentación familiar, allí ponen su energía, poca o mucha, y se ocupan de cocinar comidas elaboradas y bien presentadas. Según la hora del día y el cansancio acumulado, le dedicarán varias horas a la tarea. Más allá del empeño, siempre estarán disconformes, son muy críticos ante el resultado de sus obras culinarias. A veces, tanta exigencia los agobia y terminan descorazonados sin poder disfrutar de la comida.

Su máxima felicidad consiste en hacer reuniones de familia y amigos para integrarlos en un solo grupo. No les gusta que haya desuniones ni subgrupos. Son buenos anfitriones presentando gente y socializando. Sus mesas son abundantes, con grandes fuentes llenas de comida rica y muy gustosa. Esperan con ansia la aprobación de sus invitados, y se llenan de gozo cuando les aplauden.

En el momento de hacer la compra son excesivamente previsores y compran alimentos de más. Les gusta atiborrar la alacena de latas, paquetes y botellas, pensando que las épocas de hambruna no les sorprenderán desprevenidos. Tal vez un resabio de otras vidas, cuando resultaba muy difícil atravesar los crudos inviernos sin comida.

Son de buen comer, sirven porciones grandes, apetitosas, tentadoras. Contagian a sus compañeros de mesa, y un sencillo almuerzo siempre se convierte en un festín. No hay plato que no les guste y experimentan recetas nuevas todo el tiempo sin prejuicios.

Son agradecidos con el universo, aunque siempre están pidiendo lo que no tienen. En la cocina como en la vida, se entregan con toda el alma, sorteando obstáculos, abriendo caminos nuevos.

Y cuando pierden el rumbo, se ponen a cocinar para la manada, y santo remedio.

Meditación en acción
«Señor Jesucristo, ten piedad de mí»

Esta es la «oración del Corazón», muy practicada entre los bizantinos, en los primeros siglos del cristianismo. Tiene su origen en los padres del desierto y era central en la vida de los peregrinos hesicastas, dedicados de lleno a la calma, el silencio y la contemplación. Se acompaña con la respiración, diciendo «Señor Jesucristo» en la inhalación, y «ten piedad de mí» en la exhalación.

Los búfalos tienden, a pesar de su apariencia de solidez, a volverse ansiosos e inseguros, en especial en el momento de manipular los alimentos. La repetición de esta oración en forma continua los libera de angustias, y favorece la liberación de todo lo que perturba su paz interior. Lograrán seguridad y autoestima, para poder sentirse satisfechos con el mundo y con ellos mismos.

TIGRE

Tigres en la cocina

Los tigres ya no son lo que eran; han perdido su ferocidad para convertirse en líderes compasivos y humanitarios.

Prefieren conducir el clan en forma horizontal, más democrática e igualitaria. Ellos se reservan la voz de mando y organizan la división de tareas, pero han aprendido a delegar y a compartir cartel con sus compañeros de ruta.

En la cocina, prefieren diseñar un menú abierto al gusto de los comensales, si el plato principal lleva carne, seguro van a incluir una versión vegetariana para sus amigos herbívoros. Aunque no son chefs por naturaleza, coleccionan recetas de la abuela en viejas agendas amarillas que van intercalando con recetas sacadas de internet. Su necesidad de brillar y de ser los primeros en su categoría los impulsa a superarse cada día en lo que concierne a la presentación de platos. Aman que les aplaudan.

Los tigres gustan del buen vino durante la cena, del buen champán para brindar y del buen whisky entre amigos durante las madrugadas de sobremesa. Respetando su inclinación hacia las bebidas espirituosas, suelen reservar un lugar de la cocina para instalar una pequeña cava, con botellas añejas y etiquetas *premium*, incluso con un sabroso *lemoncello* casero que aprendieron a hacer en la infancia.

El espacio donde cocinan tiene que ser cómodo, si es posible con una isla en el centro para ir acomodando las ollas sucias y los platos listos; todo a mano, fácil y rápido. Por supuesto, exigen tener un lavavajillas y algún asistente dispuesto a obedecer sus órdenes. Los tigres son de los que piden ayuda para poner la mesa y lavar los platos, cosas que enseñan a hacer a sus hijos desde pequeños.

Su paladar se debate entre la cocina mediterránea y la cocina autóctona. Tanto se desesperan por unas pastas italianas como por una bandeja de fiambres de Tandil, incluso son capaces de incluir ambos menús en la misma reunión familiar, alegando que así quedan bien con todo el mundo. Su cocina es popular, sin refinamientos, generosa y versátil. Su sueño de la semana es recibir el domingo a toda su familia para agasajarla alrededor de la mesa. La comida se convierte en un mimo que saben dar con amor. Son entusiastas padres y madres de familia, orgullosos de dirigir el clan.

Meditación en acción
«Om Vajrasattva Hum»

Es un mantra perteneciente al budismo tibetano, y está dedicado al Buda de la Purificación. Su repetición purifica el alma de todas las impresiones negativas que la hayan afectado durante el día. Los tigres cocineros pueden usar esta meditación para poner las manos en la masa y estar tranquilos de que no transmitirán su negatividad a los invitados. A medida que avancen con la tarea del amasado, notarán que sienten en sus dedos una gran ebullición, que irá subiendo por manos y brazos, hasta llegar al corazón y de ahí a la cabeza. Un cosquilleo muy agradable, mezcla de bienestar y equilibrio, recorrerá todo el cuerpo hasta llegar a la corona, en el chakra Sahasrara. Esa energía vibrante de felicidad será compartida luego con sus invitados, a través del pan.

CONEJO

Conejos en la cocina

Son ágiles y movedizos, siempre en actividad. Los conejos son almas compasivas que buscan siempre el bienestar de los suyos.

Atentos y dispuestos a la menor necesidad, acuden solícitos a brindar hospitalidad y bienestar. Cocinan y ponen la mesa brincando, saltando de alegría.

Les gusta hacer cosas ricas y esconderlas, para sorprender a su familia a la hora del postre. De familia numerosa, no le temen a la tarea infinita y cotidiana de cocinar-lavar-y volver a cocinar.

La rutina se convierte en un placer. La cocina es como una pradera llena de hierba fresca y apetitosa, laboratorio de exquisitos manjares saludables. Mamá coneja o papá conejo siempre estarán elucubrando con qué nueva ensalada construirán el menú familiar. Incluso, preparar algo para la oficina o la escuela de los chicos se convierte en una ocupación gratificante. Suelen quedarse hasta tarde preparando distintas viandas según el gusto de cada integrante de la familia.

Cuando caen rendidos, solo necesitan una siesta al sol para reponerse.

Prefieren los lugares amplios y luminosos, que les permitan saltar de una punta a la otra, y correr si están cocinando contra reloj. Son ordenados y limpios, pero sin obsesionarse por la prolijidad.

Les gusta cuidar del jardín y si es posible tienen una huerta orgánica, con todas las hierbas aromáticas necesarias para sus creaciones.

Prefieren platos rústicos y sabrosos. Por sobre todas las cosas, saludables, porque defienden la vida natural al aire libre. Necesitan sentirse sanos, bellos y jóvenes.

Tienen un recetario de fórmulas mágicas con ingredientes secretos, diseñadas para mantener la vitalidad y verse jóvenes eternamente. En esa lista incluyen germinados, zumo de pasto de trigo, espirulina, polen y hasta cloruro de magnesio.

Cuando logran verse jóvenes, no es gracias a los suplementos superpoderosos, sino al uso de alimentos *sattvicos* (palabra hindú, que significa benéfico, puro, sagrado) y al amor que ponen en la preparación, garantía de longevidad.

Meditación en acción
«Om Gam Ganapataye Namaha»
Significa «Saludo al Señor de los Clanes que remueve todos los obstáculos de la vida». Está dedicado al Señor Ganesha, dios de la sabiduría, hijo del dios Shiva y su esposa Parvati. Con cuerpo de hombre y cabeza de elefante, es una de las principales deidades dentro del hinduismo.

Es un mantra usado para vencer los obstáculos de la vida. Si los conejos meditan concentrados en ellos mismos, lograrán pacificar la mente obsesionada por la apariencia física. La sabiduría de Ganesha llevará luz a sus corazones, para disipar angustias y temores. La mente así armonizada se verá reflejada en un cuerpo relajado y un rostro sin ansiedad. Repetirlo siempre en la cocina hará de los conejos seres felices y satisfechos con su edad biológica, sin importarles las arrugas o el pelo blanco. La calma lograda se transmite a la energía de los nutrientes, potenciando su efecto benéfico en el cuerpo físico y etéreo.

DRAGÓN

Dragones en la cocina

Son seres alados y protagonistas de historias mitológicas, su aliento quema y sus garras asustan. Pero gozan de extrema belleza interior y exterior. Tienen una mirada profundamente humana y compasiva.

En la cocina, se manejan con gran seguridad y dominio profesional. Son como directores de orquesta que todo lo saben y todo lo ven. No les gusta que los contradigan, pero al mismo tiempo escuchan y son capaces de ceder ante su pareja. Si son vegetarianos, aceptarán y cocinarán platos con carne para sus pares carnívoros. Si están con hambre y nadie tuvo en cuenta su dieta vegetariana, serán capaces de comer un pescado a la parrilla. Con sabiduría, se adaptan a cada situación.

Prefieren los guisos de olla, las sopas de verduras, los estofados a la cacerola, esas comidas de antaño que se están perdiendo, que cocinaban las abuelas en invierno. Tal vez encuentran en ese ritual de la olla única algún resabio de su pasado. Un pasado en algún espacio y tiempo olvidados, donde el fuego era el centro alrededor del cual giraba la vida en comunidad.

También son afectos a los frutos. En sus viajes de alto vuelo, donde el protagonismo no está en la tierra sino en el cielo, su alimentación se basa en frutos de árboles de gran altura, adonde solo ellos llegan.

Con su familia son amorosos y están muy pendientes de cada gusto personal. Son solícitos, detallistas y protectores. A veces se vuelven introspectivos, y en esos momentos de silencio se dedican a hacer arte con las manos. En la cocina, hacen arte con los condimentos y las hierbas. Pueden sazonar creando sabores nuevos y transformar viejas recetas innovando sin prejuicios. No le temen al qué dirán.

Su espacio de trabajo culinario será siempre semejante a un taller de arte, lleno de utensilios de madera, ollas de hierro, recipientes mágicos, brebajes, frasquitos con hierbas, recetarios y muchas fotos de seres amados colgadas en la nevera. Vivir con un dragón es como viajar en el tiempo, hacia un lugar de abrazos confiables, como volver a la infancia y regresar llenos de inocencia.

Meditación en acción

«Om Nama Shivaya»

Su significado es «yo saludo al señor Shiva», y Shiva es el dios de la transformación del mundo, uno de los dioses de la trimurti o trinidad hinduísta, Brahma-Vishnu-Shiva.

Es uno de los mantras más populares y más utilizados en la India. Contribuye a focalizar la conciencia hacia nuestro interior para hallar la Divinidad que nos habita.

Los dragones pueden cocinar y meditar invocando a Shiva, para despertar su potencialidad divina creadora, que aún tienen dormida. El resultado se verá reflejado en el poder *sattvico* (benéfico) de los alimentos y la respuesta de sus invitados será de agradecimiento y admiración. Después de probar la comida, podrán acompañarlo en su vuelo.

SERPIENTE

Serpientes en la cocina

A pesar del temor que se tiene hacia las serpientes, producto del prejuicio y del desconocimiento, las serpientes son seres intuitivos y muy refinados. Polifacéticos y espirituales.

Siempre atentas a las necesidades de su clan, se mueven con sigilo entre la adversidad, para resolver problemas de todo tipo. Con la alimentación, se ocupan a conciencia de lo que comerá su familia y ellas mismas. Les gusta elegir directamente los productos de calidad, comprando a buen precio. Lo disfrutan y se jactan de ello.

Son organizadas con las alacenas y con el mantenimiento de las raciones en el congelador; guardan para el invierno o para cuando no tienen tiempo de ocuparse como les gustaría. Sus lugares de trabajo siempre están aireados, limpios y ordenados. Con todos los utensilios al alcance de la mano, dispuestos en fila como en un quirófano. Pegan en la nevera una planilla con el menú semanal, que respetan y hacen respetar a sus ayudantes de cocina. Son un ejemplo de pulcritud y eficiencia.

Su tendencia a caer en la tentación las hace vulnerables a los atracones. Conscientes de su debilidad, huyen de las comilonas y prefieren autocontrolarse aun a riesgo de volverse obsesivas.

Necesitan generar admiración, un punto a favor a la hora de agasajar a sus invitados. Ya sea que elijan un menú *gourmet* o un plato tradicional, siempre le darán un toque personal.

Adoran la comida de otras culturas, e investigan y experimentan haciendo platos de Oriente o de pueblos originarios. Las serpientes varones suelen ponerse el delantal de cocinero, y sorprender a sus amigos con platos equilibrados y rebosantes de nutrientes.

Cocinan en silencio, no dan explicaciones ni piden ayuda, solas logran su objetivo porque saben lo que quieren y lo resuelven con inteligencia y astucia, como verdaderas maestras de la vida.

Pueden ser omnívoras o veganas, pero siempre harán para los suyos un plato saludable e iluminado.

Meditación en acción

«Hari Om Tat Sat»

Es un antiguo mantra de los vedas, que significa «es la Verdad Absoluta», y se encuentra explicado en el *Bhagavad Gita*, libro sagrado de la India.

Cuando la serpiente cocina repitiendo este mantra, ya sea cantado o en silencio, entrará en la sutileza de la energía del universo, fundiéndose en ella y alcanzando visiones que tiene dormidas. La purificación de su mente y cuerpo facilitará la entrada a nuevos niveles de conciencia, más cercanos a la Verdad. Sus manos se convertirán en un canal abierto a través del cual la energía pura se conectará con los comensales, generando el mismo bienestar que si aplicaran reiki sobre ellos.

CABALLO

Caballos en la cocina

Ante todo, son artistas visuales y el mundo de la comida pasa primero por sus ojos y luego por el paladar.

El espacio físico de la cocina, la ambientación y los utensilios que usan son elegidos cuidadosamente en función de sus atributos estéticos. Coleccionan objetos de diseño, raros pero útiles, de esos que se consiguen tanto en la tienda del MoMA como en el mercado de San Telmo. Cocinan muy rápido, como si estuvieran bajo un trance creativo, siguiendo la inspiración del momento. Adoran disponer sus recetas en los platos con exquisita mano de artista. Pero son incapaces de ir lavando los platos a medida que cocinan; van dejando los utensilios apilados a la espera de que otro lave. Solo usan sus manos para crear. Orden y limpieza no caracterizan a los caballos.

Son expertos en la logística organizando banquetes, se ocupan con gran profesionalidad desde la elección del menú hasta el diseño de las mesas y la música del evento.

Sin embargo, son inconstantes. No les gusta la rutina de hacer lo mismo cada día. Prefieren ir variando y organizar almuerzos alternativos, como un pícnic en la plaza, o una cena comunitaria en la terraza del edificio.

Solo cocinan cuando tienen ganas, por hambre o para impresionar a sus invitados. Si se sienten comprometidos, huyen al galope. Una cosa es crear un plato una vez a la semana, y otra muy distinta tener la obligación de hacerlo cada día, varias veces, y para toda la familia.

Claro que siempre hay opciones *fast food*: si el caballo es naturista, nada mejor que unos chapatis (pan hindú) con hummus (pasta de garbanzos) y verduras a la parrilla. Si es omnívoro, un sándwich con todo lo que encuentre en la nevera.

Adoran ir de ronda por distintos restaurantes a la caza de exquisiteces. Afectos al glamur culinario, buscan ser tentados por obras de arte comestibles. Para llegarles al corazón, nada mejor que invitarlos a degustar platos de autor, a catar vinos y a paladear postres helados.

Meditación en Acción
«Om Om Om»
Om significa el nombre de Dios y el Universo, representa el Todo y la Unidad. Es el mantra más sagrado de las filosofías hinduistas y budistas. Es el sonido primordial del universo, del cual emergen todos los demás sonidos.

La meditación en el Om es poderosa y efectiva de inmediato. Los caballitos alterados podrán relajar la mente, ahuyentando los pensamientos múltiples y confusos del día. Mientras van cocinando, notarán que la respiración se equilibra y se restaura la presión sanguínea. Es muy beneficiosa para los caballos en períodos de inestabilidad y ataques de locura. Van a poder improvisar y crear en armonía, serenamente, evitando accidentes domésticos tan habituales en sus vidas. Bajo el efecto de la vibración del Om, la comida se convertirá en *amrita*, el néctar de los dioses.

CABRA

Cabras en la cocina

Son intrépidas buscadoras de la libertad, siempre subiendo hacia lo alto en pos de algún lugar más cerca del cielo.

En el ámbito doméstico, las cabras se desarrollan con gracia y sencillez. Buscan el refugio del hogar para revertir el estrés que causa vivir en las grandes ciudades. Hacen de su cocina un paraíso de sabores. Allí cocinan, se reúnen, comen, charlan y transmiten paz a sus familias. La comida es preparada y servida como ofrenda, un sencillo plato de fideos con manteca puede convertirse en sus manos en la gloria del domingo. No les interesa presumir de ser grandes chefs, prefieren un recetario básico, popular, austero, pero bien sazonado y servido con amor.

Adoran las milanesas y el estofado, comidas que despiertan recuerdos de la infancia, que incitan al abrazo colectivo y a la unión familiar. Son expertas en improvisar reuniones y presentar una mesa sin protocolos ni etiqueta, pero llena de cosas ricas.

Cuando hacen la compra, buscan precios y recorren varios lugares hasta encontrar lo que necesitan. Varones y mujeres cabra disfrutan del recorrido escarpado por los estantes del supermercado, haciendo zigzag entre la gente. Sus alacenas tienen reservas para el invierno, y muchas veces cultivan en macetas para tener verduras siempre frescas en el balcón.

Las cabritas pueden caer en períodos de tristeza. En esos momentos suelen llamar a algún amigo o amiga para tomar mate con bizcochitos, y llorar sus penas. Una vez que se desahogan, ya están listas para ponerse a preparar la cena.

No les gusta el servicio a domicilio, salvo que les ofrezcan comida casera hecha con amor. Si no tienen tiempo de cocinar, tendrán siempre el recurso milagroso de convertir las sobras de la nevera en un manjar.

Y si aparecen invitados por sorpresa, harán con sus manos que la comida se duplique hasta alcanzar para todos. Siempre habrá en su mesa pan para repartir y vino para brindar.

Meditación en acción

«Padre nuestro que estás en los cielos, santificado sea tu nombre»

No hace falta repetir una oración completa como mantra, en este caso, la repetición de la primera frase del Padrenuestro basta para entrar rápidamente en estado de meditación. El Padrenuestro es la oración más popular en el mundo cristiano, y su origen se remonta a las enseñanzas de Jesús a sus apóstoles, que aparecen en los Evangelios de San Mateo y de San Lucas, en el Nuevo Testamento.

Como son osadas pero tímidas, las cabras pueden meditar en silencio, concentradas en la respiración y en la relajación de sus músculos. La conexión con su Ser abrirá su conexión con la Energía Cósmica de inmediato. Su mente podrá alcanzar el estado de libertad, y la sabiduría lograda será el mejor condimento para sus comidas.

MONO

Monos en la cocina

Habituados a vivir en las ramas, los monos no presentan afinidad por cocinar cuando la tarea se convierte en rutina diaria. Solo lo hacen por placer, cuando están iluminados y no se sienten exigidos.

Como se conducen por impulsos que vienen directamente del corazón, entran y salen de la cocina según la llamada de su inspiración divina.

Pueden llegar a ocuparse eventualmente del menú familiar, pero siempre con creatividad y fuera de cualquier protocolo. Prefieren improvisar con platos sueltos tipo *lunch* y el servicio a domicilio.

Les encanta ser agasajados con buenas comidas, abundantes y sabrosas, como un buen asado, pucheros, pastas italianas o sushi.

Adoran ser invitados a restaurantes y pedir los platos típicos de cualquier parte del mundo, sin miedo a experimentar sabores nuevos. Tienen intensa vida social y nocturna, lo cual los capacita como grandes críticos culinarios.

En el caso de ser ellos los anfitriones, contratan al mejor chef para resolver el menú y deleitar a los invitados. Su espíritu de líder les permite gestionar encuentros multitudinarios con éxito de convocatoria gracias a su carisma y a su generosidad para atender a los invitados con excelente comida y abundante bebida espirituosa.

El hambre los ataca muchas veces al día, por necesidad de nutrientes, pero también por ansiedad y gula. Comen con verdadera pasión, experimentando éxtasis, y pueden hacer almuerzos y cenas completos y aun comer a deshoras.

No tienen conducta para hacer dietas restrictivas ni les interesa dejar de comer para cuidar la silueta. Los monos y monas que tienen ganas de iniciarse en un camino de comida saludable prefieren hacer cambios paulatinos en la calidad de los productos que compran, pero jamás en la cantidad o frecuencia. Las huertas en casa, las ferias orgánicas, las cooperativas de pequeños productores locales son lugares hacia donde van a buscar alimentos de calidad para ir reemplazando a los industrializados y refinados que atentan contra la salud. Lo infaltable en la nevera de los monitos: mucha fruta fresca, variedad de verduras de estación y carnes magras.

Con su elevado nivel lúdico, pueden jugar con los ingredientes y crear formas nuevas de alimentarse y compartir lo sagrado en compañía de sus seres amados. Para ellos, la comida es felicidad, y nada mejor que encontrarse a comer para dar y recibir felicidad.

Meditación en acción

«Om Namo Narayanaya»

Significa «yo te saludo Narayana».

Cuentan en el *Srimad Bhagavatam*, libro sagrado de la India, que el Gurú de los Devas inició a Indra, el Rey de los Devas, en este mantra sagrado a modo de protección. Con la incesante repetición se convirtió en una armadura contra todo lo malo, e Indra así protegido pudo ganarle a los asuras o demonios.

Es un mantra que actúa a modo de coraza. Repetirlo durante el tiempo de cocinar impide que las energías negativas afecten tanto al aura del mono cocinero como a la energía del alimento que se va a compartir en la mesa. Es una manera de potenciar los nutrientes y transmitir el carácter sagrado de la comida; y está garantizado el efecto beneficioso para la salud física y espiritual.

GALLO

Gallos en la cocina

Los gallos mantienen su personalidad disciplinada también en la cocina. Amanecen temprano dispuestos a poner manos a la obra, ya sea limpiando la casa u organizando el menú del día.

Generalmente ya tienen todo comprado, porque les gusta ir al supermercado con la lista de alimentos para todo el mes. Son exigentes consumidores a la hora de elegir en los estantes, todos los productos deben ser de primera marca. Si su economía se los permite, eligen productos importados de reconocida calidad. Se toman muy en serio la responsabilidad de alimentar a su familia, tanto el gallo mamá como papá siempre sacarán tiempo para ir al mercado los sábados, a comprar las verduras, las frutas y las carnes, y lo tomarán como un paseo para disfrutar.

Son excelentes anfitriones, organizan reuniones de amigos y eventos familiares muy a menudo. Sin escatimar en gastos, ordenan el *catering* a un chef, o bien cocinan ellos mismos deliciosas recetas que dejan con la boca abierta a los invitados. Son artistas en la composición de la mesa, están en todos los detalles, desde la ambientación, la vajilla y el tipo de copa según la bebida, hasta la celeridad en la atención para que todo brille.

Les gusta ser el centro del gallinero y recibir los merecidos aplausos a tanto empeño. Prefieren las comidas tradicionales, los platos que han heredado de sus padres y abuelos, y se animan a nuevas recetas siempre que conserven los sabores ya conocidos. Son poco afectos a experimentar en la cocina de culturas exóticas.

Su excesiva dedicación al trabajo y su constante vivir en estado de alerta pueden resentir su salud. A veces, por cuidar demasiado a su prole, se olvidan de alimentarse o incluso hasta de tomar agua. Tienden a deshidratarse por no beber lo suficiente. Solo cuando llegan al síntoma, toman conciencia y deciden hacer un cambio en sus vidas.

Son sumamente generosos, siempre están pensando en cómo ayudar a sus seres queridos, con un aporte económico o con presencia espiritual. Sus mesas, llenas de glamur y exquisita comida son el reflejo de su amor incondicional hacia el otro.

Meditación en acción

«Om Suryaya Namaha»
Significa «Saludo al que induce a la actividad».

Es uno de los doce mantras dedicados a Surya, el sol, que se repiten durante las doce posturas de Suryanamaskar o saludo al sol.

Si bien el gallo puede amanecer con ganas de hacer yoga y realizar doce veces el saludo al sol, recitando los doce mantras, también es muy beneficioso que utilice solo uno de ellos en su meditación en acción mientras cocina. Breve pero contundente, tiene un efecto a nivel mental y energético. Los gallos sentirán gran vitalidad y euforia como si el sol mismo los estuviera iluminando y llenando de energía. La comida llegará a la mesa con una cuota extra de vitamina D, con los nutrientes activados y la capacidad de regenerar el sistema energético de todos los comensales.

PERRO

Perros en la cocina

Los perros siguen su olfato, literalmente. Pero además siguen su olfato intuitivo y hacia allí se dirigen, ya sea un lugar o una situación. El resultado de esta conducta es que aman la cocina. Pasan mucho tiempo en ella, meditan, cocinan y limpian, todo en armonía. Llena de olores, sabores, placeres, es el mejor sitio de la casa, y harán de ella un lugar sagrado.

Su gusto por lo estético y sus condiciones artísticas lo involucran directamente en la decoración y disposición del espacio. En especial de las ventanas y la iluminación.

En la vida de un perro, el tema de la luz es sumamente importante. La cocina debe tener la diáfana luz del sol del este por la mañana, y la luz potente del sol del oeste por la tarde. Es decir, buscará que su cocina tenga ventilación cruzada, con vista panorámica, y si es posible también luz cenital. Cocinar mirando hacia el jardín es el deseo más buscado por un perro cocinero.

Como son militantes de la vida natural en todos sus aspectos, resultan expertos chefs naturistas y defienden las dietas saludables y terapéuticas. Buscadores de la belleza, son capaces de cultivar hierbas aromáticas para sazonar sus exquisitas recetas de *raw food* y aun de cultivar flores orgánicas para decorar sus platos.

Siguen un recetario propio de menús improvisados según los alimentos frescos que consiguen en la huerta, o cocinan lo que se les ocurre en el momento con lo que encuentran en la nevera. Pueden organizar un festín con tres verduras y arroz yamaní.

Son buenos anfitriones, atienden con delicadeza sin buscar protagonismo y dejando que cada uno de sus invitados se maneje libremente. No les gusta personalizar los lugares con cartelitos.

Ponen mucho empeño y dedicación en encontrar armonía y hacer de su vida un santuario, aun a costa de perder contacto con sus amigos.

Cuando organizan una reunión para agasajarlos, preparan platos únicos. Todo casero, libre de agrotóxicos, con ingredientes que compraron en el Barrio Chino o en alguna cooperativa de economía sostenible. Su conciencia social no les permite comprar en supermercados donde venden comida industrializada y estandarizada, de origen foráneo.

Cocinan sin guantes, sin delantal, sin papel aluminio, sin receta, sin sal, pero felices y entusiasmados de estar creando una obra para compartir en familia o en comunidad, con amor y lealtad.

Meditación en acción
«Om Mani Padme Hum»

Es un mantra budista, que puede traducirse como «¡Oh, la joya del Loto!». El mismo Buda Gautama lo recomendaba por sus grandes beneficios.

Es sencillo de repetir y causa inmediata serenidad. Su gran poder reside en que representa la síntesis de todas las enseñanzas, ayuda a lograr la perfección en las prácticas de la generosidad, la ética pura, la paciencia, la perseverancia, la concentración y la sabiduría.

Recitar este mantra ayuda a los perros a concentrarse en la tarea que van a realizar. Cuando se disponen a entrar en su cocina, esta se convierte de inmediato en un altar. Lo pueden repetir mentalmente mientras cocinan, o cantarlo a viva voz, según su personalidad. La experiencia de cocinar será sanadora, tanto para el cocinero como para los comensales.

CERDO

Cerdos en la cocina

Son espirituales y materialistas al mismo tiempo. Aunque parezca una paradoja, los cerdos logran vivir en esa delgada línea que separa ambos mundos, el del cielo y el de la tierra.

Son maestros en la cocina, pero no solo los que se dedican profesionalmente, sino todos los cerdos en general, sean chefs o no. Eligen cocinar por muchos motivos, por vocación, por hambre, por gula, y disfrutan de la tarea con acalorada pasión. No permiten que nadie los ayude ni opine sobre el plato que están preparando, son mandones y autosuficientes. No es buena idea aconsejar a un cerdo sobre cuál es el mejor condimento o el tiempo de cocción exacto para su receta. Lo ideal es esperar afuera de la cocina, tomando un aperitivo, hasta que aparezca con la fuente humeante ya lista para devorar.

Cocinan de forma vertiginosa pero eficiente. Ensucian toda la vajilla, pero también lavan al final y dejan la cocina impecable. Aunque la tarea de poner la mesa y atender a los invitados son tareas que delegan en otras personas. Su misión empieza y termina en el ámbito de la cocina.

Prefieren las verduras a las carnes, aman los dulces a todas horas, y también les gusta mezclar y comer a deshoras. No son protocolarios ni meticulosos con las normas.

Tampoco son exigentes con el lugar de trabajo; pueden cocinar tanto en un espacio reducido con pocos utensilios como en una cocina sofisticada y equipada con electrodomésticos de última generación. Se adaptan a lo que hay y son felices. Se entusiasman con una idea loca y disfrutan poniendo todo su cuerpo y alma a merced de la concreción de su nueva receta.

Por eso para un cerdo es tan beneficioso y aconsejable cocinar: resulta un arte que colma tanto sus apetitos corporales como sus necesidades creativas espirituales. Y ahí donde ambos mundos se funden, se genera un estallido de amor que se esparce por toda la pocilga.

Meditación en acción
«Om Namo Bhagavate Vasudevaya»

Significa «saludo al ser Divino que mora en mí», y está dedicado a Vishnu y a su avatar Krishna (una de las encarnaciones de Vishnu en la Tierra), pertenecientes al hinduismo.

Este mantra se canta para convocar a la propia divinidad que habita en nuestro interior, su constante repetición ayudará al cerdo a encontrarse en comunión con la energía espiritual que lo habita y lo trasciende. A los cerdos cocineros, les dará la posibilidad de equilibrar sus tendencias terrenales, y encauzarlas hacia una vida más celestial, aunando ambas potencialidades.

Este capítulo continuará…

Predicciones

Pareja fundacional

por Miguel Grinberg y Flavia Canellas Grinberg

Todo encuentro casual es una cita.
HERMANN HESSE (1877-1962)

La tierra brilla cuando amaneces en el horizonte,
mientras resplandeces como el Atón durante el día;
cuando disipas la oscuridad,
cuando ofreces tus rayos,
las Dos Tierras están en fiesta
despiertas y erguidas sobre sus pies,
tú las has levantado.
Sus cuerpos están purificados, vestidos,
sus brazos adoran tu aparición.
Toda la tierra se dispone a trabajar.
Himno al Sol
FARAÓN AKENATÓN (1360 A. C.)

1

Se llama *sincronía* a la coincidencia en un mismo período temporal de ciertas iniciativas o circunstancias que se desarrollan de forma equilibrada y simultáneamente, en la cual la correlación de uno es adecuada a la del otro. En el mundo espiritual abunda este tipo de experiencias y el desafío principal consiste en aportar conscientemente iniciativas lúcidas en las que los itinerarios creativos se potencien como confluencia, de modo irreversible. En este marco asoma la *pareja fundacional*, un dúo expansivo posado en el presente, proyectado hacia el futuro y motivado por la eternidad. Así la «pareja» no es apenas un fin centrado en la reproducción de sí misma y de una sociedad petrificada, sino que se afirma como el comienzo de una epopeya humana cargada de lucidez y profecía.

2

Todo tiene su inicio, ellos pueden sentirlo, revivirlo, conectarlo, en cada rincón de su ser.

Un encuentro en el que se hace una conexión de alma a alma,

una expansión y un acoplamiento, una fusión energética, una comprensión.

Cuando Flavia y Miguel se vieron por primera vez, no había información intelectual: fue un avistamiento, un reconocimiento energético, se reencontraron y la única cosa que salió de sus bocas fue una expresión asombrada y aliviadora: «¡¡Existe, BUM!!». Se dieron cuenta de que algo profundamente deseado había sido encontrado; en ese momento focalizaron una imagen, en una *gestalt* humana, pero fue muchísimo más que esto.

Una historia de amor, una zambullida en lo más profundo de ellos mismos, un viaje con un compañero en el que la pasión, el enamoramiento, las decisiones, los dolores, los enojos, la convivencia, la vida y la muerte fueran condimentos de una experiencia que encararon innumerables veces, y que asumirían con complicidad.

3

Los libros de historia exponen el paso de muchos *héroes* (y muchas menos heroínas) protagonistas de sucesos prominentes, en su mayoría distantes de las contribuciones a la evolución real de la especie humana. A la hora de repasar las parejas legendarias abundan efigies políticas o de la farándula, pero no aparecen en primer plano nombres que en abundancia ocupen dicho rubro. Eso no significa ausencia de variables valiosas sino una flagrante miopía de los historiadores de turno que ven lo obvio pero no toman en cuenta las heterodoxias. Desde el inicio de los tiempos humanos en la Tierra, las diversas razas han buscado prioritariamente el alimento, la seguridad frente a la hostilidad de los elementos o las especies rivales y, de algún modo simple o complejo, la prosperidad o la abundancia. Después, mucho más adelante, surgieron otros anhelos, como el amor romántico, las bellas artes, y la vocación inventiva. Entretanto, siempre, las civilizaciones crecieron y declinaron con rigurosa puntualidad en todas las latitudes del globo, mediante un recurso recurrente: la guerra de exterminio. Entretanto, el ser humano fue evolucionando lentamente a través de los siglos.

Enfocamos a una pareja específica en un lugar de Sudamérica durante la segunda mitad del siglo xx. Considerando a sus abuelos, ella tiene sangre africana y él genes polacos. Ambos son descendientes de emigrantes al Nuevo Mundo. Ella nació en Petrópolis, antigua capital del imperio portugués en América, y él nació veinte años antes en la capital de Argentina. Ella, católica; él, hebreo. Nada auguraba una confluencia temporal, un encuentro sentimental entre ambos. Sin embargo, sucedió.

Los dos crecieron sin mayores espectacularidades, como tantos otros. Sin intencionalidad manifiesta, aunque poseedores de una naturaleza transformacional, como portadores de una sabiduría perenne. Singularmente, según el I Ching, recibieron su naturaleza desde el Cielo, originalmente buena, inocente, con el designio de que esta los guiara en todos sus movimientos desplegados con simplicidad.

Sostiene el hexagrama chino que los primeros y originarios móviles del corazón son siempre buenos, de modo que se los puede seguir sin preocupación, en la seguridad de que se tendrá suerte y se logrará llevar a cabo lo que se intente. Ambos seres crecieron en familias tintineantes y cohesivas, cada cual en su órbita natural.

Fueron niños y adolescentes espontáneos y al mismo tiempo introvertidos. Maduraron como individuos que reciben de la naturaleza creadora la inocencia infantil de una esencia primigenia que nutre la riqueza interna de su ser. Se perfilaron para realizar a su debido tiempo todo lo necesario para su cultivo espiritual. Ávidos de armonía y predispuestos al asombro. Con instintiva certeza. Plenos de luminosa precisión. Gobernados por la virtud de la corrección.

El itinerario de ambos estuvo designado para que confluyeran pese a la distancia territorial y a las distintas singularidades de sus historias personales. Tenían una cita marcada en el tiempo y el espacio, de manera inesperada. Y el encuentro se produjo a la debida hora en un lugar exacto. Como tantos otros seres del globo terrestre, en infinitos lugares.

4

Nuestros destinos estuvieron trazados antes
de la maternidad. Pero reconocer las diferencias
y los puntos de cercanía es una tarea eterna.

Antes de conocerse en el ejercicio de la vida, ella estaba inmersa en el entorno de una Facultad Católica Salesiana. Corrían en Brasil los primeros años de la última presidencia militar de la dictadura 64/85 del general João Baptista de Oliveira Figueiredo que continuó el proceso gradual de «apertura» (democratización) iniciado en 1974.

La ley de amnistía firmada por Figueiredo el 28 de agosto de 1979 amnistió a aquellos condenados por delitos «políticos o relacionados» entre 1961 y 1978, el ápice de la represión. Confirmando la apertura política, el presidente arma la frase que lo define: «Es para abrir de verdad. ¿Quién no desea abrir?, voy a encarcelarlo y romperlo», JOÃO BAPTISTA DE OLIVEIRA FIGUEIREDO.

El régimen militar brasileño, igual que las otras dictaduras latinoamericanas, se concentró en vigilar y controlar el espacio público, regido por una lógica de desmovilización política de la sociedad como garantía de la *paz social*.

La obsesión por la vigilancia como forma de prevenir la actuación «subversiva» estaba dirigida a los espacios, instituciones y personalidades vinculadas a la cultura (artes, educación, periodismo).

La facultad donde ella estudiaba estaba localizada en un importante espacio estratégico y geopolítico del Valle de Paraíba, atravesado por los más importantes ejes terrestres que interconectan las capitales São Paulo-Río de Janeiro-Belo Horizonte-Brasilia, vértices del Cuadrilátero del Poder Nacional. En las ciudades vecinas estaban las Academias Militares más importantes del país.

Los militares de la región frecuentaban los cursos de formación de la facultad y dentro del cuerpo docente también estaban presentes.

La vigilancia y la cooptación institucional estaban claramente determinadas. «El miedo» era la metodología subyacente donde la aparente cordialidad, el orden religioso y la construcción de la conducta estudiantil ideal imponían el deseo de un «saber *crítico*», ordenado y jamás subversivo. Además no había maneras, ni preocupación de ocultar la enfermedad institucional represora. El método estaba a la vista de todos, denunciado y protegido por el silencio de los padres superiores y profesores, finalmente de la comunidad civil, que no reaccionaba dominada por otro poder, «el terror» imperante.

La mejor arma política es el arma del terror. La crueldad engendra respeto. Puede ser que nos odien si quieren. No queremos que nos amen.
Queremos que nos teman.
HEINRICH HIMMLER

En esos momentos sombríos en que el combate frontal no era señal de inteligencia, ella trabajó cuerpo a cuerpo con sus pares y los profesores progresistas, y colaboró con la rehabilitación del centro académico (DA), entidad de representación estudiantil en la comunidad académica.

Las únicas posibilidades eran encarnar la diferencia, vivir la libertad de la creación. Con orientación de algunos profesores ella creó también, en la Guardería Municipal, un servicio de estimulación temprana al desarrollo infantil para niños de trabajadoras. Además, en la periferia urbana, brindaba apoyo escolar a niños con problemas de aprendizaje.

Antes de conocer *Mutantia*, ella leía la revista *Rádice* editada por Carlos Ralph Lemos Viana, amigo de Miguel, revista de psicología producida por psicólogos cariocas entre 1976 y 1981. Esta publicación fue de gran importancia intelectual y afectiva para la generación de la resistencia durante el período de la dictadura militar brasileña. Fue el medio analizador de la constitución histórica de la psicología carioca, y uno de los pocos dispositivos de divulgación del pensamiento y de otras formas de hacer psicología.

Mutantia (zona de lucidez implacable) fue editada por Miguel en Buenos Aires (1980-1987), paralelamente a la creación allí de la Multiversidad, proyecto contracultural apoyado por varios centenares de sus lectores en vísperas de la guerra de Malvinas. En abril de 1982, Ralph Viana invitó a Miguel a Río de Janeiro para disertar en un seminario bautizado Luta e Prazer (Lucha y placer).

5

Un detalle tangencial: días antes de fallecer, en 1997, el escritor estadounidense William Burroughs hizo un apunte final en su diario personal: «No hay nada. No hay sabiduría final ni experiencia reveladora; ninguna jodida cosa. No hay Santo Grial. No hay Satori definitivo ni solución final. Solo conflicto. La única cosa que puede resolver este conflicto es el amor. Amor puro. Lo que yo siento ahora y sentí siempre por mis gatos. ¿Amor? ¿Qué es eso? El calmante más natural para el dolor que existe. Amor». Es un nítido punto de vista. Hay otras sincronías disponibles a granel, emanadas de las almas de personas singulares, embriones de un nuevo pueblo terrenal en consolidación.

Una historia de amor verificable proviene de Flavia y Miguel, que evocan su primer beso y el despegue de una historia fundacional singular. Fue el encuentro intenso de dos almas en medio de la multitud, envueltos por la música de las esferas celestiales al borde de la playa de Ipanema. Duró al mismo tiempo un instante y una eternidad, como tantos otros sucesos de su extenso itinerario de ternura compartida. La vida es generosa con los que se predisponen a vivirla, todo depende de asumirse como parte del universo, como fruto de una serie de milagros espontáneos. Y ellos algunas cosas han aprendido con los años: la principal, no creerse dueños de la Verdad. A partir de ello conocen sus límites, pero de paso han podido identificar las fronteras de su Libertad.

Flavia y Miguel se conocieron a mediados de 1982 en Brasil, durante el I Congreso Latinoamericano de Biodanza, una revolucionaria técnica de expresión corporal creada por el chileno Rolando Toro, que coincidió con la 5.ª edición brasileña del evento. Un encuadre de espiritualidad carioca intensiva, con 1500 participantes en un gran salón del barrio de Laranjeiras. Fue parte de la efusividad afectuosa de la llamada *Nueva Era* que agitó e inspiró a mucha gente durante la década de los 80.

Hoy el tema circunstancial del afecto como expresión germinadora es una hipótesis sobre algo que podría ser realidad para mucha gente, pero que aún permanece como anhelo de un núcleo limitado de iniciados: entre nosotros se llama la *Fundación Espiritual de la Argentina*. Desde esa iniciativa, Ludovica Squirru propone un desafío compartido, una semilla invisible, una visión generacional. Se trata de una iniciativa que llegó para Flavia y Miguel mucho tiempo después de aquella ceremonia inaugural, de aquel beso inolvidable. Y de los trayectos temáticos que fueron recorriendo desde entonces. Él mediante la revista *Mutantia*, la *Multiversidad de Buenos Aires* y la *Holomeditación*; ella con la cofundación del *CETAAR (Centro de Estudio de Tecnología Socialmente Apropiada de Argentina)*, la invención de la *Brinquedoteca* o *Ludoteca* de Campinas, y el desarrollo –como psicóloga– de la *terapia núbica*.

Entonces, una vez más, ellos han interrogado al sabio I Ching, pero en esta ocasión priorizando el abordaje desde una sintonía de convivencia. No como mera pareja, cotejo de dos introspecciones individuales y paralelas, sino como un diálogo conyugal entablado 35 años atrás en Río de Janeiro. De nuevo, las monedas chinas se han expresado con nitidez: en primera instancia remiten al hexagrama 25 (La Inocencia / Lo Inesperado) y en el paso siguiente con una proyección inequívoca al hexagrama 17 (La Continuidad), basada apenas en la primera línea. Surge así fluidamente la intimidad amorosa del *Wu Gang* y del *Sui*.

La órbita temática queda en foco: del consiguiente análisis emanan dos enseñanzas fundamentales. Una advierte que quienes van a rodearse de seguidores deben tener en cuenta que solo una sincera declaración de sus intenciones atenuará la suspicacia de los que provienen de otras experiencias. Y la segunda señala que quienes van a rodearse de seguidores deben tener en cuenta que la sinceridad es un recurso más de los que poseen para ejercitar la flexibilidad ante las nuevas situaciones que seguramente se producirán. Porque donde reina un clima de confianza se facilita la comunicación. Y el entendimiento.

Actualmente, todo el mundo se encuentra en estado de convulsión: el clima, el entorno natural terrestre, las sociedades humanas y los individuos del planeta entero. Pero, a diferencia de los ocasos irreversibles que en el pasado borraron de la realidad a una notable cantidad de culturas y civilizaciones en latitudes diversas, ahora está en juego la totalidad del globo que habitamos.

Al escritor español Luis Racionero le debemos esta imagen: «La suerte está echada… Un nuevo mundo es una mente nueva. Y la mente nueva ya está aquí. Por eso nuestro tiempo es Apocalipsis: tiempo de muerte y resurrección. La resurrección más allá del hombre que es posible aquí, ahora. Y todo depende de ti, lector, porque todo está en la mente».

Estamos en las orillas de otra época. A pesar de las abundantes evidencias al respecto y de la gravedad de la situación, la cantidad de personas que se detiene a considerar los matices de esta encrucijada histórica es aún reducida. O sea, no se trata de una percepción multitudinaria. Más bien constituye una conciencia de minorías, pues la multitud oscila entre la indiferencia y el aturdimiento.

Esto último no es accidental. Ocurre como resultado de un proceso de insensibilización social metódicamente programada durante el último siglo y que constituye el eje de la llamada sociedad de consumo, que consiste en una hipótesis de abundancia y de plenitud adquisitiva apuntada a convertir a toda la humanidad en una pléyade de consumidores y contribuyentes impositivos.

El *Wu Wang* es la descripción de un estado de completa liberación de gente inspirada (virtuosa) en el cual el sujeto se transforma enteramente en alguien sencillo y sincero. Tal cualidad es característica de la acción del Cielo, y del más elevado estilo de la humanidad. En este hexagrama tenemos un ensayo nítido de este noble atributo. La rectitud absoluta es esencial para ello. Cuanto más uno se acerca al ideal de la calidad, más potente será su influencia, más grande será su éxito. Pero debe aplicarse a que nunca se desvíe de ser correcto.

El hexagrama *Sui* simboliza la idea de los seguidores de una iniciativa transformadora. Se dice que viene después del símbolo de la armonía y la satisfacción. Y afirma que donde se den estas condiciones, con seguridad los hombres y las mujeres se adherirán. Caso contrario, no seguirán a quienes no los complazcan. El significado incluye los casos en que uno sigue a otros, y otros lo siguen a él y el auspicio de gran progreso y éxito se debe a esta flexibilidad y su aplicabilidad. Pero en ambas situaciones el séquito es guiado por una referencia de lo apropiado y correcto. Ir más allá de este portal para buscar adeptos indica su espíritu público y su superioridad ante consideraciones egoístas. De ahí, la *fundación espiritual* ha pasado a ser la transformación que estuvimos esperando.

Miguel y Flavia (*educadores* en el sentido cabal del concepto) en todas sus propuestas como pareja fundacional fluyen con la corriente de la existencia universal, con latidos cósmicos, en momentos decisivos para la conciencia humana. Saben que existen situaciones excepcionales en las cuales la actitud del guía y de aquellos a quienes conducen se modifican. En la idea de sucesión y de adaptación bulle la noción de que aquel que quiere dirigir a los otros permanece accesible y se deja influenciar por las opiniones de sus subordinados. Al mismo tiempo debe tener ideas firmes allí donde para muchos otros solo se trata de opiniones efímeras. A partir del momento en que uno está dispuesto para escuchar a los demás, uno no debe contentarse con encontrar personas que tengan nuestra misma opinión o que sean de nuestro propio partido, sino que se debe salir a la puerta y comenzar a tratar con personas de toda clase, sean amigos o adversarios. Es la única manera que permite llevar cualquier obra a un buen fin. Es una siembra transicional, irreversible.

6

Ni suerte, ni destino. Frutos de una vocación fundacional. Nos juntábamos por pura voluntad, y necesidad. «Los buenos se juntan como almas hermanas», y conformábamos pequeñas tribus donde las ganas, crear lazos, referencias, fundar respuestas después de muchos años de silencio, y la práctica del ejercicio de convivir desarrollaron el amor contenedor que nos impulsó. El tipo de amor donde se descubre la grandeza de las pequeñas cosas que transcienden toda medida, sentimientos plenos y profundos sin que haya deseo de conceptuarlos. Flavia encontró su tribu en la *Multiversidad de Buenos Aires*. Con Carlos Vicente, Patricia Lazzeretti, Florencio Malatesta e Ingrid Kossmann, cofundadores, en 1985, del Centro de Estudio de Tecnología Apropiada de la Argentina.

Hacia lo interior nos proponíamos constituir un grupo humano coherente, horizontal y respetuoso de la diversidad, que valorara el desarrollo de cada uno de sus integrantes.

Hacia la sociedad, el CETAAR realizaba capacitación, investigación, comunicación y acompañamiento en experiencias vinculadas a sus áreas de trabajo: Agroecología, Salud y plantas medicinales, Biodiversidad, Ecología social, Jóvenes.

El grupo CETAAR fue creciendo y era esencial ejercitar la escucha, poner límites, buscar la horizontalidad en las relaciones. Ejercitar autocrítica constructiva, aceptar la crítica de los compañeros, aceptar diferencias, hacer con cariño todas las tareas desde barrer el piso a discutir artículos que serían publicados, todas tareas importantes y valoradas. Constituyeron un grupo creativo, cultivaron la convivencia pacífica entre adultos y sus hijos.

No es sencillo percibir que lo mejor de cada cual no consiste en tratar de estar todo el tiempo en una órbita lúcida, pues lo peor o lo insuficiente siguen latentes como un todo, acechando para engancharse en los tránsitos de la convivencia.

En la pareja o en el grupo de trabajo, durante los primeros años el proyecto los embelesa, los une la efervescencia de los logros del encuentro sinérgico, foco, atención, disfrute. Y ahí llegaron al punto de inflexión; tenían que saltar a otros compromisos más profundos, a un cotidiano de *transición*, donde los objetivos no estaban claros: necesitaron rearmar los planes.

Llegaron a las esferas de lo nuevo, que implica un sinfín de desencuentros, desafinaciones, pelearon por llegar adonde querían individualmente, armaron reglas y las olvidaron, fueron crueles, injustos y aun así valoraron y supieron que juntos eran más fuertes, encontraron el valor de los demás. Esperaban que el enojo pasara, buscaron en el alma lo mejor de uno y de otro, se juntaron, se abrazaron y supieron que hay valor en el estar en comunión. Es proyectar lo mejor, se puede aprender de las propias equivocaciones, mejorar en conjunto un camino sabio.

Todos nosotros llevamos adentro un «sargento» oculto que quiere las cosas a su manera. Y cuando estamos trabajando juntos lo ocultamos por algún tiempo, pero él aparece y es justo cuando sabemos que hay que tener amor para poder contenernos, y llevar a cabo los procesos de aceptación de las diferencias en el desarrollo del autoconocimiento. Cada cual tiene sus tiempos de maduración y tanto el grupo de trabajo como la pareja son testigos de estos procesos.

Alentar la maduración sin agredir al otro es fundamental para el desarrollo del alma sensible.

7

Fundacionalmente, el hexagrama 17 transmite las siguientes ideas: seguir, obedecer, adaptar, acompañar, unirse, establecer acuerdos, y generar opciones. Para permanecer en armonía con los movimientos en el cosmos y la sociedad humana durante este período, cada cual tiene que entregarse a las energías que dominan la situación. No insiste en sus convicciones ni intenta justificarlas, aunque se sienta obligado a hacerlo. Respeta las opiniones de los demás y acepta su superioridad momentánea. Es flexible en las interacciones interpersonales y sociales, y cede sin resistencia ante las evidencias de florecimiento potencial.

LAS SEIS CONCORDANCIAS

Se denomina *concordancia* al consentimiento, la anuencia o la correspondencia que se manifiesta entre dos elementos. Cuando se produce espontáneamente, resulta inconmovible.

La *pareja fundacional* constituye un punto de partida de una alianza progresiva en que la confluencia de dos seres afines se trasforma en un núcleo generador de ideas, acciones y testimonios de índole inaugural. Su actividad no tiene carácter publicitario ni proselitista, y a menudo se mantiene en un bajo perfil, como una especie de siembra invisible de certidumbres.

La sociedad actual tiende a fragmentar los nucleamientos humanos, establece parámetros de dominio según criterios de atomización y enfrentamiento, en base al principio «divide y reinarás». La pareja es considerada un factor de rivalidad y no como un potencial que podría generar expansiones existenciales en gran escala. O sea, la evolución de la pareja como nodo de una familia inserta en un vecindario que establece bases para un devenir comunitario y eventualmente territorial. Nada de eso es viable en los términos sociales imperantes. El maestro Confucio proponía alcanzar un estado de equilibrio para perfeccionar la propia moralidad como reflejo del Tao (camino). Ello requiere un amplio reposo y reflexión a fin de alcanzar la paz mental, pues cuando uno está sereno y reflexivo, el rumbo le será revelado. Así resulta posible establecer prioridades y saber qué es importante en nuestra búsqueda del perfeccionamiento ético, para centrarse en lo que es de mayor importancia y lo que está en consonancia con la senda indicada por las enseñanzas de Confucio. A saber:

a) Es preciso llevar nuestros asuntos y relaciones al plano del orden y la armonía. Si uno espera alcanzar el orden en el Estado, primero debe ordenar a su propia familia y su vida personal a través de una acción autodidacta y de la expansión de sus conocimientos y de la «investigación de las cosas».

b) Cada persona es capaz de aprender y de ser autodidacta, independientemente de su estatus social, económico y político. Esto, a su vez, significa que el éxito en el saber es el resultado del esfuerzo del individuo frente a la incapacidad de aprender.

c) Uno debe considerar la educación como un sistema complejo e interrelacionado, en el que debe esforzarse por alcanzar el equilibrio. Ningún aspecto del saber está aislado del resto y el fracaso en un solo aspecto de nuestro aprendizaje conducirá al fracaso del aprendizaje en su conjunto.

Los reinantes sistemas pedagógicos, sociales, políticos y económicos no fomentan la paz mental sino el ruido y la confusión. Las situaciones de conflicto son inducidas premeditadamente como factor de control masivo. Esto a nivel general, en todos los sistemas ideológicos repartidos por el mundo, donde la infelicidad colectiva es la norma impuesta a las multitudes. Solo cuando no hay desorden ni insinceridad puede producirse una acumulación de virtudes. El caso está netamente a la vista.

1. Acercamiento de impresiones y complejidades. Los seres humanos somos diversos, disímiles por naturaleza. Cada cual, por herencia familiar o aprendizaje social elabora su propia visión del mundo. Así, construye una galería de afinidades o desdenes según una cantidad de factores psicológicos y ambientales que solo gobierna en parte. La pareja fundacional, cuando llega el momento de actuar, no abriga segundas intenciones, y su meta cabal es la serenidad. Maneja una amplia gama de impresiones y se esfuerza en no ceder ante todo posible desconcierto. Entiende que la existencia es sencilla o compleja según múltiples factores. Posee un grado de perseverancia que la coloca en la posición de fluir por las líneas de menor resistencia. A veces peca por ingenuidad, pero jamás por postulados arbitrarios. Y cuando se topa con situaciones en las que no hay posibilidad alguna de adelanto, cultiva la paciencia, aguarda tranquilamente el devenir de las circunstancias, se predispone a extraer su máxima lucidez, sin desesperar ni lamentar pérdidas de tiempo.

2. Disciplinas de aceptación. La educación formal reinante se basa en la repetición de fórmulas preexistentes y el aplacamiento de eventuales disonancias. Más bien consiste en un proceso de domesticación, de inmersión en las fórmulas de la obediencia. La escuela, el colegio y la universidad no tienen como meta la activación de los dones naturales de cada individuo sino la inoculación de fórmulas preconcebidas para la reproducción mecánica de la sociedad formal. Una sociedad que aspire a repartir equitativamente el acceso al saber entre sus miembros y a ofrecerles la posibilidad de encontrarse realmente debería reconsiderar los límites a la manipulación pedagógica y terapéutica, que podría ser exigida por el desarrollo industrial. Escribió Iván Illich (1926-2002): «En la etapa avanzada de la producción en masa, una sociedad produce su propia destrucción. Se desnaturaliza la naturaleza: el hombre, desarraigado, castrado en su creatividad, queda encarcelado en su cápsula individual. La colectividad pasa a regirse por el juego combinado de una exacerbada polarización y de una extrema especialización. La continua preocupación por renovar modelos y mercancías produce una aceleración del cambio que destruye el recurso al precedente como guía de la acción. El monopolio del modo de producción industrial convierte a los hombres en materia prima elaboradora de la herramienta. Y esto ya es insoportable. Poco importa que se trate de un monopolio privado o público, la degradación de la naturaleza, la destrucción de los lazos sociales y la desintegración del hombre nunca podrán servir al pueblo».

3. Sintonía micro/macro. El mundo terrestre actual ha llegado a un punto de tensión máxima en todos los planos de su realidad. Se vive un estado de locura irrefrenable en el orden financiero, geopolítico, armamentista, urbano, ecológico, climático y moral... al punto de que EE. UU. y Corea del Norte esperan ansiosamente su oportunidad para apretar el gatillo atómico. ¿Qué podrían hacer (y no apenas decir) las personas lúcidas del planeta para frenar tal disparatada carrera hacia el Apocalipsis? ¿Qué podría proponer una pareja fundacional a esta hora del desconcierto? ¿Qué iniciativas ciudadanas tendrían cabida aquí y ahora?

Para una difusión masiva macro algunos sugieren que se podría promover una campaña comunicacional dirigida por internet a los llamados medios de comunicación social (en particular a los astros del sistema) pidiéndoles solidaridad para circular un *Llamado a la Cordura* en el cual brevemente se exprese la urgencia de la situación, sin párrafos hostiles y con alguna cita pertinente de alguien calificado. Asimismo, enviar el mismo mensaje con pedido de reproducción a cinco amigos que lo reexpidan a otros cinco amigos y así hasta el infinito para viralizar el llamado... Todo muy bonito... pero inservible, ya que los medios masivos son cómplices de la adulteración colectiva de la comunicación social. En la práctica todo eso no pasa de ser una iniciativa analgésica.

Entonces, ¿qué podría hacerse a nivel *micro*? Espectacular, poco. Sutilmente, muchísimo: clubes culturales y encuentros sobre la transformación deseable, bibliotecas con materiales transformacionales que significativamente no aparecen en las librerías, programas radiofónicos y televisados por internet, pequeñas revistas temáticas, foros de debate en clubes, sociedades de fomento, fotocopias de artículos instructivos, cine temático, pequeños recitales de música y poesía, peñas, meditación en parroquias y capillas; una especie de red no dependiente de la informática, cara a cara, por ejemplo.

4. Alentar lo máximo. El mundo de la permacultura y la agricultura orgánica, los movimientos biorregionales y de transición, la educación integral, el pensamiento holístico, las ciencias noéticas, el decrecimiento y otros portales de exploración psíquica y de ecoevolución revelan que cada día son más los que se dan cuenta de que se vive en un sistema que no beneficia al ser humano ni a la vida en el planeta. Este sistema se halla por completo en bancarrota, y si bien a esa crisis podríamos denominarla como financiera, social y ambiental, consiste en verdad en una crisis ética, moral y espiritual.

Poco a poco, las personas que toman conciencia de esta realidad van decidiendo volverse responsables y tomar acción, dándose cuenta de que cada decisión que toman las afecta tanto como a su entorno, y que cambiando sus prácticas cotidianas podrían empezar a ser parte de la solución o, caso contrario, seguir siendo parte del problema. De manera silenciosa viene generándose un cambio de paradigma. Desde hace ya bastante tiempo muchos están tratando de crear una *masa crítica* que logre generar una Eco-generación, donde se respeten la vida, la equidad, la sustentabilidad y el amor evolutivo, que es notoriamente la plataforma de las parejas fundacionales, motivadas por la solidaridad, el ideal de autonomía y los principios de la autosuficiencia.

El *Tao Te King* expresa: «Si estás en el flujo de la vida las puertas se abren con facilidad cuando llamas. Sabes intuitivamente cuál es el siguiente paso correcto. Las personas que necesitas aparecen y te ofrecen ayuda con mucho gusto. Abundan las coincidencias. Las oportunidades llegan de la nada. La vida misma está conspirando para ayudarte».

5. Senderos y cúspides. Toda palabra se vuelve recuerdo cuando es solo sonido y no vida. Cada mirada se convierte en ausencia cuando es promesa y no fuego. Cada caricia se torna dolor cuando es consumo y no ofrenda. Todo amor es desolación si se enjaula el sentimiento en vez de liberarlo.

Hay un tiempo para rodar por la arena y un tiempo para reír en el amanecer. Hemos visto caer a amigos en la ciénaga simplemente porque quisieron llegar a un puerto sin haber cortado nunca amarras. Porque buscaron la flor sin haber plantado la semilla, porque gritaron cuando era necesario callar, y porque se quedaron mudos a la hora del coro.

No importa que el tiempo dibuje desafíos o que la tarde huela a derrota. Interesa que siempre fluyas con la Tierra. Interesa que nada guardes como tuyo, y que todo tomes como nuestro.

A veces la soledad es un castigo porque no hemos sabido abrir el sentido de fluencia, el modo de acompañar los latidos del universo. La compañía no es poseer a alguien a quien se llama *mi amor* o *mi amistad*, es percibir que en el territorio del afecto no hay propiedades, solamente hay fusiones. Hay energía que a veces suelda, a veces diluye, a veces transforma. Pero nunca queda inmóvil en un mismo lugar.

El amor es un sol que no cesa de brillar… porque arde en nombre de lo Eterno. Y la única eternidad está en cada instante. No hay ayer, ni hoy, ni mañana. Hay un siempre: siempre fluir como un arroyo, que no hace preguntas sobre el mar o sobre la lluvia.

No claves tus ojos en la pesadilla de los inertes que invaden las ciudades. Pero tampoco dejes que su invasión te vuelva insensible. No es por fortaleza de los emponzoñadores que retrocede la alegría, sino por debilidad de los que la portan. Una debilidad que se traduce en cinismo o en lamento. No hay que quejarse por la lluvia de basura, hay que construir techos más fuertes y usar paraguas con olor a jazmín.

No hay que disculparse por hablar un idioma que no es el de los que juzgan tu derecho a soñar o a viajar en naves invisibles. Por el contrario, hay que ir al fondo mismo de las expresiones y liberarlas totalmente de maleza mental para ponerlas luego en circulación con su voz de amanecer y su torbellino de certidumbres.

Hay que gestar un lenguaje no codificable, no convertible en jingle, no comerciable en la feria de enjauladores. No somos cifras ni máquinas: somos seres en vías de ser inocentes, o en vías de recuperar nuestra inocencia original.

Cada ruta es la cumbre de cada momento. Hay necesidad de parar a veces para descansar o para celebrar un hallazgo que será tan fugaz como un relámpago. No hay urgencias, ni barreras. El peregrino total tiene claro que su ritmo es como una música que gira con todas las músicas posibles del Cosmos.

En ciertos momentos puedes caminar de la mano con alguien en el mismo rumbo, o beber de otra cantimplora a la hora de la sed que importa. Pero también puede haber largos trechos en los que el único paisaje será tu sombra recortada en el horizonte. En la órbita del ritmo que fluye, tus sentidos son la llave. Para un ratito de correr. Eso que respiras en silencio es tu nueva brújula.

6. Una mutación portentosa. A grandes rasgos, los humanos como especie estamos atravesando una de las mayores transformaciones imaginables en el orden evolutivo del universo. Estamos dejando atrás la etapa que hace unos once mil años dio paso a la llamada *revolución neolítica*.

No se trata de un relato de ciencia ficción sobre «otra realidad» cimentada sobre alguna fantasía sin asideros. Es el futuro de nuestra experiencia en la Tierra, que algunos ya denominan *revolución noética*.

Por ejemplo, en su libro *L'Age de la Connaissance* (2005, La Era del Conocimiento), el pensador Marc Halévy expresa que nuestra especie se encuentra en los umbrales de una genuina revolución noética cuyos fundamentos serán el talento, la creatividad, la imaginación, la intuición y la capacidad de transmitir ese conocimiento mediante una nueva educación.

Neolítico significa «piedra pulimentada», se aplicó a los períodos tercero y último de la Edad de Piedra y se entiende por revolución neolítica (anterior a la Edad de los Metales) un trascendental cambio por el cual, tras decenas de miles de años de caza, pesca y recolección, la humanidad comenzó a practicar actividades agropecuarias, unos nueve mil años antes de Cristo. Sus características fueron: la sedentarización, la agricultura, la ganadería y la cerámica, y el inicio de las navegaciones.

Al llegar a su maduración se inició la formación de sociedades urbanas. A partir del siglo XVIII de la era actual, en algunos países la industria pasó a ser la actividad fundamental, sentando las bases económicas que consolidaron la Revolución Industrial, ahora en estado crítico. Por más que la publicidad colectiva trate de ponderar los ilusorios oropeles de la Sociedad de Consumo.

La palabra «noético» deriva de la raíz griega *nous* que significa «conocimiento, inteligencia, espíritu» (eje del espíritu fundacional). Ha dado base a otros términos como noosfera (Pierre Teilhard de Chardin) o noología (Edgar Morin). En inglés, se utiliza con gran frecuencia en Estados Unidos, especialmente en California, donde funciona un Instituto de Ciencias Noéticas fundado por el exastronauta Edgar Mitchell. En francés, *noese* se usa con frecuencia como un adjetivo en círculos de estudios fenomenológicos (donde es definido el proceso de «conocer») y también entre los semiólogos como «referente al conocimiento».

La revolución noética fue preanunciada por pensadores como Henri Bergson, Albert Einstein y Werner Heisenberg, entre otros, y viene siendo configurada por Edgar Morin, Ilya Prigogine, Trinh Xuan Thuan, Erwin Laszlo, Hubert Reeves, Jacques Lesourne, Henri Atlan y muchos más. El paleontólogo Teilhard documentó el modo en que la evolución cósmica (de la cual somos parte) ha pasado sucesivamente de la Energía a la Materia, de la Materia a la Vida, y actualmente de la Vida al Pensamiento, por consiguiente, al Conocimiento.

Quienes han explorado los potenciales anidados en la conciencia humana, por medio de la meditación integral o los estados alterados de conciencia, revelan otras latitudes del conocimiento evolutivo. Es el principio de la mutación portentosa que fecunda el alba de la revolución noética. El principio de una era inédita albergada en las almas de un creciente quórum de parejas fundacionales, inmersas en una sincronía de trayectos anhelados y compartidos.

8

Dos almas, dos países, hijos, pulsos e intuiciones, por fin, decisiones. En muchas ocasiones evolucionar requiere el coraje para dejar de lado las convenciones lógicas, previstas, seguir el pulso interno y dejar que lo desconocido nos capture, nos lleve a experimentar caminos que completen necesidades profundas que deseamos y que fueron postergadas, o simplemente caminos que todavía no tuvieron lugar.

Son multifactoriales las decisiones, lo cotidiano, el futuro, los anhelos, el ajuste de objetivos, lo que soñamos.

El amor implica desafíos, riesgos, confianza, claridad en la mirada, la década de los 90, y al fin ellos se distancian, la familia habita en dos países.

Flavia y Miguel reconstruirán otra manera de que el amor siempre valga la pena, ellos se adaptaron a la realidad y construyeron un hogar en el corazón, y lo mantuvieron así 16 años.

Ella jamás dejó de estudiar, educación continuada siempre; en Campinas (SP) construyó una carrera de psicóloga clínica. Con otras dos profesionales de la salud, terapeuta ocupacional una y fonoaudióloga la otra, las hermanas Beta y Elenir Fedoce, crearon la «Ludoteca Hecho para Jugar».

Un espacio preparado para estimular al niño con el juego, posibilitando el acceso a una gran variedad de juguetes; es un lugar donde todo invita a explorar, a sentir, a experimentar.

Sus objetivos: estimular el desarrollo integral de los niños, valorizar el juego y las actividades lúdicas, permitir al niño el acceso a varios tipos de juguetes y de juegos, enriquecer las relaciones familiares, a través de la participación de los adultos en las actividades infantiles, prestar juguetes, desarrollar hábitos de responsabilidad y cooperación entre los niños, y entre niños y adultos.

Trataban de evitar la escolarización temprana de los niños, y permitir que la actividad lúdica natural del niño fuera la fuente original del aprendizaje y el conocimiento. El foco de la atención estaba en los vínculos que los niños establecían con el juego en sí mismos, con sus compañeros, con los adultos que acompañaban sus actividades.

Él, por su parte, se repartió en varios frentes culturales, como periodista especializado en rock y ecología social, como autor, editor y traductor de cincuenta libros fundamentales (desde Gandhi y Thomas Merton a Matthew Fox, Rumi y el Maestro Eckhart), y como comunicador radiofónico por FM Cultura y Radio Nacional. Codirigió el Centro de Enlace para el Medio Ambiente en Nairobi (Kenya) y, contratado por el gobierno de Francia, fue protagonista en París del Simposio *Raíces del Futuro* pro ECO 92. Recibió reconocimientos múltiples nacionales e internacionales por su labor, entre ellos el *Global 500* del Programa Ambiental de la ONU y la Cruz por Mérito Cultural de la República de Polonia.

Ella, en el plano *micro*, desplegaba su naturaleza, y él, en el plano *macro*, creaba puentes en la comunidad global.

Yo soy Atón, creador de los dioses más antiguos,
yo soy el que dio el ser a Shu
yo soy el gran él y ella,
yo soy el que hizo todo lo que le pareció bien,
yo puse mi morada en el lugar que quise,
mío es el espacio de los que van pasando
como estos dos círculos serpentinos.

Texto de los Sarcófagos
AMARNA - 18ª DINASTÍA FARAÓNICA

Predicciones mundiales 2018
para el año del Perro de Tierra

*Todo se ha escrito, todo se ha dicho, todo se ha hecho, oyó Dios que
le decían y aún no había creado el mundo, todavía no había nada.*

MACEDONIO FERNÁNDEZ
Cuadernos de todo y nada

Amaneció muy nublado y frío en las sierras comechingonas[30].

Conecté mi corazón al de millones de mujeres en el mundo, en la
cita anual de «Ni Una Menos».[31]

Y desde lo más inexplicable del instinto integré al hombre también.

Rumbo al año del perro de tierra que comienza el 16 de febrero de
2018 y finaliza el 4 de febrero de 2019.

Es el signo más humanista del zodíaco chino.

Durante este año sabremos cuál es el sentido de la vida en el planeta
que entre todos hicimos y destruimos, y pondremos en la balanza las
PRIORIDADES DEL SENTIDO SAGRADO DE LA VIDA, que pisoteamos, arruinamos,
despreciamos en una de las fases más críticas de la historia de la humanidad.

También coincide que don Trump se retiró de la cumbre del cambio
climático dejando azorada a la población responsable e irresponsable
de que nos encontremos en ESTADO DE EMERGENCIA PLANETARIA.

Desde China –país altamente contaminante– y EE. UU. –con la
mayor polución de dióxido de carbono (CO_2) y fábricas de carbón,
pozos petroleros, derroche energético– hasta los países más pequeños,
todos tendremos que aprender a administrar los escasos y cada vez
más limitados recursos naturales.

Les siguen la India, Rusia, Japón, Alemania, Canadá, Irán, Corea
del Sur, Arabia Saudita, Indonesia, Brasil, México y Australia, en
emisiones de CO_2 en millones de toneladas.

Por lo menos, China y la Unión Europea asumen este nuevo
dilema para atenuar la contaminación planetaria en poco tiempo.

Sin duda, el mejor amigo del hombre, el amoroso perro, nos guiará
en las tinieblas.

Nuestro amigo el gallo de fuego, que fue sobre todo de riña y de

---

[30] Véase página 83.
[31] Ni Una Menos es una convocatoria nacida por iniciativa de un grupo de periodistas, activistas, artistas. Surgió en 2015, en la Argentina, contra la violencia machista y los femicidios.

picotazos en el talón de Aquiles, dejó un nuevo escenario para quienes se sintieron «intocables» en el OLIMPO de las mafias enquistadas en el poder de cada región, país o universos paralelos de presidentes corruptos de alta gama y vuelo de gallareta que nos robaron no solo nuestro dinero, trabajo, buena fe, sino los valores que pregonaba Confucio en el pueblo chino.

¿Cómo seguir? Es imprescindible, fundamental, escuchar los consejos de un buen perro amigo, familiar, socio, pareja.

El olfato que han desarrollado para sobrevivir en este mundo contaminado es la llave maestra para que NO NOS DESVIEMOS DEL TAO.

No habrá mucho por qué preocuparnos: el mundo cambió su moneda, su forma de pago; han caído los grandes PARADIGMAS, y durante este año y el del cerdo de tierra (2019) deberemos REINVENTARNOS.

Retornará la familia como base para la supervivencia; los lazos cortados, interrumpidos, lastimados, agredidos encontrarán eco entre su propia tribu, ADN, árbol genealógico. Se abrirán las compuertas del corazón y las CONSTELACIONES FAMILIARES serán esenciales para recuperar vínculos profundos entre sus miembros.

Todas las ciencias humanistas estarán en auge; volverán los cursos, seminarios, las plazas, los espacios públicos donde se filosofará, se intercambiarán ideas para cuidar el medio ambiente, los nuevos programas educativos de escuelas y universidades en las que se integrará a la COMUNIDAD DE LOS HOMBRES a maestros, artistas en el arte de reinventarse y vivir con lo que ha quedado después de las ÚLTIMAS IMÁGENES DEL NAUFRAGIO.

Estará de moda comunicarse sin tecnología (habrá una estampida en la caída de ordenadores, tabletas, teléfonos móviles, aparatitos que han convertido a la gente en ROBOTS, y que los han alejado de su misión como cocreadores.

El perro de tierra es AL PAN, PAN, Y AL VINO, VINO.

No tiene segundas intenciones; su hiperrealismo no es mágico, es letal, contundente, avasallador. Nos trae NUEVAS ENSEÑANZAS, sin cuaderno, lápiz ni libros que ya son caducos para la NUEVA HUMANIDAD.

Es un amigo incondicional si siente que estás en el TAO (camino), pero si te desvías te cobra PEAJE EN EL GOLDEN GATE DE SAN FRANCISCO.

Hoy, en día TZIKIN 11, que comunica al padre sol con los humanos, me preguntaba qué intoxicó y contaminó el planeta. Y lo primero que apareció es «permitir que alguien cercano descargue su SPAM, BASURA, FRUSTRACIÓN EN MÍ».

Lo intangible e invisible también nos contamina y envenena. Es importante separar la basura degradable de la no degradable, ser socio de Greenpeace, no tirar plásticos en ríos, en el mar o en parques; pero LO MÁS IMPORTANTE ES DESECHAR LA ENERGÍA SHAN, NEGATIVA, DE TU VIDA. No somos conscientes de la ola de maltrato que recibimos diariamente desde que salimos de casa a trabajar, cuando tomamos un autobús, tren, metro, al ser ciclistas, peatones o conducir una moto o un coche. La ley de la selva está esperándote para darte un golpe maestro y si no tienes precaución o cuidado energético y real, puedes ser parte de la noticia de sucesos del día.

Por eso, en el año del perro debemos agudizar nuestro OLFATO, nuestra INTUICIÓN, DESPERTAR EL TERCER OJO Y LOS CHAKRAS para defendernos ante sorpresivos ataques callejeros, viales, o atentados, que están en expansión.

Anoche, en paralelo al disfrute del documental de la BBC por el medio siglo del álbum SARGENT PEPPER, ocurrían en Londres tres atentados al unísono. El planeta deberá retornar a su sanación a través de rituales ancestrales de los pueblos originarios.

Buscar en las raíces de cada cultura los hitos, los episodios, las fechas en que por razones endógenas o exógenas se desnaturalizó el rumbo, el fluir de su comunidad, y sanarla.

Lo que cambiará la furia, la ira, el odio y el deseo de venganza que tienen los excluidos del planeta es más un ejercicio espiritual, humano, epistemológico, que político y económico.

LLEGARÁN MENSAJEROS DEL TIEMPO, MAESTROS, ARTISTAS, NIÑOS ILUMINADOS que abrirán compuertas sistémicas para recomenzar un nuevo tiempo.

La naturaleza estará en situación de emergencia; la deforestación, el saqueo sin control de bosques y selvas nativas deberán ser frenados para que sobrevenga el cambio, la reforestación, la preservación, el cuidado por parte de la comunidad, con enseñanza simultánea a LOS GUARDIANES DEL MEDIO AMBIENTE.

La familia es responsable de dar el ejemplo: traer hijos al planeta dependerá de un compromiso social, espiritual y de salud holística.

AMÉRICA DEL SUR recibirá millones de inmigrantes de EUROPA, ÁFRICA, MEDIO ORIENTE y CHINA.

Las instituciones deberán estar saneadas con juicios a quienes se enriquezcan con el poder ciudadano, que deberán ser llevados a cabo en tiempo y forma, con penas que sean proporcionales a los delitos.

La paciencia civil llegará a su fin durante el año del perro de tierra, y habrá revueltas inesperadas entre ladridos y combates cuerpo a cuerpo, como en la antigüedad.

El planeta dejará un tendal de almas a la intemperie.

Si no hay justicia divina, habrá justicia terrenal.

Y se abrirá la puerta de la caseta para proteger a los hermanos desolados que no tendrán I-SHO-KU-JU (techo, vestimenta y comida).

Como dicen los mayas: IN LAKECH (YO SOY OTRO TÚ).

Querido zoo:
Creo que las profecías de Benjamín Solari Parravicini están iluminándonos. De sus visiones, casi todas acertadas en el último siglo y medio, comparto esta:

«Recuerde siempre: el ser dotado por el Alto –en misión determinada– debe con su ajustado sentido de exacto razonamiento analizar hasta la pequeñez de lo recibido –yo así siempre lo hice y rechacé siempre lo dudoso, lo absurdo, lo estúpido e infantil– porque igualmente estos pequeños seres engañan y molestan con una constancia de no creer, y por ello se delatan ¡TANTO MALO PULULA!, además yo nada de dudosa estructura dejo de consultar a FRAY JOSÉ, el que a veces me dice. "Analiza hijo como se te ha dicho, con tu seguro criterio; yo solamente te diré; sí y no". Y así sucede, y luego de haberlo yo dilucidado me agrega: "Hijo, bien lo has resuelto en verdad, con tu verdad camina confiado en ti, debemos luchar con el derrumbe de la civilización actual".

»Cuando se vive en fe –pero en el fanatismo– el ser humano enceguece, pierde ubicuidad, se sumerge en un ambiente oscurecido, y se entrega al mensaje burlón, cruel, destructor, que conduce a la locura, al crimen y al suicidio.

»FRAY JOSÉ dice: "Hasta el fanatismo en DIOS es peligroso, porque se cae en la 'beatez' que entrega al mal, al egoísmo, a la vituperación, a la envidia, etcétera. Por lo tanto debe escucharse la palabra santa y proseguir andando con el ajustado sentido común"».

L. S. D.

El I CHING aconseja:
64. Wei Chi / Antes de la Consumación

EL DICTAMEN
Antes de la Consumación. Logro.
Pero si al pequeño zorro,

cuando casi ha consumado la travesía,
se le hunde la cola en el agua,
no hay nada que sea propicio.

Las circunstancias son difíciles. La tarea es grande y llena de responsabilidades. Se trata nada menos que de conducir al mundo para sacarlo de la confusión y hacerlo volver al orden. Sin embargo, es una tarea que promete éxito, puesto que hay una meta capaz de reunir las fuerzas divergentes. Solo que, por el momento, todavía hay que proceder con sigilo y cautela. Es preciso proceder como lo hace un viejo zorro al atravesar el hielo. En China es proverbial la cautela con que el zorro camina sobre el hielo. Atentamente ausculta el crujido y elige cuidadosamente y con circunspección los puntos más seguros. Un zorro joven que todavía no conoce esa precaución arremete con audacia, y entonces puede suceder que caiga al agua cuando ya casi la ha atravesado, y se le moje la cola. En tal caso, naturalmente, todo el esfuerzo ha sido en vano.

En forma análoga, en tiempos anteriores a la consumación, la reflexión y la cautela constituyen la condición fundamental del éxito.

LA IMAGEN
El fuego está por encima del agua:
la imagen del estado anterior a la transición.
Así el noble es cauteloso en la discriminación de las cosas,
a fin de que cada una llegue a ocupar su lugar.

Cuando el fuego, que de todas maneras puja hacia lo alto, se halla arriba, y el agua, cuyo movimiento es descendente, se halla abajo, sus efectos divergen y quedan sin mutua relación. Si se desea obtener un efecto es necesario investigar en primer lugar cuál es la naturaleza de las fuerzas que deben tomarse en consideración y cuál es el sitio que les corresponde. Cuando a las fuerzas se las hace actuar en el sitio correcto, surtirán el efecto deseado y se alcanzará la consumación. Pero a fin de poder manejar debidamente las fuerzas exteriores, es menester ante todo que uno mismo adopte un punto de vista correcto, pues solo desde esa mira podrá actuar adecuadamente.

Predicción general
para el año del Perro de Tierra 2018/4716

A pesar de ser el método más popular de adivinación en Occidente, los 12 signos del shēngxiào o zodíaco chino no pueden ser vistos por separado del resto de las tradiciones adivinatorias y filosóficas chinas. Al poner la atención en estas disciplinas, nos podemos ahorrar muchos dolores de cabeza. Esto es lo que ellas nos revelarán durante el reinado del can, a partir del 16 de febrero de 2018 y hasta el 4 de febrero de 2019.

Cuando el signo del perro viene acompañado de su energía fija se vuelve un perro que no ladra, que podemos comprender sin contradicciones, y que se presenta de manera honesta. Solo los ignorantes, los agresivos, los que van compartiendo su miedo como si fuera un virus por el mundo sentirán su mordida.

El año del perro más parecido a 2018 fue el año 1958. Todo lo que ocurrió en ese año, sobre todo en Medio Oriente, llegará a su madurez. Por ejemplo, durante ese otro año del perro de tierra *yang*, Siria y Egipto formaron la fugaz República Árabe Unida, que se disolvió tras un golpe de Estado. El intento por lograr una independencia real de Europa y de conseguir, por medio del comunismo, algo de autonomía fue primero boicoteado y después anulado por completo en el lapso de tres años, dejando claro que cualquier intento del mundo árabe por mantener su soberanía sería frenado y así sigue hasta nuestros días. El perro le enseñará a la humanidad el valor de la autonomía; los signos de los tiempos dicen que el pasado se querrá aferrar a la zona con más fuerza. El resto del mundo tendrá que reunir solidaridad, educación y comprensión para lo que venga de las arenas del desierto, que es la que representa a la tierra *yang*.

Será un año telúrico. La influencia del Qi del mundo despertará volcanes y géiseres; la deriva continental y sus fallas estarán mucho más activas que en años pasados. Continuar con la fractura hidráulica en todo el mundo, el deshielo por explotación de recursos en los glaciares del área de Canadá y Groenlandia, las explosiones nucleares bajo tierra o bajo el mar y la minería a cielo abierto incrementará la fuerza de los seísmos, más si esos eventos ocurren en el Noroeste del planeta.

No podemos saber lo que el hombre hará en la Tierra porque el libre albedrío impone su karma en el día a día, pero la energía tiene comportamientos cíclicos que sí se pueden predecir y medir, del mismo modo en que los actuarios y matemáticos predicen el comportamiento de la bolsa de valores o los campesinos predicen cuándo habrá una buena cosecha y cuándo no. La clave para predecir el comportamiento se encuentra en el cuadrado mágico llamado Lo Shu 洛書, el cual se apoya en la cualidad matemática de la energía.

Lo Shu para el año 2018 del calendario gregoriano o el año 4716 en el calendario lunar chino

Sureste: 艮 Gèn ☶ 8 Blanco Suì Pò Rompe Año歲破	Sur: 巽 Xùn ☴ 4 Verde	Suroeste: 乾 Gān ☰ 6 Blanco
Este: 兌 Duì ☱ 7 Rojo	Centro: 離 Lí ☲ 9 Morado	Oeste: 坤 Kūn ☷ 2 Negro Hēi Sè Èr jìn 黑色二劲
Noreste: 震 Zhèn ☳ 3 Jade	Norte: 五黄 Wǔ Huáng 5 Amarillo 3 Asesinos Sān Shā 三殺	Noroeste: 坎 Kǎn ☵ 1 Blanco Gran Duque太歲 Tài Suì

Las combinaciones de energía marcadas con negro o gris nos dicen que en todo el Norte[32] del planeta habrá problemas relacionados con guerras y temas de salud, pero eso no se reduce a esa zona del planeta,

---

[32] Como verán, en el Lo Shu el Norte está abajo, el Sur arriba y el eje Este-Oeste está también «al revés», esto se debe a que este esquema no es una brújula ni un mapa, sino una tabla de contenido que pone en orden matemático la energía que proviene del universo y se topa con la tierra, no es el magnetismo o la geografía de la Tierra, sino el orden de la energía que circula por aquí.

sino que repercutirá en el norte de nuestras ciudades, el norte de los países, el norte de nuestras casas, escuelas y oficinas.

En cambio en el Este, el espacio sombreado es mucho más claro, vemos que está el 兑 Duì ☱ o 7 Rojo. Esta energía atrae incendios al combinarse con la energía del Este, que es la energía madera, pero al no tener una energía destructiva respaldándolo, es probable que los incendios que se presenten en el Este no sean tan destructivos. La energía también es telúrica, nos habla de roca y metal fundido. A diferencia de las zonas señaladas en grises y negro, aquí no hace falta poner objetos típicos de curación de feng shui, que llamaremos curas, sino que basta con ser cuidadoso y tener a la mano un extinguidor. No es una zona totalmente segura debido a que la influencia del 7 Rojo resulta destructiva por la acción del fuego, esto agravado por la acción del 9 Morado en el centro de la tierra.

Nombre en chino	Nombre en español	Descripción	Curas para 2018
Tài Suì 太歲	Gran Duque Júpiter	Tránsito de Júpiter sobre el signo zodiacal del año. Afecta a la integridad de los que osan afectar el domicilio fijo del signo del año en curso. No hay que ver de frente esta energía.	Colocar una lámpara roja en esta zona. Quemar incienso con cuidado. No cavar, romper, agredir, cortar, gritar ni hacer ruido en esa zona.
Suì Pò 歲破	Rompe Año	Es el lugar opuesto a la localización del Gran Duque. Afectar esta área produce pequeños problemas de salud y de dinero.	No cavar, romper, agredir, cortar, gritar ni hacer ruido en esa zona. Evitar pasar mucho tiempo allí.
Sān Shā 三殺	Tres Asesinos Tres Muertes	Indica la energía opuesta a la posición del signo del año y sus signos compatibles. No hay que dar la espalda a esta energía.	Colocar tres rocas lo más grandes que sea posible. Ellas controlarán el exceso de agua y el conflicto con la madera.

Wǔ Huáng 五黄	Cinco Amarillo	Se refiere al tránsito de la energía tierra acumulada. Trae enfermedades y bancarrota.	No tratar asuntos de negocios, política ni familiares. Evitar trastos donde se acumule agua ya que estos atraen insectos dañinos. Colocar una campana de viento con cinco tubos.
Hēi Sè Èr jìn 黑色二劲	Dos Negro	Se refiere al tránsito de la energía tierra decadente. Trae enfermedades.	No comer en esta zona de la casa. No dejar que gente enferma convalezca aquí.

Zonas conflictivas y auspiciosas para el año 2018/4716 Perro de Tierra y sugerencias para seguir en casa

En páginas anteriores hemos visto algunas de las influencias de la energía en las zonas más conflictivas, pero es justo verlas todas en detalle, además de que hay otras energías propias de la disciplina llamada Xuán kōng fēi xīng fēng shuǐ 玄空飞星風水, que se traduce como feng shui de la estrella voladora. Estas cuentan 81 posibles combinaciones entre los 9 tipos de energía que se leen en el cuadro Lo Shu; el resultado de cada combinación se expresa dentro de la casa, en los espacios de trabajo, espacios públicos, ciudades, naciones y así hasta llegar a todo el planeta.

Norte: 五黄 Wǔ Huáng 5 Amarillo (sin trigrama). Tres Asesinos Sān Shā 三殺

Esta es una de las zonas más complejas del planeta. La combinación atrae pérdidas financieras en una de las zonas históricamente más ricas del planeta. Es probable que los líderes de la zona norte se encuentren en peligro, no solo por rumores que afecten su credibilidad, sino por la posibilidad de que caigan en actos de corrupción que lastimarán la economía y la seguridad del planeta, en particular hombres y mujeres poderosos que hayan nacido en cualquiera de los años del dragón, el perro, el tigre y el caballo.

Consejo en casa: No hay que dejar que el cabeza de familia –hombre o mujer– permanezca mucho tiempo en esta zona. Para mitigar la energía destructiva en esa zona hay que colocar tres rocas grandes, que puedan ser levantadas por una sola persona. Es importante que durante el año entero la economía familiar se discuta de manera horizontal y democrática, porque este año los líderes de grupo serán muy impulsivos.

Nordeste: 震 Zhèn ☳ 3 Jade

La combinación de energías en esta parte del planeta atrae justicia, salud, buenas cosechas y siembras. El 3 Jade está en la casa natural del 8 Blanco, eso quiere decir que los líderes de la zona Nordeste estarán acompañados de claridad mental. El 3 Jade es como tierra mullida y rica, el 3 Jade es como un bambú fuerte; la rectitud será importante.

Consejo en casa: Lo más recomendable es que el cabeza de familia duerma y conviva con los demás en esta zona. La habitación de matrimonio aquí asegurará una descendencia fuerte y justa. Para incrementar la fuerza benéfica del Nordeste, hay que plantar bambú en números pares o la combinación de palma areca, espada de san Jorge y potus.

Noroeste: 坎 Kǎn ☵ 1 Blanco. Gran Duque 太歲 Tài Suì

La combinación benéfica del 1 Blanco en la casa 6 Blanco hace que sea menos peligroso provocar la furia del también llamado Gran Duque. Hay que tener cuidado y estar seguros de que las zonas noroeste de nuestras comunidades, nuestros países y el planeta en general estén fuera de peligro. Canadá y Estados Unidos, los dos países en el extremo noroeste del planeta, son famosos por la sobreexplotación minera y la extracción de gas de lutita, y eso puede alterar el equilibrio energético de la zona con resultados trágicos para todo el planeta. Algo que solo sus ciudadanos pueden detener, pero sus líderes de los signos cerdo y perro no tomarán las decisiones adecuadas ya que ambos signos no están en la mejor posición durante este año.

Consejo en casa: Hay que dejar la zona en paz. Quemar incienso y colocar una lámpara de color rojo en esta zona. Si se puede embellecer esta área sin modificarla drásticamente, mejor. Hay que evitar cambiar de lugar plantas o cavar, esta zona deberá permanecer tranquila a como dé lugar.

Sur: 巽 Xùn ☴ 4 Verde

La combinación del 4 Verde es benéfica y aunque hay peligro de incendios, estos no serán significativos. El sur del planeta atraerá la energía benevolente de la prosperidad económica, algo que le vendría muy bien a todo el hemisferio Sur. El único conflicto general será de malentendidos en la costa este del Cono Sur. Es posible que el Sur nos regale alguna propuesta para mejorar el mundo de manera discreta, al menos hasta que acabe el año del perro.

Consejo en casa: Esta zona será muy feliz. Cualquier cosa que se desee discutir en familia podrá ser resuelta con facilidad allí, por lo tanto la recámara matrimonial, el living o el estudio pueden estar en esta zona y lo que se desarrolle allí será productivo, sobre todo si tiene que ver con estudios y la economía familiar.

Sureste: 艮 Gèn ☶ 8 Blanco. Suì Pò Rompe Año 歳破

La combinación de energías en esta zona es contradictoria. Por un lado resulta benéfica para las relaciones madre e hijo, pero también señala un peligro latente para los niños, en especial los infantes. El Suì Pò significa que hay peligro de accidentes para ellos, no solo de enfermedades, que es lo que esta combinación vaticina comúnmente. Lo mejor es estar vigilantes y no dejar a los chicos solos. Hay peligro de brotes de enfermedades que se creían erradicadas; es prudente tener cuidado, sobre todo con charcos sucios, animales silvestres y niños sin vacunar o expuestos.

Consejo en casa: Esta zona es benéfica para pasar el tiempo, estudiar, proyectar nuevas ideas que mejoren el lugar, pero no es bueno que los niños e infantes pasen mucho tiempo aquí, mucho menos sin vigilar, sobre todo si un estudio de fêng shuî de la estrella voladora particular arroja algún número como el 9, el 7, el 5 o el 2.

Suroeste: 乾 Gān ☰ 6 Blanco

Esta zona parece fuera de peligro, aunque es probable que en las islas del Pacífico Sur y en la costa este de Sudamérica ocurran problemas de entendimiento con adolescentes y figuras de autoridad. La figura femenina en el mundo seguirá con problemas, sobre todo en estas zonas, por lo que todos tenemos que mostrar sororidad (solidaridad entre mujeres) y solidaridad. Hay que resolver esos problemas por la vía política, no solo con protestas.

Consejo en casa: Hay que evitar que padres e hijos discutan en esta zona, se podrían producir separaciones irreparables. Las madres jóvenes no podrán estar mucho tiempo aquí porque hay peligro de contraer enfermedades e intoxicaciones. No hay ninguna cura para esta zona, solo hace falta tener cuidado.

Este: 兌 Duì ☱ 7 Rojo

Esta zona será beneficiosa para los negocios, pero deja las puertas abiertas a que se cometan actos ilícitos entre gente poderosa. Por lo tanto hay que ver el modo de no permitir que las noticias formen un pensamiento cínico al respecto; la indignación será un arma poderosa en este caso. La costa este de China, las dos Coreas y Taiwán serán el escenario de fraudes e intrigas políticas peligrosas.

Consejo en casa: Hay que evitar dejar dinero o papeles importantes en esta zona de la casa, so pena de robos o uso indebido de semejantes documentos. No hay que contar secretos a nadie dentro de la casa ya que esos secretos podrán ser usados en contra de uno. No hace falta exagerar, solo evitar encendedores, cerillas y cualquier cosa que provoque fuego en esa zona.

Oeste: 坤 Kūn ☷ 2 Negro. Hēi Sè Èr jìn 黑色二劲

Esta zona será devastadora. La energía del 2 Negro en combinación con el 7 Rojo, que es la energía natural de esta zona, atrae tragedias. Como vimos anteriormente, había peligro para los niños en el Sureste; en el caso del Oeste, el peligro es mayor ya que será más virulento todavía. Tengan mucho cuidado con los más pequeños. Hay que investigar con un médico de confianza y profesionales de la salud qué se debe hacer para evitar una pandemia. Si la zona oeste del planeta, en particular Centroamérica y Europa occidental, baja la guardia en sus políticas de salud podría ocurrir una tragedia.

Consejo en casa: Hay que mantener esta zona limpia y seca. Hay que evitar que los niños permanezcan en ella mucho tiempo, sobre todo si allí están sus habitaciones.

Centro: 離 Lí ☲ 9 Morado

El centro no lo puede habitar la gente. La combinación atrae disturbios genéticos o mutaciones en animales, plantas y humanos. También atrae situaciones que comienzan con felicidad y acaban con pena. Así como hay peligros de pandemia en distintas zonas del planeta, también hay peligro de alguna mutación, sobre todo en el lecho marino, que es la zona en que muchos animales viven aunque a los humanos eso nos tenga sin cuidado.

Consejo en casa: No es recomendable copular en los sótanos y mucho menos que las mujeres embarazadas pasen un minuto en semejantes lugares. El centro de la casa debe permanecer limpio, sobre todo si la cocina se encuentra allí.

Qí Mén Dùn Jiǎ 奇門遁甲 para 2018/4716

Esta herramienta es un oráculo simplificado del Qí Mén Dùn Jiǎ combinado con el Lo Shu El Qí Mén Dùn Jiǎ forma parte de los tres estilos de predicción o San Shi 三式, pero el cuadro a continuación ha sido simplificado. Su estilo es práctico, basta con saber el Ming gua, es decir el Ki de las nueve estrellas, para poder utilizar este oráculo.

El Qí Mén Dùn Jiǎ no describe cómo somos como personas, sino que describe la cualidad de la energía durante el año y, según qué tipo de energía se necesita individualmente, el tipo de vida que obtendremos en este año.

Instrucciones para utilizar la tabla del Ki de las nueve estrellas

Para saber el número Ki de las nueve estrellas hay que usar primero la fecha de nacimiento. Es importante señalar que el calendario chino no comienza en la misma fecha que el calendario gregoriano, sino que empieza durante la segunda luna nueva después del solsticio de invierno en el hemisferio Norte. La fecha varía, por lo tanto las personas que nacieron en enero o febrero deberán poner atención y buscar en la tabla la fecha exacta del nacimiento.

Otra cosa es muy importante: cada Ki pertenece a una energía del planeta, pero el Ki 5 contiene una energía que yace en el centro de la Tierra, por lo tanto, las personas que nacieron bajo el Ki 5 no pueden tomar la energía del centro de la Tierra, y entonces tienen que tomarla prestada de las otras dos energías tierra, que son el Ki 8 para las mujeres (Ki/F) y el Ki 2 (Ki/M) para los hombres que nacieron en un año terminado en 5.

Tabla del Ki de las nueve estrellas

AÑO	INICIO	FINAL	Ki/F	Ki/M	SIGNO	AÑO	INICIO	FINAL	Ki/F	Ki/M	SIGNO
1912	18-02-12	05-02-13	8	7	Rata	1967	09-02-67	29-01-68	9	6	Cabra
1913	06-02-13	25-01-14	9	6	Búfalo	1968	30-01-68	16-02-69	1	2 (5)	Mono
1914	26-01-14	13-02-15	1	2 (5)	Tigre	1969	17-02-69	05-02-70	2	4	Gallo
1915	14-02-15	03-02-16	2	4	Conejo	1970	06-02-70	26-01-71	3	3	Perro
1916	04-02-16	22-01-17	3	3	Dragón	1971	27-01-71	14-02-72	4	2	Cerdo
1917	23-01-17	10-02-18	4	2	Serpiente	1972	15-02-72	02-02-73	8 (5)	1	Rata
1918	11-02-18	31-01-19	8 (5)	1	Caballo	1973	03-02-73	22-01-74	6	9	Búfalo
1919	01-02-19	19-02-20	6	9	Cabra	1974	23-01-74	10-02-75	7	8	Tigre
1920	20-02-20	07-02-21	7	8	Mono	1975	11-02-75	30-01-76	8	7	Conejo
1921	08-02-21	27-01-22	8	7	Gallo	1976	31-01-76	17-02-77	9	6	Dragón
1922	28-01-22	15-02-23	9	6	Perro	1977	18-02-77	06-02-78	1	2 (5)	Serpiente
1923	16-02-23	04-02-24	1	2 (5)	Cerdo	1978	07-02-78	27-01-79	2	4	Caballo
1924	05-02-24	23-01-25	2	4	Rata	1979	28-01-79	15-02-80	3	3	Cabra
1925	24-01-25	12-02-26	3	3	Búfalo	1980	16-02-80	04-02-81	4	2	Mono
1926	13-02-27	01-02-27	4	2	Tigre	1981	05-02-81	24-01-82	8 (5)	1	Gallo
1927	02-02-27	22-01-28	8 (5)	1	Conejo	1982	25-01-82	12-02-83	6	9	Perro
1928	23-01-28	09-02-29	6	9	Dragón	1983	13-02-83	01-02-84	7	8	Cerdo
1929	10-02-29	29-01-30	7	8	Serpiente	1984	02-02-84	19-02-85	8	7	Rata
1930	30-01-30	16-02-31	8	7	Caballo	1985	20-02-85	08-02-86	9	6	Búfalo
1931	17-02-31	05-02-32	9	6	Cabra	1986	09-02-86	28-01-87	1	2 (5)	Tigre
1932	06-02-32	25-01-33	1	2 (5)	Mono	1987	29-01-87	16-02-88	2	4	Conejo
1933	26-01-33	13-02-34	2	4	Gallo	1988	17-02-88	05-02-89	3	3	Dragón
1934	14-02-34	03-02-35	3	3	Perro	1989	06-02-89	26-01-90	4	2	Serpiente
1935	04-02-35	23-01-36	4	2	Cerdo	1990	27-01-90	14-02-91	8 (5)	1	Caballo
1936	24-01-36	10-02-37	8 (5)	1	Rata	1991	15-02-91	03-02-92	6	9	Cabra
1937	11-02-37	30-01-38	6	9	Búfalo	1992	04-02-92	22-01-93	7	8	Mono
1938	31-01-38	18-02-39	7	8	Tigre	1993	23-01-93	09-02-94	8	7	Gallo
1939	19-02-39	07-02-40	8	7	Conejo	1994	10-02-94	30-01-95	9	6	Perro

AÑO	INICIO	FINAL	Ki/F	Ki/M	SIGNO	AÑO	INICIO	FINAL	Ki/F	Ki/M	SIGNO
1940	08-02-40	26-01-41	9	6	Dragón	1995	31-01-95	18-02-96	1	2 (5)	Cerdo
1941	27-01-41	14-02-42	1	2 (5)	Serpiente	1996	19-02-96	06-02-97	2	4	Rata
1942	15-02-42	04-02-43	2	4	Caballo	1997	07-02-97	27-01-98	3	3	Búfalo
1943	05-02-43	24-01-44	3	3	Cabra	1998	28-01-98	15-02-99	4	2	Tigre
1944	25-01-44	12-02-45	4	2	Mono	1999	16-02-99	04-02-00	8 (5)	1	Conejo
1945	13-02-45	01-02-46	8 (5)	1	Gallo	2000	05-02-00	23-01-01	6	9	Dragón
1946	02-02-46	21-01-47	6	9	Perro	2001	24-01-01	11-02-02	7	8	Serpiente
1947	22-01-47	09-02-48	7	8	Cerdo	2002	12-02-02	31-01-03	8	7	Caballo
1948	10-02-48	28-01-49	8	7	Rata	2003	01-02-03	21-01-04	9	6	Cabra
1949	29-01-49	16-02-50	9	6	Búfalo	2004	22-01-04	08-02-05	1	2 (5)	Mono
1950	17-02-50	05-02-51	1	2 (5)	Tigre	2005	09-02-05	28-01-06	2	4	Gallo
1951	06-02-51	26-01-52	2	4	Conejo	2006	29-01-06	17-02-07	3	3	Perro
1952	27-01-52	13-02-53	3	3	Dragón	2007	18-02-07	06-02-08	4	2	Cerdo
1953	14-02-53	02-02-54	4	2	Serpiente	2008	07-02-08	25-01-09	8 (5)	1	Rata
1954	03-02-54	23-01-55	8 (5)	1	Caballo	2009	26-01-09	13-02-10	6	9	Búfalo
1955	24-01-55	11-02-56	6	9	Cabra	2010	14-02-10	02-02-11	7	8	Tigre
1956	12-02-56	30-01-57	7	8	Mono	2011	03-02-11	22-01-12	8	7	Conejo
1957	31-01-57	17-02-58	8	7	Gallo	2012	23-01-12	09-02-13	9	6	Dragón
1958	18-02-58	07-02-59	9	6	Perro	2013	10-02-13	30-01-14	1	2 (5)	Serpiente
1959	08-02-59	27-01-60	1	2 (5)	Cerdo	2014	31-01-14	18-02-15	2	4	Caballo
1960	28-01-60	14-02-61	2	4	Rata	2015	19-02-15	07-02-16	3	3	Cabra
1961	15-02-61	04-02-62	3	3	Búfalo	2016	08-02-16	27-01-17	2	4	Mono
1962	05-02-62	24-01-63	4	2	Tigre	2017	28-01-17	12-02-18	1	5	Gallo
1963	25-01-63	12-02-64	8 (5)	1	Conejo	2018	16-02-18	04-02-19	9	6	Perro
1964	13-02-64	01-02-65	6	9	Dragón	2019	05-02-19	24-01-20	8	7	Cerdo
1965	02-02-65	20-01-66	7	8	Serpiente	2020	25-01-20	11-02-21	7	8	Rata
1966	21-01-66	08-02-67	8	7	Caballo	2021	12-02-21	31-01-22	6	9	Búfalo

Cuando sabemos cuál es nuestro Ki de las nueve estrellas, podemos buscarlo en la siguiente tabla, la cual nos dice cómo viene la calidad de la energía universal gracias a una frase corta que describe cómo nos irá. Si combinamos esto con los horóscopos de nuestro libro, tendremos un panorama muy concreto de lo que nos ocurrirá desde el 16 de febrero de 2018 hasta el 4 de febrero de 2019.

Sureste Mansión de madera 8 BUENA SUERTE Y VIAJES DE PLACER	Sur Mansión de fuego 4 ALEGRÍA Y FORTUNA FELICIDAD	Suroeste Mansión de tierra 6 PROBLEMAS MALA SUERTE AMOR CON DISGUSTOS
Este Mansión de madera 7 SALUD ALEGRÍA HONORES	Centro Mansión de tierra 9 CAMBIO DE EMPLEO O DOMICILIO FALTA DE DINERO ACCIDENTES, ROBOS	Oeste Mansión de metal 2 DINERO BUENA SUERTE EN TODO AMOR
Noreste Mansión de tierra 3 DESGRACIAS ENFERMEDADES MUERTE	Norte Mansión de agua 5 MELANCOLÍA TRANQUILIDAD SERENIDAD	Noroeste Mansión de metal 1 FORTUNA BUENOS NEGOCIOS MEJORA LA SITUACIÓN

Hay que aclarar que el Qí Mén Dùn Jiǎ y la tabla del Lo Shu que vimos antes no son brújulas ni mapas, son tablas de contenido. En ellas se pone el Sur en la cabeza, el Norte abajo y los demás puntos cardinales se distribuyen en correspondencia. Esto se debe a que estamos tomando las energías del cielo sobre la tierra, no al revés.

¿Qué podemos hacer si nuestro Ki de las nueve estrellas cae en una casilla desfavorable? Los números 3, 6 y 9 deberán evitar moverse a las direcciones señaladas en el cuadro donde cayeron, por ejemplo el número 3 tiene que evitar viajar al Noreste. También es importante que no permanezcan en esas direcciones mucho tiempo, así que también es recomendable cambiar de lugar la cama o toda la recámara durante todo el año, hacia alguna zona más tranquila.

Predicciones generales mes a mes

ENERO • **Mes del Búfalo. Tronco celeste 10 agua** *yin*.
Inicia el 5 de enero. Estrella voladora mensual: 6
Enero aún pertenece al año del gallo, lo cual «deja ciego» al año del perro. Eso propiciará un invierno largo y, en zonas desprotegidas, pérdidas de cosechas y siembras por acción de plagas. Existe peligro de incendios y enfermedades en el sureste del planeta. Hay posibles reencuentros y reconciliaciones entre familiares y amigos en los países del Noreste, lo cual nos hace pensar en una pacificación de las políticas antimigratorias en el este de Europa. Es un mes perfecto para concentrarse y trabajar con ahínco, sobre todo en áreas de las humanidades y las ciencias duras.

FEBRERO • **Mes del Tigre. Tronco celeste 1 madera** *yang*.
Inicia el 4 de febrero. Estrella voladora mensual: 5
El mes del tigre transcurrirá en el año del gallo hasta el día 16, así que la predicción es distinta antes y después del 16. Febrero traerá una siembra tardía ya que el frío aún será un problema en el hemisferio Norte y el clima no será el mejor en el Sur ni en los trópicos. Las energías del universo caerán en sus lugares respectivos, por lo tanto el clima será agreste, pero fácil de predecir, así como las actividades humanas: blanco o negro. Los secretos de todos saldrán a la superficie. Las zonas más afectadas por enfermedades o pérdidas de dinero serán el Suroeste y los trópicos. Hay que ser más honestos y asertivos.

MARZO • **Mes del Conejo. Tronco celeste 2 madera** *yin*.
Inicia el 5 de marzo. Estrella voladora mensual 4
Este será uno de los mejores meses del año. Hay posibilidades para el erotismo, el amor, la amistad. Los perritos engendrados en este mes serán los artistas del futuro. El hemisferio Sur será beneficiado con oportunidades para obtener unidad familiar y posiblemente algunos nativos de toda esa zona se vuelvan famosos de la noche a la mañana,

seguramente por medio de las redes sociales. Es un mes para hablar con la gente, llegar a acuerdos en los negocios, entre miembros de la familia, y también para buscar soluciones diplomáticas a los conflictos locales e internacionales que nos agobian.

ABRIL • Mes del Dragón. Tronco celeste 3 fuego *yang*.
Inicia el 5 de abril. Estrella voladora mensual: 3
Este mes propicia la erudición. La comunidad científica estará inspirada, lista para resolver problemas y necesidades actuales; pero el mes dragón choca con el año, además propicia las artes marciales, no solo las deportivas, sino también cualquier demostración de poder bélico, y los líderes del mundo podrían ser seducidos por ideas corruptas. De las relaciones opuestas del zodíaco, la que existe entre el perro y el dragón alcanza cordialidad por medio del diálogo sin el riesgo de que uno humille al otro. La clave para todos nosotros es la de aprender a mediar nuestras diferencias sin agredir y usando la razón.

MAYO • Mes de la Serpiente. Tronco celeste 4 fuego *yin*.
Inicia el 5 de mayo. Estrella voladora mensual: 2
El ofidio será tan belicoso como el mes anterior, pero con una vuelta de tuerca peligrosa. El mes es propicio para los malentendidos, los chismes en espacios de trabajo y la envidia entre personas que antes parecían ser solidarias, por lo tanto, secretos de Estado podrían salir a la luz pero será difícil distinguir la verdad de la manipulación. Hay peligro de accidentes en todos lados, por lo que se deberá tener cuidado, en especial con objetos punzocortantes.

JUNIO • Mes del Caballo. Tronco celeste 5 tierra *yang*.
Inicia el 6 de junio. Estrella voladora mensual: 1
El caballo es el jefe natural del perro, por lo tanto será muy difícil dejar de trabajar, todos estaremos con nuestras obligaciones y eso evitará que nos ocupemos de lo urgente y no de lo importante. Accidentes, problemas de salud, eventos naturales destacados, todo se apilará hasta hacer que las redes sociales se cansen de tantos acontecimientos, uno tras otro. Será demasiado estímulo como para digerirlo, y lo que nos quedará es buscar refugio en el amor, la amistad, la bondad de desconocidos. El sureste del mundo y el sureste de nuestras casas, como reflejo, serán los lugares más pacíficos y allí florecerá el amor familiar, algo que necesitaremos desesperadamente.

JULIO • Mes de la Cabra. Tronco celeste 6 tierra *yin*.
Inicia el 7 de julio. Estrella voladora mensual: 9

Cuando la energía de la estrella voladora mensual es igual a la anual, todos los eventos del planeta y sus habitantes se multiplican por dos. No será propicio engendrar perritos este mes ya que estos nacerán con el signo del dragón en el mes de nacimiento y eso afectará su salud y su relación con la familia. Hay que tener mucho cuidado y compasión durante este mes ya que si bien la cabra es bondadosa, son las energías del universo las que están reforzadas, y la energía no es ni buena ni mala, sencillamente ES, con todas sus fuerzas, y no hará distinción de cualquiera de nosotros. La zona más peligrosa será el Oeste, en donde hay peligro de pandemias.

AGOSTO • Mes del Mono. Tronco celeste 7 metal *yang*.
Inicia el 7 de agosto. Estrella voladora mensual: 8

El mono nos tendrá muy movidos a todos. Será un mes de cambios, mudanzas, tal vez de otra ola de decesos de celebridades. También hay peligro de seísmos, sobre todo si se cava o se realizan explosiones en el sureste del planeta. Existe la posibilidad de obtener fama rápidamente, y las redes sociales estarán especialmente virales, pero estas expresiones de fama serán efímeras. El Suroeste tendrá peligro de pérdidas económicas y enfermedades relacionadas con la sangre. Se debe tener especial cuidado con los niños y los adolescentes rebeldes.

SEPTIEMBRE • Mes del Gallo. Tronco celeste 8 metal *yin*.
Inicia el 8 de septiembre. Estrella voladora mensual: 7

Los perritos que nazcan durante este mes tendrán facilidad para llenar el vacío que durante el año del mono anterior dejaron las superestrellas de la música y la actuación. El mes será bélico, pero con mucho mejor aspecto que los anteriores, por lo que es posible que se logren acuerdos y tal vez, una esperanza para la paz. Hay facilidad para obtener fama y prestigio, además de buena suerte para los negocios, especialmente los que involucren a la industria del entretenimiento, la alimentación, la agricultura orgánica y las artes liberales.

OCTUBRE • Mes del Perro. Tronco celeste 9 agua *yang*.
Inicia el 8 de octubre. Estrella voladora mensual: 6

Dicen que perro no come perro, pero la combinación de energías podría contradecir el famoso dicho. Hay peligro de pérdidas financieras graves en el Norte y posibilidades de estallidos o accidentes en minas, pozos profundos y yacimientos petroleros. Esto se reflejará en conflictos internos en las personas. Todos estaremos muy meditabundos, algunos hasta angustiados. Para contrarrestar eso, todos tenemos que estudiar un poco de psicología, leer sobre la ansiedad, la depresión y aceptar que los problemas mentales no son locura nada más, sino que cada mente atraviesa por distintos retos y todos merecemos compasión y amor.

NOVIEMBRE • **Mes del Cerdo. Tronco celeste 10 agua** *yin*.
Inicia el 7 de noviembre. Estrella voladora mensual: 5
Las relaciones entre el cerdo y el perro jamás han sido sencillas. Juntos forman combinaciones contradictorias que producen confusión. Primero nos sentiremos alegres o esperanzados sin razón alguna, luego aislados, en especial los hombres, quienes podrían mostrarse agresivos. Hay que ser más solidarios, educar a las mujeres en el concepto de sororidad y es muy importante comprender el vínculo que tenemos con la Pachamama en su aspecto maternal y creativo. Hay que tener cuidado porque este año es especialmente destructivo; atención a los accidentes con objetos punzocortantes y fuego. La zona más peligrosa será el Noroeste, cuidado con las enfermedades contagiosas.

DICIEMBRE • **Mes de la rata. Tronco celeste 1 madera** *yang*.
Inicia el 7 de diciembre. Estrella voladora mensual: 4
Hay veces que las energías aparentemente negativas son en realidad el resultado de la justicia en cuanto a karma se refiere. Existe una combinación con probabilidades de atraer la fama y al mismo tiempo energías que lo entorpecen todo, por lo tanto es posible que este mes gente de fama y poder vea obstaculizadas sus empresas, en ciertos casos, algunos podrían terminar en la cárcel. Sirva esto de advertencia para otros, que sin ser famosos también podrían correr la misma suerte y así ganar notoriedad. Asimismo hay posibilidades de permanecer encerrados en casa o el trabajo, sobre todo por cuestiones de clima extremo. El invierno boreal se presentará crudo, y el verano sureño tan caliente que romperá récords. Sin embargo, serán tantas las lecciones aprendidas a lo largo del año, que las fiestas decembrinas nos ayudarán a reflexionar sobre el pasado y el perro nos dará claridad al mirar hacia el futuro sin olvidar el presente.

Predicciones para la Argentina basadas en la intuición y el I CHING

A mediados del año del gallo de fuego, en una breve pausa porteña, abro el plexo solar para reubicar a LA ARGENTINA en el nuevo mapa imaginario que estamos «pariendo» entre los seres animados e inanimados que habitaron y habitan este NAJT (espacio-tiempo) rumbo a la ETERNIDAD.

Es cierto que el mundo está convulsionado, con revoluciones, atentados, epidemias, crisis de valores dignas del legado de LAO TSE y de CONFUCIO, que no están precisamente de moda, sino que han sido sepultados por las cenizas de los volcanes que decidieron emerger al unísono para este INCIERTO PRESENTE, en el que hay que intentar «EL DESAPEGO como destino, y LA CONCIENCIA como camino».

En Argentina germinaron a un mismo tiempo brotes del bien y del mal; la dualidad manifestada en su esplendor.

¿Cómo saber qué sentimientos, qué sentido de responsabilidad y de patria prevalecieron en los argentinos desde el origen? ¿Cómo llegamos a este abismo? En ocasiones sigue intacta la coherencia en el pensar, el sentir y el actuar, pero a veces parece que un rayo exterminador hubiera destruido los cimientos de la patria heredada de SAN MARTÍN, BELGRANO, GÜEMES, SARMIENTO y tantos héroes que recordamos, y otros anónimos, que dieron ejemplo para vivir con dignidad, alimentando y educando a sus hijos.

En estos días me llamó la atención la vida de MARTÍN DE GÜEMES, y pongo el foco en este hombre clave de la independencia nacional.

Culto y valiente, logró hacer la guerra gaucha venciendo en ocasiones clave a LOS REALISTAS. Reunió con inteligencia y astucia a su ejército de corazones apasionados para defender nuestro inmenso territorio del norte, hasta el Alto Perú; y como pasó y sigue pasando cuando alguien se destaca en otros lugares del país, desde BUENOS AIRES el monopolio de la mafia del poder –que ya estaba instalada dirigiendo el puerto y sus alrededores– intentó detenerlo en su crecimiento y destituyó de su ejército a quien fuera general y primer gobernador de Salta.

Ni aun así pudo RONDEAU, con su ejército de dos mil hombres, sacarle el innato poder que tenía Güemes, y a pesar de firmar un acuerdo, la inquietud del líder gaucho intimaba al Directorio del Río de la Plata.

Es difícil hoy ser ARGENTINO, y tener fe.

Convivimos con dos generaciones diezmadas por el populismo, la droga, el abandono familiar, el desempleo y la falta de estructura para insertarse en la sociedad.

Nuestro extenso país es INGOBERNABLE.

A pocos les importa lo que pasa en USHUAIA si viven en TUCUMÁN, en LA RIOJA O en MISIONES.

Son tan impresionantes las realidades en cada región, ciudad, pueblo, aldea o comunidad, que ni teniendo *wifi* se puede establecer un vínculo profundo entre argentinos.

Por suerte viajo por el país, me compenetro en cada situación, realidad, miseria, arte, corrupción sin límites en lo que se ve desde la ventanilla de cualquier bus lechero[33] que entra en pueblos fantasmas diezmados por sus políticos de turno.

Aun así ARGENTINA, con quienes fuimos, somos y seremos y los que llegarán en los próximos años en busca de tierra, casa, trabajo y porvenir, se convertirá en una nueva potencia.

LOS CHINOS SERÁN BASTANTE RESPONSABLES DE ESTA ECUACIÓN. Silenciosamente y con trabajo de hormiga construirán caminos, vías de tren, puertos, cultivarán la inmensidad de llanuras, valles, desiertos, aportando tecnología, eficacia y su potencial energético.

Les aconsejo estudiar chino, es sin duda el idioma del presente y del futuro; los chinos nos darán trabajo a los ARGENTINOS, o nos enseñarán a trabajar (hábito diluido en las últimas décadas) para producir en dos años asombrosos cambios en la fisonomía del país.

En el aniversario de la muerte de MANUEL BELGRANO, declarado el día de la bandera, y en el inicio del solsticio de invierno, mi querida editorial URANO me trajo hasta SAN SALVADOR DE JUJUY, a la feria del libro que cumplió trece años de esfuerzo, empuje, ganas, lucha de mujeres valientes que decidieron hacer patria con autores locales, de la región, del país y del mundo.

Por segundo año consecutivo di la conferencia en el TEATRO MITRE, maravilla arquitectónica y artística; donde dejaron su energía los mejores poetas, actores, músicos y bailarines del mundo.

---

[33] En Argentina, autobús que entra en todos los pueblos y que, por esa razón, se demora muchas horas en realizar recorridos que se harían en menor tiempo.

Acostumbro cerrar el encuentro con la participación de la gente, intercambiando preguntas o ideas.

Esta vez la pregunta fue «¿Habrá justicia algún día en el país?».

El I CHING respondió: HEXAGRAMA 6, EL CONFLICTO/EL PLEITO.

Y desde el salón de la ESTANCIA LAS CARRERAS, en TAFÍ DEL VALLE, en una mañana donde nos reunimos amigos y locales para hilvanar arte, constelaciones familiares, I CHING y vidas humanas, compartiendo experiencias valiosas, individuales y colectivas, el I CHING respondió sobre el año del perro para ARGENTINA: HEXAGRAMA 33, LA RETIRADA.

El futuro es incierto; nadie nos ayudará a mejorar si no revisamos nuestras deudas interiores y las saldamos.

LAS EXTERIORES necesitan voluntarios de KEPLER, el nuevo planeta descubierto, para transmutarlas en recursos que nos han sido robados sin escrúpulos.

Los temas estructurales en la Argentina están comenzando a despertar con saldo de compatriotas y extranjeros que mueren cada día a la intemperie, por no tener techo, no tener alimento, ni un presente que los ayude a tener fe en el futuro.

La pedofilia de curas y cómplices de jerarquía eclesiástica está en su apogeo, al ser denunciada por víctimas con la vida lacerada por las marcas de dolor, vergüenza y humillación.

Sería sensato aceptar curas y monjas laicos, que puedan predicar dando el ejemplo, y no crear tanta esquizofrenia en quienes son ofrendados a un DIOS ausente.

La educación en crisis será tema básico del país.

Nuevas ideas complementarias con posibilidades de adaptación al nuevo tiempo mundial serán debatidas en el parlamento y en las estructuras que en estado de deterioro serán recinto de quienes tengan la grandeza de poseer vocación educativa.

El femicidio estará en la cúspide de la responsabilidad de todos juntos como sociedad. Es fundamental integrar terapias sistémicas, grupos de constelaciones familiares, convocar a padres, alumnos, maestros y educadores para atacar la raíz del problema.

Es sustancial que nos unamos en este gran drama que azota a la población y busquemos nuevas respuestas a esta plaga asesina.

Y sin ánimo de ser mona aulladora de mal agüero, le deseo a la Selección Argentina en Rusia una buena clasificación.

Milagros no hay; nuestra Selección atraviesa el gran karma ARGENTINO, que es ser «número uno» en lo individual, y fallar cuando hay que jugar en equipo y repartir roles y responsabilidades.

Además de paralizar el país, y a lo mejor en otros lugares del mundo también estar pendientes de los resultados como «el pan nuestro de cada día», ayer finalizó el G20 en Hamburgo con todos los conflictos que son parte del mundo y que sabemos no se arregla en tres días de líderes mundiales, que van más a hacer negocios que a involucrarse en los problemas reales de cada región: el crecimiento de la pobreza, el narcotráfico, el desempleo, la falta de valores para transmitir a las nuevas generaciones, el empleo y la alegría de vivir.

Integro este año las profecías de los abuelos QUILMES, de la mano de FERNANDO MANGUZ, el dragón portavoz de las tradiciones y cosmovisiones de los pueblos originarios.

Sigo convencida de que si realmente integramos su orden cósmico en la Tierra podremos retornar a nuestra casa desde la Fundación Espiritual de la Argentina; y con los fundanautas confiamos en este movimiento de cambio desde lo interno hacia lo externo en el año del perro de tierra.

GUAUAUAU...

L. S. D.

El conocimiento de los 13 Años
Lectura en Espejos Cósmicos (mal llamados morteros)

Las comunidades de la Madre en el «Tucumanae» (Salta del Tucumán - Tucumán - Córdoba del Tucumán), pueblos de la Nación «Kakana», reconocían el tiempo dividido en 13 lunas de 28 días que hacen un año lunar. 13 lunas completas hacían un ciclo regido por un animal en el cielo y los movimientos de Venus, que para nosotros (los abuelos QUILMES) se llama «TiltaCuichi».

Desde la antigüedad más remota hasta nuestros días, los Tucma y las Liwas (hombres y mujeres de conocimiento, medicina) han mirado en los «picoes» (morteros tallados en las piedras), los movimientos de los astros amigos, y se ha llevado una cronología de los movimientos del planeta Venus, asociado al día, mes y año de nacimiento de cada persona, para conocer con qué elementos viene a la Tierra, y cuál será su trabajo en la comunidad.

También los Menires, que se llaman «Tulpelel», «Watalaisi» y «Talapaisi», señalan círculos y espirales de vida en todas las regiones del Tucumanae; en todos los asentamientos de los pueblos de lengua kakán se puede encontrar este estudio de las estrellas y de los espacios que nos rigen.

Si vemos en el cielo una persona parada con las piernas y los brazos abiertos, podemos ver que hay cinco movimientos, cada uno de una duración de dos años y dos meses y un último movimiento de dos años y tres meses que corresponden al corazón. Se completan así los 13 años de 13 meses.

El primero nace en el pie derecho y es el resplandor de «telkara», la persona que nace en el resplandor (tucu tilta cuichi). Son personas de tierra, manejan el conocimiento de la tierra y su poder es el de sanar (todo con la acción de la trasmutación que para nosotros se llama «mage enoi»); son fuertes, decididos, valientes, nunca dejarán atrás a nadie y siempre están con valor de ser, son guerreros, en todo momento atentos y despiertos; su animal de poder «ejjassikaa», son todos animales de tierra, que les dan el conocimiento de la madre, durante dos años y un mes ellos comienzan y completan su recorrido. Son: el sapo, el suri, las llamas, las alpacas, la mayoria animales que tienen cuatro patas.

El segundo es el del «tilta cuichi tucu» (luz); se llama «magetucumange». Corresponde a la cabeza, el pensamiento, los cuatro cerebros del ser humano, y estas personas tienen el sol y a la luna de frente, son gente que busca siempre la luz de los astros; ellos llegan e iluminan todo, tienen la mente sagaz, son estrategas, grandes pensadores y sacerdotes del pensamiento. Su habilidad es la de resolver problemas y guiar gente. Los animales son los insectos, mariposas, mantis, grillos, los seres del fuego, dragones.

El tercer movimiento es el pie izquierdo y llega al «tilta nina cuichi», se llama «mageninacucur». Son los sanadores del espíritu, los que tienen el poder de crear y destruir, son antorchas que guían a sus hermanos, son maestros y sanadores del espíritu, su magia está en la comunicación con la vida misma. Sus animales de poder son los felinos, los lagartos y las serpientes.

El cuarto movimiento corresponde a la mano derecha, son los «tiltacoocuichi» y los «magecookishna», están regidos por el agua, fluyen y hacen que todo se mueva; inteligentes y alegres, pueden adoptar todos los estados: líquido, gaseoso o sólido. Como agua son impetuosos y abiertos, en estado gaseoso suelen estar alejados de la tierra, inmersos en las nubes y en contemplación y como hielo están en proceso de trasformación, en absoluta belleza y sanación. Sus animales son todos los seres del agua.

El quinto movimiento es el de la mano izquierda, entramos a «tiltaangacuichi». Son los «magevimmacooin», señoras y señores en el viento, su don es la palabra en todo los aspectos; su cuerpo entero habla, son los que llevan la voz a todos los seres, porque se comunican con todos los seres de todas las especies. Ligeros y fluidos, ayudan a la vida con sus sueños, son los transmisores del pensamiento general. Sus animales: las aves, algunos insectos voladores también y el murciélago.

El sexto movimiento va al corazón, equivale a dos años y tres meses, entramos a «tiltamage tonk»; son aquellos regidos por la magia absoluta, los nuevos y antiguos seres que vienen a conectar la puerta de la vida, conocen lo alto, lo medio, lo subterráneo, se llaman «magetonkeej» y suelen ser maestros sin tiempo, siempre vienen para cambiar las cosas alrededor y son guiados por animales de amplia belleza como el colibrí (quenti), los peces arcoíris, los seres de escamas iridiscentes. Los rigen el corazón y el don de la palabra pequeña y justa. El mes de más es el círculo que hace para cerrar los 13 años de un círculo completo.

En este año 2017 estamos empezando el último ciclo, el del corazón, y corresponde a los niños arcoíris, son los niños nacidos en el tiempo del jaguar dorado, y este año que se inició el 22 de junio, son los «quentifet» (espíritu del picaflor) en la casa del hombre adulto, maduro, con la sabiduría del buen padre, del buen hijo, el que sabe amar y respetar la vida, el que dirige su casa desde el respeto, la amistad y el valor digno. La Humanidad tiene una Gran Oportunidad para entender a la Tierra como un ser vivo, como nuestra Casa y como nuestra Madre.

El conocimiento es dado desde el círculo de los Oraus, de la transmisión Kakana, Escuela de Talapazo (Colalao del Valle - departamento Tafí del Valle - Tucumán - Comunidad India Quilmes) Mage Antonio Caro (Oshuko) - Mage Rita Cejas (Vimma).

Trascripción realizada para Fernando Manguz, el 4 de junio de 2017 en Talapazo, para ser compartida con Ludovica Squirru, así sale a la luz tanto saber Ancestral de los Antiguos habitantes del Sur de lo que llaman hoy América, estos Espejos de Lecturas se encuentran desde Bolivia hasta Tucumán y desde Chile hasta Córdoba, algunos cerquita de Ojo de Agua, Traslasierra, donde cada 4 de diciembre se realiza la Fundación Espiritual de la Argentina.

El I CHING aconseja:
6. Sung /El Conflicto (El Pleito)

EL DICTAMEN
El conflicto: eres veraz y te frenan.
Detenerse con cautela a mitad de camino trae ventura.
Ir hasta el fin trae desventura.
Es propicio ver al gran hombre.
No es propicio atravesar las grandes aguas.

El conflicto surge cuando alguien, sintiendo que está en su derecho, se topa con resistencias. Sin esa convicción de que uno está en su derecho, la resistencia conduce a la astucia o a la transgresión violenta, y no al pleito abierto.

Cuando uno se halla envuelto en un pleito, lo único que podrá traerle salvación es una vigorosa y firme serenidad, dispuesta en todo momento a la conciliación del pleito, al arreglo a mitad de camino. Continuar la querella hasta su amargo fin acarrea malas consecuencias, aun cuando uno concluya teniendo razón, puesto que en tal caso se perpetúa la enemistad. Es importante ver al gran hombre, vale decir a un hombre imparcial, cuya autoridad sea suficiente como para solucionar el pleito en forma pacífica o bien para fallar con justicia. Por otra parte, en tiempos de discordia es preciso evitar «atravesar las grandes aguas», vale decir iniciar empresas riesgosas, pues estas, si han de tener éxito, requieren una real unificación de fuerzas. El conflicto en lo interior paraliza la fuerza necesaria para triunfar sobre el peligro en lo exterior.

LA IMAGEN
Cielo y agua se mueven en sentido contrario:
la imagen del conflicto.
Así el noble, en todos los negocios que realiza,
reflexiona debidamente sobre su comienzo.

La imagen indica que las causas del conflicto residen en las orientaciones opuestas, ya previamente existentes, de ambas partes. Una vez que aparecen tales direcciones divergentes necesariamente se origina en ellas el conflicto. Se infiere entonces que a fin de precaver el conflicto conviene pensar cuidadosamente en todo desde el mismo comienzo. Cuando se establecen claramente derechos y deberes, o si en una asociación humana convergen las orientaciones espirituales, la causa del conflicto queda de antemano eliminada.

Otoño de marchas y contramarchas
en la agonía de la ex Reina del Plata.
Apenas puedo sentirte
con tu tibieza exacta en la frente.
Miro el sutil cambio cromático en los árboles
cansados de piquetes,
sirenas, asaltos, bocinas, niños a la deriva
intentando asaltarnos.
Otoño; no son tiempos para lucir tu encanto.
L. S. D.

Los astros y sus influencias en 2018
para Latinoamérica, Estados Unidos de América y España

por Ana Isabel Veny Llabres

Nuestra verdadera esencia tiene opción de renacer, expansionemos ya su luz

Para la humanidad, ha llegado la hora de manifestar el gran potencial que posee y que aún yace dormido en las profundidades del espíritu. Año 2018, planeta Tierra a la vista y con asuntos siempre aún por resolver, respecto de nuestro propio destino particular y del de nuestras colectividades. Estamos dentro de un Universo dual, siempre cambiante y de una permanente pugna entre las fuerzas de la luz y de las sombras, tal vez ya sea tiempo de tomar conciencia de que es por el camino del medio que podremos lograr en este plano un poco más de tranquilidad, alegría y esperanza.

Nosotros también participamos como arquitectos de esta realidad en la cual vivimos, y que por momentos nos desborda en múltiples aspectos. Descubramos nuestras capacidades ocultas de autosanación, visión interior, conexión con planos más elevados de existencia y, sobre todo, con nuestro Maestro Interno –esa parte de nosotros mismos sabia e inteligente– para acceder a una armonización integral a la hora de tomar decisiones. Son muy valiosos en esta época los espacios de meditación y darse en todo momento la opción a una pausa que pueda reconectarnos con lo que en definitiva somos, seres de una inmensa luminosidad. Elevemos nuestras vibraciones observando en la noche la gran belleza de un cielo estrellado o abrazando ese árbol silencioso que nos llena de vitalidad o quizá prestando atención a ese vuelo tan libre de los pájaros. Alimentemos de forma constante nuestro espíritu con todo lo bello que nos rodea y resurgirá en nosotros una maravillosa fuerza renovadora en incontables aspectos de nuestro ser.

Continuemos cuidando con intenso amor a Gaia

Este gentil planeta Tierra que nos alberga desde tiempos inmemoriales sigue necesitando de nuestros cuidados para que pueda mantenerse en equilibrio y no agotarse antes de tiempo. Cada vez más son necesarias las conductas coherentes hacia lo medioambiental en su globalidad, a efectos de que nuestra querida Gaia continúe generando recursos y cumpla a través del tiempo con la misión que le corresponde de manera equilibrada. A su modo, los diferentes reinos de la naturaleza (mineral, vegetal y animal) envían señales a la humanidad para que sus acciones no los perjudiquen y puedan ser tratados con más compasión a efectos de no perder su armonía; también lo merecen desde el plano de existencia en donde están ubicados. Además, siempre que los cuatro elementos (fuego, aire, agua y tierra) mantengan su equilibrio natural, la humanidad tendrá una travesía planetaria más estable.

Llevemos a la práctica la Ley de Atracción en forma positiva

Nuestras emociones y pensamientos son generadores de experiencias en nuestra vida, seamos o no conscientes de ello. Representan energía, y esta entra en movimiento debido a nuestro pensar y sentir. Concentrados con intenso sentimiento en lo que deseamos, es seguro que podrá materializarse en este plano. Comencemos a atraer hacia nosotros lo bueno (prosperidad, afecto, vitalidad, por ejemplo), y reemplacemos creencias y sentimientos negativos por otros que generen fe y esperanza, ya sea en un sentido individual y/o colectivo. Mejorando nuestras frecuencias estaremos más protegidos, armonizados y generando paisajes más atractivos. Activemos nuestros perfiles más creativos, desprendámonos de rigideces acumuladas a lo largo del tiempo para salir del automatismo y percibir así diferentes realidades que se acoplan a la de nuestro presente. Hagamos uso de todo nuestro potencial energético en sus diferentes planos, siempre pensando y sintiendo positivamente; es de esa forma que accederemos a fantásticas transformaciones en nuestras vidas. Si tenemos la certeza de que lo que necesitamos en el aquí y ahora para seguir evolucionando ya es una realidad, la magia se producirá instantáneamente.

Nota: Las predicciones realizadas se basan en la fecha de independencia de los países que involucran por lo general el año en cuestión a partir de su nueva revolución solar y un tramo del año siguiente, completando así doce meses.

Resumen de las influencias astrales en 2018: De acuerdo con las configuraciones celestes, es de esperar un ciclo de más movimiento a todo nivel respecto de los diferentes colectivos humanos. Por momentos, alcanzar soluciones efectivas para distintos contextos sociales puede demandar esfuerzos adicionales, pero hacerlo será beneficioso. El espíritu de solidaridad hará su reaparición en distintos ámbitos, así como el ingenio para reacomodar esquemas controvertidos en diversas colectividades.

ARGENTINA
NACE EL 09/07/1816
SIGNO SOLAR: CÁNCER • Sensibilidad a flor de piel, gran creatividad.
ELEMENTO AGUA: Lleva a la introspección y a fluir con las emociones.

Proyecciones futuras en sus diversos contextos

Los primeros meses del ciclo aún se muestran algo desafiantes en el sentido de continuar reacomodando esquemas anteriores y afrontar nuevos desafíos para una colectividad argentina siempre productiva y en busca de un desarrollo integral.

Marte (combativo), muy cercano al Sol natal (fuente de poder), solicita actitudes prudentes y moderadas en todo momento para que los resultados estén a la altura de lo ambicionado. Si bien de forma gradual (aún persiste la cuadratura de Júpiter-finanzas, al Sol natal-conducciones), en este tramo las transformaciones continuarán imponiéndose con firmeza y autoconvicción para acceder a esquemas sociales y financieros más equilibrados. Con el paso de los meses se podrán comprobar mejoras en cuanto a inversiones generales, nuevas infraestructuras y beneficios para sectores carenciados, así como reducción del desempleo. Alianzas y una mejor colocación de productos en mercados internacionales resurgirán paulatinamente para instalarse y permitir buenas proyecciones en ese sentido.

Hacia la mitad del año, las agendas prioritarias contarán con mejoras reales y se abrirán senderos de recuperación en múltiples áreas, lo cual generará beneficios.

El segundo tramo del ciclo muestra paisajes más abiertos al progreso, así lo confirma el benéfico trígono de Júpiter desde Escorpio al Sol natal de Argentina, ubicado en Cáncer. Esta influencia le deja espacio a los deseos de expansión y a rediseñar con éxito aquellos sectores de interés general, aunque es recomendable evitar exageraciones (Marte en disonancia con Júpiter). Si bien todo exigirá esfuerzos y nuevas estrategias (Júpiter en fricción con Mercurio), las aperturas estarán presentes. Existirá una mejor visión en cuanto a objetivos futuros (buen aspecto entre Saturno-ejecutivo y Urano-creativo). Un nuevo impulso en lo macroeconómico, educación, empleo, salud, canastas básicas, entre otros, irá asomando de forma beneficiosa.

Informaciones diversas

Sus cultivos principales en el período continuarán en una línea productiva (frutas, verduras, granos, sector vitivinícola, etcétera). En este año los esfuerzos y el interés por reducir la contaminación ambiental irán en aumento. Es fundamental preservar los suelos, el aire y el agua respecto de diferentes impactos a fin de brindar a los pobladores una buena calidad de vida; dicho asunto continuará vigente en las agendas a enfocar, y tal vez con nuevas soluciones. Seguir con atención la actividad volcánica en diferentes regiones ayudará a prevenir distintos imponderables en ese sentido.

Los astros apoyarán bien toda labor artística así como el impulso a nuevos talentos en dicho rubro. Lo sensible aflora y permite que el arte se manifieste en muchas y diferentes direcciones, sobre todo hacia el segundo semestre (Venus-sensibilidad y Urano-inspiración estarán armoniosos). Sin duda, los intercambios culturales o de otras índoles que durante el período se establezcan con otras comunidades enriquecerán y abrirán senderos más solidarios.

En cuanto a deportes, existirá mucha dinámica en distintas disciplinas (fútbol, artes marciales, baloncesto, entre otras) con buen resultado.

Resumen de las influencias astrales en 2018: Para el país, tiempos de procesos más positivos tanto a nivel nacional como internacional, que irán generando estabilidad y renovando los perfiles sociales. Lo original e ingenioso seguirá abriendo buenas rutas para un continuo desarrollo.

BOLIVIA
NACE EL 06/08/1825
SIGNO SOLAR: LEO • De acciones nobles
e increíble fortaleza espiritual.
ELEMENTO FUEGO: Genera una gran pasión por los ideales.

Pronóstico estelar para la sociedad boliviana en diferentes sectores

Durante el primer semestre del ciclo, el país contará con influencias que permitirán expansionarse más respecto de nuevos proyectos sociales basados en estrategias, tal vez más efectivas, para intentar regularizar desfasajes y atender así diversos reclamos (vivienda, salud, fuentes de trabajo, entre otras). El aspecto armonioso entre Mercurio-ingenio y Plutón-metas daría el empuje necesario para nuevos planteamientos que le brinden a la sociedad boliviana un mayor equilibrio. Aunque la oposición de Neptuno-ilusiones a Mercurio-inventiva advierte acerca de no sobrepasar posibilidades, si se actúa con practicidad el acceso a las soluciones que el momento necesita no quedaría tan distante. Es así que un crecimiento uniforme y sostenido generará cierta tranquilidad más allá de panoramas internacionales. Quizá no cueste tanto reforzar vínculos a efectos de reformular las áreas de exportación con mejor perspectiva.

Un impulso especial sobre el sector educativo conducirá a resultados más satisfactorios y equitativos (Mercurio ubicado en Virgo, su domicilio, intelecto activo). Los planes para mejorar suelos y cultivos integrarán las agendas anuales con su consiguiente rentabilidad. El sector turístico se mantendrá muy dinámico gracias a las bellezas naturales bolivianas.

Pasando al segundo semestre, los astros solicitarán más atención respecto de las iniciativas ya asumidas en todo ámbito, a fin de asegurar así su continuidad y evitar retrocesos. Esta vez la cuadratura formada por el Sol natal boliviano (conducción) con el planeta Júpiter (expansión) y la de Venus (bienestar) con Saturno (practicidad) solicitarán conductas realistas a fin de no extralimitarse y conservar la estabilidad en un amplio sentido.

Generalidades

Los eventos tendentes a incentivar los intercambios en cultura con otros países no faltarán y serán sumamente efectivos. Año de mayor avance en cuanto a energías renovables como la solar y la eólica, así se logrará afianzar en proyectos que darán el resultado esperado. En cuanto a los volcanes bolivianos, es un año en que los monitoreos serán de invalorable ayuda. Existirá una mayor apertura para reafirmar las tradiciones de los distintos grupos indígenas, que le dan siempre nueva vida a lo ancestral y mantienen encendida la llama mística que los sostiene dentro de sus comunidades.

Para lucirse en deportes, a Bolivia no le faltarán buenas tácticas ni dinámica; siempre que invierta esfuerzos y se conduzca de forma estratégica podrá avanzar.

Resumen de las influencias astrales en 2018: Su cielo indica que es el momento adecuado para que el país vaya superando –con constancia e ingenio– altibajos y situaciones inciertas. Mayormente accederá a funcionar dentro de esquemas aceptables aplicando en todo la perseverancia. Las aspiraciones en un sentido amplio irán encontrando las rutas correspondientes.

BRASIL
NACE EL 07/09/1822
SIGNO SOLAR: VIRGO • Intelectual, práctico y adaptable.
ELEMENTO TIERRA: Inclina a la reflexión y al pragmatismo.

Panorama general

El acceso a nuevas infraestructuras para el país a fin de mejorar el empleo e implementar renovaciones que beneficien aspectos sociales prioritarios a lo largo del ciclo, si bien demandará gran creatividad, no quedaría excluido. Lo antedicho se vería ligado a procesos que en definitiva irían moderando los aspectos más controvertidos y los desafíos acumulados a lo largo del tiempo. La originalidad y el talento harán su aparición gracias al buen contacto planetario entre el ingenioso Urano, el dinámico Marte y el especulativo Mercurio para llevar a la práctica una gran diversidad de planes. Si bien obrar con cautela no está de más en cuanto a futuras y variadas inversiones, esta vez el sextil de Júpiter (que siempre amplía horizontes) con Saturno (estabilidad material) predice condiciones más alentadoras para obtener avances certeros y transformar con paciencia esquemas hacia lo positivo. Teniendo en cuenta que el aspecto de oposición entre Neptuno en tránsito y el Sol natal aún exige algo de cuidado a fin de no desvirtuar objetivos, paulatinamente se irán cumpliendo las agendas que más urgen, para que este gran coloso latinoamericano recupere toda su grandeza y esplendor.

Esos escenarios alternativos que conduzcan a un mayor crecimiento general, para que los habitantes puedan gozar de bienestar mirando con fe hacia el futuro, cuentan con ayudas planetarias. Las metas a las que se aspira en educación y control de la pobreza tienen posibilidad de obtener nuevos recursos a pesar de vaivenes, así como las aspiraciones de una mayor cobertura en salud y otras urgencias sociales. Se accederá a una logística más efectiva para el progreso deseado aunque con el paso del tiempo. Finalizando el período, se podrán apreciar los buenos resultados en cuanto a darle continuidad a los emprendimientos ya logrados e ir abriendo de a poco nuevas rutas. Para ello, favorece la buena ubicación de Saturno en Capricornio, su domicilio, en armonía con la fuente de poder estelar del país, su propio Sol.

En cuanto al clima, todo inclina esta vez a que el ciclo presente sequías en exceso en algunas zonas y en otras, como contraste, demasiadas lluvias. Nuevas técnicas específicas de cuidado del suelo pueden tomar fuerza y generar gráficas de producción que resulten más satisfactorias. Seguirán en vigencia sus cultivos tradicionales (maíz, arroz, café, caña de azúcar, entre otros) sin dejar de lado aquellos que resulten innovadores. En relación a lo medioambiental y sus prioridades (regular contaminaciones diversas, preservar flora y fauna, por ejemplo) no se descartan soluciones moderadoras al respecto.

Mística ancestral renovada
Buenas influencias promueven la espiritualidad en sus más variados contextos y renuevan esa magia dormida a lo largo del tiempo, herencia del pasado que regresa al presente con más convicción por parte de diferentes colectividades. La consigna estelar conduciría a conectar con el propio espíritu y con el de la naturaleza.

Desempeño deportivo: Continuará vigente la opción a renovar técnicas y así lucirse más en los campeonatos del ciclo. Con perseverancia se podrán despertar nuevos talentos para mejores actuaciones.

Resumen de las influencias astrales en 2018: Las influencias estelares apoyarán toda nueva iniciativa que incida de forma favorable en el desarrollo de aquellas áreas que resultan imprescindibles para que la sociedad en su conjunto logre un avance aceptable. Año que llevará a reformular múltiples aspectos, lo cual resultará beneficioso.

CENTROAMÉRICA. La región centroamericana está compuesta por: Belice, Costa Rica, El Salvador, Guatemala, Honduras, Nicaragua y Panamá. Dichos países conforman un bloque maravilloso, cálido y de ensueño. Sus extraordinarios atractivos siempre continúan vigentes.

BELICE. Podrá proyectarse dentro del ciclo con originalidad y abrirse a nuevos mercados, impulsando así las gráficas de crecimiento general, aunque sus astros solicitan objetividad a fin de regular esfuerzos y lograr el mejor resultado. Si bien el sector turístico es una de las principales fuentes de ingresos para el país, esta vez podrá amplificar su campo de acción a otras áreas con resultados aceptables. Las innovaciones en tecnología, comunicaciones y educación darán beneficios. Fuentes de trabajo y contextos sociales pueden verse mejorados.

COSTA RICA. Las inversiones a realizarse para mejorar diferentes logísticas y permitir un funcionamiento más efectivo en diversos sectores podrán impulsarse esta vez con mayor certeza. La expansión en materia comercial —aunque por momentos muestre ciertas oscilaciones— está apoyada por sus astros anuales. Sus cultivos, las áreas de servicios y el turismo podrán mantenerse en niveles adecuados.

El país continuará orgulloso de su excelente biodiversidad y bellísimos paisajes.

Podrá innovar y generar adelantos respecto del arte y sus distintas manifestaciones.

EL SALVADOR. A lo largo del período, los astros esta vez fortalecerían —aunque gradualmente— las relaciones comerciales dentro y fuera del país. Mantendrá estabilidad en cuanto a cultivos tradicionales (frutos tropicales, café, maíz, entre otros), inclinándose por una mayor protección de sus recursos naturales. Diferentes beneficios para su colectividad podrán implementarse con mayor efectividad. Si bien distintos desafíos solicitarán empeño, los recursos podrán administrarse de forma equilibrada.

Un año de buenos intercambios en el ámbito de la cultura.

GUATEMALA. Es probable que desde lo estelar haya que invertir esfuerzos para alcanzar los principales objetivos del ciclo y encarar diferentes esquemas sociales con ingenio, aunque las soluciones no faltarán para buenos avances. El logro de mejores acuerdos en áreas de exportación e industriales se presenta más viable. Podrá sostener bien su producción agrícola (plátano, hortalizas, café, etcétera). Dentro de lo cultural los replanteos le favorecen. Sus espectaculares zonas arqueológicas y variados ecosistemas continuarán beneficiando el turismo.

HONDURAS. Para el país, esta será una etapa más dinámica en infinidad de aspectos, en la que pueden entrelazarse períodos algo desafiantes con otros que brinden salidas viables, a efectos de resolver lo que sea de mayor interés para toda su colectividad.

Reaparecen proyectos innovadores y muy creativos que beneficiarán tanto a sectores privados como públicos para generar un mayor desarrollo, ganar en estabilidad y equilibrar diferentes desigualdades sociales. En sectores de producción, turísticos y de comunicaciones, los cambios resultarán significativos y favorables.

NICARAGUA. Si bien en este ciclo pueden existir momentos de cierta oscilación según los astros y tener que afrontar diferentes prioridades, las rutas que llevan a soluciones reales estarán abiertas. El empeño por mejorar contextos y gráficas diversas no faltará e incluirá la creatividad para alcanzar cada vez mejores niveles. En cuanto a sectores inversionistas, puede darse una expansión más positiva. Un buen año respecto de toda actividad que involucre el arte y las relaciones culturales. Un desarrollo sostenido y más firme está próximo.

PANAMÁ. Se visualiza a nivel estelar una etapa de muchos cambios, que en definitiva conducirán a la sociedad panameña a una depuración para así proyectarse con más fuerza e ilusión hacia el futuro, en las aspiraciones de corto y mediano plazo más importantes. Año más proclive a fortalecer las bases educativas logrando un mejor resultado. Buenos adelantos en cuanto a energías renovables así como en cuidados del medio ambiente. Como en el resto de los países centroamericanos, las áreas turísticas continuarán firmes y como siempre muy seductoras.

Generalidades: En sus aspectos deportivos, el bloque seguirá esmerándose para mejorar gráficas. Un resurgir de las tradiciones y sus enseñanzas tomará un nuevo impulso. Sus esplendorosos y siempre desafiantes volcanes solicitarán una constante atención.

Resumen de las influencias astrales en 2018: Dentro del bloque centroamericano se acentuará la dinámica, para promoverse desde diferentes espacios con renovaciones que redunden en un incremento de la productividad y el bienestar de quienes allí habitan.

CHILE
NACE EL 18/09/1810
SIGNO SOLAR: VIRGO • Organizado, pragmático y especulativo.
ELEMENTO TIERRA: Inclina a la búsqueda de seguridades y perfiles realistas.

Desplegando el futuro y sus paisajes

De acuerdo con el panorama estelar, Chile recibirá influencias que inclinarán de continuo a funcionar con más estrategia para poder sostenerse a lo largo del tiempo en los sectores de interés, como por ejemplo sociales, económicos, agrícolas, exportadores. Esto, sin dejar de observar que aún su Sol natal en Virgo continuará sometido a la influencia de la cuadratura saturnina desde el signo de Sagitario; lo antedicho puede intercalar períodos en los cuales hallar soluciones inmediatas exigirá un mayor empeño. Si bien los primeros meses pueden presentar desafíos diversos en cuanto a reclamos generales o gráficas sociales más oscilantes, la posición de Mercurio muy beneficiosa en Virgo, su propio domicilio, llevará a encontrar salidas a mediano plazo que puedan en cierta medida reducir presiones.

En el segundo semestre, se logrará de forma gradual una mayor productividad y solidez. Desde un pasado bastante cercano, el país ha demostrado su capacidad de generar modelos de funcionamiento muy eficaces dentro del contexto latinoamericano; dicha virtud aún le pertenece. Avances en cuanto a infraestructuras en salud (buena conexión entre Saturno-ciencia y Urano-innovación) y mejoras en el sistema educativo (Plutón-transmutador en sintonía con Mercurioáreas intelectuales) pueden ser muy notorios hacia los últimos meses del año. Hacia la mitad del ciclo, los intentos por mejorar la producción de frutas, granos y hortalizas (uvas, manzanas, maíz, habas, por ejemplo) resultarán satisfactorios. Se podrán implementar nuevos sistemas de conducción más originales que moderen lo que hoy pueda ser causa de preocupación general (aspecto positivo entre la Luna-habitantes y Urano-talento creativo).

Modernización, geología y ámbito deportivo

En comunicaciones, en diversos sectores del transporte, en sistemas de energías renovables (solar y eólica, por ejemplo) y en técnicas conectadas con la protección ambiental e inclinadas al cuidado de los recursos naturales se podrá lograr una mayor efectividad a lo largo del año. Contar con las correspondientes medidas de seguridad respecto de actividades sísmicas y volcanes nunca está de más, desde su silencio siempre pueden cobrar vida y reactivarse con fuerza.

A medida que transcurra el año, se lograrán resultados más acordes con lo ambicionado en diferentes aspectos del deporte. Los esfuerzos estarán siempre presentes y con acceso a mejorar técnicas que ofrezcan nuevas garantías a la hora de demostrar cualidades, ya sea en equipo o de forma individual.

Resumen de las influencias astrales en 2018: Desde el cielo chileno los astros anuncian salidas para lo que hoy más preocupa a su sociedad; si bien pueden llegar mediante procesos graduales, traerán una luz de esperanza que cubra a los sectores expuestos a mayores altibajos o desigualdades.

COLOMBIA

NACE EL 20/07/1810

SIGNO SOLAR: CÁNCER • De deseos intensos,
creativo y muy soñador.

ELEMENTO AGUA: Conduce a introversiones
y a una constante reflexión.

Proyecciones estelares para su nuevo ciclo

En esta etapa, pueden resultar efectivos los esfuerzos tendientes a generar una mejor distribución del ingreso, un reordenamiento de los diferentes esquemas sociales y promover emprendimientos que puedan crear nuevas fuentes de empleo así como atender diversas prioridades para su población.

Persiste aún el desafiante aspecto de Urano, sorpresivo y tormentoso debido a su fricción con el Sol natal, lo que puede ocasionar ciertos períodos de intranquilidad en el año y llevar a que se deba apelar a nuevas metodologías para alcanzar diversos fines ya trazados. Con el paso de los meses el acceso a una mejor calidad de vida a nivel general se haría más viable (Júpiter en buen aspecto a Venus). La coherencia acompañará las decisiones principales y habrá acceso a continuar reformulando esquemas en diversos sectores de la sociedad, lo que tendrá una incidencia positiva. Si bien la prudencia siempre será necesaria, el acceso a generar condiciones que conduzcan a una mayor equidad y progreso colectivo no se descarta. El intercambio comercial con el exterior puede generar espacios de mayor productividad con sus respectivos beneficios económicos. En sectores de informática y tecnología, Colombia lentamente accederá a avances importantes. Las gestiones en asuntos de vialidad seguirán perfeccionándose. Hacia el segundo semestre la inversión de esfuerzos realizada se hará más visible y conducirá a buenas recompensas.

Generalidades

Lo relativo a la generación de energía eólica se podrá impulsar con eficacia y convertirse en un importante recurso. Prestar atención a las actividades volcánicas siempre es conveniente. Dar protección de manera constante al medio ambiente seguirá en las agendas principales, tal vez con una mayor toma de conciencia colectiva para sostener así el equilibrio. En cuanto al clima, algunas sequías pueden llamar la atención en el año. Relativo a las áreas agrícolas y sus infraestructuras, experimentarán un desarrollo sostenido. Los principales cultivos colombianos, sobre todo su ya consagrado café, así como la producción de banano, hortalizas, entre otros, conservarán buenas gráficas. Como destino turístico preferencial mantendrá posiciones. La riqueza de lo ancestral –manifestada a través de las danzas, la música y los diferentes aspectos culturales de los pueblos indígenas– encontrará ese lugar desde donde manifestarse con fuerza y expansionar sus perfiles espirituales. En el deporte, inspirarse más para cambiar tácticas es lo ideal, y de esa forma perfeccionarse para competir en diversos sectores con todo el talento; progresivamente alcanzará mejores niveles.

Resumen de las influencias astrales en 2018: Distintos desafíos se irán superando durante este período, y por momentos con ciertos altibajos pero siempre con la posibilidad de resurgir e implementar un orden que resulte efectivo para los diferentes sectores de la sociedad colombiana.

ECUADOR
NACE EL 10/08/1830
SIGNO SOLAR: LEO • De perfiles decididos y fogosos, siempre va adelante.
ELEMENTO FUEGO: Genera entusiasmo y una maravillosa dinámica.

Análisis del cielo ecuatoriano y sus nuevas rutas anuales

Habrá buenas influencias sobre el país para este período en cuanto a poder regular cada vez más los niveles de pobreza y despertar la creatividad para generar nuevas fuentes de trabajo. Gracias a la ubicación de Marte en Leo cercano al Sol natal de Ecuador y en buen aspecto a Saturno desde Sagitario (influencia que viene de finales del período anterior), los impulsos tendientes a fortalecer la producción, mejorar tecnologías y reafirmar bases económico-financieras se orientan a dar resultados más alentadores en un mediano plazo. La disonancia generada entre la Luna (representativa del colectivo humano) y Mercurio (estrategias) es un aspecto estelar que sugiere darle continuidad a proyectos de reforma social, con el fin de acceder a un mayor bienestar para todos sus habitantes y evitar así retrocesos. Esto puede solicitar una inversión de esfuerzo pero con el tiempo resultará muy efectivo. Los intercambios comerciales seguirán dentro de una línea de acción productiva, donde las exportaciones principales (algunas como banano, cacao, productos del mar, entre otros) podrán mejorar sus gráficas. En los sectores hidroeléctricos y servicios básicos, continuará proyectándose con acierto. En el último tramo del ciclo es bueno prestarle atención a la fricción de Júpiter (muy expansivo) con Mercurio (planificaciones) y el Sol ecuatoriano (directivas), esto a efectos de tomar siempre previsiones para que las agendas generales se sigan cumpliendo con efectividad. De todas formas el acceso a un desarrollo sostenido estará presente y se podrán regular oscilaciones gracias al buen contacto entre Saturno (logros seguros) ubicado en su propio domicilio, Capricornio, y el creativo Urano ubicado en Tauro. En aspectos internacionales logrará reafirmarse más en cuanto a intercambios diversos con otras comunidades, lo que sin duda será ampliamente favorable.

Arte, bellezas naturales y deporte

Distintas formas de manifestación del arte ecuatoriano (danza, pintura, artes escénicas, por ejemplo) tendrán posibilidad de resaltar esta vez con mayor intensidad. Las artesanías de sus comunidades indígenas continuarán exhibiendo sus encantos. Existirá el acceso a generar intercambios que potencien aún más la creatividad.

Sus espectaculares paisajes, su gran biodiversidad, aguas termales y lugares de descanso naturales, entre otros atractivos, le seguirán dando relevancia al país. Sus majestuosos volcanes siempre solicitan observación constante.

En el deporte persistirá la tendencia a mejorar niveles; con el transcurrir de los meses esto se hará visible en diversas competiciones y participaciones, que sobre todo en el segundo semestre pueden generar resultados muy satisfactorios.

Resumen de las influencias en 2018: Si bien durante el ciclo las exigencias pueden estar presentes y por momentos intensificarse, la comunidad ecuatoriana con tenacidad podrá avanzar firmemente hacia diferentes objetivos.

ESPAÑA

NACE EL 11/12/1474

SIGNO SOLAR: SAGITARIO • Apasionado por sus ideales y sueños del alma.

ELEMENTO FUEGO: Despliega una energía radiante de jovialidad y optimismo.

Nuevas realidades y esperanzas

Continuarán reactivándose diversos sectores de la vida del país con éxitos graduales pero más sólidos y duraderos, a medida que transcurran los meses. Mercurio junto al Sol (planes y recursos) nos da buenos indicios de que las decisiones contarán con aciertos y con una visión integral de lo que el presente necesita para mejorar aún más los contextos del país. Los ritmos se aceleran esta vez en sectores tales como los de exportación, infraestructuras, educativos, vivienda, entre otros a los que se irán sumando los beneficios. Los niveles a los que aspira la sociedad española ya no están tan lejos de alcanzarse. Los métodos a aplicar en inversiones –tanto en sectores públicos como en la actividad privada– incluirán el talento necesario para ir adelante y reformular esquemas con efectividad. Marte y Júpiter (impulso y expansión) en Escorpio nos hablan de cambios sustanciales y profundos para este ciclo que irán generando con el paso del tiempo objetivos más ambiciosos y posibles de alcanzar. Los productos básicos no se desviarán demasiado y mantendrán su estabilidad a lo largo del período. En cuanto a relaciones internacionales, pueden ocurrir en el ciclo aperturas que beneficien a la comunidad tanto desde aspectos comerciales como aquellos que generan apoyos mutuos respecto de objetivos en común desde lo cultural, artístico o humanitario. Cabe agregar que Saturno (planeta karmático y restrictivo) llega al final de su tránsito por Sagitario, signo del país; dicho evento estelar ayudará a despejar rutas para proyectarse con mayor soltura.

Avances novedosos y temas de interés general

En el sector arqueológico pueden ocurrir descubrimientos valiosos gracias al esfuerzo y la constancia de quienes llevan adelante diferentes investigaciones. De la misma forma, los adelantos en asuntos espaciales y en astrofísica pueden ser más significativos. En tecnología aplicada a las comunicaciones se alcanzarán niveles cada vez más sofisticados. Las siembras orgánicas irán tomando mayor relevancia y en lo agrícola seguirá firme su producción clásica de frutas, hortalizas, viñedos, aceites, aceitunas, etcétera. El cuidado de bosques y la prevención de incendios continuarán como prioridades en la agenda ecológica. En sectores del turismo siempre existirán recursos para reciclarse y conservar su tradicional vigencia. Encuentran senderos adecuados las aspiraciones de generar nuevas capacitaciones entre quienes habitan esta tierra prestigiosa y atractiva, para mejorar áreas de trabajo, ya sean específicas o dentro de una generalidad. Etapa en la cual los talentos académicos podrán lucirse de forma permanente. En deportes, hay posibilidad de continuar demostrando capacidades y aplicar tácticas de desempeño –tanto en lo colectivo como en lo individual– que conduzcan a un buen reconocimiento público.

Resumen de las influencias en 2018: Según los astros, no se descarta el crecimiento general que regule a favor niveles de productividad, y que mediante procesos se conformen esquemas de funcionamiento en múltiples sentidos, que den nuevas garantías. Con paciencia se podrán reformular contextos y lograr avances.

ESTADOS UNIDOS DE AMÉRICA
NACE EL: 04/07/1776
SIGNO SOLAR: CÁNCER • Muy intuitivo,
gentil y de gran tenacidad.
ELEMENTO AGUA: Aporta creatividad,
reflexión y perfiles soñadores.

Sobre las influencias estelares que incidirán en el nuevo ciclo anual
Dentro del primer semestre del año las posiciones de Marte (impulso) y el Sol (conducciones) respecto de Júpiter (expansión) en aspecto antagónico aún solicitan disciplina y visiones muy realistas para superar desfasajes tanto pasados como presentes. Sin embargo, la buena sintonía de Neptuno (fuente de inspiración) con el Sol del país aproximará las soluciones necesarias que permitan acceder, con el pasar de los meses, a los formatos que tanto se desean para llevar adelante múltiples proyecciones que brinden progreso y ubicaciones relevantes en muchos sentidos.

Al iniciar el año tal vez todo solicite más imaginación y dedicación, aunque luego se irán visualizando gradualmente resultados más positivos en diferentes sectores de interés general. Observando el segundo semestre, se pueden ver influencias moderadoras en las que las iniciativas anteriores encuentran un rumbo más claro y directo para concretar los variados proyectos y prioridades de la sociedad estadounidense.

Los planes para inversiones diversas, proyecciones de crecimiento para ir contemplando necesidades sociales, además de muchos otros, recibirán influencias beneficiosas. Esta vez se ponen de manifiesto las buenas cualidades del planeta Júpiter ubicado en Escorpio (signo de transmutaciones) hasta el final del año; su buena sintonía con el Sol natal en Cáncer producirá nuevas motivaciones y la posibilidad de generar los recursos deseados. Es una etapa original respecto de las innovaciones del arte en general; confluyen esta vez aspectos estelares que involucran a la Luna y a Neptuno (conectados a la sensibilidad), esto permite en ese sentido potenciar lo relativo a las expresiones artísticas. En cuanto a servicios, producción agrícola y turismo, entre otros sectores, se alcanzarán gradualmente niveles de conformidad.

Aspectos climáticos, ciencia y deportes

Es posible un ciclo de lluvias algo más copiosas en ciertos períodos del año y aumento de la humedad, que contrastarán en ciertos momentos con la posibilidad de sequías en otras zonas de este amplio y diversificado territorio en cuanto a climas.

La buena relación estelar entre Saturno (practicidad) y Urano (creatividad e innovación) genera ámbitos favorables para avances en ciencia y tecnología en diversos sectores que resultarán novedosos. Es conveniente durante este ciclo continuar monitoreando zonas sísmicas. La inversión de esfuerzos tendiente a optimizar las gráficas del deporte permitirá acceder a lucimientos diversos y reafirmar talentos. Resultará favorable, esta vez, toda renovación en cuanto a técnicas para lograr las ubicaciones deseadas y generar nuevos avances.

Resumen de las influencias en 2018: Ciclo dinámico y de múltiples transformaciones que con el transcurrir de los meses se mostrará más moderado y con la posibilidad de reformular diseños que en general resulten útiles y brinden nuevas aperturas.

MÉXICO
NACE EL 16/09/1810
SIGNO SOLAR: VIRGO • Objetivo, ingenioso y muy detallista.
ELEMENTO TIERRA: Aumenta la disciplina,
la paciencia y el orden.

El cielo mexicano y sus nuevos pronósticos

De acuerdo con los aspectos astrológicos que recibirá el país, la notoria influencia del planeta Saturno (lento en sus procesos) hacia el Sol natal (planes y aspiraciones) exigirá actitudes en todo sentido pacientes, preventivas y apoyadas en una firme lógica. Dicha conexión planetaria siempre solicita visiones realistas para alcanzar las metas proyectadas y garantizar así el equilibrio general. Los procesos que se generen a lo largo del año conducirán a una reafirmación respecto de distintos sectores de la sociedad, dando así la opción de despertar perfiles dinámicos a efectos de mejorar gráficas ya sea en economía, prioridades sociales, empleo, producción, exportaciones, etcétera. Esta vez se está en presencia de un ciclo ligado a transformaciones graduales, aunque cuenta con la fortalecedora influencia del planeta Plutón (energía regeneradora) desde Capricornio (método y orden), que permitirá –a pesar de retrocesos– aproximarse con el correr de los meses a las rutas que permitan funcionar con mayor fluidez y conduzcan a una nueva estabilidad. Recuperar perfiles competitivos no está tan distante pero se necesitará de visiones más estratégicas a fin de generar las condiciones necesarias para mejorar resultados.

La posición de Júpiter en Libra (acuerdos y expansión) opuesta a la de Urano en Aries (las ansias de proyectarse) otorgará impulsos renovadores, aunque dicho aspecto nos trasmite que será beneficioso moderar toda forma de especulación. En agricultura, los cultivos tradicionales conservarán su vigencia y habrá adelantos en sectores de servicios. En los últimos meses del año, se irá percibiendo una mayor solidez respecto de las estructuras principales en las que se apoya la sociedad, por lo cual se renovarán esperanzas en general.

Ámbitos diversos

En cuanto a nuevas tecnologías, aplicables a diferentes aspectos que mejoren la calidad de vida (en salud, medio ambiente, educación, etcétera), pueden surgir interesantes novedades; en dicho sentido es un ciclo de renovación.

Año de propuestas turísticas atractivas y con respuestas positivas que aumentarán la relevancia del sector. Tendrán nueva vigencia los proyectos para interactuar con otras culturas desde diversos ángulos (arte, áreas literarias, cine, danza, entre otros), promoviendo así el enriquecimiento en muchos sentidos. Durante el año, seguir con atención lo relacionado con actividades volcánicas y sísmicas en diferentes regiones no estará de más. Los astros darán la oportunidad de regular las gráficas del deporte y de acceder a las transformaciones que permitan buenos lucimientos en general. Mayor destreza y rapidez se incluirán en las diferentes actividades deportivas.

Resumen de las influencias en 2018: La autoconvicción respecto de lo que se desee alcanzar para esta etapa estará presente, los esfuerzos no cesarán a fin de recuperar posiciones que garanticen a toda la comunidad nuevas oportunidades de progreso en un futuro cercano.

PARAGUAY
NACE EL 14/05/1811
SIGNO SOLAR: TAURO • Afectuoso, conservador
y de gran fortaleza espiritual.
ELEMENTO TIERRA: Acentúa la prudencia,
la constancia y la determinación.

Analizando las influencias de su nueva revolución solar

La proximidad que existe entre Urano (intempestivo aunque muy innovador) y Mercurio (intelectual y comunicativo) genera un conjunto de energías estelares que en ciertos períodos puede conducir a transformaciones rápidas y profundas. Esto llevaría a buenos resultados si se intercalan procesos de adaptación, ya que la cuadratura de Marte (acción) a dichos planetas podría apresurar cambios a destiempo. Pero lo antedicho cuenta con un cuerpo celeste muy moderador que es Saturno (practicidad) y que está en muy buen aspecto a Urano y Mercurio, por lo tanto siempre se contará con el criterio suficiente para llevar adelante nuevos planes de manera muy original y con el espíritu de reflexión necesario para evitar oscilaciones.

Año que da la posibilidad de renovar intereses en las áreas que más lo necesitan a nivel social, en finanzas, en infraestructuras, acuerdos comerciales, entre otros. Puede tomar más impulso el sector de servicios y bienes de exportación, dando lugar a buenas perspectivas para estos tiempos. Optimizar perfiles competitivos a efectos de alcanzar nuevas ubicaciones en el panorama regional e internacional será más viable, así como también regular gradualmente la vulnerabilidad de algunos sectores de la sociedad paraguaya para mejorar contextos.

Desde sus posiciones zodiacales, entre Júpiter (las ansias de expansionarse) y Saturno (disciplina) se genera un cierto equilibrio, que aplicado a proyecciones futuras permitiría concretarlas con racionalidad y moderar así los impulsos del aspecto en oposición del Sol a Júpiter, que a veces pueden desbordar. Mercurio, conectado por su naturaleza mental a los aprendizajes, bien sintonizado con Saturno, cuya influencia conduce a resultados tangibles, da señales más positivas para el sector educativo en sus múltiples aspectos. Proyectos de empleo que apunten a nuevas inserciones en mercados laborales pueden tener mejores posibilidades.

Sectores de interés

Existirá la posibilidad de alianzas comerciales tal vez más convenientes, a efectos de colocar mejor los productos tradicionales (granos, frutas, aceites, entre otros) y mejorar las gráficas financieras así como las técnicas de cultivo. El clima durante este ciclo puede, por ciertos períodos, mostrar variabilidad y conducir a etapas más estables y a otras en las que quizá predominen los vientos y las lluvias. Respecto de su flora y fauna tan atractiva, continuarán los cuidados necesarios para su preservación. Seguirán los avances en la hidroeléctrica y en diferentes tecnologías.

Lo artístico tendrá posibilidad de resaltar y obtener buenas posiciones con un despliegue de creatividad. El sector de turismo continuará otorgando beneficios y conservará su dinámica. Año de buenos intercambios en cultura y en diversos sectores.

Se irá ganando solidez respecto del deporte gracias al empeño y a innovaciones que realzarán talentos y ofrecerán opciones de avance más atractivas. El ingenio y la estrategia acompañarán en las competiciones del ciclo.

Resumen de las influencias en 2018: Las intenciones de recuperar buenos niveles en todo sentido seguirán potenciándose, lo cual en un mediano plazo gradualmente comenzará a dar beneficios en los sectores prioritarios y de preferencia.

PERÚ
NACE EL 28/07/1821
SIGNO SOLAR: LEO • Creatividad, espíritu impulsivo y de grandes ideales.
ELEMENTO FUEGO: Despierta la franqueza y el talento ejecutivo.

Observando sus nuevos formatos anuales

En esta oportunidad resalta la conjunción del Sol peruano (metas diversas) con el planeta Marte (enérgico e impulsivo); dicha conexión es una señal de que muchos de los proyectos postergados se integrarán al presente con una nueva dinámica. Si bien esto puede ser un buen síntoma, habrá que tener en cuenta la tensión que agrega Urano (turbulento) en fricción, por lo cual las incertidumbres pueden presentarse pero siempre con la posibilidad de regularse.

La búsqueda de soluciones por parte de quienes estén a cargo de diferentes sectores de la sociedad, sea en áreas públicas o privadas, podrá impulsarse pero exigirá un monitoreo continuo de las actuales posibilidades para una mejor inserción en diferentes sectores que ofrezcan nuevos adelantos. La posición de Saturno (organización) y la de Mercurio (ingenio) nos dice que se podrán regular un poco mejor los altibajos en aspectos sociales y educativos, mejorar las perspectivas para los más jóvenes, activar mercados laborales con ingenio, en áreas de transporte, vivienda o en canastas básicas, por ejemplo, siempre que se mantenga el impulso inicial, lo cual es fundamental para un crecimiento sostenido.

En cuanto a factores externos que incidan en la productividad, los astros nos dicen que el talento estará presente para equilibrar diferentes circunstancias y, a lo largo del ciclo, aproximarse a niveles que den mayor conformidad. En los últimos meses del año las posiciones planetarias hacen hincapié en adoptar posturas flexibles, moderadas y algo preventivas para poder continuar por las rutas trazadas en las primeras instancias del período; y de esa manera, cristalizar aspiraciones con creatividad no estará tan distante.

Generalidades

Los cultivos exóticos de la selva peruana y los tradicionales conservarán gráficas aceptables. En sectores turísticos y en su logística, se podrán lograr más lucimientos.

En este ciclo, tal vez se cuente con mejores recursos para hacer frente a irregularidades climáticas y geológicas. La tendencia a innovar y modernizarse en muchísimos aspectos tomará fuerza (informática, salud, producción, medio ambiente, por ejemplo). Maravillosas regiones que energizan y conectan con un pasado lleno de mágicos contenidos, leyendas y aspectos rituales continuarán ejerciendo una gran fascinación. La belleza de lo antiguo no perderá su vigencia. Quedará en evidencia un buen potencial energético en deportes, para aspirar en el año a avances respecto de competiciones o actuaciones individuales. Con constancia los resultados llegarán.

Resumen de las influencias en 2018: Los astros conducirán a lo largo de este período a reforzar, tal vez mediante procesos, las bases en que se apoya la sociedad peruana para alcanzar el bienestar merecido, y lucirse más dentro de contextos internacionales.

URUGUAY
NACE EL 25/08/1825
SIGNO SOLAR: VIRGO • Extremadamente detallista, calculador e intelectual.
ELEMENTO TIERRA: Genera perfiles muy tenaces, voluntariosos y resistentes.

Qué le deparan sus astros

De la interpretación astrológica se desprende que durante el año la prudencia y la racionalidad gobernarán en cuanto a decisiones y caminos a definir en los múltiples aspectos que forman parte de las estructuras principales del país. Lo expresado se apoya en una conjunción favorable del Sol natal virginiano con el planeta Mercurio; dichas energías, interactuando al unísono, paulatinamente inclinarán a la observación, al realismo y a obrar con mayor exactitud para alcanzar diferentes objetivos que beneficien a la sociedad uruguaya. Dicho aspecto actuaría como equilibrador respecto de la fricción existente entre Venus y Júpiter, cuya influencia por momentos puede inducir a exagerar posibilidades.

La ubicación de Urano (en el límite entre Aries y Tauro) agrega una influencia a favor para inspirarse más, y regular en cierta medida lo que pueda estar sujeto a vaivenes indeseados. Marte en buen aspecto con Júpiter, al igual que Saturno, daría más perspectivas en cuanto a intentar mejorar condiciones de empleo, impulsar el sector de la exportación (agrícolas, industriales, tecnológicos, entre otros), cuidar aspectos sociales prioritarios, enfocarse en metas de mediano plazo y además generar conducciones más conservadoras en todo sentido. La expansión en los sectores de mayor interés puede ser gradual pero no por ello menos efectiva.

Las comunicaciones se activarán más, favoreciendo el intercambio de ideas y brindando una mayor apertura para obtener beneficios en muchos sentidos. Será importante redoblar esfuerzos y acentuar la lógica en el último cuatrimestre del período, con el fin de sostener distintas estructuras, evitar que se retrasen agendas y poder llevar adelante múltiples planificaciones con más tranquilidad.

Comentarios de interés general

Venus, planeta conectado con el arte y lo bello en sus más variados niveles, en el último tramo del período estará ubicado en su propio domicilio, Libra. Dicha influencia fortalece las corrientes conectadas con lo artístico (pintura, música, danza, cine, teatro) generando creatividad e innovando con talento. En lo literario, será notorio un nuevo impulso que conducirá a lucimientos en sus diferentes estilos, exhibiendo gran originalidad.

Las agendas de protección medioambiental continuarán activándose a los efectos de conservar el equilibrio en zonas naturales y de cultivos. La creatividad en tecnología seguirá adelante y se volverá relevante. El clima en general alternará entre tiempos más serenos y otros en los que repentinamente las condiciones se presenten más adversas. Las zonas turísticas más atractivas mantendrán su tradicional prestigio. En deporte, es un ciclo sujeto a métodos de entrenamiento que a la hora de demostrar virtudes pueden resultar sumamente efectivos. Existe la opción de lucirse en diferentes líneas deportivas gracias al ingenio y así alcanzar distintas metas.

Resumen de las influencias en 2018: Si bien esta etapa exigirá de continuo constancia y empeño para no retroceder en las gráficas que despiertan mayor interés, siempre se contará con opciones que permitan sostener el equilibrio general.

VENEZUELA
NACE 19/04/1810
SIGNO SOLAR: ARIES • De impulsos creativos, independiente
y muy impetuoso.
ELEMENTO FUEGO: Da el aliento vital para ir adelante
y con gran autoconvicción.

Sus perspectivas anuales

Según se desprende de las configuraciones celestes, para esta etapa la conjunción de Plutón (energía regeneradora), Marte (ansioso y dinámico) y Saturno (karmático, realista y analítico), implicaría que por momentos se lograrían avances paulatinos en diferentes gráficas, así como en asuntos puntuales, y en otras ocasiones podrían existir períodos algo inciertos en cuanto a los programas de interés general que se impulsarán. Los planetas mencionados son representantes de influencias que, actuando juntas y por sus diferentes naturalezas, pueden crear altibajos a lo largo del año, y deberán ser contemplados con reflexión a efectos de trazar senderos que ofrezcan claridad y mantengan en buenos niveles la productividad y los demás ítems prioritarios de la comunidad. Desde la visión astrológica, complementa lo antedicho la conjunción en el signo de Aries de Urano (sorpresivo y por momentos errático) con el Sol natal (aspiraciones diversas) y en aspecto disonante con Plutón (transmutador), por lo que es ideal que el análisis acompañe toda nueva ruta a transitar y lograr así los adelantos a los que se aspira. Como un aspecto moderador durante el período que aportaría creatividad y daría la posibilidad de reordenar en cierto modo los contextos más importantes, aunque gradualmente, se contaría con el buen contacto de Saturno y Urano. Expansionarse en diversos sentidos puede demandar muchos esfuerzos (Venus-Júpiter, disonantes), aunque no se excluyen las etapas en las que se cuente con mejores posibilidades para lograr adelantos, (trígono Venus-Plutón).

Generalidades

Puede existir esta vez una mayor tendencia hacia el cuidado y la conservación del medio ambiente y su atractiva biodiversidad, conformada por especies y paisajes muy originales. En lo agrícola, toda intención de mejorar los aspectos logísticos puede encontrar un sendero más apropiado para generar nuevas gráficas. No se descartan opciones para avanzar en energías renovables y los proyectos que derivan de ellas. Durante el año existirá un mayor interés de recuperar perfiles del pasado y manifestarlos en el presente, ya sea por medio de artesanías, ceremonias, danzas, música, etcétera, reciclando así ese misticismo especial de sus antecesores.

Dentro de las áreas culturales y artísticas pueden asomar nuevos estímulos para desplegar, con mayor intensidad y estilos originales, las tradiciones heredadas.

En deportes, durante el año, pueden producirse nuevos enfoques respecto de metodologías y formas de entrenamiento que den la oportunidad de ubicaciones más relevantes. Si se conserva la disciplina, las estrategias que se apliquen pueden dar buenos resultados.

Resumen de las influencias en 2018: En este ciclo las soluciones que se necesitan para impulsar al país en muchos aspectos se hallarán mediante procesos que de continuo solicitarán inventiva y constancia para ir adelante.

Predicciones preventivas
para la Rata
basadas en el I CHING, la intuición y el bazi

En cuanto a vos, Morrel, he aquí el secreto de mi conducta.
No hay ventura ni desgracia en el mundo, sino la comparación
de un estado con otro, he ahí todo.
Solo el que ha experimentado el colmo del infortunio
puede sentir la felicidad suprema.

ALEJANDRO DUMAS
El Conde de Montecristo

Queridos roedores:

Imagino la búsqueda en el más allá, en otras galaxias, credos, culturas para aterrizar y alejarse de la multiprocesadora del año del gallo de fuego.

Las pruebas entre el SUPRAMUNDO y el INFRAMUNDO han sido continuas, sin pausas, recreos ni vacaciones, y los han dejado despellejados.

Vivieron múltiples situaciones inesperadas, y otras, largamente elucubradas, llegaron al fin.

Por eso, unir el rompecabezas, el estallido de tantos frentes, los dejará en estado de DESAZÓN, OPRESIÓN y AGOTAMIENTO.

El perro, a pesar de tener algunas cosas en común, tiene otra cosmovisión de la vida, de cómo afrontar los problemas en lo cotidiano, de ladrar, morder como la jauría de USHUAIA[34], a quienes se acerquen distraídos o no tengan claridad en sus objetivos.

El año del perro será la gran oportunidad para REFORMULAR SU VIDA y no postergar más sus sueños. Para tener la capacidad de modificar las pequeñas cosas, la vida hogareña, las relaciones afectivas, con socios, las prioridades laborales, los proyectos de estudios o las asociaciones con fines benéficos.

El tsunami de los últimos años marcó a la rata con señales muy contundentes. El nido vacío, las nuevas relaciones antisistémicas que

---

[34] Se refiere a perros salvajes que atacaron a algunas personas en Ushuaia.

alteraron su vida, las pérdidas en sociedades anónimas, los cambios abruptos de hábitat para zafarse de acreedores y abogados que le reclamarán parte de su patrimonio, y las deudas internas con el universo.

El I-CHING le dice: «El ascenso y la caída están dentro del orden natural de todas las cosas. Es de vital importancia que se comprenda esta ley natural. La situación está llena de problemas, pero es posible controlarlos si la actitud es la correcta; incluso pueden llevar al éxito a personas excepcionales. En tiempos de opresión, hay que mantener la calma, dominar los miedos y estar en paz.

»Las palabras deben pronunciarse con moderación, y hay que evitar enemistarse. Con voluntad, claridad y determinación se limitará la opresión. Las relaciones personales también se verán afectadas. En esta etapa uno descubre lo que es motivo de confianza y lo que es importante para los demás.

»La renuncia lleva a la pérdida; por lo tanto, hay que impedir que los pensamientos oscuros le invadan a uno. Cómo es posible ejercer influencia en el mundo exterior depende del desarrollo interior. Los que aceptan su destino gozan de la actitud correcta».

Como verán, queridas ratas, NADA SE PIERDE, TODO SE TRANSFORMA.

Dependerá de ustedes poner a favor este año para reformular los temas esenciales de la vida.

El perro admira a quienes se esfuerzan, trabajan, comparten, debaten, hacen actos de altruismo y son solidarios.

Por eso confío en que abrirán el gran angular durante este tiempo para aceptar nuevos paradigmas.

L. S. D.

El I CHING les aconseja:
47. K'un / La Desazón (La Opresión) (El Agotamiento)

EL DICTAMEN
La desazón. Logro. Perseverancia.
El gran hombre obra ventura. Ningún defecto.
Si uno tiene algo que decir, no se le cree.

Épocas de necesidad son lo contrario del éxito. Pero pueden conducir al éxito si le tocan al hombre adecuado. Cuando un hombre

328 • Ludovica Squirru Dari

fuerte cae en necesidad, permanece sereno pese a todo peligro, y esta serenidad es el fundamento de éxitos ulteriores; es la constancia, que es más fuerte que el destino. Ciertamente no tendrá éxito quien interiormente se deje quebrar por el agotamiento. Pero en aquel a quien la necesidad solo doblega, ésta engendra una fuerza de reacción que con el tiempo seguramente habrá de manifestarse. Sin embargo, ningún hombre vulgar es capaz de eso. Únicamente el hombre grande obra ventura y permanece sin mácula. Es cierto que, por lo pronto, le queda vedado ejercer influencia hacia afuera, ya que sus palabras no tienen efecto alguno. De ahí que, en épocas de necesidad, sea cuestión de permanecer interiormente vigoroso y hacer poco uso de las palabras.

LA IMAGEN
En el lago no hay agua: la imagen del agotamiento.
Así el noble empeña su vida
con el fin de seguir su voluntad.

Cuando el agua del lago se ha escurrido hacia abajo, este tiene que secarse, agotarse. Es su destino. Es también la imagen de designios adversos en la vida humana. En tales épocas no se puede hacer otra cosa más que aceptar el destino y permanecer leal a sí mismo. Está en juego el estrato más profundo de nuestro ser propiamente dicho, pues únicamente este estrato es superior a todo destino externo.

El tránsito de la Rata
durante el año del Perro

PREDICCIÓN GENERAL
Para la rata, los años del perro son confusos porque obedecen a ritmos que no le resultan fáciles de seguir. Es muy importante que no se altere si hace el ridículo de vez en cuando. Además, este año el perro le va a enseñar a ser más compasiva y comprensiva, hasta con gente que le parece ignorante o estúpida; si la rata se niega a ello, el perro le morderá la cola un par de veces. No es un año sencillo para las ratas del sexo femenino porque costará trabajo encontrar pareja o

mantener la actual, sobre todo si en un lapsus aprehensivo les entra el miedo de quedarse solas. Los machos de la especie rata estarán más cómodos, pero será fácil provocarlos si siempre se aferran a tener la razón.

Enero

La rata irá sintiendo que las cosas se acomodan para comenzar el año con más logros que proyectos. El dinero será un punto flaco durante este mes, pero siempre se mantendrá equilibrado. Parecería que cuando al mundo a su alrededor le va mal, a la rata le va bien, en especial los días 7, 19 y 31 de enero serán óptimos para concretar cualquier cosa, siempre y cuando le sea posible expresar su elocuencia libremente. Mientras el reinado del gallo continúe, la rata deberá aprovechar cada segundo de vida amorosa y emocional ya que el siguiente año estará más enfocado en lo económico, y el amor pasará a segundo plano.

Febrero

La presencia de la energía del año del perro en el mes del tigre, a partir del 16 de febrero, tendrá a la rata confundida porque por primera vez en su vida no sabrá qué quiere, y las más afectadas por esto son las ratas de 1996, aunque las demás también se sentirán incómodas. Por un lado existe la posibilidad de cambiar su vida sentimental ya sea por una mudanza o por un cambio de rutina. También habrá problemas en las relaciones con mujeres, pero eso afectará más a los hombres que a las damas ratitas. Se debe tener cuidado con los malentendidos y las mentiras u omisiones.

Marzo

El mes del conejo le traerá oportunidades para dejarse enamorar. Esto podría ayudar un poco a las ratas femeninas ya que este año se perfila bastante triste en cuanto al amor se refiere. Comenzar una relación o reforzar la ya existente ayudará a que la vida amorosa se mantenga estable hasta que termine el reinado caótico del perro. En lo económico y lo profesional será mejor, porque podrá enfriar un poco la cabeza para concretar todos los proyectos que tenía abandonados en el aire; además le quedará tiempo libre, que le servirá, por ejemplo, para retomar alguna lectura abandonada.

Abril

La influencia del mes dragón en el año del perro aumenta la capacidad intelectual de toda la gente, lo cual le cae de maravilla a la rata, que es la intelectual del zodíaco. Su vida social podría mejorar durante este mes debido a que la gente la buscará para escuchar sus consejos y quizá los asimilen. Es probable que las ratas de 1996 estén tentadas a cambiar de carrera, hasta las ratas más sazonadas, las de 1936 y 1948, tendrán ganas de hacer algo diferente. Las ratas de 1972 y 1984 podrán recibir algún reconocimiento. ¡Adelante! Este mes están respaldadas por su inagotable conocimiento.

Mayo

La serpiente le traerá pequeñas tragedias por culpa de indiscreciones. Es muy importante que aprenda las artes de la diplomacia, además de no confiarle absolutamente NINGÚN SECRETO, ni propio ni ajeno, A NADIE. En estos tiempos de redes sociales, las indiscreciones se pueden salir de control y contexto, y corre el riesgo de echar a perder lo que ha conseguido en los meses anteriores. Y, más grave aún, puede perder alguna amistad, aunque su indiscreción haya sido accidental. Así que es mejor aislarse un poquito, terminar algún proyecto o tomarse unos cuantos días para evitar complicaciones.

Junio

El perro es uno de los grandes compadres del caballo que rige el mes, quien a su vez es el opuesto de la rata, por lo tanto todo este mes es mejor no hacer absolutamente nada importante. No podrá prestar dinero, ni mucho menos pedirlo prestado. También es importante que se abstenga de firmar contratos importantes o comenzar negocios, proyectos o incluso amistades. Un mes para relajarse, ocuparse de su salud y poner en orden sus finanzas. Los días complicados e incluso peligrosos serán 3, 15 y 27, porque con el tigre hacen una combinación que hasta podría meterla en problemas legales.

Julio

La energía del mes de la cabra posee dos energías que detienen las correrías de la rata: la tierra y la madera; no solo paran el ritmo de la rata sino que también le provocan una sensación de torpeza a la cual no está acostumbrada. Es probable que este mes bajen las finanzas así como las oportunidades a nivel social. Las ratas de 2008 estarán más tranquilas de lo normal, lo cual alertará a los padres y maestros, pero en realidad, lo que está aprendiendo es a tramar bien sus movimientos. Las ratas de 1996 y las de 1948 querrán involucrarse más en política, y su intelecto será bienvenido.

Agosto

El mes del mono viene con un caudal de energía metal y agua que dará a la rata autoestima, salud y vitalidad, que le hacían falta. Podrá terminar todos los asuntos pendientes en menos de una quincena. Las ratas de 1972 y años anteriores se beneficiarán mucho si comienzan una disciplina deportiva de bajo impacto, porque este mes todo lo que comiencen quedará con ellas para siempre, y la salud permanecerá estable a partir de ahora si hacen ejercicio. Las demás ratas también se podrán beneficiar con esto, pero siempre y cuando no se desvelen, terrible hábito que se puede volver patológico: ¡cuidado!

Septiembre

El gallo es benévolo para la rata y, combinado con el año del perro, le ayudará a resolver los asuntos pendientes del año pasado hasta la fecha, más aún si los arrastra desde antes. Este mes será para reconectar viejas amistades o ayudar a otros a resolver sus problemas. Estará solidaria, amorosa, abierta, y sobre todo ¡cargada de energía! También resulta un excelente mes para comenzar a estudiar algo y programar un análisis de salud general, ya que no habrá noticia, buena o mala, que la saque de balance: todo lo puede realizar, solucionar o componer.

Octubre

Esta vez a la rata le toca perro en el mes y en el año, la jauría tendrá a la rata preguntándose qué está ocurriendo, porque los dos meses anteriores fueron productivos y de pronto le costará trabajo salir de la cama. Este mes es para esconderse en su madriguera. Dejar para después lo que sí pueda ser abandonado. Si tiene la posibilidad, ¡tómese este mes como sabático!, pues será lo mejor. Necesitará la ayuda de sus amigos gallo y dragón para poder mantener la disciplina, los compromisos y las responsabilidades que adquirió durante el mes pasado, de tal manera que pase este ligero obstáculo lo más tranquila posible.

Noviembre
El mes del cerdo estará lleno de posibilidades, especialmente en los campos de la literatura, el periodismo y la oratoria. Las ratas de 1984 y 1996 podrán comenzar a coquetear con la idea de ofrecer su intelecto y su audacia al mundo entero, lo cual será bueno siempre y cuando aprenda, en paralelo, las artes de la diplomacia y, de paso, un poco de compasión por los que son menos inteligentes que ella. Las demás ratas podrán asistir a reuniones con gente agradable y entregarse a cuchicheos en las redes sociales, aunque a las ratas de 1948 les costará más trabajo socializar.

Diciembre
Parece que diciembre es la parada obligatoria antes de subir a un avión hacia China o a un crucero de once meses. Su propio mes la ayudará a tener perspectiva y ver que no le haga falta nada. Siempre ocupada en algo, la rata sabe que este mes será el alma de la fiesta o por lo menos el chef principal. Entre reunión y reunión, deberá aprender a descansar, sobre todo si se le ha metido en la cabeza ganar todos los debates inanes que viene provocando desde que se unió a las redes sociales, especialmente a altas horas de la madrugada, cuando debería estar durmiendo. ¡Felices fiestas!

Predicciones para la Rata y su energía

RATA DE MADERA (1924-1984)
Año de extrema cautela con cambios apresurados.
Escuche su voz interior y no se deje llevar por el caos del año del perro.
Tendrá que cursar nuevas materias en la constelación familiar: despedidas, nuevos roles, poner en orden herencias o asuntos legales, asistir a padres, abuelos o nietos.
Su situación emocional oscilará; presentará estados ciclotímicos.
Ayude a mantener el equilibrio, la armonía en el zoo; practique con continuidad yoga, meditación dinámica, medicina núbica, taichí.
Saldrá de la madriguera y buscará nuevos oficios o un cambio

en su carrera o profesión. Acepte sus límites físicos y emocionales siendo humilde y modesto.

RATA DE FUEGO (1936-1996)

Año de cambios sistémicos y un nuevo orden en la familia.

Dejará roles que fueron causa de alejamiento y resentimiento, y «reseteará» su genograma.

Aparecerán ofertas laborales tentadoras: elegirá compartir con amigos, alumnos o gente diversa sus experiencias en la comunidad de los hombres.

En la pareja habrá buenas nuevas: consolidar un vínculo, hacer un viaje a un lugar soñado, traer o adoptar perritos y pasar más tiempo en el hogar con actividades terapéuticas.

Año de orden interno que le aportará logros en el mundo exterior, mejores contratos y participación en su comunidad.

RATA DE TIERRA (1948-2008)

Año de cambios en su madriguera.

Dejará atrás rencores y enemistades y disolverá con dharma las relaciones tóxicas que le impidieron avanzar.

Recuperará amigos, exsocios y una relación de amistad que se convertirá en una extraña pareja.

Su talento renacerá entre ladridos, mordiscos y caricias caninas, y compartirá su tiempo con el zoo.

Nuevos aires de libertad e independencia económica la ayudarán a reconstruir un sueño postergado.

RATA DE METAL (1900-1960)

Después de «la illíada y la odisea» del año del gallo deberá salir de la baticueva a la vida.

El agotamiento y el estrés de situaciones familiares, afectivas, laborales y sociales la dejó sin prana para continuar con su vida y deberá tomar serios recaudos y atención holística a su salud para no caer en un pozo depresivo.

Es recomendable que tenga una rutina, haga natación, deportes en general, taichí, y que sepa equilibrar el trabajo con relaciones afectivas que la mantengan de buen humor y con planes creativos.

Consolidará vínculos afectivos con el zoo; podrá recuperar o transmutar una relación del pasado y tener derecho a réplica.

Sepa administrar su tiempo entre el placer, el arte, los viajes y su vocación.

RATA DE AGUA (1912-1972)
Año de cambios en el rumbo de su rutina.

Dejará atrás un país, ciudad o trabajo en busca de nuevas emociones y encontrará eco en quienes la alentaron a ser valiente.

Nuevas responsabilidades y roles en la constelación familiar la mantendrán alerta y comprometida: adoptará perritos o cuidará niños, ancianos y excluidos en la comunidad de los hombres.

Tendrá una oferta laboral en el exterior que será parte de su perseverancia y capacidad y allí comenzará una nueva etapa social y de participación en la comuna.

Será un año agridulce; esté atenta a los reclamos del perro y no se aleje de la caseta.

L. S. D.

LA MARIPOSA BLANCA

Me da cierta sabiduría
la pequeña mariposa blanca.
Pero, ¿abrirá la página en blanco?
¿La cerrará?

La página abierta del libro:
es la soledad.
La página cerrada del libro:
también es la soledad.

DAI WANGSHU (1905-1950)

Predicciones preventivas para el Búfalo
basadas en el I CHING, la intuición y el bazi

El que no cree en la libertad como fuente de riqueza, ni merece ser libre, ni sabe ser rico. La constitución que se han dado los pueblos argentinos es un criadero de oro y plata. Cada libertad es una boca de mina, cada garantía es un venero.

JUAN BAUTISTA ALBERDI[35]

En una tardecita nublada en BUENOS AIRES, imagino la frase de ALBERDI, y pienso lo que debe sentir, esté donde esté, con el devenir de la CONSTITUCIÓN.

Asocio al búfalo, el signo más ordenado, metódico, conservador del zodíaco chino rumbo al año del perro.

Estos dos signos se atraen, gustan, admiran y veneran.

El año del gallo dejó las arcas del buey llenas de entusiasmo, plenitud, amigos, negocios, viajes e ideas renovadoras en el cenit de sus aspiraciones.

El amigo leal, el perro, completará este ciclo con serenidad, moderación, olfato, competitividad y nuevos caminos que lo sorprenderán por lo inesperado.

Ha labrado con esfuerzo la pradera, ha puesto en orden papeles, asuntos legales, herencias y divorcios.

Ahora respira hondo un nuevo porvenir.

La familia lo quiere y respeta, pero disfruta de tenerlo a cierta distancia, para poder fluir con el TAO.

Su ecosistema está esperando que dé un giro en el timón de su vida y pueda ser libre, conquistar sus pasiones e instintos y encauzarlos con técnicas de autoayuda.

Despertará a una nueva vida: seminarios de constelaciones familiares, laborales, registros akáshicos, memoria celular, eneagrama y equinoterapia serán parte del día a día transformando su CHI, prana, energía.

---

[35] Juan Bautista Alberdi (1810-1884) fue un abogado, jurista, economista, estadista, diplomático, escritor y diputado argentino, autor intelectual de la constitución Argentina de 1853.

Su compromiso con la pareja o cónyuge se afianzará; estará abierto a traer perritos al planeta Tierra o adoptar nuevos seres que necesitan de su protección.

El I CHING anuncia un tiempo de gran estabilidad, a pesar de la ansiedad que lo caracteriza y que debe controlar para no caer en trampas afectivas que lo atrasen en su evolución.

Estará más sociable que de costumbre, organizará pícnics, asambleas en las que debatirá temas de todo tipo, desde económicos hasta existenciales, y escuchará con atención a sus invitados.

El perro le pedirá ayuda en momentos especiales de crisis; su templanza, sentido del deber y chispazos de humor ayudarán al can, que le brindará su grata compañía.

Convivirá con nuevas realidades: aprenderá un nuevo oficio, hará trueque, cultivará la huerta y será buscado para asesorar a gente joven a nivel académico e informal.

Durante el año del perro se reencontrará con viejas amistades que estuvieron blindadas y comenzará una nueva etapa sistémica y original con los vínculos afectivos.

L. S. D.

El I CHING les aconseja:
58. Tui / Lo Sereno, El Lago

EL DICTAMEN
Lo Sereno. Éxito. Es propicia la perseverancia.

El ánimo alegre es contagioso, por lo tanto tiene éxito. Pero la alegría requiere como fundamento la constancia, con el fin de que no degenere en algo indominable. En el corazón han de morar la verdad y la fortaleza, mientras que en el trato, a la luz del día y hacia fuera, debe aparecer la dulzura. De este modo adoptará uno la actitud correcta frente a Dios y los hombres y así podrá lograr algo. Por el mero amedrentamiento, sin dulzura, puede en ciertos casos lograrse algún resultado momentáneo, pero no será duradero. Cuando, en cambio, uno conquista los corazones de los hombres gracias a su amabilidad, el efecto será que ellos asuman de buen grado todas las circunstancias penosas, más aún, que no se arredren ni siquiera ante la muerte. Tan grande es el poder que la alegría ejerce sobre los hombres.

LA IMAGEN

Lagos que reposan uno sobre el otro: la imagen de lo sereno.

Así el noble se reúne con sus amigos para la discusión y la ejercitación.

Un lago se evapora hacia arriba y así paulatinamente se agota. Pero cuando dos lagos se enlazan no será fácil que se agoten, pues uno enriquece al otro. Lo mismo ocurre en el campo científico. La ciencia ha de ser una energía refrescante, vivificante, y únicamente puede llegar a serlo en el trato estimulante entre amigos de ideas afines, con los que uno platica y se ejercita en la aplicación de las verdades vitales. Así el saber adquiere múltiples aspectos y cobra una serena liviandad, a diferencia del saber de los autodidactas que denota siempre una característica un tanto pesada y unilateral.

El tránsito del Búfalo durante el año del Perro

PREDICCIÓN GENERAL

El año del perro no será tan productivo como el del gallo, así que tiene que prepararse para cualquier problema social que se le presente ya que su natural capacidad para trabajar se verá detenida para dar paso a una necesidad de competir en vez de cooperar. Desgraciadamente será un año de rupturas o problemas amorosos, que tendrá que afrontar con la cabeza fría y el corazón caliente. También sufrirá reveses sociales si no pone atención en lo que dice y cómo se expresa. Este año sus aliados serán los amigos del signo gallo y serpiente, ya que hay tanta energía tierra que se sentirá abrumado, y esos signos ayudan a que saque lo mejor de sí mismo, que es su capacidad para concentrarse.

Enero

El búfalo comenzará el año gregoriano con la energía de la rata, gran compañera de aventuras. En este mes que aún transcurre en el reinado del año del gallo, el bovino estará elocuente, tendrá grandes ideas que, si se organiza, podrá convertir en proyectos, y luego estos en empresas que fructificarán en no menos de un año; pero necesita tener muy a la mano documentos que respalden su trabajo, así como un buen equipo de gente. También debe aprender a ser más activo cuando se trata de cuidar su salud, en especial los búfalos de 1973, a los cuales no se les ha dado muy bien el adaptarse a la mediana edad.

Febrero
El invierno en el Norte y el verano en el Sur tendrán confundido al búfalo. Es probable que se enamore o se reúna con un viejo amor y eso lo tenga confundido. No será propicio realizar actividades en las que su integridad física se comprometa. Necesitará además poner en orden sus prioridades, para así evitar que lo urgente supere lo importante. Es posible que los hombres de este signo se sientan aislados, pero aun si dedican su energía a socializar, es poco probable que consigan que la gente los entienda –en particular el público femenino–, y más aún si no tienen claras sus posturas políticas.

Marzo
Parece que nada irá ni al ritmo ni al gusto del búfalo durante el mes del conejo. Será un tiempo incontrolable, pero tal vez pueda congeniar con gente nueva o conectarse bien con los amigos de toda la vida. Es un mes para hacer limpieza profunda en casa, para poner en orden papeles importantes y –siempre y cuando no se remodele el noroeste de la casa– podrá hacer algo de fēng shuǐ. No es recomendable salir de viaje porque le costaría más trabajo de lo usual, y si acaso lo hiciera, podría resultar accidentado, o se encontraría con problemas entre los compañeros de viaje.

Abril
No hay ninguna combinación de energías que afecte internamente al búfalo, por lo tanto puede aprovechar para trabajar sin interrupciones, algo que le gusta mucho hacer. Sin embargo, es recomendable que siempre llegue a consensos con las personas con quienes trabaja y con toda clase de subordinados, porque sus iniciativas no serán bienvenidas y porque la gente estará descontrolada, ya que el mes del dragón choca con el año del perro y podrían estar muy ocupados con sus propios problemas como para aceptar el liderazgo de nadie, y menos de alguien tan enérgico como el búfalo.

Mayo

La combinación del búfalo con el mes de la serpiente atrae energía de metal, y se activan los días del gallo: 5, 17 y 29, en los que se sentirá aún más incisivo y directo. Todo lo que no pudo resolver durante el mes anterior podrá resolverlo en este mes, pero aun así deberá aprender a no trabajar de más tratando de solucionar la vida y las obligaciones de otras personas, especialidad del búfalo que solo le acarrea problemas de salud. Es posible que se sienta triste sin motivos, por lo tanto los búfalos que viven con depresión deberán enfocar su esfuerzo en buscar ayuda profesional y entre sus amigos.

Junio

El caballo del mes ayudará al búfalo a reponer terreno que socialmente le había sido vedado. También podrá sobreponerse amorosamente, sobre todo las mujeres búfalo, ya que este año ha sido solitario; pero tienen que expresar lo que sienten para mejorar sus romances. Los hombres búfalo también podrán mejorar su vida social, pero siempre y cuando aprovechen para avanzar en su estatus social en áreas de trabajo y en los negocios, en los que podrían beneficiarse con nuevas alianzas. Para los hombres o mujeres búfalo nacidos antes de 1973 sería bueno tomar a algún protegido bajo el ala.

Julio

Este mes, la cabra y el perro combinados atraen competencia y problemas de pareja, por lo tanto todo aquello obtenido durante el mes anterior peligra. Esto se debe a que la energía estará inestable y, en particular, el comportamiento de la gente alrededor del buey será errático, y eso lo confunde. Trabajador por naturaleza, el búfalo se afana siempre en complacer a todos, pero será mejor que tome este mes para sí mismo y para compartir con un selecto puñado de amigos con los que se le recomienda salir de viaje a algún lado, o que lo ayuden a cumplir con tareas domésticas que ha dejado relegadas.

Agosto

El mes del mono será una montaña rusa, y el búfalo no podrá devolver el billete. Vendrá arrastrando las decepciones amorosas que acumuló durante la primera mitad del año, aunque recuperará amistades perdidas. La segunda mitad del mes tendrá también buenas sorpresas en su lugar de trabajo o negocio, pero vendrán mezcladas con habladurías molestas que con seguridad provendrán de las redes sociales. Esto afectará a los búfalos famosos, por lo cual se les pide que sean discretos o que por lo menos no se dejen arrastrar por los chismes, y se apoyen en sus amigos serpiente y gallo.

Septiembre

De pronto, el búfalo no tendrá tiempo para lamentar o celebrar su vida social anterior ya que la temática del mes del gallo será trabajo y más trabajo. Todo lo que se había pospuesto se apilará y no le va a quedar más que poner mucho empeño en terminar lo comenzado. Los días 10 y 22, que pertenecen a la serpiente, serán particularmente agitados, por lo que se le sugiere prevenirse y ser más organizado de lo normal. Hay peligro de caer en un período depresivo que podría arrastrar hacia el mes que viene; será importante contar con amigos que le ayuden a enfrentarse a lo que sea.

Octubre

Este mes resultará muy complicado dada la temática de todo el año, que tiene que ver con las relaciones sociales y amorosas fallidas. Deberá tener cuidado cuando se junten todas las temporadas del perro, es decir de las 19 a las 21 horas y durante los días 9 y 21. Hay peligro de rupturas amorosas dolorosas, de desencuentros molestos en el trabajo o en la casa y también de caer en malos entendidos por no aclarar a tiempo lo que siente y expresa cuando está molesto o cansado. Puede refugiarse en actividades espirituales y en deportes que lo ayuden a desfogar la frustración.

Noviembre

El mes del cerdo lo ayudará a salir de la inercia de los meses anteriores ya que reforzará su capacidad de comunicación, sobre todo para expresarse intelectualmente. Las discusiones bizantinas que se arman en las redes sociales de internet podrían ser muy divertidas y resultar benéficas para todos sus círculos sociales, pues existirá la posibilidad de que se abran puertas hasta en lo profesional. El mes con el año provoca una combinación que produce energía agua, así que también estará muy ocurrente, casi se convertirá en un visionario. Esta situación curará muchas de las heridas emocionales que se hizo en meses pasados.

Diciembre
El mes de la rata será muy parecido al anterior, pero tendrá ganas de competir, y eso agregará algo de ansiedad a su vida. Una cosa es competir con los demás y otra muy distinta es competir consigo mismo, lo cual es mucho más productivo, en especial si, para variar un poco, se enfoca en mejorar su salud por medio del ejercicio, la danza, las artes marciales. Este mes además será ajetreado ya que llegan las fiestas decembrinas y el búfalo es el anfitrión preferido por su familia y amigos. Hay que organizarse mejor si desea entretener a otros y al mismo tiempo divertirse.

Predicciones para el Búfalo y su energía

BÚFALO DE MADERA (1925-1985)
Durante este año es recomendable que enfoque las causas del estrés que lo mantienen enojado, distante y sin fuerza para poner primera en su vida.

Debe relajar la mandíbula; la rabia y la impotencia tensan el CHI en la boca.

Le conviene organizar salidas con amigos para divertirse y, sobre todo, REÍRSE A LAS CARCAJADAS y distender su obsesión por la perfección.

Año de recuperar las pequeñas cosas de la vida en lo esencial y programar con alegría el nuevo rumbo.

BÚFALO DE FUEGO (1937-1997)
Año de cumplir con las asignaturas pendientes y enfocar las prioridades.

Es tiempo para permitirse el masaje corporal con más frecuencia para atenuar el trabajo sedentario o las tensiones emocionales.

Debe controlar los órganos del aparato digestivo, el respiratorio, el circulatorio, y los huesos.

Comenzará una etapa más creativa con amigos: viajes, seminarios, conferencias, encuentros virtuales que podrían terminar en el altar con un vestido de novia.

Es recomendable que se acerque a rituales y ceremonias en los que se baile para atraer la lluvia para las cosechas o impedir que lleguen los malos espíritus.

NO TENGA MIEDO AL PAPELÓN; participar en grupo es dar y recibir energía.

BÚFALO DE TIERRA (1949-2009)

Durante este año sentirá ganas de rebelarse contra la sociedad.

Es necesario que se apoye en ejercicios o en nadar con frecuencia para relajarse, mantener la calma y el equilibrio.

Su corazón latirá fuerte al compás de la *zamba de mi esperanza*.

Estará dispuesto a afrontar esa pasión y darle un lugar de protagonismo en su vida.

Le vendrá bien andar sobre ruedas: bicicleta, patines, patinetes y jugar al tenis alternándolo con partidos de ajedrez y truco.

Año de reformulación en hábitos y costumbres.

Nuevos maestros y seres de luz lo guiarán en momentos de crisis; practicar la respiración yóguica es fundamental para la alineación y el equilibrio.

BÚFALO DE METAL (1901-1961)

El perro lo acompañará todo el año y a cambio pedirá consejos, protección y ayuda en las grandes dudas existenciales.

Para estar bien física y mentalmente, le conviene ayunar, trabajar la columna, hacer yoga y practicar EL TAO DEL AMOR Y DEL SEXO.

Nuevos desafíos aparecerán para desarrollar la imaginación y el talento artístico.

Es tiempo de sinergia, encuentros con gente afín y compartir enseñanza y aprendizaje simultáneo.

Evitar el cigarrillo porque los pulmones son importantes en este ciclo; también deberá seguir una buena dieta y controlar las emociones y los estados alterados.

Los asuntos mundanos serán de vital importancia; por eso lo mejor es dejarse llevar por el viento, intentando ser un bambú.

Permita que entre el sol cada mañana para reforzar la vitamina D y fortalecer los siete cuerpos.

El perro brindará mimos y horas de filosofía al búfalo cuando lo acompañe en sus travesías.

BÚFALO DE AGUA (1913-1973)
Durante el año del perro encontrará el rumbo afectivo y se estabilizará echando raíces en un nuevo lugar.

Estará distendido, ligero de equipaje y saldará deudas familiares y económicas.

Distribuirá su tiempo entre la rutina laboral, el deporte o el taichí y las fases lunares.

Es recomendable que duerma más los tres días previos a la luna nueva, cuando la energía es más baja, para que tenga CHI, prana, para encauzar en actividades artísticas, creativas y solidarias.

Año de crecimiento en afectos, estabilidad laboral y equilibrio en la salud.

Y a integrar vitamina C, que es preventiva para problemas inmunológicos.

AÑO DE SORPRESAS AGRIDULCES.

L. S. D.

LA OFENSA

Dicen que son las típicas preocupaciones
cuando llega el otoño desamparado,
dicen que son los pensamientos distantes que se tienen
en el mar.
Si hay alguien que me pregunta por qué estoy ofendido,
yo no me atreveré a dar tu nombre.

Yo no me atreveré a dar tu nombre,
si alguien me pregunta por qué estoy ofendido.
Dicen que son los pensamientos distantes que se tienen
en el mar,
dicen que son las típicas preocupaciones cuando llega el otoño
desamparado.

DAI WANGSHU (1905-1950)

Predicciones preventivas para el Tigre

basadas en el I CHING, la intuición y el bazi

*Aunque soy hombre de letras, no debéis suponer
que no haya intentado ganarme la vida honradamente.*

BERNARD SHAW

Debo confesarles que en la cosecha de consultas basadas en el
I CHING para el año del perro, la mayoría de los tigres han salido muy
beneficiados.

Confirmo una vez más que la afinidad entre ambos signos será
el premio al felino, que en los últimos años ha atravesado desiertos,
mesetas, hondonadas, precipicios, tempestades, y celebrará como
pocos el inicio del año del perro el 16 de febrero de 2018.

Su espíritu combativo, guerrero, altruista y solidario encontrará
eco durante este tiempo y podrá disfrutar cada día con serenidad,
conciencia, paz interior y convocatoria en lo que se proponga.

Los golpes de suerte, azar o cambios en el trabajo que ocurrieron
durante el año del gallo lograron apaciguar la angustia y la ansiedad y
apuntalaron la autoestima del tigre y la fe que depositó en sus planes
de toda índole.

Un tiempo de ordenar asuntos legales, judiciales, conflictos entre
socios y rugidos en la alcoba por derechos matrimoniales le dará EL
ASCENSO, LA SERENIDAD que le aconseja el I CHING.

El año del perro le permitirá al tigre no postergarse más en NADA.

Su corazón volvió a latir con pasión; sabe que eso es señal de
seguir su intuición y no dejar que las personas que económicamente
dependen de usted lo juzguen.

Saldrá de roles estancados; participará en encuentros espirituales, meditaciones, constelaciones familiares, eneagramas, registros
akáshicos, memoria celular para remover viejos rencores, situaciones traumáticas, alejamientos intempestivos, deudas familiares que
lo mantuvieron «desaparecido» en redes sociales, en fiestas de fin de
año con sus seres queridos.

LIBERTAD con educación y obediencia para las nuevas responsabilidades que asumirá durante el año del perro de tierra.

El ascenso es rápido y eficaz si logra ocupar el lugar correcto en el sistema familiar, en la pareja, en la vida social y política y en lo que más le gusta e interesa, que es el intercambio humano y solidario para ayudar a los más débiles y excluidos.

El tigre tendrá micrófono; podrá recuperar su liderazgo de forma moderada y sin prestar favores.

Su mayor alegría será reencontrarse con gente afín, teniendo empatía y participando en los nuevos movimientos humanistas que su amigo incondicional, el perro, ofrecerá a la gente.

Cambios en el país y en el mundo lo mantendrán alerta para actuar con eficacia.

No dejará que nadie amenace a su tribu; afilará garras y colmillos para salir al ataque, y estará más dispuesto a firmar la paz que a hacer la guerra.

Su pasión por el arte u oficio postergado logrará encauzarse.

Sentirá que puede crear sin pasar por exámenes que lo enjaulen, y con su pareja, hijos, nietos o amigos viajará a nuevos lugares para enraizar. El tigre necesita tener su casa, espacio, huerta orgánica; criar perritos *lejos del mundanal ruido*.

Su sentido del humor renacerá; estará abierto a participar en comedias musicales, ser productor teatral, radiofónico o de eventos solidarios.

El I CHING le aconseja: «Cuando se es sutil y se muestra conformidad la firmeza que radica en su interior puede responder, llegando a ser este un momento extremadamente propicio. Si uno es totalmente flexible, no puede ascender por sí mismo; en cambio, si uno es firme en exceso, los demás no le siguen. Si, además de haber llegado el momento propicio, uno es adaptable y obediente, y la firmeza que radica en el interior puede entrar en resonancia, todo ello conduce a la ascensión. En consecuencia, es extremadamente propicio.

»Hará falta ir a ver a una persona importante, así no habrá de qué preocuparse, y de este modo se recibirán alabanzas».

Es un tiempo de introspección, de remover la basura de su vida y de sus relaciones tóxicas para salir adelante.

Sepa administrar bien su energía, que será la de INTI, el DIOS SOL, sobre la faz de la tierra.

L. S. D.

El I CHING les aconseja:
46. Sheng / La Subida (El empuje hacia arriba)

EL DICTAMEN
La subida tiene elevado éxito.
Hay que ver al gran hombre.
¡No temas!
La partida hacia el sur trae ventura.

La ascensión de los elementos aptos no tropieza con ningún obstáculo; por eso se ve acompañada de un gran éxito. La modalidad que posibilita la ascensión no es violenta, sino modesta y dócil, pero como uno es apoyado por el favor de los tiempos, avanza. Hay que movilizarse e ir en busca de las personas que deciden. Esto no debe infundir temores, pues no fallará el éxito. Solo que es necesario poner manos a la obra; pues la actividad aporta ventura.

LA IMAGEN
En medio de la tierra crece la madera:
La imagen de la subida.
Así el noble, con gran dedicación, acumula lo pequeño
para lograr lo elevado y lo grande.

La madera en la tierra crece sin prisa y sin pausa hacia la altura, doblándose dócilmente para eludir los obstáculos. Así el noble es abnegado en su carácter y no descansa jamás en su progreso.

El tránsito del Tigre durante el año del Perro

PREDICCIÓN GENERAL

El perro es amigo del tigre y se protegen mutuamente, pero todo lo bueno o malo que afecte al perro afectará también al tigre. El perro trae amor, amistades, cambios fuertes. La segunda mitad del año será importante porque tendrá ráfagas de inspiración y creatividad maravillosas, pero si no cuenta con el tiempo y el espacio para trabajar adecuadamente todo eso se va a desperdiciar. Para disfrutar este año, tiene que buscar un espacio propicio para trabajar, además de contar con tiempo, algo que solo logrará respetando el espacio de los demás y delimitando las horas de forma disciplinada, porque en sus arrebatos de genialidad podría perderse momentos importantes con la familia y sus amigos.

Enero
Será un mes muy confuso. Estará un poco triste por alguna pérdida de carácter emocional ocurrida durante el año anterior y querrá aislarse. Pero este mes, aún dentro del reino del año del gallo, podría traerle una sorpresa amorosa, un compromiso real o tal vez solo una amistad nueva. A las tigresas no les será difícil limpiar el pelaje y volver a la selva, pero lo que encuentren en el camino será fugaz, y la recomendación en estos casos es apoyarse en algo espiritual o un proyecto creativo. También tiene que organizar su agenda y sus tiempos para prevenir lo que venga los siguientes meses.

Febrero
Con el paso del mes propio, el tigre estará inspirado, con mucha energía para crear. Es posible que tenga ideas mientras sueña, por eso se le recomienda que cuente con una libreta cerca, donde apuntar sus sueños inmediatamente después de despertar. Debe respetar sus tiempos y los de los demás, de tal manera que pueda aprovechar toda esa creatividad. Los mejores momentos para trabajar en sus ideas: el mediodía o entre las 17 y las 21 horas. Le conviene ser más amable con quienes lo rodean, porque estará muy sensible y propenso al enojo, y los altercados le quitarían el tiempo.

Marzo
El mes comenzará con mal humor. Hay demasiada energía madera y tierra en el ambiente y el tigre siente que es su deber controlarlo todo. Para mitigar eso, tal vez sea conveniente aprender técnicas de organización y gestión del tiempo libre; cualquier actividad que convierta el control en orden, que no son lo mismo. Es un mes para tratar de concentrarse en una disciplina que beneficie la salud, ya sea una dieta más equilibrada o hacer ejercicio. Los tigres de 1938 y 1998 estarán dispersos, los demás podrán enfocarse mejor en lo recomendado aunque los de 1974 estarán más enojados de lo normal.

Abril
Se sentirá inútil, algo raro en un tigre. El mes choca con el año y eso arrastra al felino por una especie de solidaridad energética con el perro. Las energías se juntan para ahogar la madera del tigre, por lo que estará confundido y sin energía para salir a conquistar. Le resultará difícil concretar actividades durante este mes. Tendrá que ver el modo de trabajar menos; puede ser por medio del trabajo en equipo o aprendiendo nuevas tecnologías que lo actualicen. Los tigres de 1950 y 1962 estarán más testarudos que de costumbre, mientras que los de 1974 verán el modo de evadirse juntándose con gente más joven.

Mayo
El mes de la serpiente será cordial porque la relación entre estos dos signos lleva a la desconfianza, pero dada la cantidad de energía tierra del año, algo de fuego –cortesía de la serpiente– hará que el tigre se vuelva un poco más alegre, como contraste al mal humor que ha cargado en estos meses. Aun así, necesita tener cuidado con lo que dice o hace porque despertará envidias a su paso y eso podría llevarlo al ostracismo, sobre todo a los tigres más jóvenes de 1986, 1998 y 2010. Los demás tigres podrán relajarse pero sin descuidar el sistema circulatorio, que estará desequilibrado.

Junio
El caballo, en combinación con el tigre y el año del perro atraen juntos energía fuego, por lo tanto el tigre estará susceptible a todo lo que conlleva esta energía. Se sentirá alegre, atractivo, pero al mismo tiempo sensible al sufrimiento de otros. Su *sex appeal* lo podría llevar muy lejos, pero tiene que ser discreto. Los tigres de 2010 llamarán mucho la atención con sus ocurrencias, pero hay que tener cuidado con ellos, al igual que con los de 1974 y 1998, porque estarán más rebeldes que nunca. Los demás tigres tendrán mucho trabajo, tanto que podrían enfermar; deben estar atentos para evitar ese riesgo.

Julio
Este año posee mucha energía tierra y a esta se le sumará la energía del mes de la cabra, que tendrá doble tierra también, y eso significa riquezas para el tigre. Pero para obtener más beneficios, nuestro felino deberá sacrificar largas horas de ocio y anticiparse a las cosas. Si pone todo en orden con tiempo, paga deudas y adelanta el trabajo, podría

disfrutar de un mes de vacaciones muy placenteras. Tendrá capacidad de concentración, de la que carecía anteriormente, y les vendrá muy bien a los tigres de 1962, 1974 y 2010, que estaban distraídos.

Agosto
Lo bueno que ocurra este mes dependerá de cómo el tigre haya gestionado el tiempo libre y de trabajo durante los meses anteriores; por lo tanto, si tienen la suerte de estar leyendo esto con anticipación, asegúrense de leer cada mes con atención y organizarse, porque agosto es complicado y todo lo importante y placentero será pospuesto para ocuparse de urgencias inesperadas, sobre todo mudanzas, pérdidas materiales, cambios de empleo y demás cosas que no podrá controlar. En especial los días de la serpiente –5, 17 y 19– serán difíciles porque se combinan con el mes mono, y juntos atraen problemas.

Septiembre
Gracias a las redes sociales, este mes se sentirá aislado pero conectado al mismo tiempo. Conocerá gente atractiva que podría seducirlo... ¿o será el tigre el seductor? La primera mitad del mes estará activo, social y divertido, pero en la segunda parte quedará demostrado que eran cantos de sirena, y tendrá que vivir con las consecuencias de sus actos, sobre todo con la insatisfacción. Si se distrae con viejas amistades que ya conoce bien (y en persona) o con deportes de mediano a alto impacto podrá superar las tentaciones anteriores y el aburrimiento posterior.

Octubre
Mes y año: doble perro. Todo lo bueno y lo malo que suceda a sus amigos o familiares de los signos perro y caballo lo sentirá con fuerza como si le pasara a él mismo. El tigre no sabe manejar la empatía porque esególatra por naturaleza, pero tendrá que aceptar que lo necesitan y que de los tres es el menos afectado. La segunda mitad del mes querrá aislarse, podrá tener alguna ráfaga de genialidad, probablemente el genio de la inspiración le cumplirá un deseo, pero para eso necesita tener tiempo libre y un espacio ordenado para poder encerrarse a crear las mil maravillas que tiene en la mente.

Noviembre
Habrán notado que hemos recomendado varias veces que busque

un lugar adecuado para trabajar, y es porque este mes le pedirá a gritos que termine de una vez todo lo que ha añorado desde hace años. Una tesis olvidada, un invento maravilloso, un cuadro al óleo, la mejor página web del mundo. Si ha logrado crear ese espacio, también tendrá el tiempo necesario para trabajar sin descuidar a sus amigos y seres queridos. Podrá invitar a algunos a compartir su nueva aventura, sobre todo a los perros, caballos, cabras y cerdos, que estarán algo abrumados y que disfrutarán el trabajo en equipo.

Diciembre

Es posible que ahora sí pueda encontrar un lugar donde explotar su genio creativo, pero eso podría meterlo en problemas con la familia, dado que en el mes de la rata llegan las fiestas. Tendrá que ser muy claro a la hora de decidir qué hacer y tras ello comunicar la necesidad de terminar sus proyectos a los que lo rodean, en especial las mujeres tigre ya que son muy solicitadas en esta fecha y podrían ganarse alguna enemistad. El secreto para salir adelante este mes será buscar horas adecuadas para trabajar sin desdeñar la compañía de todos los que de verdad lo aman.

Predicciones para el Tigre y su energía

TIGRE DE MADERA (1914-1974)

Después de practicar el HO'OPONOPONO (pedir perdón en todo sentido) durante el año del gallo, florecerán nuevas semillas de amor, creatividad y conciencia.

El perro, su amigo incondicional, le dará el pasaporte y la tarjeta vip para consolidar su mensaje a través de sanación, ayuda y sabiduría.

Su corazón volverá a latir al compás de los mariachis, de LUIS MIGUEL o de LOS RATONES PARANOICOS.

Afianzará su profesión, tendrá propuestas internacionales para desarrollar su vocación y cambiar de casa, pueblo o ciudad.

La alimentación es fundamental para mantener la salud; no devore hambriento, no se siente a la mesa con ira, tensiones o enfados.

No haga tres cosas al mismo tiempo: leer el diario, mirar la televisión, contestar wasaps.

Para tener una buena digestión hay que masticar los líquidos y beber los sólidos, como decía el doctor naturista Nicolás Capo.

TIGRE DE FUEGO (1926-1986)
Año de salto cuántico en las principales metas de la vida.

Logrará serenarse, tener alegría en el encuentro de nuevos compañeros en el trabajo, en el barrio o en alguna aventura de viajes o experiencia mística.

Es propicio establecer el rumbo de una relación afectiva: puede ser en una casa, carpa, con vida nómada o en la jungla, saboreando los frutos de la selva. Sentirá deseos de tener su casa, y adoptar nuevos seres que lo necesitan.

Es preciso que haga deportes, taichí, meditación, yoga, *fitness* y EL TAO DEL AMOR Y DEL SEXO para calmar el estrés mental y no quedar como rehén de las redes sociales. Debe apagar el teléfono móvil y la tableta y poner música y una buena foto para relajarse y no dejarse influenciar por el caos del *mondo cane*. Se le recomienda que no delegue ni deje actividades pendientes; que se enfrente a las buenas y malas noticias con sensatez y sentido del humor.

Año de cambios positivos en la familia y en los sueños de la juventud.

TIGRE DE TIERRA (1938-1998)
Año de consolidación en los grandes proyectos de la vida.

Podrá recuperar la salud, el buen humor y el desapego.

Sentirá viento a favor para encauzar su vocación, reunir nuevos amigos o socios para una empresa rentable y solidaria.

El tigre tiene tendencia a la dispersión; es fundamental que se concentre en una cosa a la vez y no se disperse.

Levantarse con una actitud positiva lo ayudará a tener mejor CHI, prana para ventilar la mente.

El año será un chop suey emocional, con despedidas, reencuentros, nuevos flechazos y ganas de asentarse en una nueva caseta y criar perritos.

TIGRE DE METAL (1950-2010)
Año de grandes cambios en su vida familiar y profesional.

Aceptará el nido vacío y podrá asumir nuevos roles en la constelación familiar.

Sentirá deseos de vivir en la naturaleza, asentarse, construir su casa y cultivar la huerta.

Durante este año el tigre hará las paces, primero consigo mismo, después con sus íntimos enemigos y con quienes fueron parte de su lucha en la política, en el deporte, en el arte y en el amor.

TIGRE DE AGUA (1902-1962)

Año de ascenso en la carrera, profesión, oficio, o en sus nuevos desafíos.

Tendrá que ser flexible y obediente y seguir la intuición para no desviarse.

Su serenidad y sentido común lo ayudarán a resolver temas existenciales y a salir ileso.

Consolidará una relación afectiva con amor incondicional, y podrá acrecentar su patrimonio con sabiduría, con decisiones tomadas en consonancia con su esencia, valentía y vocación.

Será convocado para aportar su experiencia en la comunidad de los hombres.

Desarrollará su capacidad creativa si integra la fitoterapia (plantas medicinales) para calmar la ansiedad, el insomnio y el miedo.

El éxito del año será equilibrar la pasión y la razón en momentos decisivos. SUERTE.

L. S. D.

SOLEDAD

Oh, soledad, eres una mujer envidiosa y caliente.
Coges los hábitos verdes y lanosos que suelen llevar los bonzos y me cubres.
Lo haces como si estuvieras en el bosque;
cubres la pantera solitaria que ahí vive.

Pero tus labios queman,
tu pecho arde,
desde que te toqué,
yo envidio este mundo.
Mi corazón, bajo fuego, se asa.

FENG XUEFENG (1903-1976)

Predicciones preventivas
para el Conejo
basadas en el I CHING, la intuición y el bazi

Queridos conejos, gatos y liebres:
Imagino las piruetas, acrobacias, cambios sustanciales y apuestas políticas que dirimieron durante el año del gallo.
OMOMOM.
Su admirador, cómplice y *sponsor,* el perro, los invitará a tener una grata estancia durante su reinado.
Les dará un cheque en blanco para que se la jueguen, arriesguen, confíen en su vocación, idea, proyecto creativo, y lo asuman.
EL ASCENSO O LA SUBIDA es un hexagrama favorable.
Están dadas las condiciones para que el conejo organice a la tribu, a los amigos y al zoo para ser el artífice de una buena jugada.
Su intuición estará afilada; retornará el tiempo de la magia y del buen gusto a su cromática existencia.
Tendrá energía positiva en cada situación difícil, hostil, y la transmutará con su carisma y eficacia.
Los socios estarán en sintonía, llenos de ganas de invertir y crear nuevos emprendimientos que den nuevas fuentes de trabajo.
La luz asciende y beneficia a la planta, que está bien regada y tiene tierra fértil. Así, usted sentirá que puede brindar sus cuidados a la comunidad, que confía en sus ideas.
Su espíritu rebelde y travieso saldrá de viaje.
Se asentará en un nuevo lugar; echará raíces, dará trabajo a mucha gente y gestará un telar de tramas con fines comunitarios y sociales de gran alcance.
El perro, leal y amigo, lo controlará y cuidará, y le brindará nuevas ideas para que no se desvíe del TAO.
En la familia habrá *rebelión en la granja.*
Su mayor desafío será en la constelación familiar.
Poner orden en cada relación, asumir las responsabilidades de madre, padre, hermano o unir a los parientes enemistados será una buena manera de autosanación.

Sentirá impulsos de iniciar una empresa artesanal, industrial, artística, y encontrará eco en la comunidad de los hombres.

Su capacidad de liderazgo estará a prueba: podrá ser parte de ONG, comedores, cooperativas, y sentir que su experiencia ayuda al prójimo.

Tendrá que estabilizar una relación afectiva, o podría perderla.

Su seducción estará al servicio de causas humanitarias y podrá acrecentar su patrimonio con pequeños logros que ayudarán a los excluidos.

Año de alegrías, cambios positivos y humanitarios.

L. S. D.

El I CHING les aconseja:
46. Sheng / La Subida (El empuje hacia arriba)

EL DICTAMEN
La subida tiene elevado éxito.
Hay que ver al gran hombre.
¡No temas!
La partida hacia el sur trae ventura.

La ascensión de los elementos aptos no tropieza con ningún obstáculo; por eso se ve acompañada de un gran éxito. La modalidad que posibilita la ascensión no es violenta, sino modesta y dócil, pero como uno está apoyado por el favor de los tiempos, avanza. Hay que movilizarse e ir en busca de las personas que deciden. Esto no debe infundir temores, pues no fallará el éxito. Sólo que es necesario poner manos a la obra; pues la actividad aporta ventura.

LA IMAGEN
En medio de la tierra crece la madera:
La imagen de la subida.
Así el noble, con gran dedicación, acumula lo pequeño
para lograr lo elevado y lo grande.

La madera en la tierra crece sin prisa y sin pausa hacia la altura, doblándose dócilmente para eludir los obstáculos. Así el noble es abnegado en su carácter y no descansa jamás en su progreso.

El tránsito del Conejo durante el año del Perro

PREDICCIÓN GENERAL

La relación entre el perro y el conejo es especial. Juntos conforman una combinación de Qi, energía, que atrae el fuego. Esta energía equivale a la alegría, la comedia, los alimentos picantes y el clima caliente; por lo tanto, el conejo podrá dejar atrás los enojos propios de la energía madera. También atrae problemas con el sistema circulatorio y el corazón, motivo por el cual los conejos de los años 1939, 1951, 1963 y 1975 necesitan prestar atención a su dieta, además de ponerse a hacer ejercicio.

Enero

Todavía no puede bajar la guardia porque el gallo estará presente hasta mediados de febrero, por lo tanto los consejos del libro de horóscopo chino del año 2017 aún contarán. La combinación con el mes del búfalo atrae problemas emocionales, sobre todo en lo relacionado con amistades con mujeres, y la vida social en general. Este mes será desordenado, le costará trabajo mantenerse en su centro. En cuanto a lo social, basta tener un poco más de paciencia y no involucrarse en nada, sobre todo si gente a la que quiere pertenece a círculos sociales que están fuera de su alcance.

Febrero

El tigre detendrá un poco la energía del gallo y eso le dará energía extra al conejo, que ya viene agobiado del año anterior. Este mes es para recargar las baterías, aprovechar el apoyo que reciba y terminar lo que haya dejado a medias. Para mejorar la energía, es muy importante que no se desvele y que se mantenga dormido en las horas del tigre y el conejo, que van desde las 3 hasta las 7 de la mañana; cualquier noche que pase en vela afectará muchísimo su energía y lo arruinará por lo menos una semana entera. A partir del 16 comienza el año del perro, para el cual necesita cambiar de estrategia.

Marzo

El perro y el mes del conejo le traen trabajo arduo, aunque es poco probable que sea bien pagado. Deberá hacer caso omiso a cualquier competencia desleal que se presente con los compañeros de trabajo o socios, porque necesita enfocarse en su propio desarrollo y el tiempo libre. Le hace falta aprender a gestionar ese tiempo de manera que no afecten a su salud y su relación con la familia y los amigos. Hablando de amigos, probablemente quiera reducir la lista de seguidores de sus redes sociales, sobre todo mujeres jóvenes. La paciencia no es su fuerte, pero tendrá mucha menos que hace algunos años.

Abril
La relación energética con el dragón siempre ha sido contradictoria pues la combinación de energía le trae buenas relaciones personales, pero también problemas con desconocidos y compañeros de trabajo, y algo de torpeza física. El mes del dragón choca con el mes del perro y eso podría comprometer la seguridad del conejo, por lo que se le recomienda no hacer nada importante u osado. Este mes será para ordenar sus espacios de trabajo y convivencia, para poner especial cuidado en la salud por medio de una dieta equilibrada y ejercicio de bajo impacto, y para ver maratones de series *on line*.

Mayo
La serpiente será benévola porque hará que el conejo se sienta un poco más seguro con su apariencia física. Tal vez sea bueno que se haga un cambio de imagen, aunque no contundente, y menos si involucra cirugía, pero sí algo que se le note, como un corte de pelo distinto o usar colores más brillantes en vez del negro o los colores apagados de siempre. Hay oportunidades para viajar fuera de su lugar de residencia. Se le recomienda ir a las montañas o a un bosque tranquilo; comulgar con las energías madera y tierra le ayudará a poner en forma el espíritu y evitar sentirse solo aun estando acompañado.

Junio
Este mes será para hacer trabajo de equipo energético con el mes del caballo y activarse por medio del ejercicio. Correr será muy benéfico, pero bailar le podría cambiar la vida. Los conejos de 2011 estarán entrando en una etapa en la cual es importante inculcarles una disciplina artística y una deportiva, por lo tanto la danza es la solución ideal porque abarca dos en uno y hay tantos tipos distintos

de baile que el gazapo podrá escoger y enamorarse de un estilo que lo acompañará el resto de su vida. Los demás conejos: ¡a bailar! Eso les dará energía para disfrutar el resto del año.

Julio

La combinación del año del perro y la cabra del mes que transcurre implica un aumento de la carga de trabajo; 24 horas al día no serán suficientes. No importa que el conejo que lee esto sea estudiante, comerciante, profesional o empleado, todos los conejos sentirán ráfagas de genialidad acompañadas de poco tiempo para satisfacer sus inquietudes, y un cansancio molesto porque el cuerpo pide descanso, pero la mente no para. Por esta causa podrían meterse en conflictos con familiares o amigos que esperan más cariño de su parte. Tendrá que elegir qué postergar, aunque sea un sacrificio momentáneo.

Agosto

Vienen días de confusión; cuidado con los accidentes y los malentendidos, más si se trata del tránsito. La imagen que ofrece el oráculo es la de un arbusto en tierra árida amenazado por un hacha pesada. Deberá mantener el perfil bajo; sobre todo tiene que evitar confrontaciones hasta en las redes sociales, eso hay que recalcarlo a los conejos *millennials* de 1999, que son los más comprometidos con ese tipo de comunicación. Otros conejos se beneficiarían si delegan la carga de trabajo y se enfocan en el ejercicio, la dieta y alguna actividad artística que les ayude a digerir las dificultades.

Septiembre

El mes del gallo le traerá conflictos no resueltos del año pasado, así que si está leyendo esta predicción mientras aún es año del gallo, se le recomienda poner en orden con anticipación cualquier cosa que aún esté sin resolver. Si estamos sobre el mes y ya en el año del perro, la recomendación es que trate de asumir los daños; cuando uno admite que ha cometido un error aumenta el carácter, asegura la salud emocional y además controla el ego. También es probable que pierda algo de libertad de movimiento, pero será temporal. Paciencia, que tolerar la frustración es también un acto de amor propio valioso.

Octubre

El mes del perro en el año del perro aumenta la energía de riqueza para el conejo, y por eso es posible que este mes cobre mucho de lo que el universo le debe; será un mes de vacas gordas. Se le recomienda guardar toda esa plusvalía para cuando haga falta pagar todas o parte de las deudas que haya contraído en otros tiempos. Eso hará que el resto del año sea más amable y que pueda reconciliarse con la gente que no ha podido o querido ver últimamente. Un buen mes para encargar un cerdito que nacería en el mes de la cabra, y sería un bebé de buen carácter.

Noviembre
El conejo y el cerdo, que rige el mes, se juntan en una combinación que refuerza el carácter. Esta energía crece aún más durante los días de la cabra, 11 y 23; esos días los puede usar para firmar papeles importantes, pero le sugerimos esperar hasta después de febrero si es que quiere iniciar un negocio o contraer matrimonio. Mientras tanto, este mes también será bueno para buscar el contacto de viejas amistades. Además, es un tiempo excelente para aprender yoga o taichí o alguna disciplina suave que mejore su sueño. La creatividad será su fuerte.

Diciembre
Los asuntos sociales y de trabajo o estudios se van poniendo difíciles, por no mencionar el tránsito y la vida moderna. Todo lo amoroso y emocional será conmovedor, separar el trabajo de los sentimientos resultará difícil y eso volverá distraído al conejo. Los ejemplares de 1987 sentirán impulsos muy fuertes por formar una familia, los de 1999 querrán más independencia; buscar esa libertad en los brazos de su amor no será inteligente, cuidado. Los demás conejos ya tienen las hormonas más acordes con la madurez propia de la experiencia, así que pueden aprovechar y vivir un fin de año candente.

Predicciones para el Conejo y su energía

CONEJO DE MADERA (1915-1975)
Año con paleta cromática para cada proyecto que se proponga.

Su capacidad multifacética será recompensada con creces.

Sentirá un gran apoyo en la constelación familiar y se le presentarán nuevas oportunidades de acercamiento con padres, hermanos e hijos.

Hacia la mitad del año tendrá un golpe de suerte o azar que lo ayudará económicamente y le brindará energía para consolidar una empresa o viaje por estudio.

El perro lo ayudará en sus sueños e ideales y le pedirá a cambio que participe socialmente en la comunidad de los hombres.

CONEJO DE FUEGO (1927-1987)
Año de cosecha a la trayectoria, valentía y participación ciudadana.

Su carisma será el motor para unir personas de distintas creencias y organizarlas para que aporten medios de sustento, ideas y planes de vivienda en la comunidad de los hombres.

El ascenso en su profesión será meteórico; sepa graduar cada paso para estar a la altura de los que han apostado a su capacidad.

En el amor habrá flechazos, sobresaltos, cambios en los roles, pero siempre caerá bien parado.

CONEJO DE TIERRA (1939-1999)
Año de orden en cada rubro de su ecosistema.

Tendrá que estar alerta para que «no le metan el perro» y caer bien parado.

Su capacidad de trabajo será asombrosa; aparecerán nuevas ofertas laborales y conseguirá unir pasión con entusiasmo en lo que hace.

En la pareja deberá negociar; sus caprichos podrían costarle caro y sus hijos necesitarán su presencia y seguimiento en cada fase de sus vidas.

Un amor del pasado retornará y le pedirá que lo acompañe en sus proyectos sociales, altruistas y de integración a los excluidos.

Es un año en que crecerá espiritualmente y consolidará su proyecto de vida.

CONEJO DE METAL (1951-2011)
Año de metamorfosis. Despedirá seres queridos y deberá encontrar el rumbo de su nuevo camino.

En la familia habrá cortocircuitos, demandas, peleas, que tendrá que resolver a través de constelaciones familiares, técnicas como eneagrama, o con total sinceridad.

Su ánimo oscilará entre estados altos y bajos: será un conejo UP AND DOWN.

Es recomendable que viaje, haga nuevos amigos y siga practicando su oficio o vocación para deleitar al zoo.

CONEJO DE AGUA (1903-1963)

El I CHING le augura un ascenso en lo que se proponga.

«En esta situación positiva se pueden crear nuevos contactos y relacionarse resueltamente con personas influyentes. No es necesario humillarse. Hay que evitar relajarse, y hay que seguir trabajando en los planes y el ascenso. Los proyectos mutuos están ahora bajo un buen influjo y serán beneficiosos para la reputación general. En el ámbito privado, se desarrollarán fuertes lazos; en poco tiempo, el crecimiento interior será notable.

»Para que una planta crezca con fuerza, es necesario trabajar antes la tierra. Esta labor se ha descuidado hasta ahora; ES EL MOMENTO DE EMPEZAR».

L. S. D.

LAS MARIPOSAS

Un par de mariposas amarillas que juntas vuelan
a la par hacia el cielo.
Vete a saber por qué, pero una de ellas vuelve.
La otra se ha quedado arriba y está tan sola que me da pena.
Sin alma uno también sube al cielo, pero ahí arriba se está tan solo.

HUSHI (1891-1962)

Predicciones preventivas para el Dragón

basadas en el I CHING, la intuición y el bazi

¿Qué nos dice el reloj acerca del tiempo?

MARTÍN HEIDEGGER

Queridos dragones, que van rumbo al año de su opuesto complementario, el perro.

Como medicina preventiva, los chinos aconsejan que comiencen a practicar con paracaídas o parapente el alto vuelo que aún tendrán con su amigo el gallo de fuego, para ir graduando la velocidad y el estrellato hacia otra mirada de la vida.

El dragón sabio conoce su voltaje y sabe hasta dónde puede apostar en tiempos de energías favorables.

A pesar de las crudas pruebas del año del gallo con respecto a la constelación familiar, a síntomas que aparecieron en sus siete cuerpos, a la revolución sistémica que abarcó su trabajo, sus estudios, viajes y aprendizaje, el 16-2-2018 podrá recibir al perro con cariño y buen humor.

Es cierto que el dragón admira al perro por su perfil bajo, buena conducta, responsabilidad, sentido común, solidaridad, ladridos oportunos en tiempos de crisis, y le gustaría imitarlo; confía en su aura celestial y lo mira desde las alturas.

El I CHING le aconseja durante este período estar atento a LA NUTRICIÓN.

No solo en un sentido estricto, que abarca la dieta, el deporte, los ejercicios zen: yoga, taichí, chi kung, moxobustión, sino LA NUTRICIÓN de su espíritu, relaciones afectivas, de amistad, de trabajo, estudio, ayuda a los más débiles, excluidos, inmigrantes a través de LA CRUZ ROJA, ONG, lugares de encuentro en la comunidad de los hombres.

El dragón cambiará escamas, dejará su luz interior LED (bajo consumo), ahorrará en movimientos expansivos, mediáticos, jactancia, y aprenderá a ser más terrenal, cauto y medido.

Su foco estará en LA NUTRICIÓN de su cuerpo y la de los seres que le rodean, que usted estima y con quienes puede cooperar para que estén mejor en este MONDO CANE.

Es parte de su personalidad el ayudar en exceso, sin medir cuánto y a quién, y a veces resulta contraproducente para su salud.

Sus síntomas necesitarán más atención debido al estrés ocasionado en la constelación familiar.

Le hará falta darse más tiempo para poner en orden situaciones legales que le lloverán como los ladridos de RIN TIN TIN.

Sentirá ganas de rebelarse; buscar a los amigos que tiene en cada lugar del país y del mundo, y visitarlos.

Como el planeta está demasiado caótico y opaco para su glamur, oscilará entre estados *up* y *down*; es recomendable que busque ayuda terapéutica.

Enfocará su salud holísticamente, con conciencia y desapego.

Pagará caro los excesos; el perro lo pondrá a prueba en situaciones inesperadas y deberá resolver con sensatez los problemas.

Iniciará una nueva etapa en su vida, en un lugar donde podrá disfrutar de la naturaleza, rodeado de amigos y de la familia; cocinar, hacer una huerta orgánica, adoptar mascotas y nuevos seres que le pedirán I-SHO-KU-JU (techo, vestimenta y familia).

Sentirá necesidad de evaporarse, de dar un portazo a la pareja o a la «vía láctea» de problemas no resueltos, pero si no se ocupa de solucionar sus temas, estos se convertirán en una pesadilla.

LA NUTRICIÓN consciente traerá relaciones interesantes, de maestría y aprendizaje.

Su caudal eólico, solar, lunar deberá expandirse por sus venas, arterias e imaginación, pues si no quedará con el CHI estancado, y eso no es buena señal.

El año del perro le susurrará al oído nuevas ideas para concretar cuando se sienta liviano de equipaje.

Aprenderá el HO'OPONOPONO (pedir perdón para sanar) y lo aplicará hasta con sus íntimos enemigos.

En los registros akáshicos reconocerá dónde quedó trabada su energía, y así será capaz de lograr que fluya para integrar el macrocosmos al microcosmos.

Las relaciones afectivas estarán en crisis; es aconsejable que siga confiando en que saldrá de la obsesión, la manipulación y el control para poder crear vínculos saludables que lo energicen y no lo vampiricen.

Año de grandes cambios en sus hábitos y costumbres, y en la búsqueda de la armonía, la longevidad y la riqueza.

L. S. D.

El I CHING les aconseja:
27. I / Las Comisuras de la Boca (La Nutrición)

EL DICTAMEN
Las Comisuras de la Boca. Perseverancia trae ventura.
Presta atención a la nutrición y a aquello con que trata de llenar su boca uno mismo.

Al dispensar cuidados y alimentos es importante que uno se ocupe de personas rectas y se preocupe en cuanto a su propia alimentación, del modo recto de realizarla. Cuando se quiere conocer a alguien, solo es menester prestar atención a quién dispensa sus cuidados y cuáles son los aspectos de su propio ser que cultiva y alimenta. La naturaleza nutre todos los seres. El gran hombre alimenta y cultiva a los experimentados y capaces, valiéndose de ellos para velar por todos los hombres.

Mong Tse (VI, A, 14) dice al respecto: «Para reconocer si alguien es capaz o incapaz, no hace falta observar ninguna otra cosa sino a qué parte de su naturaleza concede particular importancia. El cuerpo tiene partes nobles e innobles, partes importantes y partes nimias. No debe perjudicarse lo importante a favor de lo nimio, ni perjudicar lo noble a favor de lo innoble. El que cultiva las partes nimias de su ser, es un hombre nimio. El que cultiva las partes nobles de su ser, es un hombre noble».

LA IMAGEN
Abajo, junto a la montaña, está el trueno: la imagen de La Nutrición.
Así el noble presta atención a sus palabras
y es moderado en el comer y el beber.

«Dios surge en el signo de Lo Suscitativo». Cuando con la primavera se agitan nuevamente las energías vitales, vuelven a engendrarse todas las cosas. «Él consuma en el signo del Aquietamiento». Así, a comienzos de la primavera, cuando las semillas caen hacia la tierra,

364 • Ludovica Squirru Dari

todas las cosas se tornan cabales. Esto da la imagen de La Nutrición expresada en el movimiento y la quietud. El noble toma esto por modelo en lo relativo a la alimentación y al cultivo del carácter. Las palabras son un movimiento que va desde dentro hacia fuera. El comer y el beber son el movimiento que va desde fuera hacia dentro. Las dos modalidades del movimiento han de moderarse mediante la quietud, el silencio. Así el silencio hace que las palabras que salen de la boca no sobrepasen la justa medida y que tampoco sobrepase la justa medida el alimento que entra por la boca. De este modo se cultiva el carácter.

El tránsito del Dragón durante el año del Perro

PREDICCIÓN GENERAL

El año contrario se llama Suì Pò 歲 破, y significa vieja ruptura, que nos habla de una querella sin resolver. Esto se debe a que los signos opuestos a nivel energético no «hablan el mismo idioma», entre el perro y el dragón se trata de un conflicto entre dos energías tierra distintas: el desierto y el lecho marino; uno es evidente, ardiente, abierto, el otro es oscuro, frío, misterioso. El dragón tratará de reforzar esa cualidad misteriosa y fría del lecho marino y la respuesta de la energía del año será exponer los sentimientos del dragón hasta que salga de su exilio emocional, algo que le parecerá invasivo. No le quedará más que hacer Wú Wèi (no forzar la acción de las cosas) y dejarse llevar por las circunstancias.

Enero

Para las mujeres dragón, este mes será confuso porque atrae mucha atención romántica y erótica, pero también hay posibilidad de malentendidos y problemas hormonales. Es importante vigilar la dieta y meditar porque eso ayuda a regular los niveles hormonales. Para los hombres dragón esta combinación de energías atrae problemas con mujeres jóvenes y para conectar emocionalmente con amistades y amores femeninos. Se recomienda relajarse y tomar con calma todo lo relacionado con el sexo, el apego, el enamoramiento y el respeto mutuo.

Febrero

La temática del mes anterior se extenderá hasta llegar al día 16, momento en que comienza el año del perro y, entonces, todo lo que se puede complicar se complicará, pero el dragón solo se concentrará más en conseguir lo que desea. Con la llegada del perro se pondrá más competitivo; hombres o mujeres, jóvenes o viejos dejarán de ser maestros para convertirse en guerreros. Este proceso provocará distancias dramáticas con los miembros de su familia y amigos, lo cual será poco práctico, porque esos contactos les harán falta el resto del año; entonces necesitarán ser más amorosos con ellos.

Marzo

El mes del conejo será consecuencia del mes anterior, por lo tanto hay que releer febrero y anticipar los arrebatos de aislamiento, porque ahora eso viene combinado con mala comunicación. Al dragón le costará trabajo hacerse entender y como no puede ser completamente independiente de otros, los pleitos serán cosa de todos los días. Sus amigos mono y rata podrían ayudarlo a expresar de mejor modo las órdenes y los sentimientos. Acercarse a las artes plásticas o a la literatura ayudará a suavizarlo, así como asistir a más reuniones con amigos, o por lo menos visitar el bosque o un parque una vez por semana.

Abril

El mes propio no es sencillo, más si se está pasando por un año de Suì Pò. El dragón se convierte en un obsesionado por perfeccionar su trabajo. Esta atención despierta recelo en quienes no pueden comprenderlo. Tendrá que decidir si vale la pena complacer a la gente o seguir con sus proyectos, porque es posible que estos sean muy ambiciosos. Aunque trabajar contracorriente es una especialidad del dragón, podría perder, y es allí donde se encuentra lo atractivo de los retos que se ha planteado.

Mayo

Tal parece que la temática de este año es una lucha entre las ganas de trabajar sin que lo molesten y el mundo clamando por su presencia. Lo malo es que ese afán por no ser «molestado» por nadie se podría convertir en una especie de vicio, especialmente para los dragones de 1976 hacia atrás. Hasta los dragoncitos de 2012 estarán huraños. Para completar el cuadro calamitoso, este mes hay posibilidades de enfermar o tener algún accidente menor. De verdad necesita salir de su aislamiento, hacer contacto con la gente que lo ama; si no, la serpiente no será benévola y los problemas se irán acumulando.

Junio
Lamentamos que este año sea tan confuso; confabulado con el mes del caballo y los días del gallo y del cerdo –10, 12, 22 y 24– podría boicotear los planes de todos los dragones de distintas edades y sexos, aunque hayan trabajado por ellos durante meses. Estos días es mejor relajarse con la familia, hacer maratones de series por internet, salir en viajes cortos cerca de su lugar de trabajo, leer los libros que ha dejado de lado, y sobre todo reconectar con los amigos a los que ha abandonado, aunque no vale la pena esforzarse en proyectos que no han rendido fruto.

Julio
La cabra vendrá como un remanso. Este mes podrá terminar con lo que dejó atrás y dedicarse de lleno a organizar mejor su agenda. Es muy importante que revise sus prioridades ya que julio le traerá claridad; con tal discernimiento podrá revalorar su estrategia de vida y ser más justo consigo mismo. A los dragones de 1940 y 1988 les costará más trabajo mantenerse con los pies sobre la tierra; los de 1976 se volverán aún más taciturnos, pero es posible que se abran emocionalmente al final del mes y traten de acercarse a los seres amados. Los demás dragones estarán mucho más tranquilos.

Agosto
La llegada del mono al año del perro sacará a la luz lo mejor del dragón. Este mes será perfecto, el trabajo no será ya lo más importante porque la energía tierra comenzará a debilitarse un poco y la energía metal del mono le ayudará a suavizar su carácter, a ser más empático y solidario. Este cambio de actitud ayudará a afinar las cualidades sociales de los hombres dragón, mientras las mujeres dragón dejarán de sentirse tan competitivas, además de bajar la intensidad de su mirada crítica, por lo que ganarán más simpatías en lugares donde convivan con mucha gente, como la oficina o la escuela.

Septiembre
El gallo viene a reponer lo perdido a lo largo de los meses anteriores.

Si bien este tiempo será caótico para quienes estén alrededor del dragón, las habilidades sociales de este ser fantástico lo ayudarán a disculparse con los que no supo tratar bien antes. También podrá hacer nuevas amistades y conseguirá ayuda de compañeros de trabajo que antes lo veían con recelo, especialmente los huraños de 1940, 1976 y 2000. Los demás dragones no tendrán más retos que mantener lejos de los *paparazzi* su *sex appeal* y sus secretos. Solo deberán ser más discretos.

Octubre
El doble perro lo tentará a desaparecer de nuevo, pero si aprendió de los errores de los meses anteriores, verá que aislarse no es buena idea. Este mes es para poner en orden su casa y los papeleos. A los jóvenes dragones de 2000 esta energía les va a ayudar para que sean más reflexivos, por lo que se les recomienda escribir un diario, o ir a terapia si es necesario. De hecho, todos los demás dragones se beneficiarían mucho de una sesión de constelaciones familiares o algún otro tipo de terapia que involucre el uso de psicodramas, ya que podrá descubrir con facilidad sus fallas de carácter.

Noviembre
El cerdo que rige el mes viene a enseñarle al dragón que no importa cuánta suerte tenga; en el fondo es humano, y aunque lo siga un ejército de admiradores –más que nada en las redes sociales– no podrá escapar de las habladurías a sus espaldas. Podría además sufrir una traición en el trabajo o en la escuela. Para prevenir eso tiene que activar su lado más solidario, hacer servicio comunitario, ayudar a asociaciones civiles y demostrar su capacidad de liderazgo. Meditar o hacer ejercicio de mediano impacto también puede ayudarlo a sobrellevar el mes sin tener que aislarse de nuevo.

Diciembre
La rata vendrá a calmar el exceso de energía tierra que tantos estragos ha ocasionado en el dragón. Sin embargo, aún no estará a salvo. Al año del perro le faltan dos meses aún, y el mes de la rata servirá para prepararse para la última mordida del perro y poder volver a la normalidad al llegar el año del cerdo, que será muy intenso socialmente. Es posible que se reúna con la familia o que salga de vacaciones decembrinas; tal vez sea invitado a fiestas grandes y, si se

distrae, se sentirá tentado a iniciar un nuevo romance, pero para dar ese paso será mejor que espere hasta que acabe el año del perro.

Predicciones para el Dragón y su energía

DRAGÓN DE MADERA (1904-1964)

Bienvenidos al año del perro de tierra, su opuesto en el zodíaco chino.

El dragón mantendrá perfil bajo, estará silencioso, meditativo y retraído en su nueva etapa.

Los cambios que se produjeron en el año del gallo tendrán un valle fértil, apacible, con nuevos hábitos, códigos y costumbres.

El desapego será el ejercicio que practicará durante el año canino; resolverá los grandes temas existenciales: pareja, familia, socios, trabajo, y buscará refugio en su búnker místico.

Las oportunidades serán pocas y buenas; su intuición le abrirá nuevos portales para que resuelva el hábitat donde se siente en armonía y renuncie a las ofertas que le cambiaron el rumbo.

Estará más doméstico, cariñoso y abierto a los reclamos de la constelación familiar, y saldando karma.

DRAGÓN DE FUEGO (1916-1976)

El I CHING le aconseja que esté atento a la nutrición del cuerpo, del alma, de las relaciones íntimas y con los demás.

Su salud, exigida durante los últimos años, dice «STOP».

Sentirá una gran necesidad de cambiar su hábitat, encontrar su lugar dentro de la constelación familiar y en su territorio.

Se rebelará ante situaciones injustas; peleas con socios, amigos y piqueteros galácticos que caerán en momentos inesperados.

Su espíritu solidario tendrá límites.

Participará en ONG, en cooperativas en su región, en ayuda a excluidos e inmigrantes adoptando nuevos seres para el zoo.

Tiempo de digestión y sanación. Atravesará un *chop suey* emocional con sus relaciones afectivas, y vislumbrará su potencial energético para encauzarlo con sabiduría.

DRAGÓN DE TIERRA (1928-1988)
Año de aterrizaje en la Pacha Mama.
Su talento estará a disposición del servicio en la comunidad de los hombres.
Estará abierto a dejar atrás una etapa de su vida y renacer como el ave fénix.
Podrá mantener vínculos afectivos fuertes y duraderos.
En la familia deberá enfrentarse a situaciones legales y asesorarse profesionalmente para defender su patrimonio.
Comenzará una etapa humanista: ayuda a ONG, comedores, asistencia a los excluidos, y será líder en la comunidad de los hombres.
Recibirá mucho afecto y su labor será recompensada con creces.

DRAGÓN DE METAL (1940-2000)
Durante este año aterrizará en parapente o alas delta a su nueva realidad en la tercera dimensión.
Cambios abruptos, inesperados, mágicos o familiares lo llevarán a una nueva vida.
Conocerá gente que será clave para su desarrollo, educación, cambios de paradigma y nuevos vínculos sociales y universitarios.
Tendrá que reformular: I-SHO-KU-JU (techo, vestimenta y comida), renovar ideas para un mundo sustentable e integrar su experiencia al servicio de la comunidad de los hombres.
Podrá ver la vida con hiperrealismo.
Cuidado: ¡QUE NO LE METAN EL PERRO!

DRAGÓN DE AGUA (1952-2012)
Durante este año practicará el HO'OPONOPONO y el REALISMO MÁGICO.
Sentirá que cambia escamas, ideas, hábitos y costumbres y que está dispuesto a participar en nuevos desafíos para ayudar en la comunidad de los hombres.
Su buen gusto, refinamiento y *sex appeal* serán apreciados en las nuevas tendencias de moda, las redes sociales, y en el mundo *fashion*, donde producirá una revolución cultural.
Su ánimo oscilará entre estados *up* y *down*; busque terapias alternativas, yoga, taichí, chi kung, eneagrama, y disfrute de las pequeñas alegrías de la vida junto a su perro.
AÑO DE ALINEACIÓN Y EQUILIBRIO INTERNO.

L. S. D.

EN SUS OJOS ESTABAS TÚ

He subido tan altas cimas, cimas altísimas.
Mis ropas se han desgarrado, podrido, hecho harapos.
Quise ir más allá de las nubes flotantes y remotas del cielo.
Dios, deseé verte y no pude.

En la dura corteza de la tierra, yo cavé una fosa.
Destruí todos los nidos de serpientes y dragones.
En el espacio insondable, yo grité.
Dios, no te escuché.

Vi un niño en la calle e iba engalanado
con una ropa ligera, una ropa bella y vivaracha.
Gruñó la palabra «madre» y en sus ojos brilló el amor...
Dios, en sus ojos estabas tú.

XU ZHIMO (1897-1931)

Predicciones preventivas para la Serpiente
basadas en el I CHING, la intuición y el bazi

Todo vicio es el resultado de la ignorancia,
y solo aquel que tenga el conocimiento podrá actuar de forma justa.

SÓCRATES

Salió el sol en Buenos Aires, después de una semana de días grises, lluviosos, húmedos y desolados.

Supongo que las serpientes saldrán de sus madrigueras a buscar un poco de sol, después de un año del gallo que las reconectó con su esencia, realidad, límites...

El ego es el punto G del ofidio; hay tantas variedades como especies en el planeta, y cada una sabrá a cuál pertenece.

El tiempo les ha demostrado que, como dice Hellinger: «todo lo que uno evita, INVITA».

Han cambiado el *look*, el FENG SHUI de sus casas, mansiones, hoteles, pero no han hecho los deberes del TAO que nos iguala a los mortales y por eso el I CHING les aconseja: La Retirada, el hexagrama 33.

El año del perro no será la panacea para el ofidio, que creyó tener poderes sobrenaturales, perpetuidad en su influencia en la comunidad de los hombres.

El mundo necesita que se retire a meditar, practicar el HO'OPONOPONO, cambiar la piel en silencio y abrir el tercer ojo.

Sus hazañas están siendo juzgadas por el Gran Espíritu.

No podrá comenzar nada nuevo si no cierra con prolijidad, desapego y convicción el ciclo anterior.

Para poder saldar karma es necesario que busque ayuda, desde terapeutas, chamanes, constelaciones familiares, reiki, yoga, eneagrama.

Su salud estará resentida; deberá integrar los problemas con conciencia para cambiar el foco de sus males.

El perro la mirará con lupa: sabe que su doble vida, sus asuntos ocultos, desidia, pereza y despotismo no son posibles en un mundo que necesita seres solidarios, abiertos, generosos y llenos de ideas para mejorar el día a día.

Apenas lleguen los primeros ladridos buscará huir a la montaña o a un lugar donde no la encuentren los extraterrestres.

Tal vez, después de los dos años que atravesó, realmente esté tocando fondo con sus últimas reservas de agua, prana, amigos, ADN, y alguna víctima que secuestró en la madriguera para no quedarse absolutamente sola digiriendo su propio veneno.

GUAU GUAU GUAU, es recomendable que tenga a su perro o perra cerca, le dé amor, caricias, y hable telepáticamente con el can.

En la familia habrá duelos, separaciones, pérdidas y pase de facturas. Su vida necesitará una sanación pránica, dieta y nuevos guías que la orienten en un nuevo mapa existencial.

La serpiente que esté limpia de karma tendrá un año contemplativo, austero, con alegrías breves y nuevos objetivos. Su gran caudal emocional deberá desbloquearse practicando el HO'OPONOPONO, en retiros espirituales o haciendo servicio en la comunidad de los hombres.

Podrá buscar un nuevo lugar para vivir, alejado de su pasado o al menos de sus últimas vidas en esta existencia.

Será recomendable que haga las paces con sus íntimos enemigos; que busque los rastros de sus hijos, hermanos y padres, y que los integre a su realidad sin mordeduras letales.

El año del perro la contagiará de buenas ideas, actos solidarios, donaciones acertadas, le dará la posibilidad de cambios de trabajo u oficio para que gratifiquen y endulcen sus horas de soledad.

El tiempo de la RETIRADA es fundamental para el retorno a LA VIDA.

L. S. D.

El I CHING les aconseja:
33. Tun / La Retirada

EL DICTAMEN
La Retirada. Éxito
En lo pequeño es propicia la perseverancia.

Las circunstancias señalan que las fuerzas hostiles, favorecidas por el tiempo, han tomado la delantera. En este caso lo que corresponde es la retirada, y es precisamente gracias a la retirada que se obtiene el logro. El éxito consiste en el hecho de que pueda realizarse correctamente la retirada. Es menester no confundir retirada con huida, una fuga que solo tiene en cuenta la propia salvación, a cualquier precio. La retirada es signo de fortaleza. Es necesario no dejar pasar el momento indicado, mientras uno esté en plena posesión de su vigor y conserve su posición. De este modo sabrá interpretar a tiempo los signos pertinentes y emprenderá los preparativos para una retirada provisional en lugar de trabarse en una desesperada lucha de vida o muerte. De este modo tampoco se abandona sin más el campo a merced del enemigo, sino que más bien se dificulta a éste el avance, mostrando todavía una persistencia en ciertos aspectos. De tal manera, en la retirada ya va preparándose el viraje, el cambio. No es fácil comprender las leyes de semejante retirada activa. El sentido que se oculta en un tiempo como este es importante y significativo.

LA IMAGEN
Bajo el cielo está la montaña:
la imagen de La Retirada.
Así el noble mantiene a distancia al vulgar,
no con ira, sino con mesura.

La montaña se eleva bajo el cielo, pero su naturaleza implica que finalmente se detenga. El cielo, en cambio, se retira ante ella hacia lejanas alturas y así permanece inalcanzable. He ahí la imagen de cómo el noble se comporta frente al vulgo que viene subiendo. Se retira de él, en su fuero interno. No lo odia, pues el odio es una forma de participación interior mediante la cual uno se ve ligado al objeto que odia. El noble muestra su fortaleza (Cielo) en el hecho de provocar, gracias a su mesura, la detención (montaña) del vulgo.

El tránsito de la Serpiente durante el año del Perro

PREDICCIÓN GENERAL
El año anterior fue tremendo, como una montaña rusa en cuanto a actividades y salud, pero perfecto en todo lo demás, y ahora tiene

que aprender a capitalizar lo conseguido para que el tiempo levante su espíritu, que tiende a veces al cinismo. Este año se trata de compromiso y amor. La mayor parte de su vida estará enfocada en asuntos románticos y de lealtad porque la energía del perro atrae la necesidad de sentirse amada. Las serpientes comprometidas y casadas querrán comenzar una familia, lo cual no es recomendable ya que si se embarazan a partir de junio podrían dar a luz cerditos, que no comprenderán su modo de ver el mundo; por lo tanto les pedimos paciencia.

Enero
Enero sigue bajo el mando del gallo. Las bendiciones no paran, aun cuando la salud no sea la mejor, pero le quedará energía suficiente para sumirse en el mundo laboral y comenzará un proyecto que la acompañará el resto del año. Tendrá ideas geniales sustentadas en su constancia, y sus observaciones serán agudas. Socialmente se irá abriendo el campo, pero es necesario que tome valor, porque sentirá ganas de replegarse en su zona de confort. Es importante que no descuide a la pareja, amigos y familia porque ellos serán quienes le inyectarán valor y fuerza para afrontar lo que sea.

Febrero
El mes del tigre será accidentado, pero como viene acompañado de la energía del perro, su efecto negativo se suavizará. Este mes sentirá los efectos del amor. No importa si tiene pareja o si alguna persona nueva o cercana le parece atractiva; distintas experiencias a lo largo del mes le harán ver otras maneras de actuar ante el amor y la amistad. Esta oportunidad es maravillosa y no se repetirá sino en doce años, por lo que las serpientes de 1941, 1953 y 1965 tienen la oportunidad de dejarse llevar con el mismo ímpetu adolescente de antaño. Las demás serpientes se sentirán optimistas.

Marzo
La combinación de energías entre el mes del conejo y el año del perro provocará que la serpiente se sienta acorralada por sus sentimientos. Es importante que no se deje asustar por lo que no puede controlar. Hay una gran diferencia entre control y orden. Donde hay orden, no hace falta ejercer control alguno y, por lo tanto, no tiene por qué sentir miedo. Puede canalizar los nervios por medio

de alguna disciplina deportiva o algún tipo de arte interpretativo. Dentro de estos campos, podrá relajar la mente y tal vez encontrar gente nueva que le ayudará a expandir la mente de manera productiva.

Abril

El dragón trae un remanso a la vida de la serpiente. Habrá oportunidades para descansar de verdad y reinventar su imaginación. Estará muy creativa. Dentro de este vaivén de ideas, las aventuras no cesarán. Es posible que conozca gente nueva o que se encuentre con situaciones en las que nunca se había inmiscuido antes. Este mes, por lo tanto, es propicio para aprender nuevas habilidades. Por su edad, las serpientes de los años 1989, 2001 y 2013 serán las más inclinadas a adquirir habilidades nuevas. Las serpientes de años anteriores serán más reacias a lo nuevo, pero en verdad les conviene aventurarse.

Mayo

La serpiente se lleva más o menos bien con la serpiente, pero dadas las condiciones energéticas, este año se presta a la competencia, y si la serpiente se deja enganchar por el perfeccionismo, es posible que se hiera a sí misma y lastime a otros. No es un mes propicio para iniciar nada nuevo, ni para esperar que amistades y familiares se pongan a su altura. Las sierpes de 2013 serán las más inquietas, algo que sacará de sus casillas a padres y maestros, a quienes les pedimos que enseñen las artes de la tolerancia a la frustración a sus pequeños ofidios, antes de que sea demasiado tarde.

Junio

El mes del caballo será candente. La combinación es propicia para el matrimonio, las relaciones emocionales, el enamoramiento y el sexo. Las serpientes de 2001 andarán por la cuerda floja, por lo que necesitan mucho sentido común, algo que poseen. Pero atención, dadas las condiciones y la cercanía con dragones y caballos, que son más descontrolados, podrían adquirir lastres emocionales que llevarán a cuestas el resto de la vida. Las demás serpientes estarán en condiciones de enamorarse, iniciar relaciones, comprometerse y casarse. Los matrimonios que ocurran este mes serán duraderos y fructíferos.

Julio

Este será un mes neutral, que servirá para extender los beneficios de la química cerebral y las emociones resultantes del mes anterior. Es un momento para darse un tiempo para el gozo. Los detalles más pequeños serán fuente de placer a cada paso, solo es cuestión de poner atención en lo que hace para descubrirlos. Estará también inspirada, creativa, por lo que se le recomienda que siempre disponga de una libreta o un teléfono inteligente para apuntar todas sus ocurrencias, ya que este año tendrá abundantes ideas novedosas que podrían ser una fuente de ingresos y de reconocimientos en otros años.

Agosto

Es común que en el mes del mono la serpiente utilice un lenguaje más fluido y que se dé a entender con facilidad con colegas y amigos, pero puede ser que sus expresiones sean usadas más tarde en su contra. En la era de las redes sociales esto podría ser muy divertido o fatal, ya que la reproducción y transmisión de cualquier bobada que diga o haga corre el riesgo de volverse viral. Las más expuestas son las serpientes de 2001, pero hasta las de 1965 podrían verse atrapadas en chismes digitales muy incómodos. Las demás serpientes podrían enterarse de mentiras disfrazadas de verdad.

Septiembre

El mes del gallo con el perro pondrá a la serpiente a trabajar de más, lo cual será muy frustrante porque le cuesta mucho decir que no. Necesita ser más firme en sus convicciones para proteger el poco tiempo libre que le quede al final del día. En cuanto a las serpientes de 2013, se les pide a sus padres que les permitan tener tiempo libre, aun para aburrirse, ya que la creatividad y la inteligencia surgen en las serpientes cuando no tienen nada que hacer. Por lo tanto, para que los pequeños ofidios encuentren una vocación temprana, es importante que accedan a ese tiempo sin clases extracurriculares.

Octubre

Este mes resulta perfecto también para contraer matrimonio o formalizar una relación amorosa; de hecho, le costará mucho trabajo sacar los asuntos románticos de su cabeza para enfocarse en otras áreas de su desarrollo, especialmente para las serpientes de 1977 y 2013, unas por su inminente crisis de la mediana edad y las otras por su juventud. Las serpientes de 1953 tendrán una temporada tranquila en la que podrán conciliar sus propias experiencias y ayudar a gente joven a encontrar formas saludables para analizar sus sentimientos y su sexualidad. Las de 1965 podrán encontrar un nuevo amor.

Noviembre
El mes del cerdo sacará al ofidio de la nube romántica en la que se ha instalado. Este es un tiempo de cambios, mudanzas, sacudidas emocionales. Como el año del perro produce algunos accidentes con el cerdo, la serpiente podría verse envuelta en ellos. Además, los ofidios que hayan comenzado un matrimonio o relación de pareja podrían tener un inicio complicado, pero no por eso menos divertido: las dificultades reforzarán sus lazos. También estarán un poco torpes, por lo que hay que extremar precauciones, sobre todo si salen de viaje o si practican algún deporte extremo.

Diciembre
Cuando la serpiente llegue al mes de la rata, se preguntará si todo lo que ha vivido a lo largo de este año será para siempre, y eso les hará sentir una gran nostalgia por el pasado y el deseo de vivir el futuro sin soltar lo viejo. Se sentirá bendecida, pero desconfiada al mismo tiempo. Las serpientes más experimentadas podrían analizar esto en terapia, en tanto que las más jóvenes podrán elaborarlo por medio de la meditación y el deporte. Las serpientes harán uso de su naturaleza sabia, por lo que todo atisbo de culpa se irá disolviendo al llegar las fiestas decembrinas.

Predicciones para la Serpiente y su energía

SERPIENTE DE MADERA (1905-1965)
Después de un año de excesos, vicios y placeres llegará el tiempo de hacer MUTIS POR EL FORO.

El equilibrio entre el dharma y el karma se dará durante el año del perro.

Situaciones familiares inesperadas se acrecentarán si no afronta a tiempo los problemas.

Necesitará guías espirituales y asesores legales para afrontar juicios, separaciones y problemas con los vecinos.

Es recomendable que vea al gran hombre y se desligue de los vulgares.

Inhale profundo, agudice el tercer ojo antes de firmar contratos, hacer viajes sorpresivos o abrirle la puerta a gente que le chupa el prana.

En la madriguera le pedirán que ocupe más tiempo en desplegar sus dones culinarios, manuales e intelectuales.

AÑO DE ALINEACIÓN Y BALANCEO.

SERPIENTE DE FUEGO (1917-1977)

Año de autoexilio y soledad.

Las pruebas de los años anteriores le hicieron dar un giro galáctico en su vida.

Es tiempo de recuperar energía y su salud física y mental.

Busque guías, terapias alternativas, gente que la ayude a salir del agujero interior.

Comenzará paso a paso, ladrillo a ladrillo, a construir su madriguera y se dedicará a nuevos estudios u oficios que le facilitarán la sobrevivencia.

Su corazón vagabundo anclará donde sienta que le dan una caseta y un hueso, aunque sea duro de roer.

SERPIENTE DE TIERRA (1929-1989)

Durante este año hará la digestión de los logros psicodélicos del año del gallo, los golpes de suerte guiados por su intuición, su vida sibarita, su lujuriosa y meteórica carrera a la fama.

El perro disminuirá la adrenalina en incómodas cuotas que deberá pagar para saldar deudas con amigos, socios, y en la familia.

Deberá administrar su economía con sentido común; es un año de cambios inesperados en la situación del país y del mundo y su sabiduría ayudará a los más débiles y excluidos.

El amor se disfrazará de CAPERUCITA ROJA.

Confíe en su corazón y en su inteligencia emocional para elegir con quién compartirá la caseta.

SERPIENTE DE METAL (1941-2001)

Tiempo de introspección y balance.

Dejará un ciclo y cambiará la piel para renovar su energía holísticamente.

Tendrá que integrar las despedidas, separaciones y situaciones adversas que se presentarán en la constelación familiar.

Es recomendable que viaje con amigos, padres o hermanos si debe desplegar su talento en nuevos países o continentes.

Integre sus emociones, busque ayuda terapéutica y practique el HO'OPONOPONO.

SERPIENTE DE AGUA (1953-2013)

El I CHING le aconseja LA RETIRADA.

«La situación decadente de este momento, semejante al invierno, está en consonancia con el rumbo cósmico de las cosas. Una retirada a tiempo es señal de fortaleza y sabiduría. Es el fruto de una decisión meditada que no tiene que ver con la huida. Sin embargo, retirarse antes de tiempo podría complicar el regreso.

»En esta fase es imposible poner en práctica los ideales; hay que prepararse con esmero y dedicación, para generar confianza.

»Evite la conducta agresiva; los sentimientos negativos envenenan el cuerpo y la mente».

L. S. D.

EL PUENTE

Cuando la tierra con otra tierra ha sido aislada por las aguas,
cuando la carretera con otra carretera ha sido separada
por las aguas.
La sabiduría de los hombres espera de pie a un lado de las aguas
el resultado: construyeron el puente.
Los hombres han hecho un largo viaje y no siempre ha sido fácil,
deben agradecérselo al puente.
El puente es la unión entre las tierras.
El puente es el amor entre la carretera y la corriente de los ríos.
El puente es la estación acogedora del enlace entre los barcos y
los vehículos.
El puente es el lugar en el que los peatones y los pasajeros de los
barcos saludan con las manos y se despiden.
LIN GENG (1910-2006)

Predicciones preventivas para el Caballo

basadas en el I CHING, la intuición y el bazi

Un desorden de sábanas y almohadas,
dos pálidas cabezas despeinadas...
BALDOMERO FERNÁNDEZ MORENO

Al final llega el año del perro, el mejor amigo del caballo, para acompañarlo al gran cambio que vino gestando en los últimos años y darle ánimo, fe y buenos consejos.

Celebro este tiempo, conociendo la buena influencia que tiene el perro en la vida del equino: ambos conforman un dúo capaz de producir una revolución y conseguir la victoria.

El caballo tiene un horizonte de eventos, y las praderas para galopar hasta detenerse, o ir al trote, al paso; sentir que puede disfrutar esta muda de piel, de ideas, de lugar, de trabajo, de pareja con liviandad del ser.

Hizo los deberes. Fue a marzo en repetidas ocasiones, pues su ego, amor propio y orgullo lo estancaron en una larga temporada en el XIBALBAY (inframundo).

La revolución es la posibilidad de cambios reales en temas concretos: un nuevo oficio o trabajo, estudio, relación afectiva con continuidad y entusiasmo, trayendo o adoptando perritos.

Su buen humor y ánimo resultarán contagiosos; será el carismático y divertido caballo de circo que nos hará sacar la sortija, convocar multitudes en actos públicos, en fiestas, en el Mundial, que por la fecha de nacimiento –1930– es caballo de metal en el horóscopo chino.

Su revolución estará ligada al cambio de hábitos y costumbres; al *look*, a estar en la vanguardia de situaciones que serán los pilares fundamentales de la nueva humanidad.

Su expansión será como la de Napoleón y Alejandro Magno.

Podrá convocar ayudantes y avatares, gente sabia y especialistas en cada área para formar equipos de trabajo con fines solidarios.

El renacimiento será total; es cierto que fue arando el terreno con ayuda exterior, pero podrá sembrar y cosechar éxitos durante este año.

Ambos sexos, *gays* y lesbianas del signo podrán encontrar al compañero ideal para relinchar sus alegrías y penas.

Podrá reconocer sus zonas erróneas con telescopio y practicar el HO'OPONOPONO (pedir perdón para sanar).

Sus finanzas crecerán y será productor de otras personas a las que admira. En conjunto desplegarán talento, arte y *rock and roll*.

En la constelación familiar habrá que estar más presente; alguna demanda, juicio o herencia necesitará de profesionales idóneos para llegar a buen término.

Es necesario que escuche cada minuto, hora y día lo que le dice su intuición.

El año estará colmado de mensajes muy emotivos, y tendrá que seleccionar con tacto la forma de involucrarse; si no, corre el riesgo de salir herido.

Confucio, en los anexos del I CHING dice:

1- Es necesario poder aguardar el momento exacto en el tiempo. 2- Debe procederse del modo adecuado con el fin de conquistar la simpatía de la población y evitar excesos o extralimitaciones. 3- Es necesario que uno sea correcto y esté enteramente libre de intenciones egoístas de cualquier índole. 4- El cambio debe corresponder a una necesidad real. Así fueron las grandes revoluciones que en el transcurso de la historia consumaron los soberanos TANG y WU.

L. S. D.

El I CHING les aconseja:
49. Ko / La Revolución (La Muda)

EL DICTAMEN
La Revolución.
En tu propio día encontrarás la fe.
Elevado éxito, propicio por la perseverancia.
Se desvanece el arrepentimiento.

Las revoluciones estatales son algo sumamente grave. Hay que recurrir a ellas únicamente en caso de extrema emergencia, cuando ya no queda otra salida. No cualquiera está llamado a ejecutarlas, sino únicamente aquel que goza de la confianza del pueblo, y también éste solo cuando haya llegado la hora. Debe procederse al respecto de un modo correcto, causando alegría en el pueblo e impidiendo, mediante el esclarecimiento, los excesos. Por otra parte es menester que uno esté libre por completo de objetivos egoístas y realmente subsane la miseria del pueblo. Únicamente así no habrá nada de qué arrepentirse.

Los tiempos cambian y con ellos las exigencias. Así cambian las estaciones en el curso del año. Así también en el año cósmico hay primavera y otoño de pueblos y naciones, que requieren transformaciones sociales.

LA IMAGEN
En el lago hay fuego: la imagen de la revolución.
Así ordena el noble la cronología
y clarifica las épocas.

El fuego abajo y el lago arriba se combaten y se destruyen recíprocamente. Así también en el transcurso del año tiene lugar una lucha de la fuerza luminosa con la oscura, que repercute en las revoluciones de las estaciones del año. El hombre se hace dueño de los cambios de la naturaleza cuando reconoce su regularidad y distribuye en forma correspondiente el curso del tiempo. Con ellos se introduce el orden y la claridad en el cambio, aparentemente caótico, de las temporadas y uno puede tomar anticipadamente las previsiones necesarias, de acuerdo con las exigencias de las diferentes épocas.

El tránsito del Caballo durante el año del Perro

PREDICCIÓN GENERAL

El año del perro es un año en el que tiene que cosechar lo que sembró en el amoroso año del gallo, pero tendrá que trabajar como caballo de tiro. Este año ofrece una combinación de energías que remunerará sus esfuerzos, pero lo dejará un tanto aislado si no se fija. Los caballos ya entrados en canas (1942, 1954 y 1966) tendrán arrebatos de genialidad que no sentían desde la adolescencia, que necesitan aprovechar y hacer de este año el primero de una racha de buena ventura que les hacía falta. Los caballos de 1978 comenzarán a ser reconocidos por su trabajo y a disfrutar de una posición social y laboral más privilegiada. Los jóvenes de 1990 y 2002 estarán rebeldes, igual que los pequeños de 2014.

Enero
Sigue el reinado del gallo. El mes búfalo será mejor que el anterior, pero hay peligro de infecciones menores en caso de no realizar ninguna actividad física regular. Seguirá con mucho trabajo y con algunas responsabilidades que adquirió durante el año pasado, y que este mes comenzarán a rendir fruto. Sigue la recomendación de cuidar el sistema circulatorio y dedicar su tiempo libre a la horticultura o cualquier otra disciplina que lo acerque a la tierra. Los caballos de 1978 y los de 2002 querrán involucrarse en causas revolucionarias; los demás seguirán ocupados con lo mundano.

Febrero
Con la llegada del tigre y el perro a su vida, comienza un período creativo. Sentirá que le quitan la silla y las riendas para que pueda retozar con alegría por todo el valle.

Los caballos más jóvenes perderán el control en busca de la felicidad y podrían caer en el hedonismo, a menos que encuentren alguna disciplina artística que los acompañe durante todo el año. Este período promete sorpresas agradables y mucho trabajo –bien remunerado, ¡al fin!– pero necesita organizar su tiempo libre porque su búsqueda por satisfacer los sentidos podría boicotear la buena racha, ¡y hay que aprovecharla!

Marzo
El tiempo se presta para seguir en la carrera por la felicidad. El enamoramiento superficial, el sexo, el erotismo, todo esto se juntará en su mente y no dejará espacio para lo demás; eso será dramático en la vida de los jóvenes de 2002, cuyos padres y maestros estarán locos tratando de controlarles las reacciones provocadas por la química cerebral. Solo los caballos de 2014 y los longevos de 1930 y 1942 estarán tranquilos, pero los demás se sentirán desbocados, y esto

hace necesaria la protección no solo para el cuerpo sino también para el alma, que estará vulnerable.

Abril
El mes del dragón le dirá que no es lo mismo el amor que sentirse enamorado. Verá mucho de sí mismo en este mes porque estará más expuesto a otros puntos de vista, sobre todo de las mujeres de su vida, quienes serán mucho más críticas y realistas que los caballos de todas las edades; le conviene escucharlas y hacerles caso. De todos modos, no hay peligro de perder las relaciones amorosas que han formado los caballos en el zoo humano, pero sí será un tiempo de estabilidad en el cual tendrá que aprender a ser más empático, solidario y amable con quienes comenzó a abrirse emocionalmente.

Mayo
La serpiente atraerá un efecto energético que se llama «desvalijo de riqueza», el cual tendrá distraído al caballo, y lo dejará propenso a robos menores, pero molestos. Tendrá que poner atención, lo cual se consigue con la práctica de la respiración consciente. Una vez que uno se hace consciente de su respiración, abre los sentidos a lo que lo rodea y de ese modo puede estar alerta a lo que pase a su alrededor; esto será esencial para los de 1966, que son los caballos más alocados. Los demás corceles estarán expuestos al vampirismo energético, que pueden evitar manteniendo amistades más honestas.

Junio
El mes propio lo pondrá a trabajar. Todos los planes de vacaciones se quedarán esperando. La buena noticia es que este trabajo será bien remunerado, y en el caso de los caballos de 1966, 1978 y 1990, es posible que reciban reconocimientos extracurriculares o asensos que ya merecían desde hace tiempo. Los caballos de 2002 y de 2014, en cambio, no estarán nada a gusto con la escuela, y su rebeldía no será detenida con facilidad; si padres y maestros no son compatibles con los caballos, tendrán que pedir ayuda a monos, tigres, perros o cabras que pudiesen convencer a estos corceles díscolos.

Julio
Este mes estará expuesto a noticias, reflexiones, lecturas que lo mantendrán en un estado meditabundo constante. Es posible que

entre esas noticias se encuentre algo que le preocupe mucho. Los caballos de cualquier año son propensos a la depresión, y muchos caballos de 1966 y 1978 estarán muy expuestos al pesimismo, y para contrarrestar ese estado se les recomienda bailar, hacer artes marciales o correr. Todos los caballos tendrán débil la energía tierra, por lo que será muy fácil contraer enfermedades estomacales e intestinales, para lo cual necesitan tener cuidado cuando coman en la calle y hasta en casa.

Agosto

El mes del mono será frenético. Sentirá un huracán emocional y mental, algo que no había experimentado desde el año del mono. Los problemas físicos que ocurran este mes serán secuelas del año anterior o de aquellos que el mes anterior no supo cuidar bien. Es muy importante que vigilen la dieta y la presión sanguínea, en especial los caballos de 1966 y 1942. Los de otros años estarán expuestos a viajes y cambios inesperados tan molestos que, en un arrebato de furia, podrían arruinar todo lo bueno que lograron en meses anteriores. ¡Cuidado!

Septiembre

Después de la tormenta del mes del mono, el del gallo le hará sentir gratitud, así que no es mala idea hacerle llegar esa gratitud a todos los que lo han apoyado a lo largo de su vida o por lo menos durante los últimos meses. Estará más centrado, dispuesto a trabajar como lo ha hecho hasta la fecha, y además tendrá la necesidad de reforzar los compromisos con causas y personas que le son preciadas. Sanar será más sencillo si busca a sus amigos tigre y perro, en especial los perros de su vida agradecerán mucho su solidaridad y empatía porque el año no ha sido fácil para ellos.

Octubre

Como un viento renovador, el caballo recibirá creatividad y más responsabilidades. El trabajo será gratificante, pero vendrá a raudales. Sentirá oleadas de inspiración que no experimentaba desde hacía mucho. Podrá solucionar problemas que había dado por perdidos. Es probable que todo esto despierte la envidia de gente que no lo conoce bien, y que por tal motivo piensan que su naturaleza generosa es hipócrita. Basta con aclararles que no es petulante, sino que la

386 • Ludovica Squirru Dari

experiencia le ha dado los recursos para actuar. Necesita afinar su agenda y sus horarios de tal manera que si se ausenta no vaya a ofender a nadie.

Noviembre
El cerdo lo pondrá en la luna y bajar de ella requerirá una dosis extra de concentración y disciplina. Las ideas geniales lo asaltarán de noche, en la ducha, en medio del tránsito, por lo tanto también estará propenso a accidentes graves. Necesita buscar un espacio y un tiempo propicios para el trabajo, las ideas artísticas o simplemente creativas que se le ocurran y, por todos los cielos, tiene que aprender a delegar obligaciones para no acabar completamente agotado al final del día o con ganas de evadirse por medio de todos los vicios que tenga a mano. Necesita aprender a meditar.

Diciembre
El mes de la rata siempre ha sido difícil. La rata atrae melancolía y paraliza al caballo con rachas de tristeza que, como ser de energía fuego, no podrá controlar bien. Seguirá distraído, sin saber cómo captar las ideas que lleguen a su cabeza. Necesitará juntarse con tigres, perros y cabras para poder terminar con sus labores antes de que lleguen las fiestas de fin de año y los compromisos familiares que le costará cumplir. Aun con la ayuda de sus amigos, necesita ser más flexible con las decisiones que tomen otras personas, sobre todo su pareja sentimental o sexual, si la tiene, o cualquier persona hacia la que se sienta atraído.

Predicciones para el Caballo y su energía

CABALLO DE MADERA (1954-2014)
Al comenzar el año del perro lo embargará un bienestar general que se expresará en su salud y estado anímico.
Sentirá que tiene las riendas del mundo; elija un buen jinete para cabalgarlo.
En la constelación familiar habrá gratas sorpresas: nacimientos,

casamientos, reencuentros en el ADN y ganas de perdonar y ser perdonado.

Podrá organizar su economía con más libertad; sus penurias se verán aliviadas por una herencia o un trabajo bien remunerado.

Tendrá ganas de participar en obras humanitarias: comedores, ONG, cooperativas, grupos de ayuda a excluidos, o de crear una fundación para niños y adultos sin tierra.

AÑO DE RENACIMIENTO Y RETORNO A LA PASIÓN.

CABALLO DE FUEGO (1906-1966)

El I CHING le aconseja el *aquietamiento* como punto de partida, el darse cuenta de cuándo debe actuar y cuándo aquietarse; escuchar sus voces interiores y amansar su ira, furia, cólera, envidia para transmutarlas en amor, paz y armonía.

Tendrá la posibilidad de crecer en su profesión, y ser un caballo de salto rumbo al éxito.

Necesitará ayudantes para esta etapa; sea cauto, ecológico y previsor, y sepa elegir con sentido común.

Su corazón necesitará aquietarse y confiar en ese amor que le cambió el cliché de lo que siempre buscó.

Tiempo de recuperar la autoestima, la pasión, y de vislumbrar su lugar en el mundo.

CABALLO DE TIERRA (1918-1978)

Es un tiempo de cambios profundos en el rumbo de su vida.

La revolución será integral, con un cambio desde adentro hacia afuera.

Podrá reformular y cuestionar a la pareja, la familia, los hermanos, los padres, y aceptar al otro como es, sin intentar cambiarlo.

Tendrá nuevas y más estimulantes actividades en su oficio o profesión.

Galopará por nuevos paisajes, con gente autóctona, y aprenderá sus hábitos y cultura.

Deberá delegar tareas y responsabilidades para disfrutar más tiempo con su pareja y amigos.

Lo ascenderán en su puesto, recibirá honores y podrá recolectar los frutos de su vida con creces.

Las yegüitas y los potros solteros podrían dar el «sí, quiero» sin dudar.

388 • Ludovica Squirru Dari

CABALLO DE METAL (1930-1990)

Tiempo de recolección de lo sembrado en el año del gallo.

Florecerán nuevas oportunidades de estudio, becas o trabajos bien remunerados.

Su pasión por su oficio o vocación encontrará eco en *sponsors* y mecenas que le abrirán nuevos portales galácticos.

Transformará lo que toca en oro o en alimentos que nutrirán a los más necesitados.

Es recomendable que haga dieta, deporte, yoga, eneagrama, registros akáshicos, y pueda visualizar su *spam* para transmutarlo.

En la familia habrá reclamos; deberá aparecer en cada estación para contener los agujeros de ozono afectivos.

AÑO DE SALTO CUÁNTICO EN SU DESARROLLO HUMANO.

CABALLO DE AGUA (1942-2002)

Tiempo de cambios sistémicos, desde el *look*, el FENG SHUI de la casa, los socios o examigos hasta adoptar nuevas formas de vivir sin culpa por sus aciertos y renuncias.

Tendrá cambios graduales y muy positivos que mejorarán su economía y la de sus seres queridos.

Aprenderá a no relinchar y a agradecer las oportunidades y los golpes de azar que nunca lo abandonan.

El año del perro será una recompensa a su autoexilio.

SUERTE

L. S. D.

CABALLO VIEJO

Lo han debido poner para adornar la carroza un poco más
de todas formas, él no dirá nada.
El peso que lleva encima presiona sus carnes
y la cabeza le cuelga como una carga pesada.

Se trata de uno de esos momentos en la vida en que nada se sabe.
Llora, pero sus lágrimas se quedan dentro.
En sus ojos revolotean todo tipo de imágenes.
Levanta la cabeza y espera, siempre espera, seguir hacia delante.

ZANGKE JIA (1905-2004)

Predicciones preventivas
para la Cabra
basadas en el I CHING, la intuición y el bazi

Si me domesticas, tendremos necesidad el uno del otro, serás para mí
único en el mundo, seré para ti único en el mundo. Si me domesticas,
mi vida se llenará de sol, conoceré un ruido de pasos que será diferente
a todos los otros… tus ruidos me llamarán fuera de la madriguera
como una música.

ANTOINE DE SAINT-EXUPÉRY
El Principito

En medio de las montañas, cerros, lomas y planicies de TAFÍ DEL VALLE, me inspiro para desearles un año de pequeños, medianos y grandes logros, si escuchan a su corazón, a las pausas entre tanto aturdimiento y muchos tropiezos que han tenido en los últimos años, desde su reinado en el año de la cabra de madera.

El aprendizaje ha sido intenso; la vida sacudió el corral de la familia con tempestad, fuego, agua y diversas pruebas que han esculpido su vida cotidiana y han provocado cambios de rumbo en más de una ocasión.

El año del perro será un tiempo de seguir con calma, intuición y desapego cada señal que aparezca en el TAO.

Es necesario que no se deje influenciar por gente que tiene intereses económicos o sociedades; podrían ocasionarle problemas legales y administrativos que la enfermarían y desviarían de sus objetivos.

El I-CHING le aconseja EL SEGUIMIENTO.

Es un signo de sabiduría adaptarse a lo que el tiempo le indica; intentando ser sutil, servicial, y dejarse guiar por quienes tienen la capacidad de organizar lo que a usted le cuesta tanto.

Tendrá ganas de dedicar más tiempo a la constelación familiar, compartiendo sanación, diálogo, actividades terapéuticas y secretos que la perturbaron gran parte de su vida.

Su corazón estará latiendo fuerte; un flechazo, un amor del pasado irrumpirán en su vida sin aviso.

Sentirá deseos de renunciar a la rutina, de emprender un viaje o de casarse y traer perritos a la caseta.

Su espíritu rebelde será ejemplo para el rebaño; tendrá ganas de *rebelión en la granja*, y de escuchar a un maestro en esta nueva etapa.

Confiará en nuevos proyectos artísticos, solidarios y educativos en la comunidad de los hombres.

A pesar de las pérdidas afectivas sabrá integrar en su alma a quienes fueron parte de su crecimiento material y espiritual.

Su sentido del humor oscilará al compás de su estado maníaco depresivo.

Es necesario que busque terapias alternativas para no caer en el abismo: yoga, taichí, meditación dinámica, medicina núbica, reiki, chi kung, y practicar el HO'OPONOPONO.

Es un año para arar y sembrar la pradera; ser cauta en gastos, reconciliarse consigo misma, abrir nuevas compuertas para recibir CHI, prana, aire puro de la naturaleza, donde decidirá poner la piedra fundamental de su nuevo corral junto a su tribu.

Año de cambios profundos en la visión cósmica de su vida; su amigo, el perro, la ayudará a agudizar la intuición para vivir la vida que soñó rumbo al año del cerdo.

L. S. D.

El I CHING **les aconseja:**
17. Sui / El Seguimiento

EL DICTAMEN
El Seguimiento tiene elevado éxito.
Es propicia la perseverancia. No hay defecto.

A fin de obtener seguimiento, hace falta en primer lugar que uno sepa adaptarse. Únicamente mediante el servicio llega uno a dominar; pues únicamente así se logra el consentimiento alegre y sereno de los de abajo, indispensable para el seguimiento. Allí donde se pretende obtener seguimiento a la fuerza, mediante la astucia o la violencia, mediante la conspiración o el partidismo, se suscitará siempre resistencia, que impedirá un seguimiento solícito y voluntario.

Sin embargo, un movimiento alegre también puede conducir a malas consecuencias. Por eso se añade como condición: «Es propicia la perseverancia», vale decir, ser consecuente en lo recto y «sin falla». Del mismo modo que uno debe requerir seguimiento solo bajo esta condición, también es lícito que siga a otros solo bajo la misma condición para no sufrir daño. La idea del Seguimiento, condicionado por la adaptación a lo que exige el tiempo, es grande e importante y por lo tanto también el texto del Dictamen añadido es favorable.

LA IMAGEN
En medio del Lago está el Trueno: la imagen del Seguimiento.
Así el noble a la hora del atardecer
se recoge para su recreo y descanso.

En el otoño la electricidad vuelve a retirarse hacia el interior de la tierra y descansa. Sirve aquí como símbolo el trueno en medio del lago: no el trueno en movimiento, sino el trueno del descanso invernal. El Seguimiento se deduce de este símbolo en el sentido de la adaptación a las exigencias del tiempo, de la época. El trueno en medio del lago indica tiempos de oscuridad y reposo. Así el noble, luego de un día de infatigable actividad, se permite en horas de la noche el recreo y el reposo. Cualquier situación se torna buena únicamente cuando uno sabe adaptarse a ella y no malgasta sus fuerzas en falsas resistencias.

El tránsito de la Cabra durante el año del Perro

PREDICCIÓN GENERAL
Este año será una montaña rusa. El año del perro provoca energías difíciles de digerir en tiempos muy definidos que veremos mes a mes. Necesitarán reforzar la salud, sobre todo las cabras longevas y las preescolares, porque habrá peligro de infecciones virales y bacterianas. Las horas de sueño deberán ser estrictas, es importante que ya estén dormidas al llegar la medianoche, porque tenderán a tomar las peores decisiones en las horas de la rata (23 a 1 de la madrugada). Aun así este será un año romántico: querrán comprometerse. Las cabras de

1979 y 1991 serán proclives, a partir de junio, a engendrar cerditos, que serán el mejor regalo que el perro les puede ofrecer.

Enero

Todavía debe mantener la guardia en alto, no es tiempo para pastar tranquilamente. Tiene que mantener un cuidado escrupuloso con toda clase de trámites burocráticos que podrían alterar después su tiempo, dinero y espacio. El mes del búfalo choca con la cabra y, si sumamos el año del gallo que sigue reinando, todo se complica a un grado que hasta podría resultar peligroso. Es el peor mes del año del gallo. El perro será mejor en cuanto a asuntos legales y económicos se refiere, pero a la cabra la espera una montaña rusa en el año del can, y para prepararse tendrá que poner orden en toda clase de papeles y dejar las cuentas bien claras.

Febrero

Las redes sociales y la inmediatez con que corren las noticias en estos días darán mucho trabajo emocional a la cabra, que por lo general es muy discreta. Llegarán a sus oídos toda clase de chismes con respecto a ella misma y sobre personas que ama o que respeta. Estas noticias podrán ser divertidas o molestas, según la posición que la cabra conserve respecto del emisor, así que se le recomienda discreción y paciencia, pues no todos tienen la misma noción de bondad que ella. Sin embargo, habrá momentos de felicidad que debe atesorar y agradecer siempre que se pueda.

Marzo

En el mes del conejo se hará muy difícil dejar el trabajo de lado. Toda clase de obligaciones se apilarán una sobre la otra si la cabra no encuentra el modo de equilibrar su tiempo libre. Para mejorar el rendimiento tiene que estar más dispuesta a trabajar en equipo, sobre todo con sus amigos conejo y cerdo, aunque es posible que la cabra termine por asumir el papel de líder. El exceso de energía tierra hará que esté muy sentimental, los padres de las cabritas de 2015 necesitarán consolarlas constantemente, lo cual la hará más segura de sí misma, no dependiente; no se preocupen.

Abril

Las cabras del corral estarán incómodas, sensibles. Les costará trabajo coordinarse y poner atención. Para colmo, el desamor ocurrirá constantemente. Ya sea que un viejo amor venga a alborotar el campo o que un nuevo amor le dé la esperanza de obtener intimidad o amistad para después salir huyendo, la cabra se sentirá insatisfecha y molesta. Las de 2003 protagonizarán culebrones tremendos y aun las cabras experimentadas de 1943 y 1955 sufrirán algún mal de amores. La temporalidad de esos tragos amargos dependerá de su educación emocional y de su capacidad para sustituir una infatuación por otra.

Mayo
Los días del caballo (2, 14 y 26) al combinarse con el mes de la serpiente dotarán a todas las cabras de una sensación de concentración y alegría. Puede aprovechar este mes para deshacerse de algún vicio que le robe el tiempo y la salud, desde la adicción a la televisión hasta la moderna adicción a las redes sociales. Podrá iniciar alguna disciplina relacionada con las artes plásticas o la literatura, lo cual es algo muy bueno para las cabras de 1991 y 2003, que apenas están buscando de qué actividad enamorarse para el resto de su vida. Las demás cabras estarán muy alegres y no necesitarán explicarse por qué.

Junio
Este mes sigue con la buena racha de energía constructiva y creatividad, la buena salud seguirá para las cabras más jóvenes. Mientras tanto, las que ya peinan canas deberán poner atención a su corazón y a todo el sistema circulatorio. Estar en contacto con la naturaleza y practicar permacultura[36], horticultura y cualquier contacto con la Pachamama las ayudará a encontrar su centro, a disfrutar sin culpas de la felicidad y bajar la presión sanguínea, algo beneficioso en particular para las cabras de 1955. También se abrirán espacios para el amor romántico y los reencuentros con viejos amores.

Julio
Su propio signo atrae competencia; encuentros difíciles con colegas de trabajo. Pero si se trata de una cabra que trabaja por su cuenta o que se dedica al arte o las ciencias, podrá moverse con toda libertad.

---

[36] La Permacultura es un sistema de diseño que busca la creación de asentamientos humanos sostenibles, ecológicamente sanos y viables en materia económica. Asentamientos capaces de producir para satisfacer sus necesidades, sin explotar recursos o contaminar, es decir, sostenibles a largo plazo.

Es posible que despierte a mitad de la noche para estructurar alguna idea, o que inspirada por un sueño logre resolver alguna trama, un problema o una obra maestra. Debe darle todo el espacio posible a su libertad creativa; por lo tanto se le recomienda abrirse a nuevas ideas, a música que no pertenezca a su generación o a alguna actividad que no se atrevió a realizar en otro momento, lo cual le dará felicidad.

Agosto
El mono ayudará a que la cabra continúe con sus planes y aspiraciones hasta lograr su resolución. También será un mes de compromisos. Las cabras comprometidas sentirán la necesidad de ampliar la familia, lo cual se recomienda al cien por cien ya que, fruto del amor que les regala el mes del mono, tendrán cerditos con dones maravillosos el siguiente año. Es más, adoptar una mascota o dos, iniciar los papeleos para tener un negocio nuevo y comenzar la financiación de una propiedad a inaugurar el año entrante serán las mejores estrategias del año y darán frutos muy pronto. ¡Es hora de salir adelante!

Septiembre
Este será un mes de recaída. Lo que no dio por cerrado, mandó al garete o despreció durante el año del gallo, vendrá a repercutir en este mes. Afortunadamente son treinta días solamente y para prevenir cualquier problema basta con pagar a tiempo deudas, pólizas y multas, de tal manera que pasará sin eventos mayores. Tal vez solo un traspié con el coche, una tarde encerrada en la oficina o el mal clima arruinándole alguna visita. Si bien es un mal mes, la cabra estará tan satisfecha por los meses anteriores que nada podrá convertirla al pesimismo, aunque vale la pena cuidarse mucho.

Octubre
Es un mes un poco peligroso debido a distracciones y poca higiene; la estrategia a seguir será minuciosa, y el resultado dará la tranquilidad de saberse segura. Deberá tener cuidado durante las horas del dragón (7 a 9 de la mañana) y las horas del búfalo, (1 a 3 de la madrugada) más aún durante los días 11, 12, 23 y 24, que pertenecen a la rata y el búfalo, tiempos para prestar atención a la salud, sobre todo las cabritas de 2015 y las longevas de 1931 y 1943, que tendrán bajas las defensas. Las demás cabras deberán tener mucho cuidado con objetos punzocortantes, automóviles y aparatos electrodomésticos.

Noviembre

El mes del cerdo le trae un descanso. Pero necesita reforzar sus defensas, sobre todo las cabras de 2015, que son muy pequeñas y las de 1955 y de años anteriores, en especial si cuentan con enfermedades crónicas sin atender. Tendrá problemas para integrarse socialmente, por lo que deberá confiar en los instintos de sus amigos conejo y cerdo, un poco más integrados al mundo, o del caballo, que probablemente necesite de la cabra, y así los dos podrán relajarse juntos. Este mes será bueno para ir de vacaciones o prepararse económicamente porque el mes que entra se presenta complicado.

Diciembre

El peor mes del año, más incluso que el mes del búfalo. La cabra no se sentirá a gusto con nadie y tenderá al aislamiento. La televisión, internet y los pequeños y grandes vicios la tendrán ocupada, pero eso dañará su salud, por lo tanto lo mejor que le puede pasar es hacerse de alguna disciplina deportiva que la mantenga ocupada. Es importante que duerma de un tirón toda la noche, y que de 23 a 1 de la madrugada no haga nada importante. Debe tener especial cuidado con los automóviles, el tránsito y todo tipo de medio de transporte.

Predicciones para la Cabra y su energía

CABRA DE MADERA (1955-2015)

El I CHING le aconseja: «La vida se adapta a las nuevas circunstancias y sigue latente hasta que es hora de despertar.

»Adaptarse implica saber cuándo actuar o descansar, hablar o permanecer en silencio.

»El verdadero poder reside en la capacidad de adaptación, y es así como se pueden lograr el éxito y el progreso.

»Las metas se consiguen cuando uno afronta los hechos y no se desmorona ante la oposición».

Año de cambios de hábitos, lugares; de aparición de nuevos amigos y sociedades.

Mientras el perro ladra, usted endulzará su vida con una balada del Norte, al tiempo que la cabra madrina conduce el rebaño al corral.

CABRA DE FUEGO (1907-1967)
Año de fuertes cambios en su vida afectiva y familiar.

Pondrá orden en sus asuntos legales y financieros y podrá recuperar la capacidad de ser líder en la comunidad de los hombres.

El I CHING le aconseja: «No hay que perder tiempo luchando contra opiniones y circunstancias que no se pueden cambiar. Es importante saber resignarse, encontrar la fuerza para superar los obstáculos, y convertirse en guía de los demás».

Es fundamental que practique el HO'OPONOPONO, y siga sus tendencias artísticas sin claudicar.

LADRAN, SANCHO, SEÑAL DE QUE CABALGAMOS.

CABRA DE TIERRA (1919-1979)
Año de fuertes cambios en la constelación familiar.

Es recomendable que se deje guiar y asesorar por personas que sean profesionales en cada área.

Necesitará rebelarse, salir del corral en busca de nuevas experiencias.

El I CHING le aconseja: «Si sigue adelante con engaños y violencia, se genera oposición y se obtienen pocos logros.

»Hay que considerar las ideas y los valores propios, armonizar con el entorno. El progreso será perceptible tan pronto como uno se libere de prejuicios y conceptos anticuados».

CABRA DE METAL (1931-1991)
Durante el año del perro escuchará sus balidos interiores y seguirá su intuición.

Estará abierta a nuevos sueños y utopías y reflejará sus ideas en la comunidad de los hombres. Comenzará una vida más humanista; tomará cursos de constelaciones familiares, filosofía, historia del arte, y podrá salir de viaje con nuevos guías y maestros.

Su salud oscilará entre etapas de vitalidad y cansancio.

Confíe en los consejos del perro para recuperar su autoestima, vocación, trabajos en comunidad, y no se deje influenciar por intereses de terceros en sus finanzas y patrimonio.

Estará muy abierta a nuevas influencias de amigos, artistas, y de su pareja.

Haga los deberes sin saltarse ninguna materia y obtendrá los logros en el año del perro.

CABRA DE AGUA (1943-2003)

Año de profundas dudas existenciales que deberá encauzar con paciencia china y buenos asesores en asuntos legales.

Sentirá la necesidad de rebelarse y expresar sus ideas en la comunidad de los hombres.

Nuevos aires en la pareja la renovarán en su *look* y en sus costumbres.

Su trayectoria será reconocida y podrá disfrutar de sus logros con su rebaño querido.

Tiempo de cosecha de las apuestas esenciales de su vida.

El I-CHING le aconseja estar atenta a las señales cósmicas, no ser oportunista y compartir trabajo, amor y conocimiento con su tribu elegida.

El perro reconocerá su talento y trabajo fecundo con premios y ascensos en su profesión.

L. S. D.

TE AMO

Los pétalos, el cáliz y los pistilos, las espinas, tú y yo, ¿no te
parece maravilloso?
Pegados el uno al otro, un trozo de escarlata enfurecida
como un lobo,
la sangre indistinta entre las manos.
Rosa, yo te amo.

XU ZHIMO (1897-1931)

Predicciones preventivas
para el Mono
basadas en el I CHING, la intuición y el bazi

Soportaría gustosa una docena más de desencantos amorosos
si ello me ayudara a perder un par de kilos.
COLETTE

Queridos simios:

En un día nublado, frío y con chubascos externos e internos, convoco a mis nahuales para guiarlos en el tránsito desde el gallo de fuego al perro de tierra.

El I CHING nos aconseja que NO volemos alto, pues encontraríamos obstáculos difíciles de atravesar. En cambio debemos tener un vuelo moderado, como los pájaros en el cielo.

No es un año para soñar con hacer monerías sin que nos cobren peaje: ¡CUIDADO! DEBEMOS MANTENERNOS EN ALERTA, CONSCIENTES, ATENTOS a las pruebas que nos mandara el TAO, y por supuesto, para quienes no hicieron los deberes será un año MUY COMPLICADO.

Buda es mono en el zodíaco chino, y renunció al reino, a los placeres, al lujo y a las comodidades para ILUMINARSE bajo un árbol, después de su peregrinaje.

Algo similar atravesarán los monos: oscilarán entre el SUPRAMUNDO y el INFRAMUNDO. Vivirán el hiperrealismo mágico.

Por eso desde *ahorita nomás* deberán valorar, apreciar, cuidar las pequeñas cosas de la vida.

El perro admira al mono; a pesar de tenerlo calado, junado[37], observa con atención cada acción, movimiento e idea audaz del simio para guiarlo y aconsejarlo con su olfato.

Querida tribu, es un año para volar en parapente a zonas conocidas, a casa, y adonde nos espere nuestro perro para protegernos ante las adversidades, que estarán acentuadas durante este año.

---

[37] Término lunfardo que significa mirar, observar con perspicacia, a veces con disimulo, a una persona y/o su manera de comportarse o actuar. Tener a alguien «junado» indica que se sabe cómo es ese individuo.

Debido a las características de SUPERMÁN O MUJER MARAVILLA que tenemos, les aconsejo no construir castillos en el aire ni elucubrar negocios con los CEO de las mayores empresas del mundo, sino cultivar y domesticar el carácter, las tendencias hipomaníacas, el perfil bajo, y anidar en su lugar en el mundo.

Los lacerantes picotazos en el ADN y el alma durante el año del gallo los dejaron atentos, vulnerables, y a la vez más inmunes a las flechas envenenadas de las que son blanco por la envidia que despiertan en el zoo.

El I CHING nos habla de «pequeños excesos», de saber graduar los golpes de suerte o azar que aparezcan, de no excederse en nada, cuidar holísticamente la salud, las relaciones afectivas, sobre todo con la pareja, donde la susceptibilidad estará a flor de piel, y la infidelidad puede llegar a ocurrir por hartazgo.

Durante el año del perro deberá CULTIVAR LA PACIENCIA CHINA Y PONERLA EN PRÁCTICA. Ejercitar el HO'OPONOPONO (técnica hawaiana de perdonar), la humildad, la modestia, y valorar a quienes trabajan por dentro y fuera de su vida.

El perro es un gran amigo y consejero del mono, a pesar del humor ácido y negro del simio, y con su olfato lo salva de caer al abismo.

El mono que haga los deberes conseguirá sus objetivos con éxito.

Afrontará asuntos legales, judiciales, problemas con hermanos, padres y parientes por una herencia; es recomendable que busque ayuda en las constelaciones familiares, eneagrama y terapias alternativas que irriguen sangre a su corazón.

Tendrá que ser más cauto con quienes se acercan con «dobles intenciones» o quienes intenten sacarlo de su lugar, desprestigiarlo o chuparle el prana.

Su estabilidad emocional estará en jaque; podría necesitar un retiro en el Monasterio de los Monjes Trapenses en Azul, provincia de Bueno Aires, tomarse un año sabático, ayudando con sus dones y cariño a gente necesitada.

No se deje tentar por el oro ni por el moro.

Delegue en gente idónea y confiable sus finanzas.

Su ánimo oscilará como el cambio climático; no verá «la vie en rose» y tendrá que aceptar cada día confiando en su percepción, sentido del humor y desapego.

RETORNARÁN AMORES PERROS A SU VIDA.

L. S. D.

El I CHING **les aconseja:**
62. Hsiao Kuo / La Preponderancia de lo Pequeño

EL DICTAMEN
Preponderancia de lo Pequeño. Éxito.
Es propicia la perseverancia.
Pueden hacerse cosas pequeñas, no deben hacerse cosas grandes.
El pájaro volador trae el mensaje:
no es bueno aspirar hacia lo alto,
es bueno permanecer abajo. ¡Gran ventura!

Una extraordinaria modestia y escrupulosidad se verá sin duda recompensada por el éxito; solo es importante que tales virtudes no se conviertan en huera fórmula y en un modo de ser rastrero; que antes bien se observen acompañadas por la debida dignidad en el comportamiento personal, de modo que uno no se envilezca. Es preciso comprender cuáles son las exigencias del tiempo a fin de poder encontrar la debida compensación para las carencias y los daños que afligen este tiempo. De todas maneras, no deben esperarse grandes éxitos, puesto que para obtenerlos falta la fuerza necesaria. Por eso es tan importante el mensaje que aconseja no aspirar a cosas elevadas, sino atenerse más bien a las de abajo. El hecho de que este mensaje sea traído por un pájaro se desprende de la figura del signo. Los cuatro trazos fuertes y pesados en el interior, solo apoyados afuera por dos trazos débiles, en el caso del signo 28 dan la imagen de la pesada viga maestra del techo. En el caso presente se encuentran afuera, y en número mayor, los trazos livianos portadores: esto da la imagen del pájaro que planea. Pero el pájaro no debe soberbiamente pretender volar hacia el sol, antes bien ha de descender hacia la tierra donde se halla su nido. Con ello da el mensaje que enuncia el signo.

LA IMAGEN
Sobre la montaña está el trueno:
La imagen de La Preponderancia de lo Pequeño.
Así el noble, en su conducta
da preponderancia a la veneración.
En casos de duelo da preponderancia al duelo.
En sus gastos da preponderancia
a la economía.

El trueno sobre la montaña es distinto del de la planicie. En las montañas el trueno es mucho más cercano, mientras que fuera de las regiones montañosas es menos audible que el trueno de una tormenta común. Por eso el noble extrae de esta imagen la exhortación de examinar cuál es el deber en todas las ocasiones, más de cerca y en forma más directa que la gente sumida en la vida cotidiana, a pesar de que, por esa razón, vista de afuera su conducta pueda parecer mezquina. Él es particularmente escrupuloso en sus actos. En casos de duelo lo afecta mucho más el sobrecogimiento interior que todo formalismo pequeño y externo, y en las expensas destinadas a su propia persona se muestra sencillo y sin pretensiones, de manera extraordinaria. A causa de todo esto, a los ojos de la mayoría de la gente aparece como un fenómeno de excepción. Pero lo esencial de esta excepción radica en el hecho de que en su manifestación exterior se ubica del lado del hombre común.

El tránsito del Mono durante el año del Perro

PREDICCIÓN GENERAL
La energía del año del perro es como un horno que funde la energía metal del mono. Este proceso de fundición energética hace que el mono sea más disciplinado. Tendrá más sentido común y madurez para poder afrontar diferentes problemas. Estará más abierto a recibir críticas constructivas. Cualquier conato de depresión será controlado porque la energía del año lo ayudará a razonar con calma y buen humor. Tiene que aprovechar para hacer cosas nuevas, terminar proyectos inconclusos. Obtendrá reconocimientos que en otros momentos le fueron negados por envidia o por celos de quienes no pueden con su intensidad. También es posible que reciba diplomas y títulos; los monos adolescentes y los que estén tratando de terminar sus estudios podrán hacerlo con más facilidad durante este año.

Enero
El último mes del año del gallo tiene al búfalo como rey, y le da la oportunidad al mono de poner en orden todos los cabos sueltos

ya que se sentirá optimista, con la fuerza de voluntad en su máximo nivel. Recibirá buenas noticias, tendrá oportunidades para sobresalir entre las masas. Pero este mes es también para ahorrar, prevenirse, organizar todo lo que quiera realizar en el año del perro, que todavía no comienza y que, si bien será propicio, también se presentará socialmente agitado, por lo cual necesitará administrar bien su tiempo libre, su presencia en los círculos familiares, y el trabajo, sobre todo si es trabajo en equipo.

Febrero

Los meses del tigre siempre son difíciles, hay mucha energía fuego y madera en el ambiente y el tigre viene reforzado por su compadre perro, en especial a partir del 16 de febrero. La fuerza del mes del tigre compromete la actividad profesional o estudiantil del mono, pero no aquello que lo hará reír y disfrutar del buen humor. Tendrá ganas de hacer bromas pesadas o de disfrutar de comedias románticas. Pero necesitará poner atención durante los días de la serpiente (6 y 18) porque podría sentirse un tanto egoísta y herir a algunos amigos que tal vez le den la espalda después.

Marzo

El conejo ofrecerá oportunidades invaluables en todas partes, solo es cuestión de estar atento y evitar confrontaciones innecesarias. Hay probabilidad de involucrarse en problemas ajenos. Si bien su solidaridad será bienvenida, es necesario que aprenda a no apropiarse de esos problemas, porque a lo largo de este mes la gente no comprenderá bien sus intenciones. Habrá momentos en los que el dinero será lo más importante, pero para que el dinero rinda bien, necesita evitar gastos superfluos y ahorrar lo más posible. Será muy importante enseñarles a los monos de 2004 a respetar los bienes comunes.

Abril

El dragón pondrá a trabajar al mono. No tendrá ningún momento libre ni para sus amigos y familiares, ni para él mismo. Es posible que tanta tensión y aislamiento lo enfermen o lo dejen muy vulnerable a ataques de «mala leche», entonces tiene que hacer un esfuerzo por organizarse aunque sea quince minutos al día para respirar correctamente, hacer Qi Gong o yoga. Su trabajo cobrará relevancia.

Hasta los tiernos monitos de 2016 llamarán mucho la atención; estarán atravesando los terribles dos años y se pondrán muy huraños. Hay que tener paciencia, no solo con los pequeños, sino con todos los monos.

Mayo

Toda la vulnerabilidad que sintió en abril empeorará en el mes de la serpiente. Es de suma importancia cuidar la salud de los monos de 1932, 1944 y 2016, ya que sus edades los dejan expuestos, y este año hay peligro de enfermedades contagiosas a partir de mayo. Los monos de otros años también estarán expuestos, pero son más fuertes y les bastará con hacer ejercicio y seguir una dieta saludable para evitar cualquier bicho oportunista... Se incluye a los vampiros emocionales que también estarán sueltos este mes, y que además actuarán sobre él por venganza. Hay que ser más diplomáticos.

Junio

Todos los monos que no siguieron los consejos de los dos meses anteriores podrían pasar el mes del caballo encerrados en casa con fiebre o, en casos graves, en el hospital. Además, este mes es tremendo en cuanto a cargas de trabajo y presiones sociales, que acabarán con la poca paciencia de los monos adultos. Los monos de 1956 se aislarán a propósito por los muchos vampiros energéticos que los rondarán como buitres. Los monos adolescentes de 2004 se harán aún más rebeldes, azuzados por la presión de grupo, y con tal de ser aceptados harán lo que sea; necesitarán trabajar con su autoestima.

Julio

El mes de la cabra funcionará como una grúa gigante que levantará el peso de los meses anteriores, sus enfermedades y problemas sociales. Se sentirá liviano, alegre, dispuesto a hacer y deshacer a su gusto. Su salud irá mejorando rápidamente, sobre todo en los más jóvenes. Tiene una gran oportunidad para conquistar de nuevo a los que por alguna razón dejaron de hablarle o se quedaron con una idea errónea sobre el mono. La gratitud también será bienvenida a lo largo de este mes, y qué mejor si puede pagar sus deudas monetarias y kármicas; ganará más libertad de movimiento y el respeto de todos.

Agosto
El mes propio funcionará como un escudo, una máscara. Le costará mucho trabajo a los demás interpretar sus actos, así que deberá acceder a su «yo» más honesto para evitar rencillas. La tónica de este mes es similar a la del mes anterior, y solo con un manejo y un autoconocimiento basados en el respeto podrá evitar problemas, además de ganar puntos en el mítico Tribunal Kármico. Esto significa que lo que haga este mes repercutirá de manera instantánea. Entonces, que sean todos sus actos medidos, pensados, provenientes del amor al prójimo y el respeto a sí mismo. Su esfuerzo será recompensado por familiares y amigos.

Septiembre
Es posible que el mono conozca a alguien y de pronto se sienta falto de «razón». El mes del gallo le recordará que el amor existe, pero se disfraza de muchas formas. Saber qué es amor y qué es simplemente atracción será difícil. Esos asuntos amorosos y eróticos además provocarán que se encuentre un poco distraído, por lo que podría sufrir pequeños y grandes robos o pérdidas. No es recomendable que se dedique a los juegos de azar o que apueste en deporte alguno. Puede dejar volar la imaginación por medio de la poesía y el arte, no solo observando o leyendo, sino creando. Cuidado: por muy culto que sea lo que ve en su celular, estará propenso a los accidentes, por lo tanto debe poner atención cuando camina; no se distraiga.

Octubre
El mes del perro en el año del perro nos habla de disciplina. Los siguientes días los deberá aprovechar para aprender algo nuevo y concretar todo lo que ha dejado para después. Los monos que aún vayan a la escuela, como alumnos o como maestros, podrán terminar con alguna tarea o investigación importante y, si llegan a las fechas límite impuestas, podrán recibir toda clase de reconocimientos, diplomas o hasta títulos universitarios. Los monos que no van a la escuela podrán sacar provecho de este mes para tomar un curso, taller o diplomado extracurricular que serán buenas herramientas para la vida.

Noviembre
El cerdo le trae vacaciones, quiera o no tomarlas, ya sea por

políticas de su lugar de trabajo, falta de inspiración o alguna gripe o mal menor. Este mes es para leer la montaña de libros que dejó para después o para hacer maratones de series en internet. Las redes sociales se volverán locas y los monos cibernéticos estarán muy activos en ese campo, pero desde la comodidad de sus casas. Aun así es importante que no dejen de moverse, de bailar, hacer ejercicio, comer saludablemente. Habrá muchos rumores infundados en las redes sociales, por lo que deberá extender su criterio y no discutir por bobadas.

Diciembre
Al contrario del mes anterior, el que inicia es para trabajar con ahínco, sin distraerse. Podría conseguir algún reconocimiento o algún aumento de sueldo o promoción, pero con ello vendrán más responsabilidades, y posiblemente el mes de la rata lo lleve lejos de su familia y amigos por un viaje de negocios, o lo meta en la oficina horas extra. No es necesario ponerse nervioso por eso. Los monos más jóvenes estarán inquietos de nuevo, por lo tanto padres y maestros tienen que aprender a mantenerlos motivados por medio de sus puntos de interés, y a partir de allí enfocar sus técnicas pedagógicas.

Predicciones para el Mono y su energía

MONO DE MADERA (1944-2004)
Recibirá el año con sabiduría, integrando los bienes que aún le quedan en relaciones afectivas, trabajos temporales o nuevos emprendimientos para compartir en la comunidad de los hombres.
Su relación con la familia mejorará paulatinamente; encauzará la sanación y podrá arrepentirse de sus pecadillos.
Sentirá que el mundo lo necesita para dar ideas, debatir, participar en causas de sentido común, solidaridad y apoyo en áreas privadas y públicas.
Estará abierto a tener una relación con tiempo compartido, con una persona amiga con quien compartirá «los tuyos, los míos y los nuestros».

Dedicará el ocio creativo a cultivar la huerta orgánica, hacer pan casero y criar con cariño a sus descendientes.

Una sorpresa familiar le cambiará el hábitat y lo domesticará.

MONO DE FUEGO (1956-2016)

El I CHING le aconseja: No es momento de grandes sueños sino de cuidar lo que tiene.

«En lo que respecta al mundo exterior, se debe extremar la conciencia y observar detenidamente los detalles». Las obligaciones y responsabilidades han de afrontarse con cuidado y diligencia. Evitando los riesgos y los excesos se consigue dominar esta fase sin trastornos. En las relaciones privadas, es una etapa de gran sensibilidad, cuidado con herir o ser herido, tendría graves consecuencias para su salud. Hay que seguir en contacto con las verdaderas percepciones. El desarrollo interior requiere cierta humildad en esta etapa, el orgullo podría ser dañino.

AÑO DE RECAMBIO DESDE EL ADN HASTA SUS CONVICCIONES.

MONO DE TIERRA (1908-1968)

Año de fuertes cambios en su hábitat, costumbres y trabajo.

Deberá renunciar a los excesos, los lujos o comodidades y simplificar su vida.

Estará abierto a nuevas ideas, viajes que cambien su paradigma, o a ser parte de un movimiento que integre a los excluidos.

Sentirá ganas de renunciar a un puesto, dedicarse más a la familia y a cultivar la huerta, criar perritos o buscar actividades relacionadas con la naturaleza.

En la familia habrá que tomar decisiones que serán clave para mejorar la salud holística de todos y dejar atrás heridas abiertas.

Busque avatares, ayudantes sistémicos, haga deporte y practique EL TAO DEL AMOR Y DEL SEXO.

MONO DE METAL (1920-1980)

Tiempo de diseñar un nuevo rumbo en su vida.

Sentirá ganas de independizarse, buscar aliados o socios en sus ideas y ser líder de la nueva empresa convocando a gente con ideas originales.

Podrá compartir la caseta con su pareja, amigos y maestros que le darán la llave para lograr inteligencia emocional.

Viajará estimulado por becas, estudio o un trabajo donde experimentará la apertura a nuevas culturas e integrará la ciencia, el arte y lo mediático.

Año de revelaciones profundas; sepa percibir con humildad y no cometa excesos que podrían costarle muy caro.

Estará dispuesto a ayudar a gente sin tierra, excluidos, niños, y a quien se acerque a su magnetismo y a su corazón.

MONO DE AGUA (1932-1992)

Año de cambios en su vida cotidiana, familiar, social y profesional.

Escuchará las voces interiores y podrá seguir el TAO (camino) del autoconocimiento con desapego y humildad.

Será un pilar fundamental en la familia; integrará lo que sienta necesario para mejorar las relaciones entre todos y se convertirá en garantía de un buen negocio.

Su pareja le pedirá que pasen más tiempo juntos, más dedicación, o reiniciar un emprendimiento telúrico: cultivar la huerta orgánica, dedicarse a la apicultura, sembrar lavanda o criar perritos.

AÑO DE BAJAR DE LA PALMERA AL HIPERREALISMO MÁGICO.

L. S. D.

POR CASUALIDAD

Soy una nube en el cielo.
Por casualidad puse una sombra en tu corazón indeciso.
No vale la pena que te desconciertes,
y es pronto para que cantes victoria.
En un abrir y cerrar de ojos, habré desaparecido sin dejar rastro.

Nos conocimos por casualidad una noche junto al mar.
Tú a lo tuyo y yo a lo mío.
Sería bueno que siguiese en tu recuerdo,
pero lo ideal sería que olvidases
esa luz que una vez se hizo entre nosotros.

XU ZHIMO (1897-1931)

Predicciones preventivas para el Gallo

basadas en el I CHING, la intuición y el bazi

Nadie es como otro. Ni mejor ni peor. Es otro.
Y si dos están de acuerdo es por un malentendido.

JEAN-PAUL SARTRE

KIKIRIKÍ.

¿Cómo están, queridos gallos, después de su revolucionario reinado?¿Con nuevo plumaje o en carne viva?

Los chinos saben que la virtud del *Tao Te King*, el libro de Lao Tse, y las enseñanzas de Confucio han sido y son para su pueblo la base de las reglas y los principios para ser personas íntegras y útiles para la sociedad.

Por eso, su amigo el perro les traerá un año de grandes reencuentros, alegrías, recompensas a los desafíos que afrontaron en su año.

Su estado anímico será estable, se despertará cantando boleros de CHICO NOVARRO[38] y se acostará con los *hits* de SANDRO[39].

El duro tránsito por su año le pulió su autoestima y le brindó nuevas oportunidades para REDESCUBRIRSE.

Sus sentimientos emergieron como la lava del volcán Etna, y pudo diferenciarlos y seleccionarlos para sanar heridas, reconciliarse con sus seres más queridos, intuir nuevas relaciones peligrosas y no caer en el fuego. El año del perro será tiempo de cosecha de nuevos amigos y experiencias; se reunirán para plasmar nuevos caminos creativos, laborales y profesionales y tejerán la trama de solidaridad en la comunidad de los hombres con sinergia, agudeza de espíritu, imaginación y grandes logros.

Estará abierto, inspirado y creativo, y se dedicará a organizar la vida en el gallinero con su reconocida capacidad de líder, ejerciendo la disciplina.

Su corazón latirá al ritmo de la marimba, del dos por cuatro[40], del

---

[38] Compositor y cantante argentino de larga y reconocida trayectoria.
[39] Fue un cantautor, músico y actor argentino muy popular.
[40] Dos por cuatro es una manera de referirse al tango.

blues, según sea el problema a resolver. Una pasión lo desarraigará de su terruño y juntos construirán un nuevo gallinero e invitarán al zoo a compartirlo.

La familia lo demandará; crisis económicas serán el motivo de nuevas decisiones para reformular la constelación familiar.

Su naturaleza ordenada será clave para enfrentarse a los cambios abruptos en el mundo.

El gallo es solidario; apelará al trueque, la permuta, nuevas formas de sobrevivencia; tendrá el corazón abierto para integrar a los seres excluidos del mundo.

Su economía florecerá; tendrá propuestas para agrandar la empresa, fundar nuevas pymes, participar en cooperativas de trabajo –rurales y urbanas– integrando gente de distintas culturas y cosmovisiones.

El gallo es idealista y práctico; durante el año del perro sabrá combinar su talento y expandir su canto a los cuatro vientos.

Tendrá que cuidar su salud holísticamente; las noticias familiares no serán del todo buenas, y es recomendable que haga alineación y balanceo con cautela, precisión y sentido común.

Sufrirá desilusiones de socios y amigos que lo pondrán en situaciones incómodas ante la justicia.

Será un año *yin-yang*; deberá apuntalar su salud, la pareja, y aprender el desapego.

L. S. D.

El I CHING les aconseja:
45. Tu´ui / La Reunión (La Recolección)

EL DICTAMEN
La Reunión. Éxito.
El rey se acerca a su templo.
Es propicio ver al gran hombre.
Esto trae éxito. Es propicia la perseverancia.
Ofrendar grandes sacrificios engendra ventura.
Es propicio emprender algo.

La reunión que forman los hombres en sociedades mayores es ora natural, como sucede en el seno de la familia, ora artificial, como ocurre en el Estado. La familia se reúne en torno del padre como jefe. La continuidad de esta reunión tiene efecto en razón de las ofrendas a los antepasados, celebraciones durante las cuales se reúne todo el clan. En virtud de un acto de piadoso recogimiento los antepasados se concentran en el espíritu de los deudos, para no dispersarse y disolverse.

Donde es cuestión de reunir a los hombres, se requieren las fuerzas religiosas. Pero también ha de existir una cabeza humana como centro de la reunión. Para poder reunir a otros, ese centro de la reunión debe primero concentrarse en sí mismo. Solo mediante una concentrada fuerza moral es posible unificar al mundo. En tal caso, grandes épocas de unificación como esta dejarán también el legado de grandes obras. Es este el sentido de los grandes sacrificios ofrendados. Por cierto, también en el terreno mundano las épocas de reunión exigen grandes obras.

LA IMAGEN
El lago está por sobre la tierra:
la imagen de la reunión.
Así el noble renueva sus armas
para afrontar lo imprevisto.

Cuando el agua se reúne en el lago elevándose por sobre la tierra, existe la amenaza de un desbordamiento. Hay que tomar medidas de precaución contra ello. Así también donde se juntan hombres en gran número surgen fácilmente querellas; donde se juntan bienes se produce fácilmente un robo. Por eso es preciso, en épocas de reunión, armarse a tiempo, con el fin de defenderse de lo inesperado. La aflicción terrenal se presenta en la mayoría de los casos a causa de acontecimientos inesperados para los que uno no está preparado. Si uno se halla preparado y en guardia, la aflicción puede evitarse.

El tránsito del Gallo durante el año del Perro

PREDICCIÓN GENERAL
Este año será complicado. Con muchos altibajos, algunos accidentes, descalabros amorosos… tal vez premios, reconocimientos, nuevos amores y amistades. Será como pedir una bola de helado de

vainilla y recibir tres litros de helado de *tutti frutti* con chocolate y con *bife* hasta arriba. Los gallos de 1933 y 2005 serán los más sacudidos por el año del perro, sobre todo si nacieron en la hora, día o mes del perro. Los demás gallos también vivirán cambios, pero estarán mucho más enfocados que los dos mencionados. Los días más complicados son los del mono y su mes; para saber más se les recomienda ver un calendario chino de los diez mil años y prepararse para lo que sea, positivo o negativo.

Enero

El mes del búfalo es bueno; atrae energías que al gallo le sientan muy bien y que provocan concentración, disciplina, motivación para trabajar, y hay que aprovecharlas. Los días de serpiente –1, 13 y 25– serán especialmente productivos, solo tiene que cuidarse de no dejar las cosas a medias y seguir los mismos consejos que siempre da a los demás, algo que requiere un buen nivel de autoestima. Este mes también es bueno para dejar volar la imaginación, resolver problemas ajenos, leer la montaña de libros que tiene pendientes, pero sin descuidar a familiares y amigos, que podrían sentirse desplazados.

Febrero

El tigre con el perro dan por finalizado el bĕn mìng nián 本命年 o año propio. A partir del 16 de febrero los retos son otros, pero se sentirá mucho más seguro, sin el bagaje mental y emocional que lo venía atormentando. Aunque aún no es tiempo para relajarse. El tigre provoca pequeñas calamidades aquí y allá, combinado con el año del perro y los días del caballo (7 y 19) provoca que todos los gallos se sientan amenazados por cualquier crítica. Las redes sociales serán virulentas con los gallos famosos; los anónimos podrán refugiarse en sus estudios y el trabajo y mantener el perfil bajo.

Marzo

El mes del conejo, como siempre, será difícil. Aún no está del todo repuesto, tiene que cargar su batería. Es necesario que haga ejercicio moderado y que coma de manera equilibrada, ya que una dieta desordenada drenará su energía diariamente. En el caso de los gallos de 1933, 1945 y 2017, la energía estará tan baja que podrían enfermar gravemente por un descuido, sobre todo a causa de lo que coman y beban. Los demás gallos tienen que poner atención en sus horarios y llevar una agenda que los ayude a organizarse mejor porque el trabajo extra se irá juntando y después no tendrán tiempo libre.

Abril

El gallo se sentirá en medio de un conflicto que afectará el planeta entero por el efecto del choque entre el dragón y el perro. Los gallos de 1981 que tienen una psique sensible podrán identificarse con la Pachamama, y esa empatía universal les dolerá mucho. Necesitan aprender a defenderse energéticamente por medio de la meditación y el yoga. Los demás gallos también estarán sensibles; los que ya tengan diagnosticado algún tipo de trastorno necesitan poner atención a su sueño. El fēng shuǐ dicta que hay que retirar los cuchillos del oeste de la casa para evitar los pensamientos destructivos.

Mayo

El mes de la serpiente aparenta ser calmado, pero dependerá de cómo se las arregle el gallo para mantener el orden. Las tormentas de los primeros meses del año parecerán disolverse, pero será algo temporal. Por esa razón, es importante que el gallo anticipe todo lo que podría suceder. Necesita ordenar y darle seguimiento a todos los trámites burocráticos que tenga, pagar la mayor cantidad de deudas, no dejar tareas sin terminar. Cualquier cabo que deje suelto se enredará en el futuro, así que debe sacudirse la pereza y avanzar con paciencia para asegurarse que, al final, todo saldrá como lo desea.

Junio

Este mes será un tiovivo frenético que no podrá controlar con facilidad. WU WEI y a dejarse llevar, para evitar percances. El caballo promete amor, sensualidad, oleadas de hormonas alborotadas que tendrán de cabeza a los gallos de 1969 y a los adolescentes de 2005. Los días 5, 12, 17, 24 y 29 serán los más complejos, los que alterarán más a los gallos de los años 1945, 1957, 1981 y 1993. Como ven, el gallo estará incómodo muchos días; se sentirá atrapado en un cuarto cerrado y ardiente. Para mejorar la situación, tiene que aprender a calmarse por medio de la meditación, el yoga o el taichí chuán.

Julio

El mes de la cabra por lo general no le gusta, pero en esta ocasión lo ayudará a levantarse luego del caótico mes del caballo, aunque es posible que traiga consigo una decepción amorosa. Todo el enamoramiento fugaz que sintió antes ahora será confuso, mal correspondido. Eso pondrá de cabeza al adolescente de 2005, y su descalabro alertará a todos alrededor. Esta es una oportunidad para aprender a dejar ir, para soltar las pasiones con resignación y amor propio. Solo así podrá vivir el momento sin dolor. Los demás gallos pasarán también por lo mismo, pero tienen más experiencia y saben que todo pasa.

Agosto

El mono normalmente trae retos y refuerza su optimismo, pero ahora –por acción de la energía del año del perro– convierte la energía metal en hierro fundido y la energía metal *yin* del gallo se derrite, se pierde con facilidad. Esto afectará a los longevos de 1933 y a los pequeños de 2017, que no tienen las defensas necesarias para combatir cualquier tipo de enfermedad respiratoria. Se les suplica aumentar los cuidados, comer bien, no exponerse a multitudes y lavarse las manos constantemente. Los demás gallos estarán paranoicos y es importante que sigan todos los consejos de los dos meses anteriores.

Septiembre

El mes del gallo será como un acto de magia que levantará las presiones y los peligros del mes anterior. Todo lo que haga con intenciones solidarias y con amor propio será recompensado con tranquilidad y salud. Este mes lo debe utilizar para descansar. Unas vacaciones largas o un mes sabático le vendrán de perlas, y la energía del mes con el año no opondrá resistencia alguna. Tiene que aprender a relajarse, a meditar, a dormir bien. No es propicio iniciar ningún proyecto nuevo, ni firmar contratos o papeles importantes; mucho menos casarse o comprometerse. Lo que tiene que hacer es recuperar fuerzas y salud.

Octubre

Este mes tiene que cuidarse de accidentes, cortes y otros incidentes molestos. Hay doble perro –del año y del mes–, por lo tanto los días del mono –en los que se produce un choque energético– el gallo se volverá distraído. Es mejor que los días 7, 19 y 31 no haga nada importante y que evite manejar objetos punzocortantes. Le recordamos que el oeste de su casa presenta aun más peligro, por lo tanto manipular esos objetos en esa zona empeoraría el efecto. Los gallitos de 2017 no podrán entrar en contacto con personas que no estén vacunadas o que hayan viajado a lugares insalubres. Los demás gallos necesitan cuidar su higiene.

Noviembre
El cerdo sacará de paseo al gallo. No importa si es un viaje corto o una mudanza al otro lado del planeta, pero es tiempo de cambios o desplazamientos. Un mes de problemas amorosos, en especial para los hombres gallo solteros, a los cuales se les recomienda continuar solteros, sobre todo este mes, ya que las relaciones que inicien durante la combinación perro/cerdo no será propicia y provocará un rompimiento temprano. Le costará trabajo comunicarse. La música es lo único que le mejorará el tránsito por este mes, así que puede pasar horas en internet escuchando toda clase de ritmos.

Diciembre
La rata viene a recoger la basura que dejaron los demás signos en la vida del gallo. Lo rescatará por medio de buenas noticias, tal vez algún premio y un poco de suerte en los juegos de azar (sin abusar de ellos, claro). Lo que se proponga será recompensado, pero primero necesita mirar atrás y reconocer qué es lo que aún le falta por perdonar y agradecer. La claridad mental que ofrecen el perdón y la gratitud serán clave para llegar con tranquilidad al final del año, y el signo de la rata lo puede ayudar a encontrar esa claridad. Puede meditar, hacer taichí o yoga para apoyarse. ¡Felicidades!

Predicciones para el Gallo y su energía

GALLO DE MADERA (1945-2005)
Durante el año del perro sabrá combinar su talento y expandir su canto a los cuatro vientos.

Especial atención a su salud con tratamiento holístico (cuerpo, alma y mente).

El I CHING le aconseja: «Cuando la gente se reúne, es por un motivo concreto, PUEDE SER UN CONVENIO, UNA IDEA POLÍTICA, UNA CONVENCIÓN. Deberá enfocar el punto en cuestión para no desviarse del objetivo». En la familia habrá reencuentros, reconciliaciones y treguas para reformular el futuro.

GALLO DE FUEGO (1957-2017)

Año para digerir los cambios producidos durante su reinado.

Tendrá que reformular su rumbo profesional, repartir su tiempo entre la constelación familiar, que reclamará su presencia, la pareja y los socios.

CALMA. Es aconsejable que distribuya su tiempo entre terapias alternativas, deportes, un nuevo *hobby* y cultivar maíz o hierbas aromáticas en su lugar en el mundo.

El perro lo acompañará en su travesía, y será el mejor consejero en momentos de dudas.

El I CHING le aconseja: «Para alcanzar grandes metas, es importante que el objetivo común se erija en la honestidad y los principios éticos. Las bases de la comunidad son el respeto y la estima de cada uno de sus miembros en sus respectivas posiciones. La desconfianza y la intriga, no obstante, pueden debilitar al grupo si se las deja crecer sin control».

GALLO DE TIERRA (1909-1969)

Año de reformulación y orden en sus múltiples actividades.

Sentirá ganas de asentarse definitivamente en un lugar y construir su gallinero de adobe para recuperar la estabilidad afectiva.

El desgaste y las responsabilidades de su año afectaron su salud; es necesario que delegue trabajo y parte del mando en sus actividades empresariales, sociales y hogareñas. Deberá soltar el control remoto en la empresa, con la pareja, y practicar el desapego.

Sentirá deseos de reunir al grupo íntimo, a la tribu elegida para organizar nuevas actividades solidarias en la comunidad de los hombres. Nuevas responsabilidades familiares llegarán a su vida.

Es fundamental que integre a los demás miembros del sistema para repartir las tareas; aprenda a cuidarse y no sea soberbio.

El I CHING le aconseja: «Un verdadero líder cede libremente sus conocimientos al poder colectivo. Cuando sus ideas, acciones, objetivos están en consonancia con los del grupo, se puede augurar un período de crecimiento estimulante».

GALLO DE METAL (1921-1981)

Después de años difíciles de pérdidas, desencuentros, riñas laborales y desazón, recupera su centro y reformula su existencia.

El año del perro le permitirá ser más flexible en todo: horarios, autoexigencia laboral, supervisión a empleados en empresas, ONG, redes sociales y grupos solidarios de inmigrantes.

Sentirá deseos de viajar, recomenzar su vida desde un nuevo terruño, sembrando una huerta orgánica, aromáticas, criando hijos y adoptando seres desamparados.

Sus ideas innovadoras de reinventarse en un mundo en crisis conformarán un rumbo y estimularán a nuevos desafíos.

Cambiará su *look*, hará dieta, yoga, taichí y podrá participar creativamente de cambios en su comunidad.

GALLO DE AGUA (1933-1993)

Si Yoko Ono es coautora de *Imagine*, siga el camino de las utopías y encontrará eco en la comunidad de los hombres.

Aparecerán socios y discípulos que serán parte de su misión de transmitir nuevas ideas y ayudar a concretarlas.

Su valentía lo hará participar en campañas del cambio climático, de dieta y salud holística, FENG SHUI y constelaciones familiares.

Estará dispuesto a renovar los pactos políticos que son caducos y postularse para ser líder en su comunidad.

Su buen humor, alegría y ánimo serán contagiosos y logrará reunir viejas amistades en proyectos a mediano y largo plazo.

De una manera especial, la suerte y la felicidad están conectadas con un grupo; y hay que encontrar la posición dentro de ese grupo.

L. S. D.

EL CRUCE

Camino por el cruce y un automóvil pasa velocísimo
entonces, aparece la soledad del buzón,
el buzón PO.
Entonces, no puedo acordarme del número X del automóvil.
entonces, aparece la soledad de los números árabes,
la soledad del automóvil,
la soledad de la avenida,
la soledad del cruce.
FEI MING (1901-1967)

Predicciones preventivas para el Perro

basadas en el I CHING, la intuición y el bazi

¡¡GUAUAUAUGUAUAU!!

BIENVENIDOS A SU REINADO, que va desde el 16 de febrero de 2018 hasta el 4 de febrero de 2019, cuando le harán el pase al amigo jabalí para continuar con los dos años de energía tierra estabilizando el chi (energía) planetario.

EL PERRO SABE QUE PUEDE PASARLE DE TODO EN SU AÑO. Y en la vida, pues es el signo con más karma para indexar en esta reencarnación.

Por eso, llegarán conscientes de las asignaturas pendientes que quedaron en el año del gallo e intentarán estar RECEPTIVOS para agudizar el olfato, enfocar sus asuntos con el tercer ojo, ladrar más que morder, vacunarse contra la rabia y todos los virus que entraron en la caseta, y obedecer al amo interno.

El perro es el médium entre el bien y el mal, el amor y el odio, la salud y la enfermedad, lo posible y lo imposible: su misión durante su año se encauzará con el WU WEI (no forzar la acción de las cosas), recuperar el aliento y ser cautos, medidos, diplomáticos en el momento de actuar.

Su pasión por una causa que siente propia se acentuará durante este año; podrá conseguir el consenso del zoo para ayudar a los excluidos, ser líder en su comunidad, guardián en las nuevas formas de sustentabilidad, para organizar a los guías sociales, educativos, y dar ejemplo con sus acciones.

El mundo es un caos y hay que hacer alineación y balanceo.

El I CHING nos guía a través de la Madre Tierra, repetida dos veces, kun sobre kun; momento de dar gracias, hacer ceremonias, pacificar las guerras desde sus orígenes, y sobre todo hacer las paces entre el hombre y la mujer.

SERÁ UN AÑO HUMANISTA. Retornarán los rituales, y debido a la crisis demográfica, económica, social y política, el perro será el encargado de aportar ideas a corto plazo para reestructurar, desde su caseta, la realidad de su familia y amigos y, si tiene alguna responsabilidad social, la de su comunidad.

El perro que haya aceptado su REALIDAD podrá mejorar su calidad de vida; ser más austero, solidario, compasivo, cariñoso, y acompañar los procesos del prójimo con grandeza.

El perro luchador, egocéntrico y déspota será abandonado por el zoo.

El intercambio *yin-yang* con el universo es la base para que su salud sea el eje de sus logros durante este año.

Retornarán las charlas íntimas con amigos de «allá lejos y hace tiempo», los mimos con hijos, padres y en la pareja fluirán; habrá una reformulación existencial.

Sabrá elegir con claridad sus nuevos objetivos; tendrá equilibrio entre la razón y el corazón y no se desviará del TAO (camino).

Su espíritu aventurero estará zen, aquietado; escuchará sus voces interiores y podrá dejar atrás mandatos y sanar la constelación familiar.

Nuevas oportunidades golpearán su caseta; podrá integrar nuevos oficios, estudiar un arte que quedó en el placar de los recuerdos y desarrollar nuevas técnicas de autoayuda.

Su espíritu flotará sin ataduras.

Si se estudian las leyes naturales, se encontrarán respuestas afines.

Suerte en su reinado terrenal y a recuperar la ALEGRÍA DE VIVIR.

L. S. D.

El I CHING les aconseja:
2. K'un / Lo Receptivo

EL DICTAMEN
Lo receptivo obra elevado éxito,
propiciante por la perseverancia de una yegua.
Cuando el noble ha de emprender algo y quiere avanzar,
se extravía; mas si va en seguimiento encuentra conducción.
Es propicio encontrar amigos al Oeste y al Sur,
evitar los amigos al Este y al Norte.
Una tranquila perseverancia trae ventura.

Las cuatro direcciones fundamentales de lo Creativo: «Elevado éxito propiciante por la perseverancia», se encuentran también como calificación de lo Receptivo. Solo que la perseverancia se define aquí con mayor precisión como perseverancia de una yegua. Lo Receptivo designa la realidad espacial frente a la posibilidad espiritual de lo creativo. Cuando lo posible se vuelve real y lo espiritual se torna espacial, se trata de un acontecimiento que se produce siempre merced a un designio individual restrictivo. Esto queda indicado por el hecho de que aquí a la expresión «perseverancia» se le añade la definición más concreta «de una yegua». El caballo le corresponde a la tierra así como el dragón al cielo; en virtud de su infatigable movimiento a través de la planicie simboliza la vasta espacialidad de la tierra. Se elige la expresión «yegua» porque en la yegua se combinan la fuerza y velocidad del caballo con la suavidad y docilidad de la vaca.

Únicamente porque está a la altura de lo que es esencial en lo Creativo, puede la naturaleza realizar aquello a lo cual lo Creativo la incita. Su riqueza consiste en el hecho de alimentar a todos los seres y su grandeza en el hecho de otorgar belleza y magnificencia a todas las cosas. Da así origen a la prosperidad de todo lo viviente. Mientras que lo Creativo engendra las cosas, estas son paridas por lo Receptivo. Traducido a circunstancias humanas, se trata de conducirse de acuerdo con la situación dada. Uno no se encuentra en posición independiente, sino que cumple las funciones auxiliares. Entonces es cuestión de rendir algo. No se trata de conducir –pues así uno solo se extraviaría– sino de dejarse conducir: en eso consiste la tarea. Si uno sabe adoptar frente al destino una actitud de entrega, encontrará con seguridad la conducción que le corresponde. El noble se deja guiar. No avanza ciegamente, sino que deduce de las circunstancias qué es lo que se espera de él, y obedece este señalamiento del destino.

Puesto que uno debe rendir algo, le hacen falta ayudantes y amigos a la hora de la labor y del esfuerzo, una vez firmemente definidas las ideas que deben convertirse en realidad. Esa época del trabajo y del esfuerzo se expresa con la mención del Oeste y del Sur. Pues el Sur y el Oeste constituyen el símbolo del sitio donde lo Receptivo trabaja para lo Creativo, como lo hace la naturaleza en el verano y en el otoño; si en ese momento no junta uno todas sus fuerzas, no llevará a término la labor que debe realizar. Por eso, obtener amistades significa en este caso, precisamente, encontrar el rendimiento. Pero aparte del trabajo y del esfuerzo, también existe una época de planificación y ordenamiento;

esta requiere soledad. El Este simboliza el sitio donde uno recibe los mandatos de su señor y el Norte el sitio donde se rinde cuentas sobre lo realizado. Ahí es cuestión de permanecer solo y de ser objetivo. En esa hora sagrada es necesario privarse de los compañeros a fin de que los odios y favores de las partes no enturbien la pureza.

LA IMAGEN
El estado de la Tierra es la receptiva entrega.
Así el noble, de naturaleza amplia, sostiene al mundo externo.

Así como existe un solo Cielo, también existe una sola Tierra. Pero mientras que en el caso del cielo la duplicación del signo significa duración temporal, en el caso de la tierra equivale a la extensión espacial y a la firmeza con que esta sostiene y mantiene todo lo que vive y actúa. Sin exclusiones, la tierra, en su ferviente entrega, sostiene el bien y el mal. Así el noble cultiva su carácter haciéndolo amplio, sólido y capaz de dar sostén de modo que pueda portar y soportar a los hombres y las cosas.

El tránsito del Perro
durante su propio año

PREDICCIÓN GENERAL

Este es el běn mìng nián 本命年 o año propio del perro. Běn mìng nián significa «en esta vida», pero bajo el contexto de la astrología china significa «el año propio». Lejos de lo que parece, el año propio no es fácil. La dificultad durante el reinado del perro dependerá de su ego y de su capacidad para tolerar la frustración. La naturaleza curiosa del perro se verá recompensada por toda una variedad de sentimientos y experiencias que lo sacudirán una o dos veces al mes. Es mejor que se lo tome sabático –si puede– o que aprenda el arte elusivo del WU WEI, que consiste en no forzar nada, ir con calma y en orden, ya que toda vez que quiera controlar los resultados de algo, saldrá perdiendo. Orden y control no son la misma cosa; basta con ver la naturaleza para comprender eso.

Mientras tanto este año será fuerte, de cambios y enseñanzas, por lo que hay que tomarlo como viene y no suponer absolutamente nada. Solo fluir, dejarse llevar y respirar. Ya pasará. Bienvenido a tu año, perro. WU WEI.

Enero
Como todavía es año del gallo, el perro está a tiempo de prepararse para que su běn mìng nián no lo tome distraído. Además, la combinación de energías sube la energía metal, que hace que la energía tierra resulte más productiva, y suaviza las ansiedades propias de la tierra, que podrían molestar al perro más adelante. Necesitará ser más metódico, sobre todo con el tiempo; dormir las horas necesarias, aprender alguna disciplina como yoga o taichí. Los días del mono –4, 16 y 28– son importantes porque en ellos su fuerza de voluntad estará enfocada y podrá realizar todo lo que se proponga.

Febrero
A partir del 16 de febrero comienza el reinado del perro, su běn mìng nián. Se activará una combinación de energía de fuego que lo llenará de optimismo, especialmente durante los días del caballo, 7 y 19. Este optimismo lo ayudará a planificar cada una de sus actividades, pero es importante que no deje de lado todo lo referente a su tiempo libre; más adelante será tanta la energía tierra, que podría llenarse de preocupaciones sin razón, y el año vaticina cambios fuertes, para lo cual necesita estar preparado.

Marzo
Este mes del conejo también produce fuego, y además atrae la energía sexual erótica, por lo tanto, en un descuido los perros engendrarán más perritos que nacerán en el mes del cerdo, los cuales tendrán buena suerte en el juego, pero mala suerte en el amor. Los perros de 1934, 1970 y 1982 estarán un poco desubicados en cuanto al trabajo y las emociones; solo necesitan enfocar sus esfuerzos en una sola actividad a la vez. A los demás perros les hace falta disfrutar las oleadas de optimismo sin darle tantas vueltas a la culpa y sin querer complacer a todo el mundo, porque no se puede... así que ¡WU WEI!

Abril
El mes más difícil del año; habrá conflictos en todas partes. Lo

que ocurra en el mundo le afectará emocionalmente. Es importante que no deje que sus pensamientos lo inunden. Las horas de ocio o que dedique a las redes sociales podrían afectar su estado de ánimo. Los más susceptibles serán los perros de 1982 y 1994. Los de 1970 estarán muy distraídos y podrían meterse en problemas. Los perritos que nazcan este mes, de salud delicada, tendrán un trato complicado con la familia; los papás de estos cachorros necesitarán crear un ambiente propicio para desarrollar la curiosidad, la inteligencia y la lealtad.

Mayo

Este mes se presenta propicio para dar solidez a las relaciones amorosas del perro, pero por lo general no es buena idea casarse en el año propio, por ser un tiempo de cambios; el matrimonio necesita fundarse en un año más tranquilo y dejar así que «frague» la relación. Pero para los perros ya casados o comprometidos, este mes resulta excelente para renovar votos o tal vez para salir juntos de vacaciones románticas. También es bueno para la difusión de rumores. El perro puede ser muy crédulo, así que debe aprender a calibrar su mente crítica y no aceptar cualquier rumor como la única verdad.

Junio

El caballo que rige el mes es el jefe natural de los signos tigre y perro, eso se debe a que tiene energía fuego, y cuando los tres signos se juntan producen esta energía. Por lo tanto este mes será de mucho trabajo, pero al mismo tiempo se sentirá más optimista, resistente, y tendrá prana suficiente como para soportar cualquier actividad física demandante o para debatir temas difíciles en los espacios de estudio y trabajo, sobre todo los referentes a la política. Los días del tigre –3, 15 y 27– activarán la energía fuego, por lo tanto deberá reservar esos días para hacer cosas importantes.

Julio

Durante el mes de la cabra, el perro deberá tener especial cuidado con los días del búfalo, que serán el 8 y el 20 nada más. Esos días podría encontrarse con problemas de todo tipo, pero en especial con accidentes de tránsito y deportes arriesgados, por lo que es mejor no programar nada peligroso. Más aún: es mejor que evite ese tipo de actividades a lo largo de todo el año. El mes también atrae problemas amorosos, sobre todo a las mujeres perro, y podría desencadenar rupturas dolorosas, por lo que conviene evitar malentendidos en la comunicación; no pueden esperar que los otros adivinen lo que están pensando, deben ser explícitas.

Agosto

El mes del mono trae cambios de vida tan fuertes que probablemente ese cambio dure hasta diez años, es decir de aquí hasta el año del mono 2028. Para propiciar que el cambio de vida sea positivo hay que aprovechar los días 9 y 21, que son del gallo y conformarán energía propicia. Sin embargo, ese cambio no será sencillo e involucrará todo un proceso que vale la pena analizar con calma, sobre todo para los perros nacidos en 1970 y antes, que no tendrán ganas de reinventarse. Los perros más jóvenes estarán más que dispuestos a los cambios, pero igual les será difícil no poder controlar todo a su gusto.

Septiembre

Continuarán los cambios fuertes del mes anterior, pero en este caso los que se presenten mostrarán su lado más doloroso, como separaciones amorosas o la pérdida de algún ser querido. Además, hay un choque molesto con el gallo, que se reforzará durante los días del mono –1, 13 y 25– en los que resultará importante que evite confrontaciones con familiares y amigos, incluso en las redes sociales. Este mes, debido a la susceptibilidad de su psique, podría ser excelente ir a terapia, hacer constelaciones familiares y aprender una disciplina artística o deportiva.

Octubre

El mes propio provoca tanta energía tierra que lo peor que puede hacer es sentarse a reflexionar. Nada de actividades pasivas; lo que necesita es activarse, distraerse, correr largas distancias con la mente en blanco o bailar hasta que las piernas no le respondan. Mantener la mente en blanco mediante la meditación es una tarea casi imposible al comienzo y, dada la urgencia por evitar pensar demasiado en una sola cosa, es mejor que se acerque al ejercicio activo y no a la tranquilidad. Deberá rodearse de amigos, ir a reuniones o fiestas alegres. Hacer artesanías y manualidades también será propicio.

Noviembre
Cuando el cerdo llegue a gobernar noviembre, el perro estará tan ajetreado que no sabrá cómo tomarse la mezcla de pequeñas calamidades y buenas noticias que se sucederán una tras otra a lo largo de este mes. Los perros de 1934 y de 2006 podrían resentir cambios de temperatura fuertes, por lo que se les recomienda no ir a lugares con mucha gente, saludar dando la mano ni pararse donde haya corrientes de aire. Los perros de 1970 estarán hipersensibles y los de 1982 se enfrentarán a la posibilidad de comenzar una nueva relación que a la larga no será propicia; los demás se sentirán aburridos y sacados de onda.

Diciembre
Los perros que se hayan enfermado durante el mes pasado tendrán que perderse algunas celebraciones de fin de año. Los demás canes podrán salir de fiesta, pero es muy probable que no tengan ganas de hacerlo y prefieran mantener el perfil bajo. Aun así estarán muy comunicativos y no les costará trabajo expresar sus sentimientos. Se les recomienda aprovechar esa racha de elocuencia para mandar cartas a sus seres amados. Todavía falta para que termine su reinado, por lo tanto se les pide paciencia y que recuerden que todo pasa. Música, buenos libros, amigos verdaderos… eso sí les durará toda la vida.

Predicciones para el Perro y su energía

PERRO DE MADERA (1934-1994)
Durante este año sentirá que puede elegir su camino sin condicionamientos ni mandatos.

Podrá cumplir un sueño, dejar en orden deberes con el zoo y con la comunidad de los hombres y echar raíces en un nuevo terruño.

Sentirá mariposas en el vientre; el amor aparecerá inesperadamente y tal vez lo inspire para traer cachorros a la caseta.

Ejercitará el HO'OPONOPONO, el perdón hacia quienes intenten desestabilizarlo y lo enfrenten con armas innobles.

Su espíritu solidario será necesario en la comunidad de los hombres; aportará energía, tiempo, ideas y un rumbo para los más débiles y excluidos.

Año de despegue de lo virtual a lo real.

PERRO DE FUEGO (1946-2006)

Tiempo de aceptación de lo que ha generado en el karma (acción incompleta de lo que se dice, hace y piensa).

El I CHING le dice: «Las leyes naturales están ahí para comprenderlas y vivir de acuerdo a ellas. En esta fase, se tratan los hechos más que el potencial y es necesario aceptar el destino sin reserva alguna».

Comprenderá que el amor se transforma día a día y que nuevas formas y hábitos serán parte de una nueva etapa.

No confrontar y buscar reconciliarse con sus íntimos enemigos será saludable para su equilibrio emocional.

Su insaciable búsqueda de nuevas experiencias encontrará eco en la comunidad de los hombres, y aportará su claridad, solidaridad y buen humor.

AÑO DE RECOLECCIÓN DE LA COSECHA DE LO SEMBRADO en lo afectivo, lo laboral y en el campo de los amigos.

PERRO DE TIERRA (1958-2018)

Bienvenidos al TAI SUI (año celestial).

Dicen los chinos que un hombre sabe lo que quiere en la vida justo a los 60 años.

¡¡ALELUYA!!

Será un reencuentro profundo consigo mismo.

Abrirá los chakras, el KUNDALINI y el corazón a una nueva vida.

Dejará atrás mandatos, situaciones antisistémicas que atentaron contra su salud holísticamente.

Aparecerán nuevos amigos, patrocinadores y mecenas que lo ayudarán a mejorar su crecimiento económico, y podrá formar una sociedad a la cual integrará gente joven, creativa y solidaria para ayudar en la comunidad de los hombres.

Su corazón latirá al ritmo de MILES DAVIS.

Podrá recuperar una relación afectiva con nuevas formas de compartir tiempo, hábitat e I-SHO-KU-JU (techo, vestimenta y comida).

Pasará más tiempo en la naturaleza; echará raíces en la tierra o compartirá su caseta con amigos, hijos o socios mirando el mar.

PERRO DE METAL (1910-1970)

Año de receptividad en lo que fluya en el TAO. Esta actitud refuerza el carácter y contribuye a la formación de una visión sabia del conjunto.

Además de las impresiones personales, hay que implicar a otros en el plan; si están juntos habrá posibilidades de llegar lejos.

No hay que monopolizar el liderazgo, y sí delegar e integrar gente sabia y creativa.

Déjese guiar por su olfato e intuición en los problemas reales que aparecen en la constelación familiar.

Su trabajo constante y su perseverancia serán recompensados con creces.

ASUMIRÁ LAS RIENDAS DE SU DESTINO Y PODRÁ RESPIRAR PROFUNDO CON SUS RESULTADOS.

PERRO DE AGUA (1922-1982)

Año de cambios en cada fase de su vida.

Escuchará su voz interior, podrá salir a la calle convencido de su rol en la sociedad y no aceptará presiones para llevar adelante sus logros y objetivos.

En la familia habrá sorpresas agridulces. Deberá asumir nuevos roles, dejar atrás culpas y mandatos y confiar en su olfato.

Tendrá que resolver temas legales, algún juicio o sucesión que estará trancado; sepa esperar soluciones de personas capacitadas y no arriesgue su capital en momentos de crisis.

Es importante ser determinante en las acciones. Todo lo que se genere en este momento será permanente y estará lleno de fuerza creadora.

L. S. D.

NOSOTROS

Nosotros vivimos el uno frente al otro bajo la Vía Láctea.
La gente está profundamente dormida.
Las dos estrellas del cielo
iluminan nuestro corazón.
Nosotros aplaudimos, miramos el cielo y nos callamos.
Un temblor que no llegamos a explicar
atraviesa el abismo que separa nuestros dos corazones.

KANG BAIQING (1896-1945)

Predicciones preventivas para el Cerdo

basadas en el I CHING, la intuición y el bazi

Los sentimientos y observaciones del hombre solitario son al mismo tiempo más confusos y más intensos que los de la gente sociable; sus pensamientos son más extraños, más graves, y siempre tienen un matiz de tristeza.

THOMAS MANN
Muerte en Venecia

El cerdo llegará al año del perro pidiendo una tregua al movilizador año del gallo, que lo condujo al umbral de una nueva vida.

Son demasiadas asignaturas pendientes que dejó sin cursar; su amigo el perro le dará la oportunidad de encontrar su lugar en la pocilga con más calma y contención.

La afinidad entre ambos es favorable para que sienta que está decidido a ser protagonista y no coprotagonista de su destino.

El I CHING le aconseja mucha precaución ante el doble peligro de lo abismal: su corazón está encajonado en una hondonada como el agua entre dos montañas.

El hábito de dejarse llevar por otros y el de postergarse terminarán durante esta etapa.

Sincerar sus deseos, sus sueños y anhelos más profundos es el desafío que lo transmutará en un jabalí de pura cepa.

El cerdo debe salir de la zona de confort que lo limita y lo mantiene entre dos mundos: el apego o el desapego; la independencia o la simbiosis; el arte o el trabajo rutinario, que no es por eso menos creativo, pero tiene horario fijo.

Su corazón necesita aire, estímulo, reencuentro con sus raíces, su pasado, le hace falta recomponer el tejido que se deshilvanó o deshilachó en la pubertad y quedó a la intemperie.

Debe ordenar el sistema familiar y ocupar el sitio que le corresponde. Salir a cazar y a pescar nuevas formas de sobrevivencia.

El año del perro será un buen pasaporte para encontrar el centro, su lugar definitivo para echar raíces, visualizar el cambio del planeta a resguardo. Su salud debe estar atendida holísticamente.

Los cambios intempestivos de hábitat, los trabajos que lo saquen de su vocación serán contraproducentes para su evolución.

En la familia habrá demandas; hermanos, sobrinos, tíos, le reclamarán más presencia y colaboración para poner en orden papeles y cuentas.

Si tiene un cambio de actitud en su conducta notará EL AUMENTO en cada sector de su vida.

Es un año de reflexión y acción (taichí), de medir los cambios con sensatez y de no hacer nada de lo que pueda arrepentirse después.

Tiempo de REINVENTARSE con su talento, oficio, capacidad de trabajar en equipo, de proponer ideas a la comunidad, y de ser una persona con la que se puede contar. Estará más sociable, alegre, comunicativo, predispuesto a estudiar algún instrumento musical, aprender a cultivar lavanda y cítricos, y autoabastecerse.

EL AUMENTO llegará si aprende a graduar sus pasiones y no se victimiza.

L. S. D.

El I CHING les aconseja:
29. K'an / Lo Abismal, El Agua

EL DICTAMEN
Lo Abismal repetido.
Si eres veraz, tendrás logro en tu corazón,
y lo que hicieres tendrá éxito.

Con la repetición del peligro uno va acostumbrándose a él. El agua da un ejemplo para la conducta correcta que corresponde en tales condiciones. Fluye y fluye y rellena todos los lugares por los que pasa hasta sus bordes y nada más; no retrocede ante ningún sitio peligroso, ante ninguna caída, y nada le hace perder su índole propia y esencial. En todas las circunstancias permanece leal a sí misma. Así la veracidad hace que en circunstancias difíciles uno perciba interiormente, con el corazón, el fondo de la situación. Y una vez que se ha llegado a ser interiormente dueño de una situación, fácilmente se logrará por sí mismo que las acciones exteriores se vean acompañadas por el éxito. En cuestiones de peligro se trata de poseer la necesaria escrupulosidad que ayude a despachar realmente todo lo que debe hacerse, y de tener asimismo la posibilidad de avanzar para no perecer por quedarse uno en medio del peligro.

Mediante una aplicación activa, el peligro puede adquirir una importante significación en cuanto medida de protección. Así el cielo posee una altura peligrosa que lo protege contra todo intento de intervención. Así la tierra posee montañas y aguas que con sus peligros separan a los países. Asimismo los soberanos utilizan el peligro como medida de defensa con el fin de protegerse de los ataques que vienen de afuera y de los disturbios que vienen de adentro.

LA IMAGEN
El agua fluye ininterrumpidamente y llega a la meta:
la imagen de Lo Abismal reiterado.
Así el noble observa una conducta de constante virtud
y ejerce el negocio de la enseñanza.

El agua alcanza su meta fluyendo sin interrupción. Rellena todo hueco antes de seguir fluyendo. Lo mismo hace el noble. Él estima como valioso que el camino del bien se convierta en una cualidad firme de su carácter, que no sea cosa casual y aislada. También en la enseñanza brindada a otros, todo es cuestión de ser consecuente, pues únicamente por la repetición la materia se convierte en propiedad del que aprende.[41]

El tránsito del Cerdo durante el año del Perro

PREDICCIÓN GENERAL
El año del perro será una montaña rusa. Los cerdos se enfrentarán a sentimientos que no habían experimentado antes. Hay posibilidades de establecer compromisos fuertes que deriven en matrimonios civiles, negocios y contratos, eso se debe a que este año es para preparar el

---

[41] Las líneas mutantes *Seis en el primer puesto*; *Nueve en el segundo puesto* y *Seis al tope* del hexagrama K'an llevan al hexagrama complementario 42. I / El Aumento.

terreno para el año 2019, el del cerdo. Les sugerimos que lo prevengan por medio de una correcta administración de tiempos, temas legales y, sobre todo, que tengan mucha calma, ya que algunos meses estará muy bien y en otros su salud física y mental no será de gran ayuda. Pero habrá momentos de absoluta felicidad, que vendrán acompañados de relaciones nuevas y viejas que le harán la vida muy entretenida.

Enero

El mes del búfalo trae a la vida del cerdo una suerte irregular que se suma a la presencia del gallo, vigente hasta el 16 de febrero; esta combinación mantendrá la influencia negativa que lo tiene más que cansado. Hay mucho trabajo para terminar, posiblemente se beneficie con alguna relación profesional que retomó meses antes, pero en lo sentimental y lo emocional este mes no trae buenas nuevas. Es posible que se tope con pequeños problemas que no podrá resolver a menos que busque la compañía de un tigre, ya que juntos podrán eliminar el exceso de energías tierra y agua que reprimen al cerdo.

Febrero

El mes del tigre vendrá a ayudarlo; además, trae consigo el año del perro. El cerdo sentirá que lo liberan de la cárcel. Este mes será perfecto para planificar las estrategias y los proyectos del año del cerdo con suficiente anticipación. Podrá conseguir ayuda para obtener un empleo mejor o para avanzar en el escalafón social. Las actividades que ayudarán a todos los cerdos –incluso a los de 2007– son el baile y las artes marciales. Si se propone bailar o practicar kung-fu o taichí al menos un día sí y un día no por 30 minutos entre las 3 de la tarde y las 7 de la noche, tendrá un año mucho más próspero.

Marzo

El conejo traerá un mes benéfico. Los días de la cabra –4, 16 y 28– serán especialmente beneficiosos, ya que le brindarán también más seguridad en todos sus actos y pensamientos. Así podrá concentrarse mejor y será capaz de amarrar los cabos sueltos de otros tiempos y resolver problemas que parecían abismales. Se reencontrará con amigos del pasado y hará nuevas amistades que le atraerán propuestas excitantes. Los jóvenes de 1995 tendrán oportunidades para probar que en verdad son adultos, y capaces de resolver los problemas a los que la vida los enfrente.

Abril

El mes del dragón es complicado, por lo tanto necesita ser más disciplinado con los compromisos sociales que haya aceptado anteriormente. El mes provoca, junto a los días del caballo y el gallo –8, 11, 20 y 23–, problemas de tipo legal y burocrático que serán fáciles de resolver si el cerdo evita escuchar malos consejos y rumores en internet. Es también un mes fértil, socialmente activo. Algunos cerdos de todas las edades podrían enamorarse o sentir la necesidad de casarse cuanto antes, pero los altibajos de este mes provocarán muchas dificultades en cualquier asunto que sea formalizado.

Mayo

Este mes será mejor que no salga de la pocilga y se dedique a embellecerla, pero con cuidado de no afectar las zonas peligrosas para este año (véanse las predicciones generales de página 282). La serpiente atrae rumores peligrosos para el mundo entero y los cerdos estarán en medio de estos conflictos. Los que más resentirán el choque con el mes de la serpiente serán los cerdos de 1983, los demás estarán muy ocupados con viajes y cambios abruptos. Es importante que no se tomen nada demasiado a pecho y traten de mantenerse lo más desapegados que sea posible para no salir lastimados.

Junio

El mes del caballo podría afectar la salud de los cerdos de 1935 y 2007; es importante que tengan cuidado con su higiene personal y que eviten las multitudes. Los nacidos en 1983 estarán propensos a sufrir accidentes, y el resto podría tener problemas relacionados con la circulación sanguínea, por lo que deberán cuidar la dieta, reducir el consumo de sal, hacer más ejercicio y, si sienten algún síntoma, o solo como buena medida, ver a un médico. Los días más peligrosos serán: 5, 10, 17, 22 y 29; en ellos tienen que poner atención al menor síntoma.

Julio

La cabra que rige el mes será perfecta. Los cerdos escritores, científicos y artistas tendrán una racha de genialidad. Sus pensamientos serán claros e inventivos. Este mes también será bueno para recuperar la salud, aumentar un poco de masa muscular, aprender una disciplina o retomar alguna postergada. Como los siguientes meses resultarán complicados, es importante aprovechar el presente para tener en orden papeles y propiedades. Los mejores días serán el 10 y el 22, porque completarán la energía madera, benéfica en estos tiempos.

Agosto
Volvemos a la montaña rusa; esta vez de bajada. El mes del mono traerá accidentes, discusiones absurdas en la familia, el trabajo y las redes sociales. Se ven problemas con figuras de autoridad, por lo tanto hay que evitar confrontaciones por cuestiones de trabajo o, peor, con policías de tránsito, aduana y migraciones. Todo lo que tenga que ver con electrodomésticos y vehículos se verá obstaculizado, al punto de interferir con el trabajo y los pasatiempos. Será mejor que evite los apegos y se relaje leyendo, yendo al cine o al teatro con frecuencia.

Septiembre
El mes del gallo será complicado y aportará ansiedad, pero es importante ir a un profesional en caso de sentir síntomas, sobre todo si ya ha sido diagnosticado con depresión u otro trastorno. Los días más difíciles son: 1, 11, 13, 23 y 25. Atención: no se aísle y busque la compañía de cabras, conejos y tigres. También deberá evitar lugares oscuros y húmedos o cuartos con trastos y basura. Los más afectados por la combinación depresiva serán los cerdos de 1971 y 1983 que, si bien son activos y no se dejan derrotar, podrían confundirse con sentimientos de tristeza o miedo que no habían experimentado antes.

Octubre
Doble perro, doble felicidad y el doble de arrebatos de celos o envidia por parte de algunas personas que rodean al cerdo. Este mes parecerá ser lo contrario del anterior. Todos los cerdos de la pocilga se sentirán seguros; su desenvolvimiento podría crear conflictos entre personas más jóvenes, y los cerdos de 1995 podrían meterse en problemas con rivales menos maduros. Este mes ofrece una oportunidad a los cerdos de 2007 para mejorar la autoestima y desenvolverse en sociedad usando la diplomacia, algo que a los cerdos en general les es tan ajeno como hablar en arameo.

Noviembre
El mes propio siempre ofrece retos y recompensas para todos los cerdos, pero será mejor si a esta alquimia le incluye la compañía

de su amigo tigre. Es muy importante que no deje de bailar o practicar cualquier disciplina con la que mueva intensamente su cuerpo. Si por alguna razón no puede moverse, se le recomienda realizar alguna actividad pasiva como la meditación y el Qi Gong del perfume, ya que estos no requieren que salga de su asiento. Pero si no hay excusas, es necesario que se muevan, porque de ese movimiento nacerá la solución de todos los problemas a los que pueda enfrentarse.

Diciembre
Este mes de la rata, el cerdo, que es artístico por naturaleza, se sentirá atraído hacia disciplinas más cercanas a la ciencia, particularmente la química. Los días del búfalo –2 y 23– son excelentes para presentar exámenes, dictar conferencias o cualquier cosa que implique demostrarle al mundo alguna idea brillante. Será un mes perfecto para practicar HO'OPONOPONO, si tiene alguna relación que necesite ser sanada por medio del perdón y el agradecimiento. También disfrutará de una buena temporada de fiestas decembrinas, siempre y cuando siga atendiendo su salud meticulosamente. ¡Felicidades!

Predicciones para el Cerdo y su energía

CERDO DE MADERA (1935-1995)
Durante este tiempo podrá recuperar relaciones interrumpidas y sentirse mejor emocionalmente.

Estará abierto a cambiar de escuela, universidad, trabajo, y aceptar las reglas de juego que le pone la empresa.

Con su cosmovisión abarcará nuevos amigos y gente de otras nacionalidades que le pedirán consejo y le ofrecerán intercambio, trueque inmobiliario y laboral.

El retorno de un gran amor será el banquete más preciado.
¡A DISFRUTARLO!

CERDO DE FUEGO (1947-2007)

Al fin sentirá que recupera los siete cuerpos, el alma, y estará decidido a superar una etapa de su vida para entrar por LAS PUERTAS DEL PARAÍSO. Dejará atrás un gran ciclo laboral, renovando ideas para el futuro e integrando un equipo de trabajo sistémico que será reconocido en la COMUNIDAD DE LOS HOMBRES.

Solucionará con eficacia asuntos familiares, integrando nuevos miembros a la pocilga, mejorando el FENG SHUI y aceptando los límites de su desbordante energía.

El amor será constante; nuevas formas de relacionarse lo mantendrán en estado atlético, distendido, comunicativo e irradiará alegría de vivir. La buena etapa afectiva lo entusiasmará para pedir *matrimonio y algo más*[42].

Su estabilidad emocional irá mejorando a medida que tome decisiones de desapego material y vislumbre *el futuro del éxtasis*.

CERDO DE TIERRA (1959-2019)

Durante este año vencerá los obstáculos que le impedían evolucionar en el TAO. Sentirá que debe dejar atrás las dudas y construir una nueva realidad con sus recursos.

Estará atento a propuestas decentes e indecentes, cambios en las relaciones afectivas, familiares y profesionales. Afianzará su autoestima, y será consciente del peligro en LO ABISMAL.

Estará dispuesto a compartir sus experiencias en la comunidad de los hombres, cultivar la tierra y ser más abierto a los encuentros que lo ayudarán en su evolución.

En la pareja habrá nuevos desafíos que deberá atravesar para estar más equilibrado en su autoestima.

Año de recuperar la alegría de vivir y retornar a los sueños de la juventud.

CERDO DE METAL (1911-1971)

Durante este año sentirá que tiene alas para volar y comenzar una nueva vida en otro pueblo, ciudad, país, o viajando por el mundo.

Estará lleno de CHI (energía), vitalidad; sus problemas se solucionarán a medida que los enfrente y tome la determinación de resolverlos.

Alguna herencia o golpe de azar lo mantendrá entusiasmado para

---

[42] *Matrimonios y algo más* era un programa de la televisión argentina que se emitió en forma discontinua entre 1968 y 2001.

proyectarse construyendo su nueva pocilga, donde integrará gente de todo el mundo y podrá compartir ideas, proyectos a corto y medio plazo y ayudar a los excluidos.

Época de grandes logros en poco tiempo, para disfrutar las pequeñas cosas de cada día y cuidar de su prole.

El año del perro le dará nuevas oportunidades en el exterior.

El cerdo recuperará el buen humor, los amigos y la fe en sí mismo.

CERDO DE AGUA (1923-1983)

Esperará ansioso que llegue el reinado de su amigo el perro de tierra.

Fortalecerá lazos afectivos con sus padres, hermanos e hijos.

Recibirá una oferta para salir al mundo a ofrecer su trabajo, estudio o vocación solidaria.

Podrá tener su caseta o pocilga, o será un huésped muy grato en la vida de quienes lo protejan.

Establecerá vínculos afectivos con maestros, tutores, inmigrantes, con quienes compartirá actividades terapéuticas, cursos y seminarios de autoayuda.

AÑO DE COSECHA DE SU SACRIFICIO Y PERSEVERANCIA.

L. S. D.

EL ÁLBUM DE LAS FOTOGRAFÍAS

Nosotros, desde el riachuelo tranquilo;
nosotros, desde detrás del plástico que nos protege de la luz;
desde donde vemos caras conocidas y desconocidas:
este eres tú; yo; y ese se parece a él.
Un flash –un flash fulminante– así se corta,
es la vida: alterna los momentos malos con los buenos.
El viento y la lluvia siempre llegan por sorpresa,
los hijos crecen y los jóvenes se hacen viejos.
Los recuerdos sirven de consuelo,
toman la luz verde, la luz debilucha de la luna
y la congelan en un trozo de papel.
También congelan tu sonrisa, tu juventud.
Los pasos que diste en la vida hasta llegar aquí,
y ahora te obligan a enfrentarte a ti mismo.

HANG YUEHE (1917-1995)

Escribe tu propia predicción

Los años lunares exactos desde 1912 a 2020

SIGNO					
Rata	18/02/1912	a	05/02/1913	agua	+
Búfalo	06/02/1913	a	25/01/1914	agua	-
Tigre	26/01/1914	a	13/02/1915	madera	+
Conejo	14/02/1915	a	02/02/1916	madera	-
Dragón	03/02/1916	a	22/01/1917	fuego	+
Serpiente	23/01/1917	a	10/02/1918	fuego	-
Caballo	11/02/1918	a	31/01/1919	tierra	+
Cabra	01/02/1919	a	19/02/1920	tierra	-
Mono	20/02/1920	a	07/02/1921	metal	+
Gallo	08/02/1921	a	27/01/1922	metal	-
Perro	28/01/1922	a	15/02/1923	agua	+
Cerdo	16/02/1923	a	04/02/1924	agua	-
Rata	05/02/1924	a	24/01/1925	madera	+
Búfalo	25/01/1925	a	12/02/1926	madera	-
Tigre	13/02/1926	a	01/02/1927	fuego	+
Conejo	02/02/1927	a	22/01/1928	fuego	-
Dragón	23/01/1928	a	09/02/1929	tierra	+
Serpiente	10/02/1929	a	29/01/1930	tierra	-
Caballo	30/01/1930	a	16/02/1931	metal	+
Cabra	17/02/1931	a	05/02/1932	metal	-
Mono	06/02/1932	a	25/01/1933	agua	+
Gallo	26/01/1933	a	13/02/1934	agua	-
Perro	14/02/1934	a	03/02/1935	madera	+
Cerdo	04/02/1935	a	23/01/1936	madera	-
Rata	24/01/1936	a	10/02/1937	fuego	+
Búfalo	11/02/1937	a	30/01/1938	fuego	-
Tigre	31/01/1938	a	18/02/1939	tierra	+
Conejo	19/02/1939	a	07/02/1940	tierra	-
Dragón	08/02/1940	a	26/01/1941	metal	+
Serpiente	27/01/1941	a	14/02/1942	metal	-
Caballo	15/02/1942	a	04/02/1943	agua	+
Cabra	05/02/1943	a	24/01/1944	agua	-
Mono	25/01/1944	a	12/02/1945	madera	+
Gallo	13/02/1945	a	01/02/1946	madera	-
Perro	02/02/1946	a	21/01/1947	fuego	+
Cerdo	22/01/1947	a	09/02/1948	fuego	-

SIGNO					
Rata	10/02/1948	a	28/01/1949	tierra	+
Búfalo	29/01/1949	a	16/02/1950	tierra	-
Tigre	17/02/1950	a	05/02/1951	metal	+
Conejo	06/02/1951	a	26/01/1952	metal	-
Dragón	27/01/1952	a	13/02/1953	agua	+
Serpiente	14/02/1953	a	02/02/1954	agua	-
Caballo	03/02/1954	a	23/01/1955	madera	+
Cabra	24/01/1955	a	11/02/1956	madera	-
Mono	12/02/1956	a	30/01/1957	fuego	+
Gallo	31/01/1957	a	17/02/1958	fuego	-
Perro	18/02/1958	a	07/02/1959	tierra	+
Cerdo	08/02/1959	a	27/01/1960	tierra	-
Rata	28/01/1960	a	14/02/1961	metal	+
Búfalo	15/02/1961	a	04/02/1962	metal	-
Tigre	05/02/1962	a	24/01/1963	agua	+
Conejo	25/01/1963	a	12/02/1964	agua	-
Dragón	13/02/1964	a	01/02/1965	madera	+
Serpiente	02/02/1965	a	20/01/1966	madera	-
Caballo	21/01/1966	a	08/02/1967	fuego	+
Cabra	09/02/1967	a	29/01/1968	fuego	-
Mono	30/01/1968	a	16/02/1969	tierra	+
Gallo	17/02/1969	a	05/02/1970	tierra	-
Perro	06/02/1970	a	26/01/1971	metal	+
Cerdo	27/01/1971	a	14/02/1972	metal	-
Rata	15/02/1972	a	02/02/1973	agua	+
Búfalo	03/02/1973	a	22/01/1974	agua	-
Tigre	23/01/1974	a	10/02/1975	madera	+
Conejo	11/02/1975	a	30/01/1976	madera	-
Dragón	31/01/1976	a	17/02/1977	fuego	+
Serpiente	18/02/1977	a	06/02/1978	fuego	-
Caballo	07/02/1978	a	27/01/1979	tierra	+
Cabra	28/01/1979	a	15/02/1980	tierra	-
Mono	16/02/1980	a	04/02/1981	metal	+
Gallo	05/02/1981	a	24/01/1982	metal	-
Perro	25/01/1982	a	12/02/1983	agua	+
Cerdo	13/02/1983	a	01/02/1984	agua	-

SIGNO					
Rata	02/02/1984	a	19/02/1985	madera	+
Búfalo	20/02/1985	a	08/02/1986	madera	-
Tigre	09/02/1986	a	28/01/1987	fuego	+
Conejo	29/01/1987	a	16/02/1988	fuego	-
Dragón	17/02/1988	a	05/02/1989	tierra	+
Serpiente	06/02/1989	a	26/01/1990	tierra	-
Caballo	27/01/1990	a	14/02/1991	metal	+
Cabra	15/02/1991	a	03/02/1992	metal	-
Mono	04/02/1992	a	22/01/1993	agua	+
Gallo	23/01/1993	a	09/02/1994	agua	-
Perro	10/02/1994	a	30/01/1995	madera	+
Cerdo	31/01/1995	a	18/02/1996	madera	-
Rata	19/02/1996	a	06/02/1997	fuego	+
Búfalo	07/02/1997	a	27/01/1998	fuego	-
Tigre	28/01/1998	a	15/02/1999	tierra	+
Conejo	16/02/1999	a	04/02/2000	tierra	-
Dragón	05/02/2000	a	23/01/2001	metal	+
Serpiente	24/01/2001	a	11/02/2002	metal	-
Caballo	12/02/2002	a	31/01/2003	agua	+
Cabra	01/02/2003	a	21/01/2004	agua	-
Mono	22/01/2004	a	08/02/2005	madera	+
Gallo	09/02/2005	a	28/01/2006	madera	-
Perro	29/01/2006	a	17/02/2007	fuego	+
Cerdo	18/02/2007	a	06/02/2008	fuego	-
Rata	07/02/2008	a	25/01/2009	tierra	+
Búfalo	26/01/2009	a	13/02/2010	tierra	-
Tigre	14/02/2010	a	02/02/2011	metal	+
Conejo	03/02/2011	a	22/01/2012	metal	-
Dragón	23/01/2012	a	09/02/2013	agua	+
Serpiente	10/02/2013	a	30/01/2014	agua	-
Caballo	31/01/2014	a	18/02/2015	madera	+
Cabra	19/02/2015	a	07/02/2016	madera	-
Mono	08/02/2016	a	27/01/2017	fuego	+
Gallo	28/01/2017	a	15/02/2018	fuego	-
Perro	16/02/2018	a	04/02/2019	tierra	+
Cerdo	05/02/2019	a	24/01/2020	tierra	-

Correspondencia según fecha de nacimiento y ki nueve estrellas

AÑO	10 KAN		12 SHI		KI 9 ESTRELLAS
1917	Fuego menor	3	Serpiente	2	Tierra negra
1918	Tierra mayor	9	Caballo	1	Agua blanca
1919	Tierra menor	6	Oveja (cabra)	9	Fuego púrpura
1920	Metal mayor	3	Mono	8	Tierra blanca
1921	Metal menor	9	Gallo	7	Metal rojo
1922	Agua mayor	6	Perro	6	Metal blanco
1923	Agua menor	3	Jabalí (cerdo-cerdo)	5	Tierra amarilla
1924	Árbol mayor	9	Rata	4	Árbol verde oscuro
1925	Árbol menor	6	Vaca (buey-búfalo)	3	Árbol verde brillante
1926	Fuego mayor	3	Tigre	2	Tierra negra
1927	Fuego menor	9	Conejo (liebre-gato)	1	Agua blanca
1928	Tierra mayor	6	Dragón	9	Fuego púrpura
1929	Tierra menor	3	Serpiente	8	Tierra blanca
1930	Metal mayor	9	Caballo	7	Metal rojo
1931	Metal menor	6	Oveja (cabra)	6	Metal blanco
1932	Agua mayor	3	Mono	5	Tierra amarilla
1934	Árbol mayor	6	Perro	3	Árbol verde brillante
1935	Árbol menor	3	Jabalí (cerdo-cerdo)	2	Tierra negra
1936	Fuego mayor	9	Rata	1	Agua blanca
1937	Fuego menor	6	Vaca (buey-búfalo)	9	Fuego púrpura
1938	Tierra mayor	3	Tigre	8	Tierra blanca
1939	Tierra menor	9	Conejo (liebre-gato)	7	Metal rojo
1940	Metal mayor	6	Dragón	6	Metal blanco
1941	Metal menor	3	Serpiente	5	Tierra amarilla
1942	Agua mayor	9	Caballo	4	Árbol verde oscuro
1943	Agua menor	6	Oveja (cabra)	3	Árbol verde brillante
1944	Árbol mayor	3	Mono	2	Tierra negra
1945	Árbol menor	9	Gallo	1	Agua blanca
1946	Fuego mayor	6	Perro	9	Fuego púrpura
1947	Fuego menor	3	Jabalí (cerdo-cerdo)	8	Tierra blanca
1948	Tierra mayor	9	Rata	7	Metal rojo
1949	Tierra menor	6	Vaca (buey-búfalo)	6	Metal blanco

AÑO	10 KAN		12 SHI		KI 9 ESTRELLAS
1950	Metal mayor	3	Tigre	5	Tierra amarilla
1951	Metal menor	9	Conejo (liebre-gato)	4	Árbol verde oscuro
1952	Agua mayor	6	Dragón	3	Árbol verde brillante
1953	Agua menor	3	Serpiente	2	Tierra negra
1954	Árbol mayor	9	Caballo	1	Agua blanca
1955	Árbol menor	6	Oveja (cabra)	9	Fuego púrpura
1956	Fuego mayor	3	Mono	8	Tierra blanca
1957	Fuego menor	9	Gallo	7	Metal rojo
1958	Tierra mayor	6	Perro	6	Metal blanco
1959	Tierra menor	3	Jabalí (cerdo-cerdo)	5	Tierra amarilla
1960	Metal mayor	9	Rata	4	Árbol verde oscuro
1961	Metal menor	6	Vaca (buey-búfalo)	3	Árbol verde brillante
1962	Agua mayor	3	Tigre	2	Tierra negra
1963	Agua menor	9	Conejo (liebre-gato)	1	Agua blanca
1964	Árbol mayor	6	Dragón	9	Fuego púrpura
1965	Árbol menor	3	Serpiente	8	Tierra blanca
1966	Fuego mayor	9	Caballo	7	Metal rojo
1967	Fuego menor	6	Oveja (cabra)	6	Metal blanco
1968	Tierra mayor	3	Mono	5	Tierra amarilla
1969	Tierra menor	9	Gallo	4	Árbol verde oscuro
1970	Metal mayor	6	Perro	3	Árbol verde brillante
1971	Metal menor	3	Jabalí (cerdo-cerdo)	2	Tierra negra
1972	Agua mayor	9	Rata	1	Agua blanca
1973	Agua menor	6	Vaca (buey-búfalo)	9	Fuego púrpura
1974	Árbol mayor	3	Tigre	8	Tierra blanca
1975	Árbol menor	9	Conejo (liebre-gato)	7	Metal rojo
1976	Fuego mayor	6	Dragón	6	Metal blanco
1977	Fuego menor	3	Serpiente	5	Tierra amarilla
1978	Tierra mayor	9	Caballo	4	Árbol verde oscuro
1979	Tierra menor	6	Oveja (cabra)	3	Árbol verde brillante
1980	Metal mayor	3	Mono	2	Tierra negra
1981	Metal menor	9	Gallo	1	Agua blanca
1982	Agua mayor	6	Perro	9	Fuego púrpura
1983	Agua menor	3	Jabalí (cerdo-cerdo)	8	Tierra blanca

AÑO	10 KAN		12 SHI		KI 9 ESTRELLAS
1984	Árbol mayor	9	Rata	7	Metal rojo
1985	Árbol menor	6	Vaca (buey-búfalo)	6	Metal blanco
1986	Fuego mayor	3	Tigre	5	Tierra amarilla
1987	Fuego menor	9	Conejo (liebre-gato)	4	Árbol verde oscuro
1988	Tierra mayor	6	Dragón	3	Árbol verde brillante
1989	Tierra menor	3	Serpiente	2	Tierra negra
1990	Metal mayor	9	Caballo	1	Agua blanca
1991	Metal menor	6	Oveja (cabra)	9	Fuego púrpura
1992	Agua mayor	3	Mono	8	Tierra blanca
1993	Agua menor	9	Gallo	7	Metal rojo
1994	Árbol mayor	6	Perro	6	Metal blanco
1995	Árbol menor	3	Jabalí (cerdo-cerdo)	5	Tierra amarilla
1996	Fuego mayor	9	Rata	4	Árbol verde oscuro
1997	Fuego menor	6	Vaca (buey-búfalo)	3	Árbol verde brillante
1998	Tierra mayor	3	Tigre	2	Tierra negra
1999	Tierra menor	9	Conejo (liebre-gato)	1	Agua blanca
2000	Metal mayor	6	Dragón	9	Fuego púrpura
2001	Metal menor	3	Serpiente	8	Tierra blanca
2002	Agua mayor	9	Caballo	7	Metal rojo
2003	Agua menor	6	Oveja (cabra)	6	Metal blanco
2004	Árbol mayor	3	Mono	5	Tierra amarilla
2005	Árbol menor	9	Gallo	1	Agua blanca
2006	Fuego mayor	6	Perro	9	Fuego púrpura
2007	Fuego menor	3	Jabalí (cerdo-cerdo)	8	Tierra blanca
2008	Tierra mayor	9	Rata	7	Metal rojo
2009	Tierra menor	6	Vaca (buey-búfalo)	6	Metal blanco
2010	Metal mayor	3	Tigre	5	Tierra amarilla
2011	Metal menor	9	Conejo (liebre-gato)	4	Árbol verde oscuro
2012	Agua mayor	6	Dragón	3	Árbol verde brillante
2013	Agua menor	3	Serpiente	2	Tierra negra
2014	Árbol mayor	9	Caballo	1	Agua blanca
2015	Árbol menor	6	Oveja (cabra)	9	Fuego púrpura
2016	Fuego mayor	3	Mono	8	Tierra blanca
2017	Fuego menor	9	Gallo	7	Metal rojo
2018	Tierra mayor	6	Perro	6	Metal blanco

Un viaje por los años del Perro

PERRO DE METAL 10-02-1910 AL 29-01-1911
La baronesa de Laroche consiguió el título de piloto de aviación; fue la primera mujer que obtuvo esa licencia. • Cartago, primera capital de Costa Rica, resultó completamente destruida por un terremoto. • En México y Colombia se llevaron a cabo los festejos por el primer centenario de las respectivas independencias. • Argentina celebró el primer centenario de la Revolución de Mayo de 1810.

PERRO DE AGUA 28-01-1922 AL 13-02-1923
Se publicó por primera vez la novela *Ulises*, de James Joyce. • Henri Desiré Landrú, acusado del asesinato de diez mujeres, fue guillotinado en la prisión francesa de Versalles. • En los Países Bajos por primera vez las mujeres pudieron votar en las elecciones. • En Egipto, Howard Carter descubrió la tumba de Tutankamón. • Frederick Grant Banting y Charles Best descubrieron la insulina.

PERRO DE MADERA 14-02-1934 AL 03-02-1935
Katharine Hepburn recibió su primer Oscar como mejor actriz por su papel en *Gloria de un día*. • En Alemania, el Gobierno nazi privó de su nacionalidad al premio Nobel de física Albert Einstein. • En Buenos Aires, Argentina, se inauguró la Línea C, tercer ramal del metro porteño. • En Estados Unidos, Alex Raymond creó la historieta *Flash Gordon*. • Luigi Pirandello recibió el Premio Nobel de Literatura.

PERRO DE FUEGO 2-02-1946 AL 21-01-1947
La Asamblea General de la ONU condenó el régimen de Franco en España y prohibió el ingreso de ese país en la organización. • Berlín fue dividida como consecuencia de la Segunda Guerra Mundial. • El bikini fue presentado en sociedad. • Una sentencia judicial autorizó a Neftalí Ricardo Eliecer Reyes Vasoalto a usar como nombre el seudónimo que utilizaba desde 1920: Pablo Neruda.

PERRO DE TIERRA 18-02-1958 AL 07-02-1959
En Francia, Charles de Gaulle fue elegido presidente de la V República. • En Argentina se creó la empresa estatal Yacimientos Carboníferos Fiscales (YCF). • Nació en Buenos Aires el Instituto Di Tella, que

comenzó a difundir las vanguardias artísticas. • Bobby Fischer se convirtió en el Gran Maestro más joven de la historia; tenía quince años. • Boris Pasternak, fue galardonado con el Premio Nobel de Literatura pero debió rechazarlo por la presión gubernamental.

PERRO DE METAL 06-02-1970 AL 26-01-1971
En Londres, Inglaterra, The Beatles lanzaron el álbum *Let it be.* • Paul McCartney anunció la separación de la banda. • En Londres se formó la banda Queen. • Luis Federico Leloir fue galardonado con el Premio Nobel de Química. • En el canal Telesistema Mexicano comenzó el programa de televisión *Chespirito.* • El 22 de abril se celebró en el mundo, por primera vez, el Día de la Tierra.

PERRO DE AGUA 25-01-1982 AL 12-02-1983
En España se reabrió la cueva de Altamira. • Bajo la dictadura, las Fuerzas Armadas de Argentina tomaron las Islas Malvinas, lo que desencadenó la Guerra de las Malvinas entre el Reino Unido y Argentina. • En Suecia, Gabriel García Márquez recibió el Premio Nobel de Literatura. • En Estados Unidos, Michael Jackson lanzó *Thriller.* • En Bolivia fue arrestado el nazi alemán Klaus Barbie. • *Gandhi,* de Richard Attenborough, recibió el Oscar a la mejor película.

PERRO DE MADERA 10-02-1994 AL 30-01-1995
En Francia entró en vigencia un nuevo Código Penal, que sustituyó al napoleónico, del año 1810. • Se inauguró el Eurotúnel, un túnel ferroviario que cruza el canal de la Mancha, y une Francia con el Reino Unido. • En Sudáfrica, Nelson Mandela asumió su cargo como presidente de ese país. • En Berlín, Alemania, se despidieron las tropas de Estados Unidos, Francia y Gran Bretaña, que defendían el sector occidental desde 1945, y los soldados rusos abandonaron el sector oriental.

PERRO DE FUEGO 29-01-2006 AL 16-02-2007
En el canal de la Mancha se hundió el buque cisterna *Ece,* con 10 000 toneladas de ácido fosfórico. • En el Valle de los Reyes, un equipo de egiptólogos encontró cinco sarcófagos con momias que datan de hace más de 3 400 años. • En el Reino Unido se celebró el bicentenario del nacimiento de Isambard Kingdom Brunel. • La Unión Astronómica Internacional publicó una nueva definición del término «planeta» y redujo a ocho el número de planetas del sistema solar.

Fuentes

Reed, Emma: *Cuida Tu Chi*, Océano, Barcelona 2006-2007.
Holitzka, Klaus & Marlies: *I Ching*, Librero, Madrid, 2014.
Wilheim, Richard: *I Ching*, Editorial Hermes, Sudamericana, 1996.
Wang Bi: *Yijing El libro de los cambios*, Atalanta, Girona, 2006.
Solari Parravicini, Benjamín: *Dibujos proféticos*, Tomo 2, Ediciones Acuarela, Buenos Aires, 2000.
Squirru, Ludovica: *Horóscopo chino*, Atlántida, Buenos Aires, 1994.

Diversas fuentes procedentes de Internet.